사람을 죽이는 사람들

The Mind of a Murderer

영국 최고 법정신의학자의
26년간 현장 기록

사람을 죽이는 사람들

리처드 테일러 지음 | 공민희 옮김

The Mind of
a Murderer

알에이치코리아

이 책에 등장하는 사례와 관련된 내용은 필수적인 부분만 그대로 두되 비밀 보호를 위해 생애, 지역, 성향, 문화적 세부 사항을 변조하거나 재구성했다. 살인 용의자를 비롯해 의사, 경찰, 변호사, 증인, 가족 등 관련 인물 모두 가명으로 기술했다.

이미 대중에게 전적으로 공개된 사례의 경우만 실명을 썼다. 내가 관여했고 대중에게 공개된 사례의 경우, 내 역할을 설명하는 부분 외에는 사건 조사 보고서, 매체 보도자료, 법률 보고서에 적힌 정보만을 활용했다. 대중에게 공개되지 않은 비밀 인터뷰 자료는 어느 부분도 누설되지 않도록 엄청나게 신경 썼다. 일례로, 내가 담당했던 앤서니 하디Anthony Hardy 사건은 조사 보고서에 공개된 부분만 참고해서 실었다.

대중에게 공개되지 않은 경우 이름을 거론하겠다는 동의를 받았다. 인용한 연구 보고서와 책, 저자명은 말미의 주석에서 찾아볼 수 있다. 전문 용어는 본문에서 설명했다.

내가 관여했고 대중에게 공개된 사례는 등장순에 따라 다음과 같다. 앤서니 하디, 다니엘 조셉Daniel Joseph, 맥신 카Maine Carr, 새라 손턴Sara Thornton, 크리스토퍼 너스Christopher Nudds, 셰이크 아부 함자Sheikh Abu Hamza, 디렌 바롯Dhiren Barot, '가스 리무진'과 '비행기 폭탄' 테러를 공모했던 무하이딘 마이어Muhaydin Mire, 로버트 스튜어트Robert Stewart 다.

내가 관여하지 않았지만 대중에게 공개된 정보를 사용한 사례는 다음과 같다. 테드 번디Ted Bundy, 에드 켐퍼Ed Kemper, 앤드류 쿠나난Andrew Cunanan, 애런 알렉시스Aaron Alexis, 나브젯 시두Navjeet Shdhu, 타냐 클래런스Tania Clarence, 베이비 PBaby P, 피터 섯클리프Peter Sutcliffe, 안드레아 예이츠Andrea Yates, 마이라 힌들리Myra Hindley, 키란짓 알루왈리아Kiranjit Ahluwalia, 지젤 앤더슨Giselle Anderson, 샐리 챌린Sally Challen, 겐터 포돌라Guenther Podola, 루돌프 헤스Rudolf Hess, 에밀 실리어스Emile Cilliers, 로버트 핸슨Robert Hansen, 무하메드 아타Mohamed Atta, 티모시 맥베이Timothy McVeigh, ADX 플로렌스 연방 최고 보안 교도소의 여러 재소자들, 브랜튼 태런트Brenton Tarrant, 아네르스 브레이비크Anders Breivik, 칼리드 마수드Khalid Masood 다.

서
문

살인은 단순한 범죄가 아닌, 세계 공중 보건에 있어 중요한 문제다. 지난 2017년 한 해 동안 살해당한 피해자의 수는 전 세계 46만 4천 명으로 매일 1천 건 이상의 사건이 일어났다. 테러 피해자만 2만 6천 명에 이른다. 계획 범죄로 살해당한 여성의 수는 8만 7천 명, 그중 5만 명은 애인이나 가족에 의해 목숨을 잃었다.

지구 일부 지역은 상황이 더 좋지 않은데 미국은 살인 건수가 꾸준히 높아지는 추세다. 라틴 아메리카 일부 국가의 살인율은 서유럽에 비해 50배나 높고 특히 청년층이 주된 가해자다.

유엔은 살인을 '한 사람의 목숨을 빼앗거나 심각한 부상을 입힐 의도를 가지고 공격하는 불법적인 행위'라고 정의한다. 영국 법률상 살인은 과실 치사와 반대되는 개념으로 한 사람이 '정상적인 정신 상태'에서 '사회의 질서'하에 살아가는 '합당한 생명체'를 죽이거나 신체적으로 심한 손상을 입힐 목적으로 저지르는 불법 행위를 말한다.

사람들은 왜 살인을 할까? 화, 분노, 충동, 두려움, 질투와 같은 '평범한' 혹은 적어도 이해할 수 있는 정신 상태의 극한에 도달했을 때 주로 일어나지만 사건 당시 이런 감정 상태와 정신병 사이의 경계가 모호할 수 있다. 정신 이상으로 벌어진 살인의 경우 일반적인 범위에서 벗어나버린다. 살인자는 현실을 완전히 잊어버리고 망상과 환각 상태에 들어선다. 이는 심각한 정신 질환인 조현병에서 가장 쉽게 볼 수 있다.

전 세계 인구의 약 0.5퍼센트가 조현병 진단을 받고 살아가며 이들이 살인 사건의 약 6~11퍼센트 사이 어디쯤을 차지한다. 다시 말해, 어느 연구를 토대로 언급하자면 이 집단이 살인을 저지를 위험성이 일반인보다 19배 높다는 뜻이다. 조현병을 앓고 있는 상당수는 실상 다른 이에게 해를 입히기보다 피해자가 되거나 자해를 하는 경우가 더 많다. 정신 질환으로 고통받는 사람 일부가 벌인 폭력적인 행동으로 모두가 비난을 받아서는 부당하다. 하지만 살인 사건의 수가 전반적으로 감소하는 추세와 대조적으로 조현병 환자가 저지르는 살인 건수가 증가하고 있기에 이들의 범죄 위험성이 높다는 사실을 간과해서도 안 된다.

미국 경찰의 살인 사건 해결률 60퍼센트와 비교할 때 런던 경찰청이 90퍼센트라는 높은 해결률을 달성하는 까닭은 전문가로 구성된 살인 사건 전담팀이 수사에 전적으로 정보를 제공하기 때문이다(물론 갱단과 관련된 사건은 증인들이 보복이 두려워 증언하기를 꺼린다). 해결률이 높은 또 다른 이유는 '낯선 사람'에 의한 살인이 드물어서다. 피해자 대부분은 가해자와 아는 사이라 범인을 멀리서 찾을 필요가 없다. 실제로 가장 흔한 유형 중 하나는 헤어지자고 했다는 이유로 연인의 목숨을 빼앗는 것이다. 이런 부류의 사건에서 피해자는 주로 여성이다(애인에게 살해당한 남성 피해자의 비율은 연간 1퍼센트에 지나지 않는다).

가해자가 술과 마약에 취한 사례가 모든 살인 사건의 약 절반을 차지하지만 알코올과 약물을 사건의 유일한 동기로 보기는 힘들다. 금전을 노린 살인은 놀라울 정도로 드물어 영국과 미국의 살인 사건 중 약 6퍼센트를 차지한다(강도와 빈집털이 살인 포함). 강간 살인은 더 드문 유형이지만 연쇄 살인이 발생할 경우 비정상적으로 이목을 끈다.

나는 법정신의학 전문의로서 범죄를 저지른 가해자를 살피고 정신질환이 발견된 이들을 치료한다. 살인을 저지른 직후 그들을 살피고 보고서를 작성하며 법정에서 전문가에게 증거를 전달하고 형량 선고에 참고하도록 돕는다. 그러나 형사 법원 재판의 처음부터 끝까지 관여하진 않는다.

사법 절차가 끝나면 선량한 시민을 보호하기 위해 살인 용의자를 수감해야 한다. 그러나 우리는 그들이 저지른 죄를 이해하려고 애쓰고 정신 질환 재활의 관점뿐 아니라 추가로 살인을 저지를 위험성을 줄이기 위해 노력한다. 궁극적으로 다시 사회로 내보내야 할 경우 위험성을 평가하고 퇴원을 주관하며 이후 이들을 다시 입원시키거나 구금할 수도 있다. 유명한 살인자, 폭력적인 행동을 보이는 사람, 드물지만 계속 살인을 저지를 가능성이 큰 사람을 두고 범죄 위험성 평가도 실시한다. 다시 말해 살인 예방이 나의 최우선 목표지만 이 위험성 예측은 정확도가 떨어지기로 악명이 높다.

내가 법정신의학 전문의 일을 시작했을 땐 낙관적인 전망이 있었다. 물론 지금도 훌륭한 징표들은 있다. 일부 병원의 훌륭한 보안 시스템과 교도소 내 향상된 정신 건강 서비스 등을 예로 들 수 있으나, 중독자 치료 클리닉과 정신과 병동 수는 엄청나게 줄어들고 있어 전망이 밝지만은 않다. 현재 마약에 찌든 살인자의 칼에 찔릴 확률이 급격히 높아졌지만 지역 정신 건강 서비스는 업무 과중에 시달리고 경찰 및 긴급 서비스가 개입하기에는 자원이 너무 부족하다.

이 책은 내가 해온 일들을 기록했다. 강간 살인, 정신 이상자의 살인, 존속 살해, 영아 살해, 자식 살해, 남성 애인에게 당한 죽음, 여성 애인에게 당한 죽음(학대받던 피해자가 가해자를 죽이는 경우가 다수), 알코올 중독과 뇌 손상으로 인한 살인, 기억 상실 중 저지른 살인, 돈을 노린 살인, 폭력적인 극단주의와 테러에 의한 살인 혹은 대량 학살에 대해 살펴볼 것이다. 언론에서 다룬 내용 그 이상을 보여줄 것이고 모든 사례가 다르지만 여러 유형에서 공통적으로 관찰되는 패턴이 있다. 해당 사건들이 개인적으로 우리 가족에게 끼친 영향에 대해서도 기술할 예정이다.

무엇보다 이 책은 살인을 저지른 사람의 정신 상태와 그들의 사건을 분석함으로써 재발을 방지하고, 살인자가 되려는 사람이 보이는 조짐을 알아차리는 방법에 대해서도 다룬다.

책 속에서 끔찍한 사건을 많이 접하게 되겠지만 내가 전하고자 하는 메시지는 어떤 극악하고 어두운 이들에 대한 심도 깊은 이해와 궁극적으로는 남은 생 동안 인류애를 잃지 않길 바라는 진심이다.

목
차

1부

성적 살인

사례 연구:

앤서니 하디,
리 왓슨

1

그 환자가
연쇄 살인마였다

포인트 카드가 그의 발목을 잡았다. 피해자의 훼손한 시신을 담을 검정색 쓰레기봉투를 사러 슈퍼마켓에 가서 기어코 포인트 적립까지 했으니. 덕분에 경찰은 CCTV에 포착된 용의자의 모습을 확인했다.

문제의 살인범은 바로 '캠든 리퍼(연쇄 살인마 '잭 더 리퍼'에서 파생된 별명)'로 유명한 앤서니 하디다. 그의 포인트 카드 적립과 내가 하는 일이 무슨 관계가 있는지 궁금할 독자들을 위해 2002년 1월로 거슬러 올라가 보자.

경찰은 대수롭지 않은 신고로 여기고 하디의 아파트로 출동했다. 수도관이 새는 문제로 언쟁을 벌인 하디(당시 51세)가 앙심을 품고 이웃 여성의 현관문에 외설적인 낙서를 남기고 자동차 배터리액도 퍼부었다는 것이다. 그런데 그의 집 안으로 들어가 보니 문이 잠겨 있는 침실이 경찰의 의구심을 자극했다. "저 방에 뭐가 있죠?" 경찰이 물었다. 하디는 열쇠가 없는 척했고 결국 경찰 한 명이 그의 코트 주머니에서 열쇠를 찾았다. 그들은 침실 문을 열었다.

방 안에는 침대만 덩그러니 놓여 있었다. 그 옆으로 미지근한 물이 담긴 양동이와 삼각대 위에 세워둔 카메라가 보였다. 침대 위에는 샐리 로즈 화이트(당시 38세)가 숨진 채 누워 있었다.

이 사실만 놓고 본다면 당연히 하디가 살인 혐의를 받아 마땅하다. 그런데 샐리의 오른쪽 허벅지의 이빨 자국과 머리에 난 작은 찰과상은 치명상으로 보기 힘들었고 관상동맥심장병 소견이 발견되면서 병리학자 프레디 파텔은 그녀가 심장마비로 사망했다고 결론 내렸다.

그런 까닭에 경찰은 하디를 살인죄로 기소할 수 없었다. 2002년 3월 12일, 하디는 이웃집 현관문 기물 파손 혐의로 유죄를 받았다. 영국 정신보건법에 따라 병원 수감이 결정되어 HMP 펜턴빌 교도소에서 머스웰 힐에 자리한 세인트 루크 정신 병원으로 이송되었다. 정신과 의사의 보살핌 아래 그는 '기분 장애' 치료를 받았다. 정신의학에서 '기분 장애'란 우울증을 포함한 불안한 정신 상태를 일컫는 용어로 2주간 우울, 흥미 상실, 피로감, 무기력 등을 느끼는 것부터 자살 충동과 정신 이상을 경험하는 심한 우울증 상태까지 정도가 다양하다. 기분 장애는 다른 말로 '조울증'이라고 일컬으며 끊임없이 불안해하는 동시에 기분이 고조되는 조증을 보이며 잠도 자지 않고 엄청난 기세로 말을 하는 병적 수다와 과장 등을 동반한다.

하디의 경우, 알코올 중독으로 인한 우울증 또는 조울증이 있었을 거란 소견이 나왔다. 하지만 사안이 사안인 만큼 법정신의학 전문의의 범죄 위험성 예측 평가가 필요하다는 요청이 들어왔다.

그 평가를 바로 내가 하게 된 것이다.

× × ×

법정신의학 전문의, 법정신의학자는 베일에 싸인 집단이다. 영국 의사 협회에 등록된 약 33만 명의 의사 중 350명 정도가 이 분야에 종사하며 하는 일에 대해서는 대중에게 거의 알려지지 않았다. 우리는 임상 심리학자인 동료들과 달리 의학적으로 자격을 획득한 사람들이다. 다시 말해, 의사란 뜻이다. 우선, 정신과 전문의고 법정신의학 전문가라는 타이틀이 부수적으로 붙는다.

어쩌다 보니 난 의대 6년, 응급실 근무와 해외 의료 봉사를 포함한 수련의 과정 3년을 거쳐 이 길에 들어섰다. 그리고 정신 질환, 중독, 소아 정신과 전문의 과정을 6년간 거쳤고 마침내 법정신의학계에 정착하게 되었는데 그 이유에 대해선 나중에 따로 언급하기로 하겠다.

"시체를 직접 다루나요?" 내가 자주 받는 질문이고 대답하자면 그렇다. UCL 의대에 입학하고 첫 사흘 동안 학생들은 해부학 수업을 들으면서 시체를 보게 된다. 법의학자는 피해자의 사인을 찾기 위해 자신의 역할을 다한다. 법정신의학자는 시신을 보며 오로지 가해자의 심리 상태를 알려줄 단서를 찾는 데 집중한다. 정신의학과 법학 사이에서 소통하므로 정신 질환이 있는 가해자들과 관련된 일이 가장 많다. 중죄를 지은 정신 질환자들 말이다. 우리는 각자 전문 분야별로 환자를 평가하고 보고서를 작성하고 누군가의 정신 상태와 형사 책임에 관해 형사 법원과 민사 법원에 증거를 제출한다. 우리의 역할은 피고 측이 한정 책임 능력을 근거로 무죄나 형량 감형을 주장하는 살인 사건이나 현재 자살 가능성이 농후해 부분적인 변호가 필요할 때 중요하게 작용한다. 모든 경우 크든 작든 정신의학적 소견이 엄청난 영향력을 행사한다.

우리에게 '누가 그랬는가?'는 중요하지 않다(물론 경찰의 강압적인 취조나 정신 이상으로 저지르지 않은 일을 자백했을 가능성이 있는 사건의 경우 관여하지만). 우리는 행위의 이유를 찾는 데 더 흥미가 있고 가해자를 구속하는 데 중점을 둔다. 범법 행위를 저지르기 전에 그들은 어땠는가? 왜, 어떻게 살인을 저지르게 되었는가? 구치소에 수감되는 게, 재판을 받는 것이 타당한가? 부분적으로 혹은 전적으로 형사 책임을 져야 하는가, 아니면 정신 이상의 관점으로 설명할 수 있는가?

그다음 유죄 선고를 받은 이들을 어떻게 다룰지도 결정해야 한다. 병원으로 보내야 할까, 아니면 교도소에 가둬야 할까? 정신 이상인가, 악의인가? 아니면 둘 다인가? 병원으로 이송하는 경우 개방과 폐쇄 혹은 그 중간 등 어느 수준으로 감시 및 치료할 수 있는가? 완치가 가능한가? 재발 방지 계획을 세울 수 있을까? 퇴원시켜도 무방할까?

범죄자를 체포한 뒤에 이 모든 질문이 이어진다. 우리는 추적 과정에서 신원 미상의 용의자를 프로파일링 할 일이 거의 없지만 아직 강력 범죄를 저지르지 않은 이들의 범죄 위험성 예측 평가를 해달라는 요청을 받기도 한다. 그 사례 중 하나가 바로 앤서니 하디였다.

×××

    당시 하디의 평가를 난 또렷이 기억하고 있다. 2002년 8월 28일 그와 만나 이야기를 나누었다. 하디의 성장 배경에는 특이한 부분이 여럿 있었다. 정신과 면담 내용은 비밀 보장이 원칙이나 그의 어린 시절 기록과 정신 감정서가 이미 언론에 공개된 상태라 여기서 다뤄도 문제가 없음을 밝혀둔다. 하디는 스태퍼드셔 버튼 온 트렌트에서 태어났다. 가난한 출신 성분에서 벗어나려고 공부를 열심히 했다고 한다. 런던 임페리얼 컬리지에서 엔지니어링을 전공하던 시절 아내 주디스를 만났고 1972년 결혼해 슬하에 자녀 넷을 두고 한동안 호주에서 살았다. 하디는 가정 폭력을 일삼고 공공연히 외도했지만 아내는 부부 관계를 회복하기 위해 노력했다.

    호주에 거주하던 1982년, 그는 아내를 심하게 폭행한 일로 경찰 수사를 받았다. 얼린 물병으로 아내의 머리를 가격한 다음 욕조에 익사시키려 했다. 하디는 주디스가 미끄러져 스스로 욕조에 머리를 부딪힌 것처럼 보일 수 있도록 물병의 모양도 신중하게 골랐다. 물병을 얼리는 아이디어는 로알드 달의 단편 「맛있는 흉기」에서 얻었다. 한 여성이 얼린 양고기 다리를 휘둘러 남편을 죽이고 그 다리를 오븐에 넣어 요리해 수사하러 온 경찰관들에게 대접해 증거를 없앤다는 이야기다. 어쨌든 하디는 기소당하지 않았고 결혼 생활은 깨졌지만 정식으로 이혼하기까지 또다시 4년이 걸렸다. 그는 엔지니어링 일자리를 잃었고 사회적인 지위가 곤두박질치다 결국 실직자로 전락했다.

    영국으로 돌아온 뒤 하디는 조울증, 성격 이상, 알코올 중독 진단을 받았다. 전처의 집 기물 파손과 그녀의 새 애인의 차를 훔친 죄로 단기 복역했다. 그는 정신 병동에 잠시 감금되었다가 런던의 여러 호스텔을 전전하며 절도 및 만취해 난동을 부린 혐의로 붙잡혔다. 1998년에는 한 성매매 여성이 하디에게 성폭행을 당했다고 신고해 체포되었으나 증거 부족으로 기소되지 못했다. 2002년부터 정부 보조금을 받아 근근이 살았는데 지독한 당뇨를 앓으면서도 늘 술에 취해 있었다. 캠든 로열 컬리지 스트리트 바로 옆 퇴락한 저층 아파트 단지에서 그는 은둔 생활을 이어갔다.

하디는 183센티미터의 신장에 체격이 좋고 몸이 다부졌다. 인터뷰 당시 그는 침착하게 말했고 대답을 하기 전에 심사숙고하는 듯해 보였다. 자신의 조울증적인 증상에 대해 부정했으며 감정적인 표현을 거의 자제했는데 정신의학 용어로 이를 '감정둔마'라고 부른다. 그는 전처의 집 창문에 던질 커다란 돌을 구하려고 차를 몰고 먼 거리까지 다녀왔을 정도였으나 전처를 폭행한 부분에 대해선 극도로 언급을 자제했다. 인터뷰하던 당시 내 맘이 편하지 않았던 걸로 기억한다. 마지못해 인터뷰에 응했던 터라 그가 어떤 세계관을 가졌는지는 풀리지 않은 수수께끼로 남아 있다. 다만 쉽게 싫증을 내고 충동적이며 스릴을 즐긴다고 직접 말했다.

그는 옆집 여성의 현관에 'XX년 꺼져라'라고 페인트로 갈겨쓰고 그녀의 우편함에 자동차 배터리액을 퍼부은 혐의는 인정했다. 당시 만취했었다고 밝혔다. 또한 로즈 화이트가 어떻게 자기 집에 오게 됐는지 기억나지 않는다고 주장했으나 전부터 킹스 크로스에 있는 매춘부들을 데려왔다고는 인정했다. 그날 근무했던 간호사 중 한 명의 증언에 따르면, 하디는 내가 로즈에 대해 물어봐서 정말 속상했고 추궁당하는 것 같아 자살하고 싶었다고 하소연했다.

정신 병원에 있는 동안 그는 병원 외부의 알코올 중독자 모임에 등록하고 외출증을 끊어 자기 집에서 시간을 보냈지만 이 문제가 보고된 적은 없었다. 그는 이웃에게 저지른 잘못을 후회한다고 했고 그녀를 향한 적대감을 더 이상 보이지 않았다.

우리는 보고서를 취합했다(수련의로 있던 인턴과 나의 인터뷰를 비교했다). 그 과정에서 전 부인에 대한 하디의 오랜 앙심과 피해자 로즈에 관한 세부 정보를 파악하니 마음에 걸렸다(특히 방에 카메라와 삼각대가 놓여 있던 부분).

경찰과 보호관찰소에서 운영하는 협력 기구로, 범죄를 저지를 가능성이 높은 개인을 감시 감독하는 마파(Multi-Agency Public Protection Arrangements, 줄여서 MAPPA)에 연락해 그를 퇴원시키기 전에 피해 예방 계획을 철저히 세워야 한다고 제안했다. 우리는 그가 불안한 정신 상태와 알코올 남용으로 여성을 대상으로 심각한 폭력을 끼칠 위험이 있다고 결론 내렸으나 로즈의 죽음이 그와 관련이 없다는 부검 결과 역시 전제로 받아들이고 있었다.

평가를 종료하고 더 이상 하디에게 관여하지 않았고 이후 몇 달간 다른 사건을 맡았다. 새해 전날 사건이 터지기 전까진 말이다.

× × ×

난 개인용과 업무용으로 휴대폰을 두 대 가지고 다닌

다. 그날 밤 개인용 휴대폰은 바지 주머니에 넣어두고 업무용은 재킷에 넣은 채 주방 바깥쪽 복도에 두었다.

당시 세 살, 한 살짜리 두 아이가 있어 새해 전야제 파티에 참석할 형편이 못 되어 손님들을 초대해 집에서 저녁 만찬을 즐길 계획이었다. 날이 습하고 바람도 많이 불어서 집 밖에 나갈 필요가 없으니 오히려 잘됐다 싶었다. 게다가 요리는 내 특기기도 하다.

아내와 나는 둘 다 전일제 근무하는 의사여서 가사를 분담했고 누군가 늦게 마칠 경우, 번갈아 가며 아들들을 어린이집에서 데려왔다. 어린 자녀를 둔 다른 젊은 가정들처럼 우리 부부도 꽤 바쁜 일상을 살았지만 난 요리를 맡는 대신 빨래와 아이 보는 일에서 빠지는 게 나쁘지 않았다. 반조리 상태의 생선가스를 오븐에 집어넣는 일쯤은 식은 죽 먹기니까.

그래도 주말에는 정성껏 신선한 해산물 파스타를 만들며 일상의 업무에서 해방되는 시간이 좋았다. 게다가 난 잘 알려지지 않은 교도소나 정신 병동을 방문할 기회를 최대한 활용해 할러웨이 교도소 근처의 식료품점에 들러 희귀한 식재료를 사고 웜우드 스크럽스 교도소에서 오는 길에 향신료 상점도 방문하고 아직도 남아 있는 재래식 생선 가게도 빼놓지 않고 찾았다.

그날 저녁에 초대한 손님은 정신과 전문의 두 명이었다. 난 바디감이 훌륭한 레드 와인을 꺼내고 야심찬 메뉴를 준비 중이었다. 요리에 몰두하면서 마일스 데이비스의 〈맥스 이즈 메이킹 왁스〉 라이브 버전을 듣느라 복도에서 내 업무용 휴대폰이 울리는 걸 알아차리지 못했다. 뒤늦게 달려가 재킷 주머니에서 휴대폰을 꺼냈을 땐 이미 끊긴

1부
성적 살인

뒤였다.

화면에 뜬 발신 번호를 보니 불안감이 엄습했다. 경찰 연락 담당인 정신과 간호사 더그 카디널이 건 전화였다. 직책에서 알 수 있듯 더그는 우리와 경찰 사이 연락을 담당한다. 그가 전화했다는 사실로 미루어볼 때 '예상치 못한 심각한 사건'이 발생한 것이다. 그가 내게, 그것도 근무 시간이 아닐 때 전화를 했다는 건 몹시 중대한 사안이라는 의미다.

난 곧장 전화를 걸었지만 음성 사서함으로 넘어갔다. '지하 유치장에 있나 보군.' 생각하며 다시 마일스 데이비스의 노래로 돌아갔다. 하지만 침착하게 저녁 준비를 하던 마음가짐은 사라지고 안달이 나기 시작했다. 모든 의사가 자신의 잘못된 판단이 환자에게 해가 될까 걱정하듯 우리 법정신의학자들에겐 두 가지 두려움이 있다. 한 가지는 환자가 목숨을 끊은 경우다. 매년 자살하는 사람의 수는 전 세계 약 80만 명으로 추산되며 이는 살인 피해자 수의 두 배에 이른다. 2018년 한 해 동안 잉글랜드와 웨일스의 자살자는 6,507명이다. 이수는 그해 피해자 수의 10배에 가깝고 1,770명의 교통사고 사망자 수를 무색하게 만들었다. 자살자 중 약 1,700명은 정신 질환자다.

하지만 이보다 더 끔찍한 두려움은 환자가 다른 사람의 목숨을 빼앗는 일이다. 정신 질환자에 의한 살인 범죄 수는 영국의 연간 살인 사건 800건 중 75건에 해당해 10퍼센트가 채 되지 못한다. 그중 3분의 2가 정신과 치료를 받던 중인 환자가 저지른 것이다.

다시 말해, 정신과 환자가 살인을 저지르는 건 전체 비율로 보자면 상당히 드문 경우다. 그러나 그런 일이 생기면 법정신의학자에게는 재앙이자 끔찍한 악몽과도 같다.

　이 시점에서 난 당연히 내 목록에 있는 살인자들을 떠올리며 그중 누가 '일을 저질렀는지' 생각해보았다. 조현병을 앓고 있는 개빈 포크너가 제일 걱정되었다. 그는 〈데이빗 왓츠〉 멜로디를 휘파람으로 흥얼거리던 행인을 곧장 칼로 찌른 다음 리젠트 운하로 밀어버린 인물이다(그 노래를 부른 가수 폴 웰러가 자신을 스토킹한다는 망상에 오랫동안 사로잡혀 있었다). 어쩌면 호프집 옆 임대 주택에 사는 다혈질의 아일랜드인 폴 케네디가 그랬을지도 모른다. 그는 사이언톨로지 종교 집단의 동료가 자기 여자 친구랑 바람을 핀다고 착각해 병적인 질투심을 보이며 그의 목을 잘랐다(정신의학에서 '병적인'이란 용어는 일반적인 정신 상태의 범주에서 벗어나 있거나 특정 질환의 영향을 받은 상태를 의미한다).

　30분 뒤 전화 두 통을 더 걸었지만 여전히 음성 사서함으로 넘어갔다. 손님들이 도착했고 와인을 한 잔 마시니 걱정스러운 마음이 조금 누그러들었다. 난 다시 주방을 빠져나와 통화 버튼을 눌러 더그에게 연락했다. 이번에는 그가 전화를 받았고 내 두려움은 결국 현실이 되고 말았다. 심각한 일이 벌어진 것이다. 정확히 말하자면, 경찰이 살인범을 추격 중이라고 했다. 길거리 쓰레기통에서 훼손된 시신 일부가 발견되었기 때문이다. 여러 방면으로 수사 중인데 내 예전 환자가 '경찰 조사를 받는 데 도움을 주길' 바란다는 것이다.

　그 환자가 바로 앤서니 하디였다.

× × ×

이 부분이 내게 놀라움으로 다가왔다. 내가 아는 한 하디는 영국 정신보건법에 따라 치료 감호 중이어서 여전히 정신 병원에 있어야 했다. 나중에 알고 보니 그는 재심을 거쳐 11월에 병원에서 풀려났다. 당시 난 그가 퇴원했다는 사실이 살인 사건으로 조사를 받아야 한다는 현실보다 더 놀라웠다.

그렇다고 해도 일말의 희망은 있었다. 관례상 그가 용의자 목록에 올랐을 수도 있다. 그해 초 심장마비로 사망한 젊은 여성의 시신이 그의 집에서 발견되었으니 그럴 법도 하다. 경찰이 하디와 대화하고 싶다고 한 건 어쩌면 아무 일도 아닐지 모른다. 난 한 시간 정도 그 희망을 꽉 붙들고 있었다. 살짝 덜 익혀 핏기를 머금은 고기를 손님에게 내려고 자르는 중에 다시 더그에게서 전화가 왔다.

"안타깝지만 하디가 유력한 용의자가 분명해요, 리처드." 더그가 말했다.

"그렇군요." 심장이 철렁 내려앉았다. "어째서 그렇게 생각하죠?"

"그의 집에서 쓰레기봉투로 둘둘 만 목 없는 상반신이 발견됐어요."

그럼 빼도 박도 못하겠네. 목 뒤로 솜털이 곤두서는 걸 느끼며 생각했다.

"그를 체포했나요?" 내가 물었다.

"아뇨, 지금 도주 중입니다. 경찰에서는 중대 사건으로 보고 있어요."

실제 벌어진 일이 아닌 것처럼 낯설고 이질적인 기분이 들었다. 살인 사건, 아니 두 번의 살인 사건을 우리가 불과 몇 달 전에 감정했던 사람이 저질렀단 말인가. 난 어떻게 이런 일이 벌어질 수 있는지 필사적으로 생각해보았다. 1992년 핀스버리 파크 역에서 조너선 지토를 살해한 조울증 환자 크리스토퍼 클루니스의 사례를 떠올렸다. 조너선의 아내 제인이 공청회를 시행하라며 오랫동안 시위한 덕분에 대중의 시선이 쏠렸다. 알고 보니 클루니스는 5년간 아홉 곳의 정신 병원을 전전하면서 환자와 간호사를 칼로 공격한 전력이 있었다. 조너선 지토와 마주쳤을 때 그는 치료를 받고 퇴원한 지 얼마 되지 않은 시점으로 단칸방에 혼자 살며 처방약을 복용하지 않은 상태였다.

클루니스의 취조 결과가 발표되었고 이 사건은 정신과 환자의 범죄 위험 인식과 예방 쪽으로 초점이 집중됐다. 선배 정신과 의 두 명이 구내식당에서 은밀하게 대화를 나누는 걸 직접 목격했다. 보호 관찰 부분을 전체적으로 점검한다는 내용으로 퇴원한 모든 환자에 대해 계획을 짜고 토의하고 서류를 준비하고 추가 조사를 해야 한다는 뜻이다. 그러나 우리 팀이 앤서니 하디에게 했던 것 같은 위험성 평가는 전적으로 다른 부류다. 난 늘 위험성 평가가 운에 좌우된다고 생각했다. 요즘은 통계와 임상 데이터를 결합한, 한층 체계적이고 입증된 도구를 활용하지만 2002년에는 그렇지 못했다. 마치 9월에 내년 7월 1일까지의 날씨를 전부 예측하려 발버둥치는 상황이었다. 기후 변화 양상을 추측해 이야기할 수는 있지만 특정한 날에 비가 온다는 식으로 자세하게 예보할 수 없고 막연히 위험성이 낮음, 중간, 높음 정도로 분류할 따름이다.

예측에 신빙성이 떨어진다면 적어도 그 부분을 만회하려고 노력해야 한다. 즉시 구금하거나 경비가 삼엄한 브로드무어 정신 병원으로

1부
성적 살인

이송하는 경우가 아니라면 언제고 예상치 못한 복병이 찾아오기 마련이다. 우리의 판단에 의구심이 생기게 만드는 치명적인 결과를 들고서. 오랜 스승은 내게 "문서 기록을 남기게……. 나중에 책임을 뒤집어쓰지 않으려면" 혹은 "살인 사건 취조문을 먼저 살피고 역순으로 조사하는 쪽이 나아"라고 조언해주곤 했다.

하디의 경우, 위험 이력까지 쭉 살폈지만 로즈 화이트가 자연사했다는 사실을 바탕으로 결론을 내렸다. 하디의 이력이 매춘부나 섹스 파트너를 향한 폭력, 위협, 공격의 가능성이 있다고 제시했지만 살인은 포함되지 않았다. 삼각대 위에 올려진 카메라가 불안하게 신경 쓰이는 부분이었고 다른 무슨 일이 벌어지지 않았을까, 하는 생각도 들었다. 그러나 카메라 안에는 필름이 없었고 가학적인 성행위로 연관 지을 법한 어떤 정보도 나타나지 않았으며 병리학자가 발견한 사실에 이의를 제기할 자격이 있는 것도 아니라서 의구심을 무시해버렸다.

그러나 지금 내 머릿속엔 다시 로즈의 시신이 떠올랐다. 그녀는 우리가 원래 생각했던 것보다 한층 더 중요한 인물임이 틀림없었다. 그녀에게 대체 무슨 일이 있었던 걸까?

한참 뒤, 손님들이 떠나고 공식적으로 새해가 시작되었다. 주방에 홀로 남아 식기 세척기에 접시를 넣으면서도 내 정신은 딴 데 가 있었다. 그렇게 그날 밤 잠을 설쳤다.

× × ×

새해 첫날 끔찍한 감정을 느끼며 눈을 떴다. 용감한

표정으로 위장하고 아이들을 깨우며 하루를 시작했다. 첫째 아들은 유아용 의자에 앉아 삶은 달걀을 마구 뭉갰다. 가랑비가 흩뿌리고 하늘도 흐렸다. 어젯밤 식탁에 눌어붙은 촛농을 떼어내며 병적인 되새김질을 접어보려고 했다. 내가 생각했던 연말연시는 이런 게 아니었는데.

카페인 중독인 나는 주전자를 헹구고 제일 좋아하는 커피 전문점인 소호의 알제리안에서 산 원두를 뜬 다음 가스 불을 켰다. 아내는 내 두려움에 익숙해서 정신이 빠진 나를 진정시키려고 애썼다.

"당신이 생각하는 것만큼 안 좋은 상황일 리가 없어요." 아내는 몇년 전 신혼여행 이틀 전에 발생한 살인 사건으로 일정이 연기되었을때와 똑같은 말을 했다. 아내가 위로해줘서 고마웠지만 난 실제 상황이 예상보다 더 끔찍할 거라는 감이 왔다.

내 밑에서 인턴으로 일하는 크레이그가 떠올랐다. 성실하고 사려깊은, 여태까지 본 인턴 중 최고였던 그는 다행히 전날 밤에 일어난 사건에 대해 전혀 알지 못하고 있다. 난 주방을 서성거리며 열 시가 되길 기다렸다. 그 사이 에스프레소를 세 잔이나 마셨지만 불안을 떨쳐버리는 데 전혀 도움이 되지 않았다. 그에게 전화를 걸어 나쁜 소식을 알렸다.

"우리 보고서를 다시 읽어보고 싶은 마음이 간절해." 그에게 내가말했다. "하디가 조증이라는 생각이 들지 않아. 자네 의견은 어때? 지금까지 벌어진 사건에 대해 들어본 바로는 그는 아주 체계적이야."

내가 말하는 '조증'이란 일정 기간 환자의 감정이 격해져 비정상적으로 '안달하는' 수준에 도달해 끊임없이 흥분하고 에너지를 발산하

27

는 걸 말한다. 조증으로 진단받으려면 약물이나 술의 직접적인 영향 없이 최소 일주일간 하루 내내 조증 상태여야 한다.

물론 확신할 수는 없었다. 당시 알아낸 정황은 기껏해야 스케치 정도였으니까. 그럼에도 불구하고 난 크레이그가 힘들어하는 걸 알 수 있었다. "걱정 마." 난 그를 안심시켰다. "내가 알아서 할 테니. 자넨 내가 시키는 일만 했잖아."

이건 의심의 여지가 없다. 모든 책임은 나에게 있었다.

더그 카디널과 추가로 통화하면서 더 구체적인 정황을 파악했다. 한 노숙자가 새해 이틀 전 캠든 로열 컬리지 스트리트에 있는 하디의 집 근처 바퀴 달린 공공 쓰레기통에서 음식을 찾다가 시신 일부를 발견했다. 노숙자가 쓰레기봉투를 열었을 때 심한 악취가 났고 그 속에는 사람 다리 한 쌍이 들어 있었다. 그가 신고했고 경찰은 일대를 봉쇄한 다음 수색에 들어갔다. 경찰이 찾은 시신 일부는 킹스 크로스 지역에서 매춘부로 일하는 브리짓 매클래넌(34세)과 엘리자베스 발라드(29세)의 것으로 밝혀졌다.

다음 날 경찰은 그해 초 벌어졌던 사건을 토대로 하디의 수색 영장을 미리 발부받았지만 헛수고였다. 그들이 도착했을 때 현관문은 열려 있었다.

집 안에는 불이 켜져 있었으나 아무도 없었다. 잠긴 침실 문 밑은 헝겊으로 꽉 막혀 있었으나 방 안에서 새어 나오는 역한 냄새를 막진 못했다. 문을 열어보니 검정 쓰레기봉투와 강력 접착테이프로 칭칭 감은 상반신이 놓여 있었다. 매클래넌의 것이었고 발라드의 두 다리도 발견되었다.

집 밖 쓰레기통에서 경찰은 발라드의 두 팔과 발, 매클래넌의 하반신을 찾았다. 다른 신체 부위도 캠든 지역 여러 곳에 폐기된 채 연이어 발견되었다. 그러나 두 여성의 머리와 손은 어디서도 찾을 수 없었다.

카메라와 삼각대를 다시 떠올려보니 이 사건은 성적 살인의 모든 특징을 보일 뿐 아니라 연쇄 살인의 양상도 띠었다. 난 1980년대 FBI 소속 로버트 레슬러와 존 더글러스[1]가 쓴 성적 살인 분석 유형에 익숙하고 이런 살인자들은 개념적으로 '체계적'인 인물과 '비체계적'인 인물로 나뉜다는 것도 알았다(물론 영국 범죄학자인 데이빗 켄터는 지나치게 단순화한 이분법 체계라고 반론을 제시했다[2]). 어떤 사건에서든 체계적인 범죄는 범죄자의 정신 병력 여부를 결정하는 데 도움이 되지 못한다. 괴이한 망상에 빠진 사람도 고의적으로 현장을 조작할 수 있어서다. 그렇다고 하더라도 피해자의 상반신을 쓰레기봉투에 담아 은폐하려던 건 정신이 나간 누군가가 실행하기에는 너무도 치밀한 준비처럼 보였다.

난 모뎀을 연결했고 찍, 하는 익숙한 열결음이 끝나자 암호화된 비밀번호를 입력하고 보고서가 첨부된 크레이그의 이메일을 열었다. 보고서를 처음부터 다시 읽고 당시 아주 자세히 평가해둔 걸 확인하니 그제야 마음이 좀 누그러들었다. 꼼꼼히 기록한 보고서가 조금이나마 위안이 되어준 셈이다.

2

법정신의학자의
우중충한 일상

　　다음 날은 우중충하고 흐렸다. 일터인 격리 병동으로
향하는 내 기분도 딱 그랬다.

　　격리 병동은 런던 외곽에 자리하고 있는데 이쪽 분야에 관심이 없
다면 그런 기관이 있는 줄도 모를 것이다. 당시 내 사무실은 그린벨트
가 시작되는 지점인 빅토리아 지구의 일반 병동에 있었다. 일방통행
길로 가면 여러 층으로 된 주차장을 지나 영안실에 도착하기 전 좌회
전해 언덕을 내려와 병원 뒤쪽으로 가면 한 동당 15명의 환자를 수용
할 수 있는 저층 건물이 나온다. 당시 이곳에는 일이 주짜리 단기 입원
환자들이 머물렀고 지금은 며칠만 입원하는 경우도 있다. 이런 유형
의 개방 병동 상당수가 이후 문을 닫았고 더 많은 환자들이 지역 사

회로 고스란히 유입되었다(자유를 구속하는 치료를 지양한다는 그럴싸한 문구로 포장했지만 실제론 비용 절감을 위해서였다).

언덕 아래에는 기울어진 지붕이 인상적인 1990년대 초에 세워진 2층짜리 갈색 벽돌 건물이 일렬로 들어서 있다. 이곳이 격리 병동이다. 1970~80년대 정신 병원이 문을 닫은 뒤로 지역 사회에서 감당할 수 없는 환자들이 어느 정도 존재한다는 사실이 분명해졌다. 다루기 매우 힘들고 공격적인 환자들은 격리 병동으로 옮겨졌다. 이런 목적으로 지어진 병동은 고급 보안을 자랑하는 브로드무어 교도소의 폐쇄 병동과 일반 정신 병원의 중간 정도의 역할을 하도록 설계되었다. 또한 정신병이 있는 죄수를 교도소가 아닌 다른 곳에 수감하는 정책의 일환으로 세워진 곳이기도 하다.

수십 년이 흐른 지금, 증거를 기반으로 한 법정신의학이 엄청나게 발달하고 서비스의 품질이 더 좋아져 환자 처우와 간병인 체제도 개선되었지만 추동력은 다른 방향으로 흐르는 모양새다. 한층 가혹한 쪽으로 향하는 동시에 위험 부담을 기피하는 방식을 쓰고 있다. 형사 법원 판사들은 정신 질환이 있는 살인자를 교도소가 아닌 병원으로 보내길 더욱 꺼리는 분위기고 이는 판례에도 반영되는 실정이다. 헌법과 사법 분야의 이런 움직임과 더불어 국민건강보험도 법정신의학 분야에 쓰는 자금을 줄이려는 결연한 노력을 진행하고 있다.

비가 내리던 그날 아침, 나는 감호 병동으로 향했고 반쯤 빈 주차장에 차를 세웠다. 원래 몰던 낡은 빨간색 알파 로메오 164를 수도 없이 고친 뒤에야 겨우 폐차했고 지금은 뒷좌석에 아동용 시트 두 개가 달린 한층 괜찮은 해치백을 몰고 다닌다.

감호 병동 출입구는 에어 로크식으로 되어 있다. 리셉션에서 자동문 두 세트를 직접 열어준다. 당시 2002년이었고 그로부터 몇 년 후에 지문 인식 시스템이 도입되었다.

현재와 마찬가지로 병동은 환자의 개인 병실로 이루어져 있으며 각자 열쇠도 가지고 다닌다. 이 정도의 상당한 자유를 주려면 교도소보다 더 많은 직원이 필요하다. 교도소는 한 동 전체를 한 명의 교도관이 통제할 수 있다. 교도소와 대조적으로 병동의 모든 환자는 개별 맞춤식 치료를 받는다. 명상, 중독자 모임, 심리 상담과 모든 전문적인 치료가 포함돼 있다.

전반적으로 차분한 분위기나 언제고 갑자기 무슨 일이 벌어질 수 있으며 그럴 경우 경보음이 울려 긴급 대응 팀이 저지하거나 소란을 일으키고 폭력을 행사하는 극한 상황의 경우 환자들을 격리시킨다.

옛날 정신 병원과 달리 깔끔하고 환하며 높은 층고로 공간감을 제공하고 자유로운 느낌을 더한다. 건물 주위에 지름 5.2미터의 폐쇄형 그물망 울타리와 담을 넘지 못하도록 가시 철조망이 설치된 건 별개의 문제다. 환자를 '진정'시키고 '제압'할 수 있는 무술 동작을 훈련받은 직원들이 있으니 안심해도 좋다.

난 열쇠와 개인 경보 장치를 벨트에 부착한 다음 병동으로 들어가서 차분한 토론에 합류했다. 회의에는 임상 담당자, 법정신의학자인 두 동료를 비롯해 처음부터 관여했던 더그 카디널이 와 있었다. 이후 법률 고문의 자문을 받았지만 당시 우리는 추가 피해자를 막아야 한다는 생각뿐이었다. 피해 대책은 나중에 생각해도 되는 일이다.

하디의 정신 건강 기록은 임의 수정을 방지하고자 밀봉되어 있었기에 내가 직접 참석자들에게 사례 연구를 정리해서 알려주었다. 가장 긴급한 건 하디가 여전히 잡히지 않았다는 점이라 우리는 경찰과 공유해야 할 정보가 무엇인지 상의했다.

"경찰 쪽에서 그의 전처와 있었던 일을 알 거라 확신하지만 그래도 다시 확인하겠습니다." 난 그가 전처를 보러 갔을지도 모른다는 걱정에 이렇게 말했다. 아마도 마지막 복수 행각이 될 테지.

기자라면 누구나 연락해올 수도 있다. 세간의 이목을 끄는 사례를 다루는 일반적인 절차에 따라 그런 연락이 와도 이 시점에서 우리 쪽에서 하디에 대해 알고 있다는 점을 확인해주지도, 부정하지도 않는다.

물론 하디에 대해 이야기하는 건 정신 질환자가 저지른 다른 유명한 살인 사건까지 들춰지는 걸 의미한다. 환자 마이클 포크스는 〈폭력 탈옥〉이라는 영화에 등장하는 흉악범 폴 뉴먼의 배역에 괴이하게 이끌렸다. 그는 이전에 경미한 폭력 사건을 저지르고 정신과 관할하에 있었다.

포크스는 모즐리 정신 병원에서 불안정한 상태를 보였으나 직원이 외출을 허락했다. 다음 날 그는 칼로 수전 크로퍼드를 70회나 찌르고 소화전으로 내리쳤다. 그가 긴급 재입원을 허가받은 지 겨우 여덟 시간이 지난 뒤였다. 1995년, 그는 런던의 중앙형사재판소에서 살인 유죄 판결을 받고 브로드무어로 보내졌다.

이어지는 조사는 4년간 질질 끌며 75만 파운드 비용이 들어간 끝에 정신 질환자용 지원 시설로 보내라는 결정이 났고 포크스는 약효가 오래가는 주사 대신 환자가 직접 먹는 알약으로 처방이 바뀐 부분에 대해 비난했다. 허가를 내주었던 법정신의학자들에게 돌아온 대가는 심각했다.

이후 얼마 지나지 않아 법정신의학 관련 사건에 대해 사후 조사를 하라는 지시가 내려왔고 전문가로 이루어진 특수 부서가 병원을 떠난 환자 특히, 살인 전과가 있는 이들을 한층 면밀하게 감독하게 되었다.

살인 취조 이후 법정신의학자들은 위험을 피하려고 환자에게 외출을 허락하거나 퇴원시키는 일을 꺼리게 되었지만 그로 인해 환자의 자유가 침해되어서는 안 된다는 점도 중요하다. 요즘은 '긍정적인 위험 감수'와 '효율적인 환자 이송'이라는 경영자들의 구호 아래 우리가 더 많은 사건을 해결하고 환자 수를 줄여 예산을 절약하도록 몰아세우고 있다. 한낱 듣기 좋은 허울에 지나지 않는 말로 말이다. 만약 일이 잘못되면 책임을 져야 하는 건 결국 정신과 의사다.

그 어떤 말로도 이미 무너져버린 내 마음을 위로할 수 없었다. 동료들은 날 동정했지만 모두가 이런 살인 사건이 잠재적으로 커리어를 끝장낼 수도 있다는 현실을 자각하고 있었다. 불완전한 정보를 토대로 평가가 이루어졌다고 해도 정직을 당하거나 직위가 해제되거나 대중적으로 망신을 당할 수 있다. 의료 과실 절차를 밟거나 영국 의학협회의 집요한 조사를 받을 수도 있다.

× × ×

회의를 마친 뒤 몇 가지 중요한 과제가 생겼다. 환자의 비밀 보장이라는 무엇보다 중요한 문제를 두고 난 엄청난 위험을 각오한 채 담당 경찰에게 전화를 걸었고 그는 고위 수사관과 직접 통화하라고 알려주었다. 휴대폰으로 연락하니 런던 경찰청 강력반장인 앤디 베이커가 받았다. "무슨 일이신가요, 박사님? 쓰레기 매립지에서 사람 머리를 찾느라 오늘 아침은 좀 바쁩니다만."

그 소리를 들으니 숨이 턱 하고 막혔다. 내가 이 일을 막을 수 있었을까? 난 하디가 전 부인에게 저지른 일에 대해 설명했고 베이커 반장은 수사팀이 그 부분을 알고 있으며 제복을 입은 경찰들이 전 부인의 집 앞에 가 있다고 말해주었다.

한편, 하디는 일주일 정도 붙잡히지 않고 있었다. 동네 슈퍼마켓에서 쓰레기봉투를 사고 포인트 카드를 적립해달라고 하는 모습이 CCTV에 포착되며 자신의 집에 시신을 토막 내놓은 당시에도 침착하고 의도적으로 행동하고 있다는 걸 알려주었다.

또한 2002년 12월 초 하디가 캠든에 거주하는 25살 프랜시스 메이휴에게 전화를 걸어 그녀의 핸드백을 주웠다고 한 사실도 밝혀졌다. 메이휴는 하디의 집에서 그리 멀지 않은 캠든의 한 술집에서 밤을 보내고 핸드백을 잃어버렸다. 나중에 그녀가 말하길 가방을 찾으러 하디의 집으로 갔을 때 그가 집 안으로 들어오도록 유도했지만 거절했다고 밝혔다.

그녀의 진술은 이랬다. "전 갑자기 겁이 나 말했어요, '저기요, 제 가방을 그냥 가지세요. 이제 필요 없으니까요……' 제가 도망치려고 하자 그가 말했죠. '됐어. 가져 가.' 그러고는 제게 가방을 던졌어요." 사흘 뒤 그녀는 하디에게서 편지와 크리스마스 카드 한 통을 받았다. 크리스마스 휴가 동안 그녀는 런던에 없었고 돌아와 보니 하디가 수

배된 사실을 알게 되어 경찰서로 찾아갔다. "그가 무력을 써서 절 집 안으로 끌고 갔다면 지금 제가 시신으로 발견될 가능성이 아주 높겠 죠." 그녀가 말했다. 하디의 아파트를 수색하는 과정에서 목에 올가미 를 씌운 프랜시스 메이휴를 그린 스케치가 발견되었다.

하디가 아직 잡히지 않은 상태여서 또 다른 희생자가 생길지도 모 른다는 엄청난 공포에 짓눌렸다.

긴박한 며칠이 지난 뒤 비번인 경찰관이 그레이트 오몬드 스트리 트 아동 병원의 구내식당에서 하디를 발견했다. 이 병원은 하디의 집 에서 2.4킬로미터쯤 떨어져 있고 그는 인슐린 처방전(캠든 약국에서 붙들리지 않으려고)을 받으려고 다른 지역 병원을 간 거였다. 격투가 벌어졌고 그 과정에서 경찰 한 명이 의식을 잃었고 다른 한 명은 손 이 칼에 찔리고 안와골절을 입었다. 지원 병력이 도착한 뒤에야 비로 소 하디는 검거되었다.

체포된 뒤, 형사가 법의학 검시 장갑을 새 걸로 바꿔 낄 때 하디가 웃으며 자신은 메리골드사의 노란색 고무장갑을 선호한다고 말했다. 실제로 경찰이 그의 집을 수색했을 때 메리골드사의 고무장갑과 함 께 그가 피해자의 사진을 찍기 전 그들의 얼굴에 씌웠던 마스크도 발 견되었다. 엄청난 분량의 포르노 비디오테이프도 나왔다. 경찰은 하 디가 잡지사에 보낼 요량으로 쓴 망상 가득한 기고문과 자신이 경험 했다고 주장하는 다양한 체위를 묘사한 일러스트를 보았다. '로즈 화 이트, 편히 잠들길'이라고 써둔 유리병도 있었다.

7주간 수색하면서 경찰은 수많은 십자가 모양 그래피티와 기이한 사탄 그림을 찾았다. 또한 하디는 소호의 한 사진관에서 현상한 흑백 필름을 친구에게 보냈다. 피해자의 사진이 40장 포함돼 있었다(법의학 병리학자가 사후 피부색, 사망 후 핏자국이 굳으면서 보이는 홍반 등을 통해 이미 죽은 뒤에 찍은 것이라고 확인해주었다). 피해자의 얼굴에 마스크를 씌우고 섹스 토이를 들고 있는 포즈를 취하게 했고, 사진관 측은 사후 피부 병변처럼 화장한 모델을 아마추어가 찍은 사진이라고 생각했다.

× × ×

살인자의 행동을 분석하기 전, 범죄를 저지르는 과정과 그 직후가 '중대 시기(살인이 발생하는 직접적인 순간을 지칭하는 법률 용어)'의 정신 상태를 파악하는 데 중요하다. 하디의 사전 평가는 이 사건과 전혀 관련이 없었던 다른 이들이 실시했지만 난 이 부분이 재판에서 어떻게 작용할지 생각해야만 했다. 하디가 조울증의 한 부분으로 우울증 병력을 가지고 있다곤 하지만 실질적으로 정신적 혼란 증상을 겪었다는 증거는 지금까지 나오지 않았다. 하지만 그의 두 번(혹은 세 번)의 살인은 사이코패스나 가학 성애자들이 성적인 동기로 저지를 법한 특징을 드러내고 있다.

법정신의학자가 대상자를 인터뷰했음에도 제한적인 정보만 얻는 경우도 비일비재하다. 하디의 사례는, 우리가 가지고 있는 기록을 토대로 이미 나와 있는 결과를 향해 빈칸을 메워줄 조각을 찾을 필요가 있었다. 그는 어린 시절 스릴을 추구한다고 말했고 결혼 생활을 설명하며 자기중심적 혹은 자아도취적인 성향을 가진 냉철한 사람임을 드러냈다. 아내를 형편없이 대하면서도 혼외 정사를 통해 자기 만족을 추구했다. 우리는 다양한 음란물 증거와 질식사한 것으로 추정되는 연이은 두 건의 시신을 보유하고 있다. 그는 처음 사람을 죽이면서 동시에 두 번째 살인의 유혹에 빠져서, 돈을 주고 성매매를 하려고 했으나 플레이 중 상대가 꼼짝할 수 없고 자신이 주도권을 잡게 되자 살인자로 돌변했다. 시신에게 모욕적인 포즈를 만든 것 역시 가학적인 성향을 보여주며 하디가 피해자들을 자기 마음대로 조종하면서 즐겼음을 알려준다. 당뇨로 인한 발기 부전이 성행위를 이런 지배욕으로 대체하게 한 듯하다.

× × ×

성행위 중 상대를 죽이는 성적 살인은 뉴욕 법정신의학자인 루이스 슐레징거의 주장처럼 '섹스와 공격성이 결합해 강렬한 내적 주도를 낳았'고 그래서 살인 그 자체가 성적 만족감인 셈이다.[3] 내재한 성 갈등이 폭발하면서 우발적으로 드러나기도 한다. 이는 계획적인 살인과 그렇지 않은 쪽으로 나뉜다. 예를 들어, 살인자가 적당한 피해자를 찾아낸 경우 계획적이다. 일부는 성폭행을 저지른 뒤에 들키지 않으려고 헛된 시도를 한, 공포에 질린 살인일 수 있다. 모든 범죄는 서로 다르고 이 구분은 어느 정도 단순화한 것이지만 난뚜렷한 질문이 떠올랐다. 하디가 충동적인 살인자일까, 계획적인 살인자일까? 그는 가학 성애자일까? 또한 사이코패스일까?

1886년 출간된 법의학 고전 리하르트 폰크라프트에빙의 저서 『광기와 성』은 욕망과 잔인함이 종종 함께 생겨난다는 점을 지적하면서 '가학 성애는…… 성적 즐거움을 얻고자 타인에게 굴욕, 아픔, 상처 혹은 심지어 파괴하고자 하는 본능적 욕망으로 이루어져 있으며…… (또한) 정복에 대한 무한한 욕망이 될 수도 있다'고 서술한다.

물론 많은 성도착증 혹은 '강렬하고 거부할 수 없는 성적 선호'에 의한 특정 페티시처럼 옷이나 신발과 같은 무생물을 대상으로 성적 흥분을 느끼거나 신체 결박, 가학 피학성 성애와 같은 상호 합의한 성 행위의 경우 비정상적이거나 범죄라고 볼 수는 없다. 그러나 타인에게 '심리적 고통, 부상 혹은 죽음'을 야기하는 경우는 범죄다. 예컨대, 소아 성애 혹은 공공장소에 있는 여성의 '치마 들추기'를 통해 관음증적인 이미지를 몰래 촬영하는 것 등은 성적 일탈이라는 선을 넘은 행위고 '성도착 장애'를 넘어선 범죄 행위가 된다.[4] 이 같은 구분은 여전히 논쟁이 있지만 중요한 지점이다.

난 레딩 형사 법원에서 페티시에 집착하는 살인자 마이클 웬엄의 재판에 참석해 괴이하고 불편한 경험을 했다. 그는 아내와 캐러밴을 구입하기 위해 저축한 돈 1만 5천 파운드로 음경확대술을 받았으나 실패해 우울증에 걸린 상태로 매춘부를 살해했다. 그의 컴퓨터에서 발견된 고수위의 포르노를 재판에서 공개하는 여부를 두고 논쟁이 있었다. 포르노 영화 속 배우들의 정신 상태를 판단하는 것이 정신과 의사의 업무가 아니라는 내 항변에도 불구하고 판사는 곁방에서 두 명의 전문가와 함께 이 문제를 해결하길 바랐다. 법정이 삼류 영화관으로 전락하게 둘 수 없기에 판사가 그런 결정을 내렸다는 건 충분히 이해할 수 있을 것이다. 배심원의 휴게 시간 동안 난 동료 및 인턴 정신과 의사와 함께 회의실에서 양옆으로 변호사들을 대동한 채 살인자의 노트북에서 발견된 포르노 영상을 감상했다. 그 장면 속에 등장하는 사람들이 즐기고 있나, 아니면 고통스러워하고 있나? 다시 말해 이것이 성도착증일까?

난 이 음란물의 전반적인 테마가 복종과 수치라는 의견을 냈다. 나와 마주 보고 앉은 저명한 교수는 모두가 즐기고 있는 것처럼 보인다며 반대 의견을 제시했다.

웬엄이 보유한 음란물을 법의학적으로 분석한 것과 상관없이 그는 살인죄를 선고받았다. 레딩에서 런던으로 돌아가는 기차에 올라 난 이 고도로 특이한 의학 분야에 어쩌다 발을 들이게 되었는지 처음도 마지막도 아니지만 다시금 생각해보았다.

미국의 유명한 법정신의학자 파크 디에츠는 '성도착증'이 커지는 유형을 일련의 단계로 설명했다. 1단계, 성적 판타지와 자위. 2단계, 섹스 파트너에게 성도착증 연기를 요구. 3단계, 매춘부를 고용해 성도착증 연기를 시킴. 4단계, 피해자를 납치해 변태적 성행위를 강요.[5] 웬엄의 증상이 깊어지는 단계는 분명 이 패턴을 따르고 있었고 그는 아내에게 성도착 행위에 참여하도록 설득했고 여러 명의 매춘부를 고용했다.

심리학자 맬컴 맥컬록이 브로드무어 폐쇄 병동에서 성범죄를 저지른 정신 이상자 16명을 연구한 결과 가학적 판타지는 발전 단계가 있으며 지속적인 흥분과 쾌락을 위해 끊임없이 변하는 양상을 보인다고 밝혔다. 그는 '실제 행위 시도'가 체계적이고 강박적인 성범죄에서 아주 중요하다고 언급했다.[6] 따라서 하디가 주도권을 잡은 상황에서 살인이라는 판타지를 발전시켰을 가능성이 농후하다. 그런데 로즈를 살해하기 전에도 그가 결박당하도록 동의를 얻는 '시도'를 했을까? 뉴저지의 정신과 전문의 유진 리비치는 세상 사람들의 일반적인 상식과는 반대로 성적 동기에서 비롯된 폭행이나 살인에 발기, 사정, 성교가 꼭 수반되는 건 아니라고 말했다. 잔인한 행위가 성행위를 대체했기 때문이다.[7] 당뇨로 인해 발기 불능 상태가 된 하디가 만족감을 얻는 방법이었던 셈이다.

캘리포니아 대학교 교수이자 법정신의학자인 레이드 멜로이 박사는 연쇄 살인마 여러 명을 인터뷰하고 FBI와 협력해 오클라호마 폭탄 테러범 티모시 맥베이와 연쇄 소포 테러범으로 유명한 테드 카진스키를 연구했다. 멜로이는 사이코패스의 마음가짐,[8] 약탈적 폭력과 위협성 평가[9]에서 중요한 업적을 남겼다. 나는 멜로이가 언급했던 성적 가학증과 사이코패스적인 폭력의 패턴에 하디가 포함된다는 걸 알았다.[10] 사이코패스란 사이코패스 체크리스트(개정판인 PCL-R)에서 높은 점수를 얻은 사람으로 캐나다 정신과 전문의인 로버트 헤어가 개발한 광범위한 측정 방식이다. 법의학에서 널리 쓰이나 점수의 신뢰도에 대해서는 여전히 논란의 여지가 남아 있다.[11]

이 테스트는 냉담함, 동정심의 부재, 병적인 거짓말, 충동성 및 기생충 같은 생활 양식 등 개인적 성향과 행동을 측정한다. 테스트에서 높은 점수를 받을수록 폭력적인 행동, 비정상적인 뇌 기능[12], 도덕성 손상도가 높다.[13] 사이코패스로 판정하는 점수는 미국의 경우 40점 중 30점 이상이나 유럽의 기준은 이보다 낮다.

누군가를 사이코패스라고 부르는 건 문제의 소지가 있다. 법정신

1부
성적 살인

의학자 존 군은 사이코패스라는 딱지가 일반적으로 잔인하고 괴물 같은 행동을 연상시켜 오명을 씌운다고 반박한다.[14] 또한 구체화할 위험도 있다. 불확실한 가설(여기서는 사이코패스)에 그럴싸한 명칭을 달아 심리학자와 정신과 의사가 새로운 병을 발견한 것마냥 들리지만 사실 이는 그저 설명에 지나지 않기 때문이다. 그러나 성적 살인을 저지른 범죄자 중에서 테스트 점수가 높은 이들이 자주 발견되기에 나는 부정확하고 경멸스럽게 들릴지라도 사이코패스라는 용어를 자주 사용할 것 같다. 그래서 이 책에서도 사이코패스는 PCL-R 테스트에서 40점 만점 중 27점에 상응하는 성향과 행동을 보인 개인에게 적용하기로 한다.

멜로이는 성적 대상을 죽이고 싶은 '소망'은 성적인 갈망과 여성을 욕망의 대상으로 평가절하하는 마음가짐(어쩌면 여성에게 거절당한 경험으로 인해서)이 조합되어 정신적으로 불안하고 공격적인 성향의 남성들에게서 '특이하게 이해 가능'하다고 말한다. 그러나 그저 '소망'하는 것이 아니라 의도적으로 성적 욕망의 대상을 살해하는 '행동'은 성폭행의 가장 극심한 형태고 상당히 드문 일로 미국 살인 사건 중 1퍼센트 미만이다. 하디의 끔찍한 범죄가 여기에 해당된다.

또한 멜로이는 연쇄 성적 살인은 가해자인 포식자가 미리 계획하여 의도적이며 감정이 배제되어 있다고 주장한다. 포식자는 사냥을 토대로 실행한다.[15] 하디의 경우 목표 대상이 연약한 젊은 매춘부들이고 성폭행, 살해, 시신에게 굴욕을 주는 포즈로 정복한 다음 주검을 훼손하는 것이 목적이다. 살인 사건에서 자주 보이는 한층 평범한 폭력 유형은 충동적·반응적인 형태로 '감정적' 혹은 '자기방어적' 폭력이라고 종종 언급하는데 이 부분에 대해서는 추후 살펴보기로 하겠다.

사이코패스인 개인은 다른 범죄자보다 포식자의 폭력을 보이는 경우가 많다.

고양이의 행동이 이 두드러진 특성들을 설명하는 좋은 예시다. 고양이가 개에게 몰이를 당하면 털을 곤두세우고 으르렁거리며 경고 상태로 진입하고 등을 구부리고 눈을 크게 뜨고 날카로운 이빨과 발톱을 드러낸다. 이것은 '정서적 폭력'으로 위험이 임박했을 때 살아남기 위해 보이는 본능적인 행동이다. 그런데 난 우리 집 뒷마당 정원에 둥지를 짓는 찌르레기와 그 새끼들을 위협하는 고양이를 본 적이 있다. 벽 앞에 몸을 납작하게 웅크리고 아무 소리도 내지 않고 이빨도 발톱도 숨겼다. 포식자인 동물은 먹잇감 사냥에 성공하고자 흥분을 억제한다. 이렇게 감정을 제어하는 형태는 대량 학살 사건에서도 발견할 수 있으며 폭력 범죄가 실질적으로 항상 포식자에게서 벌어진다는 점을 잘 보여준다.

멜로이는 사이코패스들은 흥분과 반응 수준이 낮을 뿐 아니라 거만하고 으스대며 감정적으로 결여되어 피해자의 고통에 동정을 느끼지 못하기 때문에 포식자의 폭력에 더 능숙하다고 말한다.

하디가 피해자들을 죽이고 시신을 훼손했으니 그도 사이코패스일까, 아니면 그저 가학 성애자에 불과할까? 엄밀히 말해 둘은 구분되나 가학 성애자와 사이코패스 양쪽 다 자신들로 인해 생기는 고통에 공감하지 못하고 타인에게 폭력을 가하는 성향이 있다.

가학 성애자와 사이코패스는 광범위한 준비를 마친 뒤 포식자의 폭력을 실행하는데, 하디는 포르노물을 활용함으로써 가학 피학성 성

43

애를 더 격식화해 극단적인 형태를 이룬 듯하다. 이를테면 생과 사의 권력을 점유한 쾌락을 느끼며 피해자와 그 가족들의 권리와 감정에 대해서는 무자비하게 무시한다.

× × ×

이 모든 지점이 가학 성애자와 사이코패스가 타고난 것인지 만들어지는 것인지에 대한 물음으로 이어진다. 불안한 행동을 보이는 아이들의 일부가 냉담하고 감정을 전혀 드러내지 않는 특성을 보이며 이 햇병아리 사이코패스들은 자라서 심각한 폭력 행동에 관여할 확률이 크다. UCL 의대 교수 에시 바이딩의 연구는 폭력적인 행동이 유전일 가능성을 확인해주었다. 즉 타고난다는 것이다.[16] 그러나 사이코패스 유전 성향은 아동이 학대를 경험했을 경우 더욱 악화될 수 있다.[17]

하디가 냉담하고 감정을 전혀 드러내지 않으며 스릴을 추구한다고 직접 인정한 내용이 흥분이 결여된 상태에서 자신을 자극하는 자구책일 수도 있겠지만 그가 어린 시절에 학대를 받아왔다면 상태가 더 심각해졌을까?

가학 성애자적인 행동 증거와 더불어 정신과 전문의들이 그를 조울증으로 진단한 건 살인과 상관성이 그다지 없다. 하디는 변호인단이 선임한 정신과 의사의 감정을 받았고 대중들은 모든 이슈가 중앙형사재판소에서 열릴 유명한 재판에서 드러날 거라 예상했으나 그는 예상치 못하게 세 건의 살인에 대해 인정하는 선수를 쳤다.

이제 검사와 변호사들이 각자 그에 맞게 형량을 높이거나 정상 참작할 요인을 준비할 차례였다. 이 건의 경우 정상 참작 요인이 거의 없다고 봐도 무방하기에 핵심은 무기징역이 확정적인 상태에서 가석방 전 최소 투옥 기간에 관한 부분이었다.

도덕적·철학적·법적 관점에서 하디와 같은 가학 성애자나 불완전한 공감 능력을 지닌 사이코패스의 자유 의지를 얼마나 제한하거나 허용해야 할까? 일반적인 법의 맥락에서, 특히 미국의 경우 가학 성애나 사이코패스를 감형이 아닌 형량을 높이는 요인으로 간주한다. 범죄자의 과실을 정신 질환에 비중을 두기보단 결함이 되는 특성으로 판단하고 처벌하는 쪽으로 진행한다.

× × ×

이번 사례처럼 잔인한 연쇄 살인 사건을 두고 사람들은 내게 영국은 왜 사형 제도를 시행하지 않는지 묻는다. 물론 영국에서 교수형을 부활한다면 일부는 환호할 것이다. 2013년 리 릭비(시내 한복판에서 이슬람 과격주의자들에게 살해된 영국 군인)의 살인자들이 형을 선고받을 때 중앙형사재판소 외부에서 올가미를 쓴 시위자들을 본 적이 있다. 그들은 '눈에는 눈'으로 강화된 응징을 보여주고 더 강력하게 범죄를 저지하자는 주장을 펼쳤다. 내무부 장관 프리티 파텔을 포함한 민주당 정치인들이 강경한 법 질서를 주장하면서 간간이 이를 공약으로 내세운다.

그러나 반대하는 주장도 만만치 않다. 헌법에 위배되는 '잔인하고 특이한 처벌'로서 사형은 인권 침해이며 극히 일부인 이들을 위해 치사량의 약물을 구하는 어려움도 존재한다. 반대하는 쪽의 가장 설득력 있는 주장은 우리가 항상 교수형·총살형·전기의자형·독살형을 적합한 인물에게 내린다고 100퍼센트 장담할 수 있는지 묻는 것이다. 약 58개국에서 여전히 사형을 시행 중이고 주로 총살형(중국), 참수형(사우디아라비아), 혹은 교수형이 진행된다.

요즘, 영국 판사는 살인 유죄 선고 이후 형량에 대한 재량이 없다. 1965년 사형 제도가 폐지된 이후로 법정 종신형으로 살인자가 교수형을 피한 뒤에도 쉽게 벗어날 수 없다는 점을 대중에게 재확인시켰다. 살인자는 자동으로 '종신형 재소자'가 되고 이 말은 곧 교도소에 투옥된 다음 '생명을 다한' 뒤에만 풀려난다(가석방)는 뜻이다. 목숨이 붙어 있는 동안 가석방되더라도 감시를 받는다. 그러나 판사들은 최소한의 기간을 정할 수 있다. 가석방 신청이 이루어지기 전에 반드시 죄의 대가를 받고 처벌을 받아야 하는 시기다. 살인범의 경우, 종신형의 최소 복역 형량은 15~30년 혹은 평생으로 얼마나 심각한 가중 처벌을 받느냐에 달려 있다.

하디는 유죄를 선고받았다.

살인(3회 이상), 종신형(3배).

× × ×

하디의 양형은 나중에 죽을 때까지로 업그레이드되었는데 이는 영국에서 오로지 70명밖에 없는 케이스였지만 그가 내가 본 마지막 인물은 아니었다.

재판 이전 하디를 만난 전문가 역시 하디의 경우 당뇨병이 엄청난 일을 저지르게 한 시발점이라고 언급했다.

'성 기능 감소로 인한 그의 불안, 화, 좌절이 급격한 가학적 성행위로 표출되었다……. 이 범죄는 피고인의 가학적 성격, 알코올 중독, 당뇨로 기인한 성 기능 장애에 따른 분노와 관련이 있다고 본다.'

꽤 정리가 잘 된 보고서라고 생각한다.

그 사이 하디가 11월 세인트 루크 병원에서 어떻게 풀려났는지에 관한 문제가 불거졌다. 우리의 위험성 평가 보고서가 우편물 담당 부서에 방치돼 있었고 검토자들은 보고서와 상관없이 일을 진행시킨 거였다. 마파를 통해 경찰에게 공지해달라는 우리의 제안 역시 당연히 이루어지지 않았다.

마파[18]는 당시 걸음마 수준으로 자신들의 역할을 제대로 이해하지 못했다. 법정신의학 기관이 경찰과 협조하는 선구자적 역할을 했으나 2002년 당시 하디는 결국 집으로 풀려났다. 그는 감시자가 있는 숙소에 머물 수 있었으나 제약이 많으니 조금 더 자유로운 곳을 원한다며 거절했다. 이것이 그의 선택이었고 2007년이 될 때까지 감시 직원이 상주하는 거주 시설로 범죄자를 강제로 보내는 법적 시스템이 완성되지 못했다. 하디는 12월 27일 한 정신 병원에 약을 받으러 갔고 거기서 그는 안정적으로 보였다. 하지만 그때는 이미 피해자 두 사람이 모두 그의 아파트에 싸늘하게 누워 있던 시점이다.

일 년 뒤 이 사건이 언론에서 엄청나게 오르내리자 전면적인 조사가 실시되었다. 다행히 내 이름은 언론에 나온 적이 없다. 지금 직접 언급하고 있지만 말이다. 2002년 하디를 만난 법정신의학자는 다섯 명이고 그 전에 그를 본 사람도 여럿 있다.

난 그해 내린 모든 결정에 대해 의구심을 품었다. 법정신의학자로서 우리는 사회의 더럽고 힘든 일을 맡고 있고 날마다 딜레마를 겪는다. 변호사들, 압력 단체, 미디어에 붙들린 채 환자를 치료하고 만일 일이 잘못되면 환자를 퇴원시킨 일로 전문가들과 패널들이 득달같이 달려들어 비난을 퍼붓는다.

공개 조사는 정신 건강 전문의로 유명한 법무관 로버트 로빈슨이 주도하고 정신의학과 교수 두 사람이 검토에 참여했다. 톰 센스키 교수와 브로드무어에 신설된 고위험 중증 인격 장애 병동의 토니 메이든 교수가 자문위원으로 참여했다. 난 자세한 진술서를 써서 의료 과실 보험사인 메디컬 프로텍션 소사이어티에 보내 코멘트를 요청했고 하루 종일 재판을 준비했다.

마침내 2004년 화창한 어느 날 난 지하철을 타고 빅토리아 역에 내려서 국민건강보험 런던 지부로 향했다. 세련된 통유리 사무실에서 센스키 교수와 로빈슨 법무관이 내게 위험 요인 평가와 정보 공유에 이르기까지 질문 공세를 퍼부었다. 그날 받은 질문이 정확히 기억나지 않지만 비현실감과 불안(혹은 늦은 밤까지 일하고 난 뒤의 피곤함)이 밀려들었다. 발 디딘 바닥이 기울어진 것 같았고 살짝 꿈을 꾸는 듯한 기분이 들었다. 센스키 교수가 내게 이런 질문을 던졌을 때 난 곧장 현실로 돌아왔다. "그가 가학 성애자이자 잠재적인 연쇄 살인마일 가능성을 고려했나요?"

"아뇨, 그렇지 않습니다." 내가 대답했다. "그는 분명 여성을 혐오하고 공격적이고 변태적이었지만 저희는 첫 번째 죽음이 자연사라는 추정을 바탕으로 평가를 진행해야 했습니다. 그의 우울증과 조울증은 다른 사례와 비교했을 때 미약한 편이었고 게다가 그는 약을 먹고 치료를 받는 데 동의했습니다. 간단히 말해, 그는 정신보건법에 의거해 구금해야 할 상태가 아니었습니다."

당연히, 이번에는 첫 번째 희생자 로즈 화이트의 최초 검시의 결점이 불거졌다. 이후 법정신의학 병리학자인 냇 케리가 프레디 파텔의 증거를 검토했고 놀랍게도 파텔이 범죄 현장을 보고서에 고려하지 않았다고 언급했다. 또한 로즈의 머리 뒤쪽에 묻은 혈흔으로 볼 때 뇌를 신경 병리학자에게 보냈어야 한다고 말했다. 결국 죽음의 원인은 질식사로 바뀌었다.

파텔은 나중에 악명 높은 톰 린슨(폭동을 과잉 진압하던 경찰로 인해 바닥에 쓰러져 목숨을 잃은 신문 판매원) 사건을 맡았다가 형식적인 검시로 심근경색 진단을 남발하는 듯 엉성한 일처리가 드러나 제명되었다. 그의 행동이 불러온 비극적인 결과는 하디의 사건에 국한되지 않았고, 영국의학협회는 그의 사후 검시가 '유능한 법의학 병리학자의 표준에 미치지 않고 의료계의 평판을 떨어뜨린다'고 결론지었다.

난 나머지 질문을 정확히 기억하지 못하지만 그들은 이런 식으로 물었다. "경찰이 그가 퇴원한 걸 알았어야 한다고 생각하나요?" 2002년 11월 하디가 병원에서 나온 부분을 두고 한 말이다.

"당연합니다." 내가 대답했다. "저희는 마파에게 연락하라고 권고했습니다."

"하지만 그런 일은 일어나지 않았습니다. 테일러 박사님, 어찌된

1부
성적 살인

일인지 설명해주시겠어요?"

"마파는 신생 기관입니다. 정신 보건 팀이 어떤 식으로 일을 해야 하는지 제대로 정립되지 않았습니다. 정신과 의사와 경찰이 서로 이야기를 나누는 데도 익숙하지 않고요."

"더 할 말이 있으신가요?"

"솔직히 말하자면 구금 기준이 적합하지 않다면 풀어줘야 한다는 부분은 이해가 가지만 마파를 통해 경찰에게 알렸다면 두 기관이 논의할 수 있었을 겁니다. 보고서는 처음부터 부정확한 정보를 기준으로 작성되었습니다. 우리는 그가 가학 성애자라는 점을 알 방법이 없었습니다."

실상은 경찰이 그가 퇴원한 걸 알았다고 하더라도 범죄를 예방할 유일하고 확실한 방법은 24시간 감시뿐이고 그런 식으로 진행될 가능성은 매우 낮다.

요점을 알리며 내 역할을 끝낸 다음 햇살 가득한 거리로 나왔다. 직장인들이 샌드위치를 먹으며 점심 시간을 즐기고 있었지만 난 식욕이 전혀 없었고 어떤 안도감도 느끼지 못했다. 화창한 날씨를 의식조차 못한 채 빅토리아역의 수많은 인파를 마주할 자신이 없어 세인트 제임스 공원 지하철역으로 터덜터덜 발걸음을 옮겼다. 하디에게 목숨을 잃은 피해자들의 비극적인 얼굴이 머릿속을 스쳐갔다.

조사 결과가 나오기까지 한 해가 더 걸렸다. 일 년 내내 내 머리 위에 칼이 매달려 있던 셈이다. 그 사이 일상은 계속되었다. 입원 환자를 면담하고 퇴원 여부를 결정할 때마다 신중하게 고려하고 자세하게 기록하고 위험성 평가를 진행하며 불안을 잠재웠다. 또 다른 살인 사건을 떠올릴 여력이 없었다. 일은 계속된다. 교도소와 법정을 오가고 상해나 방화 사건들도 살폈다.

그다음 찾아온 살인 사건이 하디에 대한 생각에서 벗어나게 해주었다.

1부
성적 살인

3

우리는
초능력자가 아니다

       당신이 법정신의학을 선택한 것이 아니라 법정신의학이 당신을 선택한 것이라는 우스갯소리가 있다. 이 직업에 필요한 특성으로 외딴 곳에 위치한 교도소까지 장거리 출장을 갈 수 있는 체력, 강한 비위, 폭력적인 환자와 만날 때도 불안해하지 않는 마음가짐 등이 있다.

  여기에 정신의학과 법률 용어의 숨은 뉘앙스를 이해하는 능력이 필요한데 말 한두 마디에 가해자의 처분이 달라지기 때문이다. 게다가 미들 템플 법학원과 링컨스 인 법학원의 최정예 멤버들과 반대 심문을 벌일 두꺼운 낯짝도 필요하다. 물론 이건 시작에 불과하다. 의사가 되려면 청색 경광등이 반짝이는 구급차에 올라타 닥치는 일이 무엇이든 처리할 준비가 되어 있어야 한다. 법정신의학자가 되려면 벨마시 교도소에서 승합차를 타고 보안이 철통같은 그곳을 불안하게 만드는 인물들이 도착할 때까지 함께할 준비를 해야 한다.

법정신의학 전문의들은 세 가지 유형으로 나뉜다. 우선 이른바 '정신의학 외과의'로 정장을 입고 결정권을 가진 스스로에 대한 자부심이 상당하며 동료의 말은 듣지 않는 자신만만하고 건방진 유형이 있다. 이들은 검찰 측과 유사하게 사건에 접근하는 경향이 있고 자기 갑옷에 흠이 생길 것 같은 일은 받아들이지 않는다. 그와 반대인 유형으로 '은둔자들'이 있다. 팔꿈치에 천을 덧댄 베이지색 재킷 같은 걸 걸치고 스스로를 사회에서 소외된 불운한 구성원으로 연민한다. 항상 재활을 목표로 가해자인 환자 보살핌에만 몰두한다.

이 두 유형 사이 어디쯤에 내 동료 대부분이 속한다. 뚜렷한 사고와 자세한 분석을 추구하지만 피해자에게 공감하고 소통하고자 하는 정신과 의사들이다.

어떤 유형이든 간에 모두 두뇌, 감성, 사회적 관계와 복잡한 소통을 형성하는 능력이 필요하다. 언제든 팀을 이끌며 구금 결정을 내리고 병을 치료할 항정신성 약품을 처방할 책임이 있다. 이 모든 부분을 섬세하게 법률 용어로 정리해 법정에 제출하고 재판이 열리면 그 소견을 배심원단을 위해 쉬운 말로 다시 풀이해야 한다.

소심한 사람이 할 수 있는 일은 아니어서 많은 수련의들이 압박감을 극복하지 못하고 그만둔다.

무엇보다 중요한 건 자신의 심리적 가면과 문화적 선입견을 이해하고 다양한 환자들과 힘든 상황에서 스스로가 어떻게 반응하는지 살피며, 행동하기 전에 충분히 생각하는 일이다.

리 왓슨의 사례를 다루며 난 법정신의학자로서 필요한 모든 능력을 총동원해야 했다.

2003년 3월 어느 금요일 오후, 하디의 사건이 해결되기를 기다리는 동안 비서가 10센티미터 두께는 족히 될 것 같은 봉투를 변호사 모츠 루이스에게서 건네받는 걸 보았다. 좀 일찍 퇴근할 생각이었는데 호기심이 앞서서 그만 봉투를 뜯고 서류를 넘겨보기 시작했다.

첫 몇 장은 영국 공공기소국 '정의의 저울' 로고가 찍힌 익숙한 페이지였다. 왼쪽 상단 모서리에 금속 제본 택이 달리고 그 아래로 여러 하위 분류가 나뉘어 있었다. 기소장, 증인 진술서, 구금 기록, 녹취본, 증거물, 기소 사건 요약까지. 난 얼룩진 커피잔 두 개를 치우고 서류를 개별 파일로 분리하고 읽으면서 정리하고자 포스트잇과 형광펜까지 준비했다.

증인 진술서 앞 몇 장은 경찰관이 다트퍼드에 인접한 A2 지하도 근처 숲에서 발견한 젊은 여성의 시신에 관한 설명이었다. 탐문 수사에서 주민 몇 명은 녹색 혹은 갈색 짧은 재킷을 걸친 검은 머리의 젊은 남성을 보았다고 말했다.

범죄 현장 사진으로 넘어갔다. 범죄 현장의 증거를 보면 많은 걸알 수 있다. 피고 측 변호사가 범죄 현장을 전혀 고려하지 않자 분노한 수사관이 던진 기분 나쁜 농담이 생각났다. '피카소의 작품을 감상하지 않고 어떻게 그에 대해 말할 수 있겠어요?'

사진은 순서대로 찍혀서 낙엽으로 덮인 한적한 숲의 이미지부터 시작했다. 무언가가 잘못되었다는 징조는 '감식 중'이라는 푯말, 경찰 저지선, 족적일지도 모를 증거가 훼손되지 않도록 세운 플라스틱 표지판뿐이었다.

사진은 시신이 발견되는 과정을 최대한 자세히 보여주었다. 낙엽을 한쪽으로 치운 다음 낡은 목재의 썩은 뿌리를 제거했다. 그리고 마침내 검은 머리의 젊은 여성의 벌거벗은 시신이 드러났다. 신원은 밀라노 출신으로 본드 스트리트에서 판매 보조 일을 하는 23살 키아라 레오네티로 밝혀졌다.

사진을 살피며 난 이미 광경을 떠올리기 시작했다. 분명 혼란스럽고 충동적인, 훤한 대낮에 이루어진 살인으로 하디처럼 자기 집으로 피해자를 끌어들인 뒤에 제압하는 계산된 포식자의 행동이라기보다는 우연한 비극 쪽에 가까웠다.

사진은 시신을 영안실로 옮기는 장면으로 넘어갔고 사후 검시 과정도 있었다. 피해자의 시신이 법의학 병리실 부검대 위에 놓여 있다. 그녀는 왼쪽 다리에 끔찍한 부상을 입었다. 발이 없는 건 나중에 여우의 소행인 걸로 밝혀졌지만 다른 상처들이 명백했고 특히 왼쪽 두개골과 얼굴의 큰 부상은 무거운 돌로 내리쳐서 생긴 것이라고 한다.

이어지는 사진에서 병리학자 데이빗 그린 박사가 흉곽을 절단하고 주요 장기를 꺼내 자연사인지 여부를 밝히고자 무게를 달고 해부했다. 그런 다음 두피와 안면 조직을 떼어내 피부층 아래 부상을 자세히 살폈다. 뒤따른 여러 장의 사진은 병리학자가 죽음의 원인을 설명해 줄 증거를 찾는 세심한 작업을 거쳐 피해자의 시신이 점차 해체되는 과정을 보여주었다.

그린 박사는 피해자가 치명적인 머리 부상으로 사망했다고 결론내렸다. 반복적으로 가격당하는 동안 피해자는 결박되어 있었다. 시신 근처에서 피가 묻은 벽돌이 발견되었다는 기록도 있었다. 왼쪽 귀, 왼쪽 가슴, 치골에 생긴 여러 군데의 찰과상으로 미루어 시신을 유기 장소까지 끌고 갔음을 알 수 있었다.

무엇보다 끔찍한 건 심각한 성폭행 증거였다. 피해자는 속옷을 착용하지 않았고 그린 박사는 복부와 생식기를 심하게 훼손한 상처를 발견했다. 그나마 다행은 이 상처가 피해자가 죽은 뒤에 생긴 것이라는 점이다. 그렇지만 강간을 입증할 범인의 정액이나 DNA가 검출되지 않았다.

후에 사건이 법원으로 넘어갔을 때 그린 박사는 배심원에게 자신이 2만 건 이상의 부검을 실시했는데 이처럼 심각한 생식기 훼손은 이 건 이외에 다른 한 건뿐이었다고 밝혔다. 살인자가 다시 범죄 현장으로 돌아와 피해자의 시신을 훼손한 걸까? 난 그에게 묻고 싶었다.

시간이 많이 흘렀기에 금요일 저녁 교통 체증 속으로 용감하게 뛰어들기로 하고 집으로 향했다. 차를 몰고 가면서 금요일 퇴근 직전에 서류를 읽은 걸 후회하는지 자문했다. 다음 날 난 아이들을 동네 공원으로 데리고 갔고 나무 아래 잔뜩 쌓인 낙엽을 보고 어쩔 수 없이 범죄 현장이 생각났으며 그날 밤 침대에 누운 아내의 검은 머리칼이 시신을 떠올리게 해서 괴로웠다. 매순간 내가 읽었던 서류 속 이미지들이 등장해 행복한 가족의 시간을 망치고 있었다.

그렇게 일요일 저녁이 되자 머릿속에서 사건을 지워버리려는 모든 노력을 포기하고 증인 진술서를 읽기 시작했다.

×××

범행 장소에서 목격된 사람은 리 왓슨이라는 청년이었다.

왓슨의 누나 캔디스는 그가 이십 대 때부터 이상한 행동을 보였다고 말했다. 직업을 거짓말하고 다녔고 폭행죄로 체포되었다고 떠든걸 그녀는 꾸며낸 이야기라고 믿고 있었다. 매춘부로 보이는 여성들이 성적인 자세를 취하고 있는 사진을 어머니가 그의 방에서 발견했다고 덧붙였다.

가족, 전 여자 친구, 지인 등이 그가 자기 과시형 거짓말로 남을 속이는 습관이 있다고 진술했다. 직장 동료들은 그가 상상 속 여자 친구를 떠벌리고 다니고 지각하는 핑계를 날조해대서 '거짓말쟁이 빌리(계속된 거짓말로 삶이 파탄나는 빌리의 모습을 그린 영화)'라고 불렀다고 했다. 실제로 그가 우울증 때문에 찾았던 가정의학의는 그가 자신의 거짓말을 인식하기 시작하고 그로 인해 이성과 결별하게 되어 슬퍼했다고 확인해주었다.

다양한 증인들이 범행 무렵의 피고를 보고 그를 '미치광이', '또라이', '광인'이라고 언급했다. 그는 누군가가 총으로 위협하며 자기 여자 친구를 때렸다고 주장했다. 증인들은 그가 '인종 차별 주의자'이며 '펄쩍펄쩍 뛰고, 이상하게 행동하고, 술을 마셨거나 약에 취했다'고 말했다.

한편, 경찰은 그를 노스 켄트 지역의 여성 폭행 사건과 관련시켰는데 이 모든 일이 같은 날 발생했기 때문이다. 우선 그가 44세 쉴린 누

1부
성적 살인

어에게 뒤에서 접근해 그녀의 가방과 팔을 붙잡고 머리카락을 세게 당겨 한 웅큼 뽑았다. 누어는 숲 방향으로 15미터쯤 질질 끌려가다가 돌연 왓슨이 자리에서 도망쳤다.

20분 뒤 78세의 피해자 드니즈 월래스도 등 뒤에서 공격을 당했다. 왓슨이 손으로 입을 막자 그녀는 그의 손가락을 세게 물었고 그가 손을 풀고 도망쳤다. 오후 5시 25분 51세 티나 해리스 역시 뒤에서 공격을 받고 주먹으로 얼굴을 맞았다. 왓슨은 그녀의 핸드백을 빼앗아 달아났고 근처 로터리 쪽으로 뛰어가는 모습이 목격됐다.

같은 날 결국 살인 사건이 벌어진 것이다. 키아라 레오네티는 벡슬리히스에서 풋츠 크레이로 가는 492번 버스를 타고 집으로 가는 길이었다. 잔인한 운명의 장난으로 그녀는 따뜻한 날씨를 만끽하려 평소와는 다른 버스를 탔다. 오후 5시 51분 밀라노에 사는 친구가 그녀에게 연락했다. 친구는 비명, 흐느낌, 울부짖는 소리와 함께 휴대폰 버튼을 누르는 소리를 들었다.

다음 날 키아라 레오네티의 시신이 발견되었다.

내가 습득한 모든 정보가 살인자가 계획적이고 신중하다기보단 혼란스럽고 충동적이라는 첫인상을 뒷받침해주었다. 사전 계획 없이 즉흥적으로 만나게 되는 사람을 범행 대상으로 삼은 것이다. 인터뷰에서 던질 질문이 생각나기 시작했다.

× × ×

일주일 뒤, 리 왓슨을 인터뷰하러 영국에서 경비가

삼엄하기로 소문난 여덟 교도소 중 한 곳인 HMP 벨마시로 갔다. 템스메드 부지 옆 습지를 매입해 지은 교도소로 사우스 이스트 런던 끄트머리의 크로스니스 하수처리장 근처에 있다. 음침하고 위압적이지만 현대적인 벽돌 건물로 미국의 양식을 그대로 따라 지었는데 당연히 건축비를 절약하기 위해서일 것이다.

교도소별로 상대하기 좀 더 힘든 교도관들이 있는데 벨마시가 그렇다. 그들은 정신과 의사의 방문을 의혹의 눈초리로 본다. 우리는 검찰 측과 피고 측 모두가 사건을 이해하도록 돕기 위해 그곳에 가는데 교도관들에게 우리는 교도소에 있어야 할 죄수를 편안한 병원으로 '빼돌리는' 사람이라는 의식이 잠재적으로 깔려 있다.

따라서 리셉션에서 환대를 받지 못하고 허탕을 치는 경우도 많다. "죄송합니다, 선생님. 그쪽에서 만나길 원치 않아요. 자기 방에서 나오기 싫답니다." 이후 변호사가 고객이 우리를 줄곧 기다렸지만 아무도 면회를 왔다고 알려주지 않았다고 전한다.

당시 나는 비협조적인 상황에서 더 적극적으로 요청하거나 주지사 정도의 영향력 있는 높은 사람과 이야기하게 해달라고 요구했다. 당연히 상황은 늘 변하고 나도 거기에 맞춰야 했다. 융통성은 내 직업에 필요한 또 다른 자질이다. 난 진압 장비를 착용한 교도관 뒤에서 편집증에 사로잡힌 공격적인 죄수들과 인터뷰한 적이 여러 번 있다. 인터뷰 자체가 불가능한 경우도 있다. 죄수가 협조하지 않거나 심각한 정신 이상 상태라 아무런 반응을 보이지 않고 똥 칠갑을 한 채로 있는 경우 등엔 관찰한 것만을 토대로 의견을 내고 보고서에 기록한다.

벨마시의 리셉션에서 예약 확인증을 제출하고 사물함에 시계, 열

59

쇠, 지갑을 두고 종이와 펜 두 개(종이 집게나 서류 정리용 금속 택은 반입이 안 된다)만 챙겼다. 금속 탐지기를 통과하고 전기 지팡이로 몸 수색을 받은 다음 커프스 단추, 벨트, 신발 등 모든 걸 다 빼야 한다. 교도소 보건 간호사가 올 때까지 참을성 있게 기다리다 검은 예비군 전투복을 입고 무선 이어폰을 착용한 사람들이 목줄을 한 독일 셰퍼드와 함께 나타나 감시하는 교도소 안마당으로 들어선다.

저절로 두려움이 스며드는 곳이다. 처음 갔을 때 저들이 날조된 죄명으로 날 여길 가둔다면 벗어날 수 있을까, 하는 의구심과 두려움이 들었다.

언제나처럼 호송차가 재소자들을 기다리며 삼엄하게 서 있었다. 사람들은 교도소 재소자가 약 1,500명이라는 말에 엄청난 인원이라고 상상하지만 런던 구치소의 경우 날마다 최대 100명이 이동한다. 이 중엔 법원으로 가는 죄수도, 다시 돌아오는 죄수도, 교정 시설로 이송되는 이들도, 막 재판을 마친 신입도 있다.

난 괴물을 빨리 만나고 싶은 갈망이 있었고, 인터뷰실의 자리가 나길 기다리기까지 너무 초조해 그의 방에서 보면 안 되냐고 물었다. 마침내 그의 감방으로 갔고 그곳에 리 왓슨이 있었다.

× × ×

처음 만났을 때 곧바로 그 사람의 성격을 파악할 수 있냐는 질문을 자주 받는다. 물론 그럴 수 없다. 우리는 초능력자가 아니다. 그러나 협조적인 대상과 한두 시간을 보내면 대체로 상황을 파악할 수 있다. 표준 평가에는 전반적인 성장 배경과 정신 상태 검사가 포함되는데 체계가 잡혀 있으면서도 유동적인 템플릿이라 모든 정신과 의사가 환자의 내면 세계를 탐구하고자 활용한다.

대상자가 우리에게 하는 말의 내용뿐 아니라 그 말을 하는 방식도 살핀다. 인터뷰하는 동안 대상이 어떻게 행동하고 반응하는지 말이다. 우리는 그들이 어떤 모습인지, 어떤 식으로 말하는지 기록한다. 방어적이고 단답형인지, 수다스럽고 개방적인지 본다. 기분, 자살이나 살인에 관한 생각, 불안, 집착, 충동과 같은 특정한 이슈에 대해서도 묻는다. 정신은 다양한 형태를 가지고 있기에 자세한 조사가 필수다.

순전히 그들의 생각과 감정을 기록해 진단하는 작업 기반의 일부는 독일계 스위스 정신과 전문의 칼 야스퍼스가 100년 전에 개발한 것이다. 전통적으로, 우리가 대상에게 묻는 마지막 질문은 그들이 스스로를 어떻게 바라보는지에 관한 것이다. 어디가 잘못되었다고 느끼는가? 그렇다면, 무엇인가? 나중에 치료를 고려한다면 그들의 자각이나 '통찰'이 어느 수준인지가 매우 중요하기 때문이다.

그러므로 정신과 의사의 인터뷰는 양복점의 마네킹 샘플 작업과 살짝 비슷하다. 표준 프레임에서 시작하지만 개인의 반응이 큰 그림을 그리는 데 도움이 되고 도출되는 정보에 따라 우리가 받는 인상은 점진적으로 수정과 다듬기를 거친다. 우리는 '가족 생활에 대해 말해주세요'라든지 '최근에 생긴 관심사가 있나요?'와 같은 열린 질문을 하는데 간혹 소름 끼치는 대답이 돌아온다. 자유롭게 말하면 계속하게 놔두지만 대답이 단답형이거나 부정확하거나 주제에서 멀어지면 분명하게 하고자 개입하기도 한다. 그들의 반응이 피드백에 의해 바

1부
성적 살인

뀌는 걸 원치 않는다면 너무 과한 리액션을 하지 않는 것이 중요하다. 답변 내용에 충격을 표출하면 전부 다 털어놓으려다 멈출 수도 있다.

× × ×

왓슨은 167~170센티미터 정도의 키에 덩치가 작고 조용한 남성으로 짧게 바싹 자른 머리에 어리둥절한 얼굴이었다. 운동장 한 모퉁이에 소심하게 서 있는 겁먹은 학생 같은 인상이었다. 첫인상은 범죄 현장이 말해주는 것처럼 정신 이상자나 위협적인 사이코패스처럼 보이지 않았다.

그는 처음부터 나와 대화하길 좋아했고 즐거워 보였다. 육중한 강철 문 뒤에서 오랜 날들을 지루하게 보내는 일은 가장 반항적인 재소자까지도 협조적으로 만든다. 그는 자신이 살인자가 아니라고 항소하겠다고 했지만 과실 치사는 맞다고 주장했다. "무슨 일이 있었는지 기억이 나지 않고 내가 누구고 어디에 있었는지 모르겠어요."

당연히 기억 상실은 변론이 될 수 없으며 그는 자신의 변호사가 알려준 걸 잘못 이해하고 있음이 분명했다. 당시 낡아버린 1957년 살인 조항에서 '감형'의 정의를 개정하려던 상태였고 원래는 정신 질환자를 사형에서 구해주기 위한 목적이었다. 2009년 재정비를 해 '뚜렷한 의학적 증상'이 요구되었으나 2003년 왓슨은 '상당히 불안한' 자신의 '비정상적인 정신 상태'를 보여주었어야 했다.

난 그 부분을 벤치 마킹했다. 왓슨은 정신 이상자인가? 그렇다면 어떤 병인가?

그는 자신이 벨마시 교도소의 병동에서 두 달 반을 머물렀다고 말했다(가해자가 감옥에서 자살하는 걸 막기 위한 표준 예방 조치였다). 그는 먹고, 자고, 책을 읽으면서 주로 시간을 보냈고 그걸로도 괜찮으며 우울하지 않다고 말했다. 실제로 그는 미래에 대해 긍정적이었다. "터널 끝에 가면 빛을 볼 수 있어요." 그가 내게 말했다.

가족사를 이야기하는 동안 그는 자신이 다트퍼드에서 태어났고 아버지는 시드컵에서 보석상을 운영했고 어머니는 우울증을 겪었다고 알려주었다. "어릴 때 전 평범하지 않았어요. 증오가 있었죠……. 한 번도 크리스마스 선물에 만족해본 적이 없었어요……. 제 속에서 폭탄이 터지는 걸 느꼈어요."

이 사후 과잉 확신 편향(어떤 일의 결과를 처음부터 예측했다고 생각하는 성향)이 결국 어디로 흐를지 그는 알고 있었을까?

그에게 취미에 대해 질문하자 놀라운 대답이 돌아왔다. "공기총으로 뒷마당에서 동물을 사냥하는 걸 좋아했어요. 전 무기를 많이 보유하고 있어요. 총알이 없는 총, 사용할 수 없는 총, 대포, 포탄과 마체테 칼도 가지고 있었어요."

이건 너무나 극단적이었다. 포커페이스를 유지하려고 노력하면서 그에게 계속 이야기하라고 친절하게 격려했다.

그는 자신이 소장하고 있는 권총에 대해 자랑을 늘어놓았다. 비활성화된 리엔필드 볼트 액션 소총, 모형 우지 기관 단총, 모형 베레타 92 공기 소총까지. 또한 구르카족의 쿠크리 칼, 미군의 카바 다용도 칼, 제1차 세계 대전 당시 총검들, 벅 나이프와 커터칼 세트도 보유했다. 자신이 공포탄만 나오도록 소총을 개조하는 데 성공했고 직경이

63

작은 탄약부터 탱크 탄약에 이르기까지 보유하고 있는 탄약을 만지면서 보내는 시간이 행복하다고 했다. 또한 공기총에 특수 스프링과 나사받이를 달아서 법적 한도를 넘어서는 파워로 끌어올렸다는 말도 했다.

"비둘기, 꿩, 찌르레기, 토끼, 쥐를 올가미와 덫으로 사냥하곤 했어요." 그는 올가미 안에 동물이 여전히 살아 있으면 고통을 겪는 모습을 가만히 지켜보거나 고통을 끝내주려고 총을 쏘았다고 덧붙였다. 살아 있는 토끼를 스케이트 보드에 묶고 커다란 로켓 폭죽을 달았던 일이 특히 즐거웠다고 회상했다. 점화용 종이에 불을 붙이자 스케이트 보드가 도로로 쏜살같이 튀어나갔고 폭죽이 '토끼를 산산조각냈다'. 그는 살아 있는 비둘기를 하수구에 넣고 '죽어서 썩는 과정을' 지켜보고 다른 비둘기를 걷어찬 뒤 '하늘로 던져버렸다'고 말하며 웃었다.

그레이브샌드에서 초등학교를 다닐 때 또래에 비해 왜소하고 주근깨가 많아 괴롭힘을 당했다고 했다. 자신이 순진하고 너무 상냥해서 친구들에게 장난감을 빌려주면 돌려주지 않았다고 했다. 미취학 아동 때 이미 자주 얻어맞았고 여덟 살에 무단결석을 시작했다.

스완즈컴에서 중학교를 다녔지만 괴롭힘은 멈추지 않았다. 그러나 그때쯤에는 맞서 싸웠고 보복으로 다른 아이를 심하게 때리기도 했다. 그는 자신이 우위에 있었다면 그 아이들을 '사냥했을' 거라고 말했다.

방과 후에 국가가 지원하는 직업 자격증 과정에서 트레일러 기술자 견습생 생활을 시작했다. 트럭과 트레일러를 깨끗이 청소하고 스팀으로 씻는 일은 재미가 없었고 감독관이 그를 '쓰레기'라고 부르며 괴롭혔다. 일하는 내내 괴롭힘이 계속되었다고 밝혔다. 그래서 자주 일을 빠지고 그레이브샌드에서 틸버리를 오가는 페리에 앉아 하릴없이 시간을 보냈다.

스물두 살에 출근율이 저조해 일자리를 잃은 그는 로열 그린 재킷 육군 부대에 정비 사병으로 들어갔다. 기초 군사 훈련을 받던 도중 한번은 베드퍼드 트럭에서 떨어져 동료들에게 놀림을 받기 시작했고 동료들이 일부러 그가 방금 고쳐둔 엔진을 해체하기도 했다. 부대에선 그를 별도의 처벌 없이 내보냈다.

그는 바퀴의 나사를 헐겁게 놔둔 채 일하다 말고 놀러 다니는 등 직장에서 부주의하게 굴었다. 짐꾼으로 일할 때 실수로 철근을 떨어뜨려 감독관에게 혼이 나자 '저놈을 때려눕혀 버리자'라고 생각했지만 '그런 짓을 저질렀다가는 큰일 날 거야'라며 자신을 다독였다고 밝혔다. 그는 그 일자리를 그만두었다. "누군가에게 괴롭힘을 당하지 않고 일하는 게 유일한 바람이었어요."

페인트칠, 사출 몰딩, 기계 하역 일 등을 한 뒤 일 년 정도 실직 상태로 '엉망이 될 때까지' 술을 거하게 마시고 여자 친구와 헤어졌다. "상황이 안 좋은 쪽으로 흘러가기 시작했어요." 그가 최대한 절제해서 말했다. 그는 '크랙, 대마, 엑스터시, 코카인, 스피드'에 빠졌고 종종 '연처럼 기분이 한껏 달아올랐다'.

난 그에게 성적 기호에 대해 물었다. 가학 피학적 성행위나 다른 페티시 혹은 도착증에 관심이 없다고 부정했다. 스트립 클럽에 간 적도 없다며 발뺌했지만 매춘부를 부른 적이 있냐는 질문에는 "기억이 안 나요"라고 대답했다.

최근에는 온라인 음란 채팅을 하며 시간을 보냈으며 대화 상대인 여성에게 거짓말을 늘어놓았다. "날 존중해줄 수 있는 그런 사람을 만나고 싶었어요. 그뿐이에요……. 다들 제가 야심가라고 생각했고 이렇게 말하더군요, '당신은 정말 괜찮은 사람 같아요.'"

그의 말을 얼마나 믿을 수 있을까? 스스로에게 물었다. 상당히 부정적인 부분도 솔직하게 털어놓은 것 같았다. 그렇지만 그가 나에게 드러내지 않은 인생의 어두운 부분이 더 있을 거라는 의구심이 생겼다. 난 그의 범죄에 대해 질문했다. 강도짓을 하려다가 붙잡힌 적이 있다고 대답했다. 당시 그는 '무슨 욕실 창문 밖'에 있었단다.

"소변을 보고 도망가는데 그녀가 창문을 열었어요." 그는 의심할 증거가 없다고 말했다. "전 칼도 없었어요. 그녀를 쳐다보고 있지도 않았고요. 증거가 전혀 없잖아요."

노출증이 있다는 말처럼 들렸고 그가 곧바로 부인했지만 어쩌면 미완으로 그친 '페티시 강도'거나 준비된 '강간 강도'일지도 모른다는 생각이 들었다.

"전 스스로를 드러낸 적이 한 번도 없고 그녀의 집 안으로 들어가려고 하지 않았어요."

그가 너무 크게 발끈하는 모습에서 난 두려움을 느꼈다. 페티시 강도는 속옷을 훔치고 자위를 하는데 많은 성범죄자들에게서 발견되는 이력이다. 노출증, 강압적인 성행위에 대한 환상, 페티시 강도, 성폭행 '미수'…… 강간 살인?

여자 친구가 그의 가족에게 찾아가면서 그의 거짓말이 드러났지만 그는 '스스로 더 멋지게 보이고자' 그랬다고 인정했다. 사람들에게 자신이 폭스바겐 골프 컨버터블과 같은 비싼 차를 가지고 있으며 헤드

개스킷을 수리하느라 차고에 넣어두었다고 말했다. "제가 초라하게 느껴져서 모든 부분에서 거짓말을 했어요." 그는 '파티 주인공'이 된 것처럼 느끼고 싶었다고 설명했다.

그는 우울증을 겪고 자살 충동을 느꼈고 부모님이 가정의학의에게 가보라고 권해서 의사를 만났지만 "면담하면서 증상이 더 나빠졌다"고 말했다. 그는 자신이 생각지 못한 부분을 의사가 깨닫게 했다고 말했다. 자신의 거짓말이 가족과 친구들에게 상처를 입힌다는 걸 깨달았고 더 이상 상담을 받을 수 없었다.

그의 거짓말이 스스로를 더 나은 사람으로 느끼게 해준 건 분명하다. 선의로 받은 상담이 그를 벼랑 끝으로 내몰아 낮은 자존감을 관리할 수 있던 유일한 수단을 앗아가버린 게 아닐까, 하는 생각이 들기 시작했다. 여기에 마약 중독과 여자 친구의 이별 선언이 더해졌다. 남의 집 창문 앞에서 신체를 노출한 사건이 여성 혐오와 적의를 품고 있다는 힌트를 보여주었다.

왓슨이 어떻게 통제 불능 상태로 가게 되었는지 그림이 그려지기 시작했다.

4

정신 질환자의
망가진 연대기

정신 질환자의 살인 보고서는 우선 연대표를 구성한 다음 접근하는 것이 가장 좋다. 가족 이력부터 시작하면서 대상의 일대기를 살피고 점차 세세한 정보를 늘려가며 중요한 사건으로 다가가는 방식이다. 그러기 위해서는 범행 전날 밤, 당일 아침의 일과를 자세히 물어봐야 한다.

일부 피고들은 실제 살인의 순간을 설명하길 거부하지만 법정신의학자라면 시간대별 질문으로 밀어붙여야 한다. 범죄 행위를 묻는 건 언제나 민감한 부분이다. 살인을 부정하거나 자백했다고 해도 나중에 정신과 의사에게는 경찰에게 알려준 내용과 다르게 말하는 경우도 있기에 상급 검찰 변호사(왕실 고문 변호사, 줄여서 QC)가 이 부분을 법정에서 피고 혹은 정신과 의사에게 재차 확인한다. 따라서 우리는 들은 내용을 아주 신중하고 충실하게 기록하고 이 기록이 법정에서 검찰 측이 가진 내용과 차이가 있는지 살핀다.

난 중앙형사재판소 법정에서 불편한 이틀을 보낸 적이 있는데 왕실 고문 변호사인 빌 클레그 뒤에 앉아 인터뷰 노트와 리포트를 꽉 쥐고 그가 날 검찰 측 증인으로 불러주길 기다렸다. 사무라이 칼을 쓴 살인 사건으로 피고 측은 내게 수월하게 자백했는데 그전의 경찰 취조에서는 살인에 가담한 사실을 부인했다.

물론 하디는 누구에게도 범행 당시 자신의 심정이 어땠는지 말한 적이 없지만 왓슨은 경계심이 없었다. 그는 살인을 저지르기 며칠 전 상황에 대해 이렇게 설명했다. "술을 많이 마시고 마약을 때려 넣었죠. 대마, 스피드, 여기에 스미노프 아이스 일고여덟 병을 마시고 라거를 파인트로 네다섯 잔, 거기다 와인에, 보드카에…… 한 이 주 정도 제대로 잠을 못 잤거든요."

그리고 문제의 그날 주변을 돌아다니며 술을 좀 마셨는데 어느 술집인지는 기억하지 못했다. 맥주를 들이켜고 스피드와 퍼프까지 해서 "체포 당시 제대로 취해 있었어요."

쉬린 누어를 공격한 일에 대해서는 이렇게 말했다. "기억나지 않아요. 개 목줄로 머리를 맞은 기억만 있어요."

"머리에 깊이 벤 상처가 났고 코피를 흘렸어요. 새하고 부딪쳤나 봐요."

"드문드문 기억이 날 뿐이에요……. 부츠에 진흙이 묻었죠."

키아라 레오네티에 대한 진술은 이랬다. "지하 통로에서 나오는 그녀와 마주쳤던 것 같아요."

"전 그녀와 대화를 나눴던 것 같은데 술에 취해 정신이 없었어요."

"우리가 섹스하려 했던 것 같아요."

"그녀가 울타리를 넘었고 그녀가 넘어졌거나 제가 넘어졌거나 둘 중 하나예요. 기억이 안 나요."

"우린 숲으로 들어갔고 거기서 그녀가 제 머리에 돌을 던졌어요."

그는 웃으며 말을 이었다. "손과 청바지가 붉게 물든 걸로 기억해요. 제가 돌로 그녀를 치자 입에서 거품 같은 게 나왔어요."

"그녀가 에이즈 어쩌고 한 것 같아요. '난 에이즈 바이러스 보균자야' 뭐 이런 식이었어요."

"모르겠어요. 전 취했지만 침착하고 차분했어요." 그는 또다시 웃었다. "집에 가서 옷을 벗고 침대에 누운 게 기억나요."

극도로 왜곡된 것이 분명한 그의 진술에서 난 무슨 일이 벌어졌는지 단서를 얻을 수 있었다. 그는 키아라를 만나기 전에 이미 공격을 '시도'했던 걸로 보인다.

그녀는 왓슨이 인간 시한폭탄이라는 걸 알지 못했고 반응할 시간조차 거의 없었을 것이다. 고립된 숲길에서 그가 다가오자 거부했던 것이 틀림없다. 공격을 막아내려 절박하게 노력했을 테지만 그에겐 거절과 억눌린 모욕감이 불씨가 되었을 것이다. 동정심이라고는 없는 냉혈한이니 행동을 막을 이성이 전무했을 테고.

난 그가 합의된 행위였다고 보는 강간의 왜곡된 논리에 대해 질문할 수밖에 없었다. "제가 온전한 상태가 아니어서 얼마나 좋았는지 기억이 안 나요."

"그녀에게 키스했던 게 기억나요. 우린 같이 넘어졌어요." 그가 말했다.

소름 끼치도록 절제하면서 그는 자신이 '아마도' 그녀의 생식기에 손가락을 집어넣었다고 밝혔다.

그의 진술은 왜곡에도 불구하고 범죄 현장에 대해서는 큰 틀에서 일관성을 유지하나 잔인한 행동을 축소하는 방식이었다.

그런데 시신은 왜 그렇게 엉성하게 숨겼을까?

"일이 벌어지고 난 뒤에 전 벡슬리에 있는 술집으로 갔어요. 크랙을 좀 했던 걸로 기억해요."

그리고 '일이 벌어진 그곳'으로 다시 돌아왔다고 말했다.

"그녀가 여전히 거기 있는지 보려고 가봤어요. 인공호흡을 했던 건 확실해요. 목재 팔레트로 그녀를 덮어줬던 게 기억나요. 발이 없었는지는 확실치 않아요. 기억이 안 나요. 없었을지도 모르죠. 경찰에게 어떻게 말했는지도 기억이 안 나요."

그는 자신이 이틀 뒤인 일요일에 스완리에서 붙잡혔다고 경찰에게 진술했는데 "나무에서 떨어졌어요"라는 말도 했다. 그를 지목하는 증거에 대해서는 "그녀의 사진을 봤어요. 젊은 여자가 안타깝더군요. 전 아직도 기억이 잘 안 나요"라고 대답했다.

"그런 일이 일어난 건 끔찍하지만 고통이나 슬픔이 느껴지지 않아요. 어떤 생각도 들지 않아요. 전 감정이 없어요."

"이 일로 슬퍼서 울었으면 좋겠지만."

"어쨌든 관심 없어요."

"이제 정상으로 돌아왔어요. 그 여자한테는 아무 감정이 없어요.

71

1부
성적 살인

그녀를 생각하니 가슴이 아프군요. 살인죄로 들어온 동료가 있는데 그는 기억이 나서 힘들다지만 전 잘 자요."

"자잘한 것들이 기억나요."

"제 속은 혼란스러워요."

"어떻게 부모님의 얼굴을 볼 수 있을까요?"

"짐승 같은 것들과 제가 왜 여기 있어야 하죠?"

그러더니 그는 자신이 다른 죄수들을 존중한다고 말했다. "다들 저와 같은 부류예요……. 더 이상 거짓말할 필요가 없잖아요……. 날 미화할 필요가 없잖아요."

× × ×

정신 상태 검사에서는 딱히 특별한 소견이 없었고 다만 그가 간간이 '미친놈' 혹은 '멍청이'로 자신을 부르는 또 다른 자아의 목소리를 듣는다고 했다. 망상 같기도 하지만 진짜 정신병이라는 증거는 없다.

정신 질환자라면 현실과 동떨어진 착각 속에서 산다. 피해망상을 예로 들 수 있다. 외부의 힘에 의해 신체가 조종당하는 느낌을 받고 머리 밖으로 생각들이 나와 말을 해댄다. 이런 착각이 망상을 동반하고 그 망상이 명령을 내리기도 한다.

평범하게 성장한 청년도 정신병이 발병할 수 있지만 왓슨의 경우 어린 시절 발달 장애를 겪은 것이 분명하다. 반복된 거짓말, 충동적인 행동, 경험에서 교훈을 얻지 못하는 태도를 보면 알 수 있다. 일반적으로 우리가 반사회적 인격 장애라고 부르는 개념과 일치한다.

　반사회적 인격 장애는 아주 광범위한 연구 분야로 태생적 산물이라기보다는 양육 방식 혹은 어린 시절 경험으로 설명할 수 있다. 이 진단을 받으려면 15세 이전에 행동에 문제가 있었다는 증거가 필요하다. 불법 행위, 충동성, 무모함, 무책임과 같은 성인의 행동을 보여야 한다. 니콜라 싱글턴과 제레미 코이드의 연구에 따르면 반사회적 인격 장애는 범죄자에게 흔하며 남성 재소자의 3분의 2가 여기에 속한다고 한다.[19] 그러나 이 중에서도 한층 심각한 장애를 보이고 사이코패스의 기준(혹은 사이코패스 체크리스트에서 높은 점수를 기록한)에도 부합하는 하위 집단이 존재한다. 이 집단에서는 생물학적 특징인 유전성이 더 높게 나타난다.

　국립정신건강협회의 제임스 블레어는 사이코패스의 '도덕적 추론'이 미약한 이유를 뇌신경생물학에서 찾을 수 있다고 말한다.[20] 측두엽 깊은 곳에 있는 편도체는 기억, 의사 결정, 혐오, 두려움, 불안, 공격성과 같은 감정 반응을 진행하는 핵심 조직이다. 사이코패스의 경우 편도체가 의사 결정을 내리는 뇌의 체계(복내측시상하핵 전전두엽 피질)로 정확한 신호를 보내는 데 실패한 것이다. 그렇다고 이 점이 모든 사이코패스의 양상을 설명해주는 건 아니며 우리는 개인의 경험이 뇌와 행동의 연결 고리에 어떤 영향을 끼치는지 이해할 필요가 있다.

　왓슨처럼 태생부터 냉담하고 감정이 없는 기질을 지닌 사람이 괴롭힘, 적응 실패, 낮은 자존감을 겪으면 사이코패스가 될 수 있다. 학창 시절 같은 반에 각다귀의 다리를 뽑으면서 어린아이들을 괴롭히는 소년이 있었다. 나중에 나이 많은 수학 선생님을 테니스 라켓으로 위협한 일로 퇴학을 당했을 때도 난 놀랍지 않았다. 그가 결국 소년원에 들어가지 않았기만 바라본다. 왓슨이 비둘기와 쥐에게 한 괴상한 짓거리는 어린 시절 외톨이였다는 이유만으로 그런 사람이 된 게 아님을 보여준다.

하디와 왓슨을 이어주는 한 가지 중요한 부분이 있다. 하디의 경우, 당뇨라는 분명한 원인이 있고 왓슨의 경우는 아마도 지속적인 학대가 원인인 것으로 보인다. 둘 다 성적 동기로 살인을 저질렀지만 '강간' 없는 강간죄로 법의 심판을 받았다.

몇 년 뒤 난 중산층 가정을 꾸린 한 남자를 살피게 되었는데 그의 성적 일탈은 초반엔 무해한 페티시(담배에 대한 '오브젝토필리아'처럼 담배를 두고 음란 행위나 성행위를 해야 하는)에서 결박과 가학 피학 성애, 스리섬과 칸다올레스 증후군(아내가 다른 남자와 성행위를 하는 모습을 보고 쾌락을 느끼는 것)과 같은 다양하고 극한 상황으로 발전했고 호러 영화 〈호스텔〉에서 영감을 받아 살인 판타지에 수개월간 빠졌다.

어느 날 침대에서 일어난 그는 자신의 사무실로 가지 않고 매춘부와 만날 약속을 잡고 성행위는 하지 않고 스탠리 나이프로 그녀의 머리를 거의 썰었다. 이 사례의 경우 성도착증이 '살인 도착증'으로 발전했다. 살인 자체로 흥분이나 만족을 느끼는, 성적 일탈의 종착지에 도달한 셈이다.

판결은 이렇다. 살인, 종신형, 최소 복역 형량 26년.

× × ×

　　　왓슨과의 인터뷰를 정리하고 보고서 초안을 작성하기 시작했다. 우선, 피고 측에게 임상 심리학자를 소개해주었다. 임상 심리학자는 의사 면허는 없지만 6년 이상의 길고 엄격한 훈련을 거치며 거의 의사 수준으로 연구에 매진한다. 우리는 그들과 긴밀히 작업해 정신과 전문의의 '유형적' 혹은 '의학 모델'에 따른 것이 아닌 심리학적 행동 분석에 살짝 기운 접근법을 참고한다. 임상 심리학자는 체계적인 인터뷰, 표준화된 검사와 등급표를 활용하고 법정신의학 분야에서 필수인, 약물을 쓰지 않는 다양한 '이야기 치료법'에 전문성을 가지도록 훈련되어 있다.

　이안 헌터는 변호사들의 요청으로 두 번의 인터뷰를 진행하는 동안 왓슨에게 일련의 테스트를 실시했다. 첫 인터뷰가 끝났을 때 왓슨은 공격적이었으나 두 번째에는 침착해서 아이큐와 기억력을 살피는 기본 인지 테스트를 실행할 수 있었다. 왓슨의 아이큐는 70 이상이었다. 평균이 100인 관계로 그가 똑똑한 사람은 아니나 지능이 현저히 낮다고 볼 수는 없다.

　이안은 개인적인 성향과 증상을 알아보기 위해 195개 항목으로 이루어진 구체적인 질문지 검사도 시행했다. 그리고 마지막으로 '사이코패스 테스트'로 내가 인터뷰 때 식별한 특성을 측정했다.

　사이코패스 테스트는 스무 가지 '점수 측정 항목'으로 구성된다. 비정상적인 성격적 특성과 행동 패턴을 파악하는데 여기에는 말주변, 매력, 자극에 대한 욕구, 병적 거짓말, 죄책감이나 후회의 결여, 기생적인 라이프 스타일, 동정심 없는 냉담함, 원인 파악 불능, 충동성, 무책임함, 낮은 행동 억제력, 청소년기 비행 경험, 범죄적 재능 등이 포함된다. 이 점수 측정 항목들은 '평가자 사이의 신뢰도'를 높이기 위해 이틀간 조심스럽게 진행하도록 되어 있다.

이안이 점수를 산출했고 그가 반사회적 인격 장애를 가지고 있다는 소리를 들었을 때 난 놀라지 않았다. 사이코패스 점수도 40점 만점에 28점으로 높게 나왔다.

동료 의사들에게도 조언을 구했다. 서류와 범죄 현장이 담긴 사진을 꼼꼼히 추려서 옆 사무실을 쓰는 내 또래이자 믿을 만한 동료 빌 힉콕에게 사건을 설명했다. 이 분야 다른 사람들의 생각을 듣는 편이 중요하다고 느꼈기 때문이다. 혼자 일하는 법정신의학자라면 자신의 가설을 테스트하고 힘든 사건이 주는 감정적인 충격을 줄이고 경험을 공유하는 기회를 놓칠 수 없다.

법정신의학 기술을 함께 발전시켜온 빌 힉콕과 나는 점점 더 유명하고 복잡한 사건을 맡게 되면서 서류를 작성하기 전에 서로의 생각을 교환하고 의견을 살폈다. 난 주말을 이용해 왓슨의 보고서를 작성했고 동료들과의 세미나에서 발표했다. 연구 논문을 논의하면서 중요한 '의견'을 마지막으로 정리하기 전에 관점이 한 곳으로 치우치지 않도록 하기 위해서였다.

보고서상의 약점을 살피기 위해서는 이 모든 준비 과정이 필요하다. 증인석에서 내가 작성한 보고서를 트집 잡으며 공격하는 변호인단과 마주한 적이 있고, 몇 달 뒤 왕실 고문 변호사가 중앙형사재판소의 재판에서 교차 점검을 하면서 멸시의 눈초리로 날 잡아먹으려 할 수도 있기 때문이다.

× × ×

스무 장 정도로 정리한 왓슨의 보고서는 그간 실시한 모든 인터뷰와 테스트를 담았다. 그가 했던 반복적인 거짓말이 자존감을 높이고 성취를 과장하고 '거짓 자아'를 형성하는 데 사용되었음을 파악했다. 어쨌든 그는 자신이 현실이길 바라는 것들을 설명하려고 거짓말을 했다고 꽤 솔직하게 털어놓았고 이런 거짓 행동 유형은 '병적 허언', '공상 허언증', 혹은 제임스 서버의 고전 단편에서 따온 '월터 미티(《월터의 상상은 현실이 된다》와 동일 인물이다) 신드롬'이라고 부른다.

병적 허언은 이익이나 특혜를 얻기 위해 거짓말 한 조각을 생성한다. 한층 극단적인 형태인 공상 허언증은 환상이 머릿속에서 폭동을 일으켜 다른 이를 속이고 자신까지 속이는 수준이다.

왓슨은 주로 혼자였고 어린 시절은 왕따와 모욕감으로 점철되었고 성인이 되어서도 달라지지 않았다. 그는 만성적인 낮은 자존감과 피해망상으로 사회생활에 적합한 거짓 자아를 만들어내기에 이르렀다. 냉담하고 무감정하다는 특성을 가졌고 이는 무기를 수집하고 동물들을 고문하길 즐기는 그의 모습에서 알 수 있다. 직장과 여자 친구를 잃은 것, 약물 남용이 심해지면서 거짓된 자신을 똑바로 보게 한 가족과 가정의학의의 시도가 아마도 그를 미치게 만든 것 같다.

노출증 사건과 누나가 그의 방에서 발견한 매춘부 사진들은 그의

77

성적 판타지가 강해졌다는 점을 보여준다. 그러나 이를 뒷받침해주는 증거는 몇 년 뒤에야 나타났다.

타인에 대한 왓슨의 냉담한 감정, 역겨울 정도로 끊임없이 보이는 무책임한 태도, 꾸준한 관계를 유지하지 못하는 점과 금방 분노하는 성격을 고려하면 그는 확실히 성격 장애와 함께 반사회적 특성을 충족한다.

그가 자기 범죄를 설명할 때 부적절하고 얼빠진 웃음을 터트리거나 후회하지 않는 모습, 피해자에 대한 냉담한 말이 더해져 사이코패스 테스트에서 나오는 사이코패스의 특성을 모두 보여주었다. 범죄 현장과 부검 결과 역시 피해자에 대한 극심한 폭력과 비하가 포함된 공격 행위를 보여준다.

왓슨의 범죄 현장은 즉흥적인 반면, 하디의 범죄 현장은 계획적이고 체계적이다. 이 두 사례는 FBI 소속 론 헤이즐우드와 존 더글라스가 설명하는 두 가지 유형의 '쾌락 살인'을 분명하게 드러낸다. 그들을 테드 번디와 에드 켐퍼를 포함해 성 관련 살인자 36명을 심도 깊게 인터뷰했다. 번디는 유죄를 선고받고 처형당했으나 30건 이상의 다른 살인 사건과 관련이 있었다. 켐퍼는 연쇄 살인으로 교도소에 들어갔다가 정신과 소견에 따라 풀려났지만 다시 살인을 저질렀다.

체계적이거나 비체계적인 범죄자들은 각기 다른 범죄 현장을 만든다. 하디 같은 유형은 계획을 세우고 상황을 통제하며 이후 경찰이 이 점을 파악할 수 있다. 피해자에게 말을 걸며 접근하는 수법을 쓰고 지능이 평균 이상이다. 엔지니어였던 하디는 피해자들을 자신의 집으로 끌어들였다. 이와 대조적으로 체계적이지 못한 왓슨과 같은 범죄자는 순간의 충동으로 범죄를 저지르고 어떠한 계획이나 사고가 뒷받침되지 않으며 이미 현장에 있던 물건(벽돌)을 살해 도구로 사용한다. 이들은 지능과 사회성이 떨어지는 편이다.

이안과 나는 왓슨이 살인을 저지를 당시 '비정상적인 정신', 즉 반사회적 인격 장애와 사이코패스적 성향을 갖췄다는 증거가 이미 차고 넘친다는 부분에 동의했다.

난 보고서를 변호사에게 제출했다. 자금이 넉넉한 민사 사건이 아닌 형사 사건이기에 재판 전 변호사들과의 회의도 없고 커피와 비스킷이 준비된 고급스러운 변호사실로 갈 일도 없다. 우리의 토의는 높은 돔 지붕과 런던 대공습 회화가 걸려 있는 중앙형사재판소 4번 재판소 밖 낡은 1907년식 건물의 회의 테이블에서 한 시간 정도 낮은 목소리로 진행된다.

유서 깊은 역사를 가진 중앙형사재판소는 악명 높은 뉴게이트 교도소 부지에 세워졌다. 1973년 현대적으로 확장하면서 단단한 대리석에 거꾸로 세운 황동 정의의 검이 난간을 이루고 열여덟 개의 법정에서 한 해 150건이 넘는 살인 사건과 모든 유명한 범죄를 다룬다.

이안과 나는 정신 질환이 있는 피고가 모든 가능성을 실패로 돌릴 수도 있다는 걸 잘 알았다. 중앙형사재판소의 배심원은 범죄의 패악에 대해 익히 알고 있다. 그러나 정신 질환이 명백한 경우, 피고 측 대변인과 피고가 참석할 필요가 있고 그들을 법정으로 불러내는 결정은 배심원이 한다.

요약하자면, 가해자에게서 발견한 정신 질환을 진지하게 보고하는 것이 우리의 일이다. 과실 치사로 형량을 줄이고 종신형 미만의 형량

1부
성적 살인

을 받으려는 무모한 도전을 감행하던 왓슨은 가족을 증인석에 올려 보지도 못하고 가석방 전 최소 복역 형량이 늘어날 수 있다는 경고를 받았다. 그럼에도 그는 법정에 서고 싶어 했다. 중앙형사재판소의 살인 사건을 수년간 담당했던 법의학 선구자인 폴 보든은 피고 측이 울면서 유죄 답변을 하는 편이 모양새가 더 낫다고 말했다. 법정에서 정신 이상 증세를 보이는 건 판사에게 자신이 사회악이니 그에 맞는 형량을 보장해달라는 확신을 줄 뿐이다.

× × ×

이안과 나는 검찰 측 증언의 마지막 날 함께했다. 점심 시간 휴정 직전에 난 증인석에서 배심원들을 바라보며 선서했다.

"박사님, 중요한 시기에 피고가 정신 이상을 겪고 있었다고 말씀하셨군요."

"네, 그렇습니다."

"'정신'이 무엇이고 '정신 이상'의 정확한 뜻이 무엇인가요? 이 부분을 배심원에게 설명해주시겠어요?"

1960년 발생했던 바이런 사건에서 왓슨과 마찬가지로 바이런도 젊은 여성을 죽이고 시신을 심하게 훼손했다. 항소 법원은 정신이란 모든 측면의 정신적인 활동을 지칭하며 단순한 물리적인 행동의 인식뿐 아니라 옳고 그름을 판단하는 이성도 포함한다고 했다. 또한 정신은 이성적 판단이 제시하는 방식으로 행동할 수 있는 의지를 실행하는 능력도 포함한다. 항소 법원 판사는 정신 이상은 이성적인 사람이 비정상적이라고 지칭할 수 있는 다소 평범한 형태와 아주 달라야 한다고 덧붙였다.

반면에 정신의학에서 '정신'의 정의는 뇌의 물리적이고 화학적인 조직 속에 자리한 부분을 일컫는다. 정신은 시각, 청각, 후각을 인지하고 감정, 기분, 의식, 언어, 기억, 이성을 관장한다. 상상하고 인식하고 감사하게 해주고 믿음, 태도, 희망을 기록하고 이성적인 판단을 돕는다. 이는 복잡한 문제지만 증인석에 선 정신과 의사는 살인자의 정신 상태에 대한 자신의 의견을 제시해야 하고 그 부분에 대해 미리 유념하지 않고 있다가는 판사나 배심원을 설득할 때 어려움을 겪는다.

법정에서 법정신의학은 당대의 신비로운 정신의학의 개념을 포괄하려다 사법 정의에서 벗어나는 경우가 많다. 특히나 정신의학과 같이 부정확한 과학의 경우 세인트 조지의 법정신의학 교수인 나이젤 이스트먼이 설명한 것처럼 럭비공을 가지고 크리켓 경기를 하는 것과 같다.[21]

내 증언은 점심시간으로 인해 중단되었다. 중앙형사재판소에서 판사들은 판사님이 아니라 각하로 불리며 존대받는다. 각하가 내게 점심시간 동안 누구와도 증거에 대해 토론하지 말라고 진지하게 말했다. 법원 옆 라임버너 래인의 스시 집과 비스트로의 유혹에도 굴하지 않고 난 비상용 간식인 호밀빵 치즈 샌드위치를 들고 3층에 있는 매점으로 갔다. 이 시간이 보고서를 다시 읽고 답변을 준비할 기회였다. 많은 질문이 내 전문성과 증거에 대한 분석을 깎아내리려는 시도일 것임을 잘 알고 있었다.

검찰 측 전문가는 학생 토론회에서 차용한 듯한 영리한 전술을 썼다. 그는 우리 보고서의 거의 모든 요점을 인정하고 진단에도 동의했으나 성적 만족을 범죄의 일부로 여긴다면 배심원은 이를 의도적인 행위로 생각해야 하므로 정신 이상으로 인한 책임이 줄어들어선 안 된다고 주장했다. 검찰 측 전문가는 우리가 신경 써서 내린 진단을 두고 논쟁하는 걸 피하기 위해 이런 고도의 술책을 썼다. 또한 '비정상적인 정신 상태가 살인을 설명할 수 있는가?'라는 중요한 문제도 피해갈 수 있다.

그다음은 살인자가 형사 책임을 지기에 상당한 장애가 있는지 판단하는 부분인데 이는 도덕적인 문제지 의학적인 문제는 아니다. 판사가 답변하라고 강하게 밀어붙이지 않는 한 난 책임에 대한 언급을 피하는 편이다. 배심원이 스스로 결정해야 한다고 말한다. "친애하는 각하, 전 정신 이상이 지속적으로 형사 책임을 지기에 장애가 된다고 여기지만 진실을 밝히려는 법정과 궁극적으로 배심원 여러분의 판단이 중요하다고 생각합니다."

왓슨은 만장일치로 유죄를 선고받았다. 그가 눈물을 흘리는 그 자리에서 앞선 인터뷰 테이프를 들었다. 그가 했던 말이 있으니 모두 그가 피해자가 아닌 스스로를 위해 울고 있다는 데 동의했다. 형량은 이렇다. 종신형, 첫 번째 가석방 검토 전까지 최소 25년 복역형.

몇 년 뒤 미해결 사건을 검토하면서 왓슨이 이 사건 전에 발생한 성폭행 두 건의 범인으로 판결났다.

왓슨에게 마지막 질문을 했을 때 난 그가 벨마시 교도소에 얼마나 있어야 할지 생각했다. 그는 해가 들어오지 않는 독방에 하루 20시간을 머물며 음식을 배식받고 아무도 없을 때만 운동장으로 나갈 수 있었다. 몸수색을 받아야 하고 전화 통화가 제한되며 술이나 약물은 금지고 끔찍한 음식으로 버텨야 했다. 난 그에게 이 모든 부분에 어떻게 적응하고 있는지 물었다. 그러자 그가 웃으며 대답했다. "전 괜찮아요, 박사님. 여긴 따뜻하고 아주 안전하게 느껴져요. 마침내 제가 올바른 곳에 와 있는 것 같아요."

× × ×

왓슨의 재판은 2004년에 마무리되었으나 난 하디의 조사 결과를 2005년까지 기다려야 했다. 판결을 기다리는 동안 날씨조차 제대로 즐기지 못했다.

마침내 결과가 나왔을 땐 난 언론 기자회견에 참석할 수 없었다. 어느 화창한 날 머스웰 힐로 차를 몰고 가는 길에 라디오 뉴스를 들었고 다음 날 신문에는 '정신과 의사가 캠든 리퍼를 무죄로 만들었다'고 실렸다.

하디가 퇴원하던 당시 정신과 의사들은 정신보건법에 따라 그를 더 오래 구금시킬 수 없었다고 밝혔다. 최초의 살인 기소는 2002년 1월에 해지 처분을 받았고 두 명의 정신과 전문의가 펜턴빌 교도소에서 그를 만난 건 정신 병동으로 이송하기 위해서였다. 그는 엄청나게 술을 마신 상태에서 범죄에 가담했고 조울증 병력이 있어 정신 병동에 일정 기간 머무는 것이 교도소에서 바로 출소하는 것보다 더 나은 선택이었다.

병원에서 하디는 치료에 협조적이었고 커다란 조울증 알약도 잘

83

챙겨 먹고 약물과 알코올 중독자 모임에 참여해 자신에 대해 이야기하기로 합의했다. 그는 수개월을 병원에 있으면서 어떤 문제 행동도 보이지 않았다. 그를 구금한 집단은 추가 구금이 '환자의 건강과 안정을 위해 필수'이며 '타인을 보호하기 위해' 필요한지 판단했고 치료는 '그가 병원에서 나가면 제공할 수 없다'고 했다.

이를 입증해야 하는 부담감이 병원에 주어진 상태에서 하디는 이후 치료 및 경과 보고에 동의했고 더 이상 그를 잡아둘 방법은 없었다. 마파로의 이송은 아주 낯선 절차였고 그의 기물파손죄는 범죄로 보기에는 경미한 수준이라 더 심각한 범법자가 갈 수 있는 마파의 요건에 부합하지 않았다.

하디를 대했던 직원들은 알 수 없는 정황에서 로즈 화이트가 사망했다는 부분에 대해 불편한 동요를 보였고 그를 믿을 수 없으며 조작에 능하고 냉철하다는 인식을 갖고 있었다. 다시 말해 그는 사람들이 '소름 끼친다'고 느끼게 만드는 인물이 확실하지만 그것만으로는 누군가를 구금해둘 수 없다.

조사에서는 어떤 증거도 발견되지 않았고 그의 조울증이 살인에 영향을 미치지 않았다고 나왔다. 결국 정신보건법에 따라 정신과 병동에 구금했지만 그가 살인을 저지를 위험을 줄이지는 못했다.

물론 지금 우리는 하디가 냉혹한 가학 성애자이자 그가 세인트 루크 병원에 입원했을 때 세 건의 연쇄 살인 중 첫 번째와 두 번째 사이에 있었다는 걸 알고 있다. 그는 앤드류 쿠나난이나 테드 번디처럼 '말주변이 좋고 능글능글한' 사이코패스는 아니었지만 정신과 인터뷰만으로는 명백한 실체를 드러낼 수 없다는 걸 증명해주었다. 그에 대한 진정한 판단은 사법 체계 속에서 그가 보인 행동을 기준으로 내린 것이다. 다시 말해, 연쇄 살인마는 붙잡히지 않는 한 자신이 저지른 일을 결코 인정하지 않는다.

당시 하디를 두고 사이코패스 치료가 가능한지 여부로 논란이 있었다. 2007년 정신보건법이 개정되어 더 폭넓은 병원 치료로 한층 온건한 인격 장애도 다룰 수 있게 되었다. 그러나 스펙트럼의 끝자락에 있는 심각한 사이코패스, 고위험 인격 장애 환자를 위한 병동은 계속 관심 밖에 머물렀는데 이들의 절반 이상이 치료에 참여하는 것조차 거절하고 어떤 식으로든 나아질 의사가 없었기 때문이다. 또한 거짓된 모습과 '허위 협조'를 장착하는 경우도 있다. 이런 집단을 관리하는 일은 고도 감호 시설인 화이트무어 교도소와 같은 곳에서 맡는다.

이 모든 일이 부정확하고 나태한 검시에서 비롯되었다. 부검이 제대로 이루어졌다면 하디는 종신형을 받고 최소 15년을 복역하고 그해 말 다른 두 피해자는 발생하지 않았을 것이다. 그럼 내가 거의 3년을 긴장 속에서 살 필요도 없었을 것이다. 하디에게서 벗어날 수 있었을 것이다. 그러나 그는 내 이력에 지울 수 없는 표식을 남겼다. 모든 사례에서 최악의 시나리오를 생각하게 만들었고, 모든 가능한 결과를 예상하며, '살인 사건이 벌어지면 경찰 쪽에서 뭐라고 말할까?'라는 생각이 특정한 행동을 취할지를 결정할 때 제약을 주었다.

하디는 분노, 여성 혐오, 당뇨에서 기인한 가학 성애가 살인으로 발전해나갔다. 살인과 시신 유기는 가학적인 욕구의 일부로 타인의 삶과 죽음을 제어하려고 한 시도다. 우울증과 조울증은 관심을 다른 데로 돌리려는 목적이었고 범죄가 벌어졌던 당시에 정신과적 문제를 제기한 건 세 번의 살인에 대한 유죄 인정을 하기 싫어 선수를 친 거였다.

그러나 정신 질환 진단과 범죄 현장의 분류 체계는 여전히 재소자들의 정신세계와 살인 행동을 설명해주는 유일한 방법이다. 신경과학이 발전했지만 법정신의학과 범죄심리학에 있어서 우리는 항상 하디와 같은 끔찍한 범죄를 이해하고자 고군분투할 것이다. 최근 들어 거친 성행위로 자칫 사망에 이르렀다고 주장하며 살인죄를 피하려는 남성들의 수도 늘었다. 피해자들이 그가 잠든 뒤에 몸무게에 눌려 질식사한 것이라는 하디의 믿기 힘든 주장은 우리에게 그의 진정한 동기와 행동에 대해 추측하게 해주었다. 십중팔구 그는 자신이 한 짓의 소상한 내막을 무덤까지 가져갈 것이다.

정신 이상 살인

사례 연구:

다니엘 조셉,
조나단 브룩스

5

불행한 인생,
끔찍한 사망

환자 셰릴의 팔뚝에서 흘러나온 검붉은 정맥혈이 살균한 흰 거즈를 적셨다. 나는 수술용 장갑을 낀 손으로 피를 깔끔하게 닦아낸 다음 구부러진 바늘에 비단 봉합사를 끼워 피부 봉합을 이어나갔다. 면도날로 왼쪽 팔뚝 두 군데가 길게 찢어졌고 상처는 노란 피하지방 밑까지 깊이 베어 들어갔다.

1998년 우리는 베들렘 왕립 병원의 위기 회복 병동에 있었다. 이 병동은 반복적으로 자해하는 사람들을 담당하는데 경계성 인격 장애를 진단받은 환자들이 많다. 대부분 어린 시절 학대라는 역경을 겪었다. 마이클 크로 박사가 설립하고 제인 번클락 고문 간호사가 있는 이 병동은 새로운 접근법을 시도했다. 진정한 자살 의도가 없는 반복적인 자해를 예방하기보다는 자제력을 강화하는 방향으로 치료의 중점을 두었다.[22] 이 말인즉 많은 일반 정신 병원처럼 날카로운 도구를 숨기거나 밀수품처럼 여기지 않았다는 뜻이다. 대신 정신과 의사 혹은 야간 당직을 서는 일반 의사들이 근무 외 시간에 진료를 비롯해 정신과적 문제까지 해결해야 했다.

자해의 경우 우리는 보상도 처벌도 하지 않았다. 다시 말해, 달래주거나 긍정적인 관심을 주지 않는다. 과도하게 거칠게 다루거나 무시하지도 않는다. 자해의 동기가 복잡한 데서 비롯된 규칙이다. 피를 흘리고, 고통을 경험하고, 처벌받길 원하고, 다른 이의 이목을 얻는 일이 전부 자해를 '강화할' 수 있다. 그보다는 '안성맞춤' 혹은 '적합한' 접근이 필요하다. 침착하고 중립적인 태도를 유지하면서 다친 부위를 성실하게 치료해주는 것이다.

나는 셰릴에게 두 번째 상처 주변을 국부 마취해야 해서 따끔할 거라고 경고했다. 마취제가 침투하길 기다렸고 차분한 분위기 속에서 두 번째 상처를 여덟 땀 꿰매고는 배어 나온 피를 깨끗이 닦았다. 간호사가 포비돈 요오드를 분사하고 살균 드레싱을 도왔다. 셰릴은 미소를 지으며 봉합해줘서 고맙다고 말했다. 난 중립을 지켜야 하는 임무에 최선을 다했다. 화를 내지도 그녀를 달래주려고도 하지 않았다.

봉합을 마무리한 다음 병동을 나왔다. 문이 잠겨 있지 않은 개방 병동을 지나 차에 탔다. 눅눅하고 추운 밤이라 내부 윈드스크린에 낀 서리를 닦아내고 공기 조절 장치를 켜고 시동을 걸었다. 병원 부지의 내부 도로를 따라 시속 24킬로미터를 지키며 차를 몰았다. 옆길로 틀어 격리 병동의 주차장으로 가는데 여우 한 마리가 차 앞으로 종종걸

음치며 지나갔고 그곳이 그날 밤 마지막 업무 장소였다. 사방은 고요했다.

베들렘은 세인트 메리의 베들레헴으로 알려져 있다. 아마 베드럼으로 더 잘 알고 있을 것이다. 익히 들어봤을 테니까. 한때 비인간적인 정신 병원 시대의 전형으로 화가 윌리엄 호가스의 〈탕아의 편력〉의 마지막 시리즈인 〈매드하우스〉에서 영감을 받았다. 그의 작품은 1946년 보리스 카를로프의 동명 영화에 영감을 주었다. 1998년 병원은 창립 750주년을 맞았다. 베들렘이 가장 최근에 넓은 곳으로 이전한 건 1930년 켄트의 베커넘 근교로, 넓은 잔디밭과 과수원 심지어 크리켓 구장까지 갖췄다. 이곳은 나중에 모즐리 정신 병원과 연계해 최첨단 현대식 병원으로 성장했고 최근엔 법정신의학 병동까지 생겼다. 그러나 모든 변화가 긍정적인 건 아니었다. 1999년 확장하는 동안 각종 논란으로 얼룩져 유구한 역사의 베들렘이 특징 없는 '사우스 런던'으로 전락했다. 존스 홉킨스가 '이스트 볼티모어'로 이름을 바꿨다고 상상해보라.

베들렘 어디서든 당직 의사는 호출을 받을 수 있다. 위기 회복 병동에서 셰릴과 같은 환자를 살피거나 개방 병동인 국립 정신 병동에서 전국에서 이송된 조현병 치료 거부 환자들을 다루기도 한다. 아니면 다른 병동으로 불려갈 수도 있다. 공포증, 알코올 디톡스와 회복(오래전에 중독 관련 예산이 삭감되면서 문을 닫음), 청소년 문제 및 생명을 위협하는 거식증과 폭식증 식이 장애에 관한 프로그램을 배우기도 한다. 환자 대부분이 자기 의사에 따라 자유롭게 오가며 그들이 가진 위험 요인은 타인을 해하기보다 스스로를 향한 부분이 더 크다.

그날 밤 내 마지막 호출은 법정신의학 격리 병동인 데니스 힐에서 왔다. 1980년대 말 새로 지은 건물로 난 그곳에서 처방전을 작성한다. 초인종을 누르자 간호사가 육중한 유리로 된 이중 에어 로크 도어를 열어주었다. 복도를 따라 24개의 병실이 있는 병동 안은 으스스하리만치 조용했다. 환자 한두 명이 공용 라운지에서 늦은 밤 텔레비전을 보고 있었다. 이곳의 환자들은 치료를 받고 회복에 집중하는 사람들로 대체로 안정적이며 최선을 다해 일상으로 돌아가려고 노력하는 이들이다. 게다가 오늘은 모든 것이 고요했다. 집중 치료실 혹은 단계별 회복실(병동의 개별 구역으로 정신 장애가 있는 환자들이 다른 이들과 떨어져 지내는 곳)과 격리실은 비어 있었다.

난 1~2분가량 차트 두 개를 기입하고 치료 계획을 확인하기 위해 의료 기록을 상호 참조했다. 환자별 사례는 종이에 수기로 작성해 레버 아치 파일에 보관한다. 빨간 모서리는 입원 환자용이고 파란 모서리는 퇴원 환자용이다. 법정신의학 병동엔 파일이 엄청나게 많지만 잘 정리되어 있고 환자가 저지른 범죄 혐의에 대한 분석들도 있다. 이를 '범죄 지수'라고 부른다. 평가에 엄격하게 접근하는 법정신의학의 방식 때문에 난 이 분야에 매료되었다. 환자의 불안한 행동을 마주했을 때 흔들리지 않는 수간호사들의 침착한 대응도 한몫했다. 지역 단기 입원 정신 병동의 혼란스러운 분위기와는 상당히 대조적이다. 그곳에선 간간이 환자의 공격성이 불필요한 동요를 불러일으킨다.

그날 밤 일을 마치고 난 병원의 긴급 대기소로 돌아왔다. 침대 하나와 작은 간이 주방과 거실이 딸려 있는 공간이다. 일반 병동의 부산한 밤 시간과 비교했을 때 자정이 지나면 베들렘은 늘 고요했다. 긴급

91

안정이 필요한 불안한 행동을 보이는 환자나 응급 의료 상황이 없으면 몇 시간 정도는 제대로 잘 수 있었다.

난 테이크아웃한 남은 카레를 먹어 치웠다. 근처 웨스트 위컴의 카레 집에서 배달해주는 더 매운 치킨 잘프레지를 먹지 못한 게 아쉬웠다. 내일 요동치는 배속에 꼭 그걸 집어넣어야지.

하루 열다섯 시간을 일하기 위해 수없이 마신 커피 때문에 잠시 잠들기 힘들었지만 결국 졸기 시작했다.

× × ×

그러다 깜짝 놀라 잠에서 깼다. 경비실에서 날 호출해 당장 법정신의학 병동으로 가라고 했다. 차를 탈 생각도 하지 않고 그냥 옷만 대충 걸쳐 입고 뛰었다.

당직 의사에게 호출기를 넘겨줄 시간이 다 되었지만 이 호출은 내가 처리해야 하는 일이었다. 에어 로크 문 안으로 들어서니 모두가 매우 긴장한 모습이었고 단계별 회복실에서 비명 소리가 들렸다. 당직 간호사인 실비아가 몇 시간 전 캠버웰 모즐리의 정신 집중 치료 개방 병동에서 환자 한 명이 이송되어 왔다고 알려주었다.

지금 상황에선 환자가 어떤 범죄 이력이 있는지 알 수 없었지만 개별 조사 보고서에 끔찍한 사건이 자세히 기록되어 있었기에 간단히 요약하자면 이렇다. 1월 22일 목요일 아침 7시 45분경, 열여덟인 다니엘 조셉이 친구 칼라 톰슨의 집 문을 발로 걷어차 열고 침실로 들어가 잠들어 있던 그녀의 머리채를 붙잡아 끌고 나왔다. 그는 칼라를 심하게 구타했고 집 안을 엉망으로 만들었다. 그녀의 머리를 래디에이터와 문틀에 후려치고 발로 걸어차고 마구 짓밟았다. 그녀의 머리카락에 불까지 붙이려고 했지만 뜻대로 되지 않자 로프를 그녀의 목에 감고 피가 낭자한 집에서 끌고 나와 외부 주차장으로 갔다.

거기서 그는 각목을 집어 들고 여러 대의 차창을 깨부순 다음 쉰셋인 아그네스 에룸의 집 주방 창문으로 벽돌을 집어 던졌다. 그리고 아그네스의 집으로 들어가 그녀를 끌고 밖으로 나왔다. 그는 그녀를 칼라 옆에 내려놓고 두 여성의 목을 같이 묶은 다음 이미 오래전에 의식을 잃은 두 사람을 계속 걸어차고 발로 밟았다.

이 무렵 경찰관 여러 명이 현장에 도착했고 다니엘은 쿵후 같은 자세를 취했다. 경찰이 최루 가스를 사용했지만 효과가 없었다. 지원 요청을 한 뒤 경찰이 다니엘에게 달려들자 그는 차량 보닛 위로 올라가 '타잔처럼' 자기 가슴을 두드린 다음 뛰어내렸고 경찰을 향해 물건을 던졌다. 결국 그를 진압하고 경찰차로 싣기까지 20분이 걸렸다.

칼라 톰슨은 50군데가 넘는 부상으로 인해 21시간 뒤에 사망했다. 아그네스 에룸은 처음에는 살 가망이 없어 보였지만 놀라운 회복력을 보였고 다행히도 아무것도 기억하지 못했다.

일반적으로 살인 사건이 일어난 직후 체포된 사람은 경찰서에 밤새 구금돼 있다가 다음 날 아침 치안 판사 앞에 선 다음 구치소에 투옥된다. 그러나 이번 건은 보기 드문 경우였다. 실비아는 경찰이 내가 그를 급속 안정시켜주길 바라고 있다고 설명했다. 환자가 흥분한 상태고 그런 일을 벌인 이유를 말하지 않고 있었기 때문이다.

급속 안정은 환자의 건강과 안전이 최우선으로 중요한 극한 상황

2부
정신 이상 살인

에서만 허용된다. 이번이 딱 그런 사례였다. 난 안정제 키트를 요청했고 그 안에는 나비 바늘, 알코올 소독솜, 2~10밀리 주사기, 디아제물스(우윳빛 흰색을 띄는 주입식 신경안정제로 더 이상 정신과에서는 쓰지 않는다)가 든 유리병 여러 개, 근육 혹은 정맥 주입용으로 쓸 수 있는 항정신 의약품인 할로페리돌이 들어 있다.

준비를 마치고 우리는 다른 병동에서 소환된 대응팀에게 계획을 설명했다. 결박은 평판이 좋지 않은 방식이라 엄격한 감시하에 실시하고 CCTV를 통해 관찰해야 한다. PMVA(폭력과 공격성 방지 및 관리)라고 부르는 기법은 환자를 몇 분간 안전하고 인간적인 방식으로 제어하기 위해 설계되었다.

우리가 들어갈 준비를 마쳤을 때 두 간호사가 조셉이 약을 먹는 걸 지켜보았고 그들 뒤로 문이 쾅 하고 닫혔다. 난 관찰용 창문을 통해 처음으로 그를 제대로 볼 수 있었다. 아주 건장한 구릿빛 몸에 근육질의 청년으로 키가 190센티미터 정도였고 방 안의 나무 벤치를 뜯어내려고 안간힘을 쓰고 있었다. 그는 손쉽게 육중한 황동 나사를 부숴버리고 텔레비전 화면의 안전 유리를 깨기 시작했다. 그가 자해할까봐 걱정이 컸지만 치료실을 탈출해 나와 우리를 공격할 수도 있었다.

이 시점에서 사이렌 소리가 울렸고 경찰 기동대가 도착했다는 말을 전해들었다. 주차장으로 가는 동안 무장한 기동대원들을 태운 밴 세 대를 보았고 책임자와 이야기를 나누었는데 그가 내게 이번이 세 번째 출동이라고 알려주었다. 처음은 체포되는 순간이고 두 번째는 조셉이 개방 병동을 부수고 나올 때라고 말이다.

경찰 기동대의 밴 뒤로 순찰차와 또 다른 밴이 보였고 거기에는 경찰견을 부리는 경관과 무장한 경관 두 명이 각각 글록 권총을 옆에 차고 9밀리미터 헤클러 운트 코흐 5호 기관단총까지 준비해두었다. "그가 우리를 뚫고 지나가도 저 둘을 넘어가진 못할 겁니다." 걱정스런 내 눈길을 알아차리고 경사가 말했다.

이제 상황이 심각하다는 점이 분명해졌고 내 상관이 주차장에 차를 세우는 걸 보았다. 데이빗 모터쇼 박사는 경험이 풍부하고 단호하고 확실한 사람이다. 그는 오는 길에 상황에 대해 간략히 이야기를 들었고 나에게 이미 윗선에서 논의를 끝냈다고 알려주었다. 난동을 피웠으니 그는 분명 폐쇄 병동으로 가야 하고 버크셔에 있는 브로드무어 병원은 일반적인 긴 이송 절차와 허가를 생략하고 그를 받기로 했다.

모터쇼 박사와 이야기하는 동안 구급차가 도착했다. 기동대 경사가 총을 준비하고 지휘관이 계획을 실행하러 왔다. 이제 조셉이 벤치의 나무 조각을 다 박살내 흉기로 쓰게 된 터라 PMVA는 위험이 너무 컸기에 기동대가 방패로 환자를 진압하는 걸 돕기로 합의했다. 우리는 그를 안전하게 데려갈 수 있도록 진정제를 투여한 다음 시설로 이송하는 실질적인 문제를 생각해보기로 했다.

한편, 조셉은 계속 치료실을 때려 부수는 중이었고 모터쇼 박사가 안달하기 시작했다. 그는 경사에게 조셉이 자살을 시도할 위험이 있으니 빨리 진압해야 한다고 말했다. 경사는 모터쇼 박사에게 자신의 팀원들에게 상황이 어떻게 될 건지 설명해달라고 부탁했다. 30여 명의 기동대원들은 전투용 헬멧, 바이저, 다리 보호대, 폭동 진압용 방패로 무장했다.

데이빗 모터쇼는 그들을 보고 직설적인 화법으로 말했다. "환자는 190센티미터 신장에 레슬링 선수이자 보디 빌더고 완전히 정신이 나갔습니다. 그는 아마 여러분이 자신을 죽이러 왔다고 생각할 것이고 무슨 말을 해도 듣지 않을 테니 그를 이해시키려고 시간 낭비할 필요가 없습니다. 여러분의 방패로 그를 바닥에 눕히면 됩니다. 우리가 그를 진정시킨 다음 데리고 나가겠습니다."

바이저 너머 경찰들의 눈이 휘둥그레졌다. 이건 평범한 폭동 진압 시나리오가 아니다. 그들이 익히 알고 있는 것과는 딴판인 상황이었다. 모터쇼 박사가 경찰에게 "우리가 진정시킬 겁니다"라고 했을 때 그가 말한 '우리'란 날 이야기한다는 걸 깨달았다.

× × ×

기존 환자들은 모두 다른 병동으로 옮겨두었고 기동대가 쐐기로 고정해 열어놓은 에어 로크를 지나 로마 군대처럼 진격해 문 앞까지 갔다. 간호사가 열쇠를 준비했고 합의한 대로 재빨리 숫자를 센 다음 문을 열었다.

경찰들은 방패를 높이 들고 안으로 들어가 모터쇼 박사가 한 말은 완전히 잊어버리고 조셉에게 몸을 낮추라고 소리쳤다. 그들의 모습이 두려웠는지 그가 재빨리 말을 들었다. 비명소리가 몇 차례 들리고 잠시 뒤에 한숨 쉬는 소리와 함께 경찰들이 소리쳤다. "응급 요원!"

그게 나였다. 난 안으로 들어가서 조셉이 수갑을 두 개나 차고 바닥에 엎드려 있는 걸 보고 주사를 놓으려고 무릎을 굽혔다. 정맥 주사를 놓으려면 알코올 솜으로 피부를 소독해야 한다. 23게이지 녹색 나비 바늘이면 팔뚝에서 적당한 혈관을 찾을 수 있다. 그런 다음 주사기 손잡이를 당겨 바늘이 제대로 꽂혔는지 확인하려 피를 뽑아 올린다. 그리고 다이아젤무스를 천천히 주입하면서 호흡수와 맥박을 체크한다.

다이아젤무스는 바륨으로 더 널리 알려진 진정제다. 정맥 주사로 보통 5~10밀리그램 투약하면 진정이 되고 반의식에 빠진다. 요즘은 안전을 위해 근육에 주사를 놓지만 1990년대에는 정맥에 투입하는 게 표준 관례였다. 또한 표준 관례에 따라 나는 10밀리그램의 할로페리돌을 다시금 정맥에 놓아 좀 더 효과가 오래 지속되면서 정신과적 증상이 줄어들도록 조치했다.

이내 조셉은 조용히 잠이 들었고 간호사가 그의 맥박과 호흡을 살필 때 난 밖으로 나와 모터쇼 박사와 지휘관에게 보고했다.

"얼마나 자게 되나요, 의사 선생님?" 사령관이 물었다.

"장담하기 어렵습니다. 다이아젤무스 효과는 40분에서 한 시간 정도일 겁니다."

"그럼 그다음에는 어떻게 하나요?"

"브로드무어의 폐쇄 병동에서 그를 받아주기로 했습니다."

"지금 브로드무어에서 데려갈 준비가 되었나요?"

"네, 입원동인 루턴에 한 자리가 있어요. 우리는 그를 정문으로 데리고 나갈 겁니다. 거기까지 안전하게 데려다주기만 하면 돼요."

"알겠습니다. 구급차로 그를 브로드무어로 데려갑시다. 하지만 전경찰 기동대와 무장 차량이 그가 깨어날 경우를 대비해 같이 갔으면 좋겠습니다."

2부
정신 이상 살인

수간호사인 줄리가 동의했고 나는 들것에 누운 조셉과 함께 구급차에 올랐다. 우리는 구급차에 경찰 두 명과 함께 탔고 다른 경찰들은 밴을 타고 뒤따라왔다.

조셉은 산소 호흡기와 심장 모니터와 혈압계를 차고 수갑을 푼 채편안하게 잠들어 있었고 구급대원들이 그를 구급차로 옮겼다. 난 약이 든 작은 가방을 들고 차에 올라 벨트를 매고 여정에 나섰다. 구급차와 경찰 기동대의 밴을 포함해 여섯 대의 차량이 일렬로 움직였고 우리는 구급차의 최고 속도인 시속 129~145킬로미터로 달렸다. 난 최근에 브로드무어로 세미나를 다녀왔기에 베들렘에서 거기까지 한시간 반이 걸린다는 걸 알았지만 그날 우리는 40분 만에 도착했다.

정문이 열려 있어서 우리는 병동 옆 주차장에 차를 세웠다. 구급대원들이 여전히 자고 있는 조셉을 휠체어에 태워 덩치가 큰 병동 간호사들에게 넘겨주었다. 다수가 문신을 하고 있어 마치 브로드무어 직원 럭비팀 주전 다섯 명처럼 보였다. 그들이 조셉을 맡아 몰드 침대, 몰드 변기와 개수대가 있는 안전한 입원실로 데려갔고 그곳엔 당연히 뾰족하거나 날카로운 물체 같은 건 없었다. 그를 조심스럽게 침대에 눕힌 다음 간호사들이 그의 상태를 살피기 시작했다.

그를 넘겨주는 데 대략 30분이 걸렸고 구급대원들이 우리를 집까지 태워다주기로 했기에 한숨 돌리며 뱅샷 교차로 쪽으로 향했다. 셔츠는 땀에 젖었고 발이 욱신거렸다. 그날 처음으로 한기를 느꼈다. 구급차가 갑자기 크게 흔들리더니 엔진 과열로 도로 한쪽에 멈춰 섰다. 폭동 진압에 나섰던 경찰을 태운 밴 세 대가 우연히 같은 경로로 따라오고 있다가 흔쾌히 우리를 태워주었다. 그들은 샌드위치와 페이스트리를 먹고 있었고 임무를 완수한 뒤라 분위기가 좋았다.

근무지로 돌아와 간호사실로 가서 보고를 듣고 내 사무실로 와 금요일에 발표할 내용을 준비했다. 집중하려고 애쓰다가 경비가 당직실 열쇠를 달라고 요청해 밤샘용 가방을 가지고 캠든의 집으로 향했다. 집은 비어 있었고 난 커다란 잔에 레드 와인을 따른 다음 소파에 앉아 사건으로 가득했던 36시간의 당직 임무가 무사히 끝난 데 안도했다. 그래도 그날 있었던 일의 파급력을 다 소화하기 힘들었다.

아드레날린이 슬슬 사그라들기 시작하면서 집중하기 힘들었다. 녹초가 되었지만 잠을 잘 준비가 되지 않아서 생각에 잠긴 채 멍하게 창문을 응시했다.

모터쇼 박사는 아주 침착했고 동요 없이 일을 처리한 듯 보였다. 내가 그의 수준만큼 자신감과 경험을 얻을 수 있을까? 나라면 경찰들에게 뭐라고 할지 감이 오지 않았을 텐데 박사는 대담하고 간단명료하게 그들에게 당장 알아야 할 사실만 말해주었다. 조셉은 안전하게 영국 최고의 감호 정신 병원으로 이송되면서 환자나 직원에게 어떤 부상이나 해를 입히지 않았다. 난 여전히 배울 것이 많았다.

× × ×

다음 날 아침, 이 사건의 완전한 스토리가 공개되기 시작했다. 다니엘 조셉은 태어날 때부터 귀머거리였다. 그는 수화를 배우지 못해 여전히 소통 문제를 안고 있었다. 조셉의 힘든 인생사와 그가 칼라를 죽이기 전과 후에 정신과 진료를 받은 내역이 취조 보고

2부
정신 이상 살인

서에 자세하게 기록되어 있었다. 조울증을 진단받은 그는 엄청난 덩치에도 불구하고 주변 사람들에게는 호의적인 착한 소년으로 곁에 두기 좋은 '선량한 거인'이었다. 그는 세계적으로 유명한 레슬링 선수가 되겠다는 집념으로 체육관을 다니며 철저한 식이요법으로 육체를 단련했다. 정신이 붕괴되면서 고통을 받았고 비현실적인 믿음이 망상으로 변해 자신이 귀머거리의 삶을 청산하고 '들리는' 세상에 살면서 세계 레슬링 연맹 소속 선수가 될 수 있을 거라 확신했다.

어느 날 밤 그는 작은 여행 가방과 여권을 챙기고 런던 아레나에서 열리는 세계 레슬링 연맹 시합장으로 향했다. 경기장 안전요원에게 쫓겨난 그는 가족들에게 짜증을 부리며 그들이 그가 미국으로 가지 못하게 막았다고 주장했다. 조셉은 집 앞 창문을 깨부쉈고 경찰이 출동했다. 그는 이미 피터 힌들리 박사와 정신과 치료 중이었고 처음으로 병원에 입원하게 되었다.

조셉은 열악한 청각 장애인 대상 정신 보건 서비스에 실망했다. 지속적인 취조로 정신과 치료를 병행하는 어려움이 있었고 수화를 할 줄 아는 정신 보건 전문의의 수도 제한적이었다.

불행히도 정신적으로 더 무너져버린 조셉은 사우스 런던의 다른 지역 병원으로 이송되었다. 그는 알코올 중독과 약물 남용으로 들어온 칼라 톰슨과 친구로 지냈다(이전에 정신과 쪽 문제가 있었던 것으로 보인다). 칼라는 약물과 정신 건강 문제가 있는 여러 젊은이들이 자신의 방 한 칸짜리 아파트를 같이 쓸 수 있게 해주었다. 그녀는 조셉에게 약 복용을 중단하고 대신 기도를 해보라고 설득했다. 되돌아보니 이 부분이 재앙을 불러온 치명적인 실수였다.

조셉은 그녀의 소파에서 몇 주간 지냈고 그가 걱정된 담당자들이 정신 감정을 실시했다(불행히도 주소를 잘못 안 수화 통역인이 늦게 도착했다). 이 평가에는 그가 사는 환경이 어지럽고 불결하다고 적혀 있었다.

한편 조셉은 또 다른 친구의 집에서 하루이틀 정도 머물다가 칼라의 집으로 돌아갔는데 이때 그가 한 아가씨를 임신시켰는지 여부를 두고 논쟁이 일었다. 취조에 따르면 이것이 공격 전 두 사람이 마지막으로 나눈 대화였다.

경험 많은 경감 수 힐이 상황을 해결하러 나섰다. 그녀는 비록 큰일을 벌였지만 조셉이 도움이 필요한 상태라는 걸 곧바로 알아차렸다. 나중에 힐 경감은 취조에서 조셉이 엄청나게 겁을 먹은 것 같다고 기록했다. 인터뷰나 기소 대신 최대한 빨리 그를 병원으로 이송하기로 했다. 경찰서에 올 수 있는 정신과 전문의를 찾기 위해 수차례 전화를 돌린 뒤에 결국 모즐리에 근무하는 수련의의 전화를 받았다. 조셉은 개방 병동의 격리실에 들어갔고 직원들이 최선을 다했지만 조셉의 폭력성에 두 번째로 경찰이 소환되어 그를 격리 병동인 데니스힐로 옮겼고 거기서 내가 개입한 것이다.

조셉을 법정으로 데려가기엔 상태가 너무 좋지 않아 브로드무어에 특별한 자리를 마련했다. 그곳에서 그는 다시 약을 복용하기로 약속했고 작은 사건 하나가 있은 뒤 이전의 열정적이고 상냥한 상태로 돌아갔다. 수차례 조사가 이루어졌다. 그가 조울증을 겪고 있다는 데 동의했고 망상과 공격적인 행동 특성을 진단했다. 그를 담당할 수 있는 정신 건강 전문의의 부재를 지적했지만 공통된 주제는 살인 취조였

2부
정신 이상 살인

다. 청각 장애인을 위한 정신 건강 서비스에 대해 많은 제안이 이루어졌다.

1990년대 말에 흔히 그랬듯 이 조사는 서비스를 향상시키기 위한 검토 자리였다. 실제로 20년 정도 지난 뒤 지역 정신 건강 서비스는 붕괴되었다. 살인율이 차츰 줄어들고 있는 상황이지만 조현병 환자의 살인율을 줄이고자 하는 노력은 헛수고로 돌아갔다. 이런 조사가 무시되거나 잊혀지면서 우리는 많은 교훈을 얻었다. 정신과 진료 비용을 축소하라는 엄청난 압박 속에서 많은 지역 정신 병원 침상이 줄어들고 있다. 조셉과 같은 사람이 위기를 헤쳐나갈 수 있도록 도와줄 수 있는 개방 병동이 있긴 하지만 범죄자에게 이런 선택지는 불가능한 경우가 대다수다.

6

우울증, 조울증, 그리고 조현병

정신의학에서 정신 질환은 크게 두 분류로 나눈다. 조울증(혹은 광적 우울증)과 조현병인데 1899년 독일 정신과 전문의이자 근대 정신의학의 아버지로 불리는 에밀 크레펠린이 최초로 둘을 구분했다.

조울증의 경우 생각이 끝도 없이 밀려들며, 잠이 줄고, 희열을 느낄 땐 상냥함과 사회성이 향상된다. HMP 할러웨이에서 조울증을 오래 앓았던 술집 여주인의 정신 감정을 한 적이 있다. 그녀는 내가 인터뷰를 하러 방으로 들어갔을 때 신나게 노래를 부르고 있었다. 조울증을 겪으면서 그녀는 술을 진탕 마시고 속옷 차림으로 앞마당에서 춤을 추고 자기 집 1층이 촛불에 타도록 내버려두었다. 초가 넘어지고 큰 화재로 이어져 위층에 사는 나이 많은 이웃의 목숨을 앗아갔다. 그을린 시신이 변기에 고꾸라져 있는 걸 소방대원이 발견해 살인 및 방화죄로 잡혀 온 거였다. 정신과 의사가 최근 그녀를 인격 장애로 진단하고 리튬 복용을 중단한 것이 이런 결과로 이어졌다. (정신과 의사들 사이에도 이견 차가 많이 있다고 내가 언급했던가?)

조울증은 일반적으로 폭력을 동반하지 않고 일상생활이 가능하다. 그러나 화를 잘 내고 외부 자극에 일시적으로 이성을 잃거나 망각에 빠져 생명을 위협하는 부주의한 행동이나 폭력과 같은 결과를 낳을 수 있다는 걸 다니엘 조셉의 사례를 통해 알 수 있다.

× × ×

그렇다면 우리가 말하는 '정신병'은 무슨 뜻이고 어떻게 범죄로 이어질까? '정신병'은 생각, 인지, 감정이 불균형을 이루어 외부 현실과 연결이 끊어지는 심각한 정신 질환을 총칭하는 용어다. 우리가 주로 살필 부분은 조울증과 조현병이다. 둘 중 조현병은 법정신의학 환자들이 가장 자주 보이는 유형이고 실제로 조현병을 진단받는 이는 감호 병동 수감자의 4분의 3 이상이다.

조울증과 더불어 조현병을 앓고 있는 사람 대부분은 폭력성이 없다. 성인 인구의 약 0.7퍼센트가 발병하는 꽤 흔한 질환이다. 대부분은 폭력의 가해자가 아닌 피해자인 경우가 많고 자살할 확률이 엄청나게 높다. 그런데 옥스퍼드대 법정신의학 교수 시나 파젤이 스무 건의 사례를 연구한 뒤 발표한 자료에 따르면 정신병을 가진 사람이 일

반인보다 살인을 저지를 확률이 19배 높다고 한다.[23]

과거에는 조현병을 진단하는 방법을 두고 의사들끼리 이견이 많았다. 1980년대 초엔 머릿속에서 목소리가 며칠 동안 들리면 진단받을 수 있었다. 요즘에는 한층 정확하다. 예를 들어, 적어도 6개월간 정신 상태가 오락가락해야 한다. 그러나 조현병은 사람마다 다양한 특색으로 드러날 수 있다.

처음에는 일반적으로 십 대 후반이나 이십 대 초에 발병해 '조발성 치매'라고 불렸고 이때는 조현병이라는 혼란스러운 명칭이 도입되기 전이었다. 이 병은 갑자기 혹은 서서히 퍼지기도 하고 몇 년에 걸쳐 점진적으로 사회적 기능이 줄어들지만, 일부는 정신 이상을 겪은 후에 회복하는 좋은 결과를 보여주기도 한다.

조현병은 환각, 망상, 무분별한 생각과 말, 이상한 행위와 부정적인 태도 등 특이한 행동에 따라 정의될 수 있다. 실제로 환각을 보고 머릿속 목소리가 행동을 지시하기도 한다. 일부 사례의 경우 목소리가 명령을 내리면 대상은 복종해야 한다. 이런 경우 위험한 결과가 생길 수 있는데 망각이 죽이라고 명령하는 경우가 그 예다. 망상은 변화를 거부하는 고정된 믿음으로 피해망상, 과장, 지나친 종교적 성향을 동반하는 경우가 많다.

'망상 지각'은 일반적인 지각을 망상으로 해석하는 것이다. 예를 들어, 자동차가 라이트를 반짝이면 누군가 나를 감시하는 징조라고 해석하는 식이다. 이때 불편하거나 이상한 감각인 '망상적 기분'을 앞세운다. 자신이 감시당하고 있다거나 공격당할 위험에 처했거나 살인 위협을 받고 있다는 망상은 두려움을 불러오고 그래서 자기방어를

2부
정신 이상 살인

위해 공격적인 행동을 이끌어내기도 한다. 감시 대상이 되었다는 망상은 아주 고통스럽고 종종 고통받는 이의 행동에 영향을 준다. 자신을 감시한다고 생각하는 사람에게 항의하거나 피해를 입히고 기괴한 보호 장비를 착용해 대적하기도 한다. 이런 믿음은 가끔은 피해자가 없고 우리가 '망상 장애'라고 부르는 정신 질환의 일종이기도 하다. 그러나 누군가의 목표물이 되었다는 망상은 미국의 대량 총기 살인 사건의 가해자들에게서도 발견되는데 워싱턴 네이비 야드에서 13명의 목숨을 앗아간 애런 알렉시스는 자신이 초저주파로 공격을 받았다고 믿고 있었다.

일부의 경우 스스로를 실험하고 내부 장기를 꺼내기까지 한다. 목숨으로 예술을 흉내 내는 특이한 사례 중 일부는 자신이 '가스라이팅(패트릭 해밀튼의 연극 〈가스등〉을 영화화한 작품에서 채택한 용어)'으로 미쳐버렸다고 믿는다. 망상에 빠진 이의 가족 구성원이 '감응성 정신병(정신병을 공유하는 것)'에 걸리거나 온라인 커뮤니티에서 '집단' 망상을 공유하는 사람들의 '다수 감응성 정신병'도 있다. 국립 정신병원에서 우리는 한 젊은 여성을 맡았고 정신 질환을 앓고 있던 그녀의 어머니는 딸에게 그녀의 속이 썩어가고 있다고 확신을 주었다. 어머니와 떨어진 뒤에 그 믿음이 재빨리 잦아들었고 둘 중 어느 쪽이 치료를 받아야 하는지가 분명해졌다.

괴이한 망상과 다양한 환각을 동반한 정신 질환은 종종 복합적으로 발병해 한 사람을 외계인으로 내몰고 세상을 두려움에 떨게 한다. 이런 끔찍한 경험이 강렬한 감정 반응을 촉구하는 것이다. 정신이 과도하게 고통을 받으면 이성적으로 사고하는 능력이 망가진다.

〈트루먼 쇼〉를 떠올려 보면 이해하기가 좀 수월하다. 자신이 배우들에게 둘러싸여 있고 자기 인생이 리얼리티 텔레비전 쇼의 일부로 통제당하고 있다고 믿게 된다면 말이다. 망상이란 이런 식이다. 고통받는 입장에서는 호러 영화 속 끔찍한 삶이 현실인 것과 같다.

정신병이라는 인간 내부의 경험을 이렇게 설명해도 직접 보기 전까지는 상상조차 하기 어렵다. 내가 국립 정신 병동 모슬리에서 처음 일을 시작했을 때 맡았던 환자는 자기 차에 마이크로칩이 심어져 자신의 생각을 엿듣는다고 말했다. 고양이를 키우는 한 청년은 자신이 런던 동물원의 사자에게 물렸다고 착각했다. 특히 기억나는 어느 날, 한 환자가 얼굴과 옷에 검은 기름을 잔뜩 묻힌 채 수갑을 차고 경찰 세 명의 호위를 받으며 들어왔다. 알고 보니 그는 램버스 노스 지하철역 선로에 뛰어내려 자살하려고 했다가 기적적으로 목숨을 건진 거였다. 심각한 우울증과 정신병을 겪는 상태에서 그는 천사에게 '다른 세상'으로 건너가라는 말을 들었다고 한다. 난 그의 건강과 안전을 위해 당장 입원시켰다. 그를 지하철에 태워 돌려보내는 건 좋은 생각 같지 않았다.

경험이 쌓이고 진료 기술도 늘면서 어느 정도 여유가 생기자 지하철 투신 환자 정도는 감당할 여력이 생겼다(응급의학과에서 일하면서 처음으로 흉부 배출관이나 심장에 중심선도 꽂아봤다). 유형별로 익숙해져가는 동안 물론 모든 사례가 다르다는 점도 인식하고 있었다.

정신적으로 문제가 있는 행동을 처음 목격한 가족들은 베들렘이나 모슬리로 찾아간다. 정신의학을 배우고픈 사람에게 더할 나위 없이 좋은 곳이다. 난 선별된 환자 집단을 만나 다양한 증세를 살피고 동시

2부
정신 이상 살인

에 근무 외 시간 응급실에서 극심한 정신적 위기 상황에 빠진 이들을 살피는 법도 배웠다.

모즐리에서 근무한 첫 반년 동안 괴상하면서도 흥미로운 사례를 여러 번 마주하며 내게 가장 잘 맞는 의학 분야를 찾았음을 직감했다. 더불어, 기초적인 수준이던 정신과 진료에 변화가 시작되는 걸 직접 눈으로 목격할 수 있었다는 점도 컸다. 1990년대 초 연구 중점은 정신병의 환경적·사회적 요인에서 유전과 생물학 분야로 넓어지는 양상을 보였다. 뇌 발달에 영향을 미치면서 신경 이상(뇌 조직)으로 인해 조현병이 발병한다는 사실이 분명해진 덕분이다.

그러나 유전자와 뇌의 물리적인 구조가 조현병 발병 원인의 전부라고 볼 수 없다. 스트레스를 주는 일상의 사건, 대마초 오용 혹은 뇌 손상이 누군가의 정신 질환을 촉발할 수 있다. 다시 말해서 태생과 환경의 결합이지만 다른 정신 질환보다 태생적인 쪽에 비중이 더 많이 가는 것이 사실이다.

그렇다면 어떻게 치료할 수 있을까? 1950년대에 개발되어 이후 반전과 발전을 거듭해온 항정신성 약물에서 해답을 찾을 수 있다. 부작용과 비자발적인 치료 문제는 여전히 중요한 이슈로 남아 있다. 난 환자들이 자신이 받는 치료에 대해 얼마나 이해하고 있는지와 약 복용을 원치 않을 경우 엄격한 안전 지침을 따라야 한다는 걸 인식시키는 데 많은 시간을 쏟았다.

물론 그리 멀지 않은 과거에 정신과 치료는 지독하기로 악명이 높았다. 〈뻐꾸기 둥지 위로 날아간 새〉라는 영화에서 잭 니콜슨이 묘사한 정신외과의와 인슐린 요법이 한몫했다. 문제는 정신외과(뇌 수술을 하는 곳으로 니콜슨 배역에게 뇌엽절리술을 실시한다)가 호전이 불확실한 상황임에도 수술을 통해 끔찍한 부작용을 이끌어낸다는 점이다.

× × ×

이 부분에 관해선 난 너무 잘 알고 있다. 우리 가족 중 조지나 이모는 1950년대 말 산후 우울증을 앓았다. 이모는 병원에 들어가 전두엽 절제술을 받았다. 병이 사라지는 듯 보였지만 이모는 분명 수술 부작용을 앓았다. 이모는 크리스마스 때 아이들 앞에서 부적절한 농담을 하지 않도록 스스로에게 여러 번 당부해야만 했다. 또한 곰 인형이나 여자아이 인형을 못 견뎌 했는데 난 나중에서야 그 이유를 이해할 수 있었다.

정신 질환에 대한 대중적 인식 역시 개선되었지만 오명은 여전히 남아 있다. 이모의 정신 질환과 다른 가족들의 질환은 공공연하게 논의할 수 없는 부분이었고 난 사연의 일부를 잘 알고 있었지만 정신과의 수련을 받기 시작한 이후에야 친척 어른들에게 더 자세한 걸 물어볼 수 있었다. 과거에는 금기시되는 부분인 정신 질환에 대해 이야기하면서 다들 어느 정도 카타르시스를 느끼는 듯했다.

하지만 난 모즐리에 '내게 맞는 직업 찾기' 같은 적성 게임을 하러 간 게 아니었다. 물론 여기가 내 분야라는 생각이 점점 커졌지만 신입인 당시에는 환자를 치료하느라 내 결정을 되짚어볼 겨를이 없었다.

이 시점에서 난 우리가 활용하는 치료 방법이 약물만은 아니라는 점을 강조하고 싶다. 입증된 정신 치료와 다양한 접근법을 병행하는

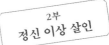

2부
정신 이상 살인

데 가족과 함께하기도 하고 직업 활동을 모색하기도 한다. 실제로 연구에 따르면, 환자의 가족이 개입하면 조현병 발병률을 줄일 수 있다. 이런 명확한 연구 결과가 있음에도 자금 조달이나 공급이 적절히 이루어지고 있지 않은 실정이다.

물론 항정신성 약물은 내가 날마다 처방을 내릴 때 중요하게 쓰이며 극적으로 삶의 질을 향상시키는 효과뿐 아니라 살인을 예방해준다. 약물은 도파민 수용체를 부분적으로 자극하거나 차단함으로써 비정상적인 인지가 커지는 걸 막아준다. 환청이 들리거나 망상과 같은 이상한 생각을 줄여준다. 일부 환자는 아주 빠르게 호전 반응을 보인다. 정신병을 겪는 와중에 목숨을 잃은 사람이 만약 한두 주 정도 일찍 치료를 받았다면 살았을 수도 있다.

1980년대 말과 1990년대의 사회는 살인을 비롯한 폭력 사건이 무작위로 생겨날 수 있다는 점을 받아들이려고 하지 않았다. 탓할 사람이나 기관을 찾을 필요성이 커지고 제도적 맹점을 개선하려는 인식이 역효과를 가져왔다. 다른 보건 영역에서도 마찬가지였다. 크리스토퍼 클루니스의 사례에서 피해자의 부인이었던 제인 지토의 캠페인은 정신과 서비스가 지나치게 안일하고 열악하게 운영됨을 밝혀냄으로써 정신 질환자의 살인에 주목하게 해주었다.

1990년대 말과 2000년대 초 엄청난 개선이 이루어졌다. 제인 지토가 설립한 비영리기관 지토 트러스트는 소기의 목적을 달성하고 2009년 문을 닫았으나 정신 질환 서비스의 지속된 예산 삭감에 경종을 울리는 또 다른 살인 사건이 벌어지자 2016년 지토 파트너십으로 다시 문을 열었다.

그럼에도 불구하고 정신의학에 대한 관심과 환자들을 공동체로 흡수하려는 노력은 지속되고 있으며 여전히 수정 가능하고 중요한 영역이다. 비록 정신 병원에 입원을 피하려고 애쓴다 해도 재발 기간에는 한두 주 정도 치료에 집중하는 일이 중요하다. 자살 위험을 안전하게 관리하고 폭력적인 행동을 억제해 일정한 계도 기간을 거쳐 사회로 되돌려보낼 수 있기 때문이다. 단기 입원 다음에는 양질의 공동체 보살핌이 뒤따라야 한다.

그러나 이런 소규모 침상조차 적극적으로 줄이고 있는 마당이라 환자가 하루이틀 정도밖에 머물지 못하는 경우가 비일비재하다. 일반 성인 병동의 침대 수는 고정되어 있어 매일 그나마 덜 불편한 환자를 내보내야 한다는 목표를 달성해야 하므로 더 오래 치료받아야 할 환자의 수가 늘어나는 것 따위는 신경조차 쓰지 않는다.

동시에 정신 건강 서비스를 받는 길이 한층 복잡해져 불투명하고 관료적인 절차를 거쳐 질환의 단계별로 환자들을 다루기도 한다. 최근 동료 사이먼 윌슨은 이 문제를 다룬 논문[24]을 출간했는데 내가 공동 저자로 참여했다. 우리는 현실성을 완전히 잃어버린 사람들이 적절한 도움을 받을 곳을 찾으려면 우편으로 수령하는 각종 문서들이 필요하다는 부분을 지적했다. 일정한 거주지가 없거나 정신적으로 완전히 붕괴되었을 경우 문서가 든 우편물이 개봉되지 않은 상태로 방치될 수도 있기 때문이다.

최근에 난 한 정신 건강 기관에 고도의 위험 행동을 보이는 환자를 감정해달라고 설득하는 데만 다섯 달이 걸렸다. 환자의 어머니 역시 도움을 원하던 상황이었다. 내가 이 일을 하면서 배운 한 가지는 정신 질환자들의 근심 많은 어머니들은 항상 상황을 심각하게 인식하고 있으나 자식의 정신병적 폭력은 이토록 가까이 있는 이에게 곧바로 행해진다는 점이다. 참으로 비극이 아닐 수 없다. 가까운 이란 주로 가족과 친구를 의미하며 특히 어머니가 가장 위험하다.

중대한 정신 질환의 경우 국민건강보험 측이 공동체가 보살핌을 담당한다고 그럴싸하게 말하지만 현실은 다시금 예산 절약에 가 있다. 입원 환자의 침대 수가 곧 돈이며 24시간 내내 돌볼 인건비도 마찬가지다. 우리는 안전한 보살핌을 제공할 필요가 있는 중요한 다수를 포괄하는 데 한참 못 미치고 있다.

× × ×

앞서 말했듯 조현병은 여러 방식으로 폭력과 연관될 수 있다. 인격 장애, 약물 중독, 충동성 병력이 있는 청년이라면 모든 요소를 가지고 있는 셈이다. 법정신의학 환자 상당수가 학대받은 어린 시절이 성격 형성에 영향을 미쳤고 일찍이 약물에 손을 대며 청년기에 정신적 붕괴를 겪는다. 처음 정신 질환이 발병했을 때 심각한 폭력 행위를 보이거나 살인을 저지른다면 전형적인 법정신의학 환자가 맞다.

그러나 조현병의 폭력은 정신병적 경험만으로 이루어지며 특히 환각의 명령, 자신이 피해자라는 망상, 외부의 힘에 의해 통제받는다는 망상으로 생긴다.

내가 인터뷰한 가장 심각했던 환자 중 한 사람인 피터 아데이미가 이렇게 말했다. "전 영향을 받은 것 같아요……. 제게 적이 있다고 의심했어요……. 그들이 제 뇌에 화학 물질을 투여하고, 귀에는…… 화약, 염산을 붓고…… 전 누군가 저희 집 열쇠를 가지고 있다고 생각했어요."

그는 자신의 생각이 텔레파시에 의해 차단당하고 주변인들이 전부 교체되었다고 믿었다. "누군가는 정말로 제가 아는 사람이 아니었어요. 그들은 복제 인간이죠. 겉모습은 같지만. 제겐 입증할 만한 증거가 없어요."

그는 '목소리'들이 "제가 하고 싶은 일을 하지 못하게 진을 빼놓고 그래서 전 어쩔 수 없이 포기하고 그들이 시키는 대로 해요"라고 밝혔다. 그는 '목욕용 소금'을 에너지원으로 하는 '초소형 삿갓조개 모양 스피커'가 자기 귀에 심어져 있다고 의심했다. 이런 정신 상태에서 그는 이웃에 사는 나이 많은 주민이 그의 고통에 관여했다고 여기고 목을 수차례 칼로 찔러 잔인하게 살인했다.

피터와 같은 사례를 살피는 데는 항상 어려움이 따른다. 그에게 치료는 중요하다. 그는 약을 복용하지 않고 예약된 진료에도 나타나지 않았지만 전에는 그렇게 심각한 폭력성을 보이지 않았다. 그런데 현재 정신 건강 서비스가 환자들을 관리하면서 위험성을 얼마나 분명하게 예측할 수 있을까?

사이먼 그라체프에 관한 언론 보도를 살펴보자. 내 담당은 아니었지만 그라체프의 오랜 정신 병력에 대한 내용이 이미 공공연히 보고되었고 그가 대학 시절 심한 대마초 중독자였다는 사실도 알려져 있다. 그는 여러 차례 구금되었고 칼로 부모와 정신과 의사를 협박했다.

그는 2000년 이후 약 10년 동안 치료를 받으면서 안정을 찾았다.

범죄를 일으키기 전 그는 어머니와 함께 지냈으나 정신병이 재발하면서 자신이 온전치 못하다는 것을 느끼기 시작했다. 그와 그의 어머니는 정신 병원에 연락해 입원시켜 달라고 요구했다. 그라체프는 한 정신 병원 직원에게 '엄마를 해칠 것 같다'고 말했다. 그는 입원이 필요한 것으로 판단되었지만 병실이 없었다.

이틀 뒤, 정신과 입원을 기다리면서 그는 어머니를 칼로 찔러 죽인 뒤 집에 불을 질렀다.

이 사건은 범죄 발발의 중요한 징조를 놓쳤을 뿐 아니라 지난 4년 사이 기관에서 병상을 100개 이상 줄였다는 실상을 알려주었다.

언론 보도에서 정신 건강 자선단체 대표는 이렇게 말했다. "에일린 그라체프가 목숨을 잃은 건 논란의 여지가 많습니다……. 정신 건강 서비스가 무너지고 있어요."

그라체프는 살인을 부인했고 심실 미약으로 인한 과실 치사와 방화로 유죄 판결을 받았다. 형사 법원 판사는 정신보건법에 의거 그를 병원에 영구 수감하도록 지시했다.

× × ×

이 같은 상황이 주는 메시지는 분명하다. 심각한 정신 질환을 앓고 있다면 적합한 치료진을 찾고 위기 관리 및 예방을 해야 한다. 가끔은 법정신의학 환자가 되는 편이 모순적이지만 혜택을 누리는 최선의 방법인 것 같기도 하다.

경찰은 정신 질환자를 자주 다루고 종종 환자를 안전한 병원으로 보내주지만 대개 이들은 같은 날 퇴원한다. 2018년 왕실 경찰 조사단 보고서에 따르면 '경찰이 보건 서비스의 부족한 부분을 채워주는 실정이다……. 구급차가 부족해 환자를 병원으로 이송해주고, 정신 병원에 자리가 날 때까지 함께 기다려준다. 신변 위험이 있을 경우 보살펴주기도 한다. 위기에 처한 사람은 시각과 상관없이 생기는 관계로 하루 24시간 주 7회로 대응할 수 있는 유일한 전문가는 경찰뿐이다. 이런 상황에 대해 시급히 조사가 필요하고 가능하면 근본적인 변화를 위한 제안이 이루어져야 한다.'

비극적이게도 일부 사례의 경우 경고 신호에도 불구하고 정신병 진단이나 치료가 지연되거나 거절되어 심각한 폭력 혹은 살인죄로 체포된 이후에야 보살핌을 받을 수 있었다.

최근 연구 결과는 살인 범죄 발생률이 줄어들고 있다고 알려준다. 정신병을 앓고 있는 사람에 의한 살인 범죄 역시 줄어드는 추세지만 일반 범죄율의 하락보다는 적은 편이고 조현병 환자의 살인은 증가 추세다.

국가가 정신 건강 서비스를 축소해서일까? 섣불리 대답하기 힘든 부분이다. 살인 사건은 비교적 발생률이 낮고 자주 일어나지 않으니 트렌드를 판단하기도 힘들다. 그러나 지금 의료 체계가 구성된 방식은 개인적으로 위기 관리 프로그램이라기보다는 그냥 될 대로 되라는 식처럼 느껴진다.

정신 이상자는 비정상적인 정신 상태에서 살인을 저지를 수 있지만 다른 많은 살인자들처럼 그들 역시 낯선 사람이 아닌 가족을 죽이는 경우가 많고 이는 주로 말다툼 과정에서 벌어진다. 정신 이상 상태에서 살인을 저지른 인물의 경우, 이전에 절박한 삶을 살았거나 살인 전 반사회적인 행동을 한 이력이 있을 수 있다. 그러나 갱단 소속이었다는 등의 폭력 전과가 있다고 해도 살인은 일반적으로 개인의 과거 범죄와 비교했을 때 범주에서 엄청나게 벗어난 일이다.

조현병 환자의 살인 사건은 전 세계적으로 5~8퍼센트를 차지하며 영국의 경우 한 달에 약 3건인데 2건은 이전에 정신과 의사에게 진료받은 적이 있는 사람들이 저지른다. 그렇다면 정신 건강 서비스에 대해 알지 못한 사람들이 저지른 사례는 어떨까? 아마 어쩔 수 없는 현실에 놓여 있거나 정신 질환을 감지하지 못한 인물이 처음 발병했을 때 일어난 것이다. 이런 식의 살인은 지구상에서 동일하게 발생한다.

모즐리에서 2년간 근무한 뒤 난 시드니의 뉴사우스웨일스에서 6개월간 일했다. 그곳에 머무는 동안 세인트 빈센트 병원의 연구자이자 법정신의학자인 올라프 니엘센을 만났다. 그는 전 세계에서 사례를 수집하고 정신 질환자가 저지른 모든 살인 사건의 3분의 1이 첫 발병 때 벌어졌다는 사실을 발견했다. 살인을 저지르기 전 한 번도 정신병 진단을 받지 않았거나 정신과 의사를 만난 적이 없는 인물들 말이다.

국가 네 곳을 추가로 살핀 사례에서 올라프는 또 다른 중요한 발견을 했다. 조현병 환자가 낯선 사람을 살해하는 일은 극히 드물어 1,400건 중 1건의 비율로 일어난다는 점이다. 모르는 사람을 살해하는 가해자는 주로 노숙자로 가족을 살해한 사람보다 반사회적인 행동을 보이며 이전에 치료를 받은 경우가 거의 없었다.

따라서 가끔은 살인 사건이 가해자가 정신 질환 즉, 정신병을 앓고 있다는 첫 번째 징후일 수 있다. 이런 살인을 예방하는 유일한 방법은 정신병이 발병했을 때 어떤 모습인지에 관한 인식을 높이는 일뿐이다. 특히 처음 발병한 사람과 관련된 모든 이들에게 말이다. 어쩌면 이 책이 도움을 줄 수도 있을 것이다.

2부
정신 이상 살인

7

그는 이상한 말을
하기 시작했다

런던의 법정신의학실에서 고문 의사로 근무할 때 매주 금요일 오전 10시면 회의가 열렸다. 수련의들과 간호사 등이 모여 입원 환자들을 살피고 퇴원 가능성이 있는 환자에게 잠재적인 위험 요소가 있는지 파악한다. 그런 다음에 위탁할 대상을 검토한다. 주당 1~8명 사이다.

조나단 브룩스 위탁 문제가 당시 우리의 일상이었다. 분명 정신 질환자였지만 공격적이지 않고 이미 치료를 받기 시작했다. HMP 웜우드 스크럽스 교도소에서 살인죄로 복역했고 그쪽에서 우리에게 그를 병원으로 보내도 될지 평가해달라고 했다.

영국은 필요한 경우 재소자를 감호 병원으로 보내는 일이 상대적으로 수월하다. 실형을 받은 죄수도 병원으로 옮길 수 있으나 형량은 여전히 남아 있으며 치료가 끝나면 다시 교도소로 돌아가야 한다. 미국의 경우 상황이 다르다. 죄수가 정신 병동으로 갈 수 있는 유일한 방법이 재판을 받을 당시 '법적으로' 제정신이 아닌 상태여야 하고 그 말은 곧 심각한 정신병을 가진 수많은 재소자가 200만 죄수들 사이에서 증상이 악화되고 있다는 의미다. 지구상의 많은 나라들에서 정신적으로 불안정한 범죄자를 정신 병동에서 치료받게 하는 건 다른 우선순위와 비교할 때 선뜻 자금을 내주기 어려운, 문명 사회의 호사쯤으로 여긴다.

난 스크럽스에 공식 방문을 예약하고 그 주의 위탁 업무를 건너 뛰기로 결정했다. 2013년 8월, 도로를 달리며 시리아 관련 국회의 논쟁을 듣다 CD를 틀었다. 그렇지만 존 콜트레인의 〈하프 노트 라이브: 원 다운 원 업〉의 불협화음이 기분을 더 안달나게 해 그냥 조용히 차를 몰아 1,200명을 수용하고 있는 빅토리아 양식의 붉은 벽돌 교도소로 갔다.

움푹 파인 자갈이 깔린 방문객용 주차장에 차를 세운 다음 방문객 출입구로 갔다. 교도소는 제아무리 공식적인 방문이라도 사람을 불편하게 만드는 뭔가가 있었고 스크럽스는 그쪽의 요청으로 방문할 때도 불친절하기로 악명이 높은 곳이다. 여기에 땀, 쓰레기, 교도소 음식, 바닥 세정제 냄새가 뒤섞여 이곳에 갔다 나오면 다시 샤워해야 할 것 같은 느낌이 든다.

엑스레이 검색대를 통과하고 다시 차로 돌아가는 수고를 피하려고 내가 좋아하는 0.3mm 로트링 파이버 팁을 버렸다. 이곳은 펜을 두 개

2부
정신 이상 살인

이상 가지고 들어갈 수 없기 때문이다.

안내자가 날 B동으로 데려갔고 위층 감옥 창문에서 떨어지는 음식물과 쓰레기 봉지에서 안전한 넓은 구역으로 이끌었다. 난 무언가 날아올 경우를 대비해 계속 위쪽을 주시했다.

인터뷰실에서 기다리다 조나단 브룩스가 들어올 때 서류에서 눈을 떼고 그를 쳐다보았다. 이십 대 중반에 석사 학위를 딴 그가 죄수복을 입고 두려운 듯 천천히 걸어왔다. 그는 조용조용하고 부드럽게 말했지만 인터뷰가 진행되면서 긴장이 많이 풀어졌다.

현 상황, 식사, 운동, 방문객 등을 묻고 난 뒤 그의 성장 배경에 대해 질문했다. 그는 아버지 폴이 영국 해군에서 일했다고 말했다. 사우샘프턴이 고향이나 미국 애너폴리스, 뉴포트, 보스턴으로 여행을 다녔다.

그가 이야기를 하도록 유도해야 했기에 인터뷰 속도는 고통스러울 정도로 느렸다.

난 목청을 가다듬었다. "당신 가족에 대해 묻고 싶군요. 아버지에 대해 말해보세요."

"아버지는 돌아가셨습니다." 그가 대답했다.

"그게 언제죠?"

"올해요." 난 그가 단답형으로 무성의하게 대답하고 있다는 걸 알았다.

"아버지와 사이가 좋았나요?"

그가 고개를 저었다. "전 아버지에 대해 잘 몰라요. 자주 뵙지 못했어요."

난 질문을 이어갔고 그가 조금 긴장이 풀렸을 때 그의 어머니 베로니카가 51살에 목숨을 잃었고 그녀가 동네 초등학교에서 급식 담당자로 일했다는 사실을 겨우 알아냈다.

"제 누나 앤은 법률가예요." 그가 내게 알려주었다.

"누나도 어머니와 같이 살았나요?" 내가 물었다.

"누난 이 모든 사달이 벌어지기 전에 독립해서 나갔어요."

대화가 마침내 진전을 보이는 것 같아 기뻤다. "배움에 관해 이야기해보죠. 학교 생활은 어땠나요?"

"학교는 괜찮았어요……. 전 친구가 별로 없었지만요."

"학교를 졸업한 뒤에 뭘 했나요?" 내가 물었다. "공부? 실습? 일?"

"전 경제학 학사 학위를 받았어요."

"대학 생활은 어땠나요?"

그가 어깨를 으쓱였다. "괜찮았어요……. 우등으로 졸업했고요."

우리는 계속 대화를 해나갔다.

조나단은 열심히 노력해 앵글리아 러스킨 대학교 금융학 석사 과정에 입학했으나 학기가 끝나기 직전에 아버지가 돌아가셨다. 케임브리지에 있는 동안 그는 기숙사에서 살았고 다시금 고립된 생활을 한 듯했다. 석사 학위를 마치고 고향으로 돌아와 어머니와 누나와 같이 살았다. 고향에서 그는 일자리를 찾기 시작했고 컴퓨터공학이나 금융 쪽으로 지식을 쌓을 수 있는 자리를 얻길 바랐다.

회계 인턴직 면접을 보러 갔다가 재킷을 벗으라는 제안을 받았을 때 경계심이 들었고 그 인터뷰 뒤에 대기실에서 기다리고 있던 다른 면접자와 인사를 나누었는데 그 사람이 '의심스럽고' 자신에게서 '정보를 얻어' 내려고 하는 것 같은 인상을 받았다고 말했다. 그는 뭔가 '이상한' 일이 벌어지는 듯한 '느낌'이 들었다고 밝혔다.

"모든 것이 허풍처럼 느껴졌어요." 그는 이 면접 이후 며칠간 마음이 불편했다고 덧붙였다. 그런데 그런 생각이 차츰 커졌고 그러다 2013년 7월 11일 목요일에 또 다른 면접을 보러 갔다.

이번에는 소프트웨어 업체였다. "제가 면접에 올 건지 확인하러 사무실에서 전화를 걸었더군요." 그는 기차를 타고 제때 도착했지만 면접을 그리 잘 보지 못했다고 생각했다. 어쩌면 먼 길을 온 게 면접에 영향을 끼친 걸 수도 있다고 생각했다.

그는 다시 돌아오는 기차에 올라 차 한 잔을 주문했다. 직원이 차를 타는 걸 직접 보지 못했지만 식당 칸 카운터 아래서 차가 나왔다고 했다. 그는 차를 마시고 약 두 시간 정도 곧바로 잠이 들었다.

"누군가 흔들어 깨워서 겨우 일어났어요. 너무 피곤했거든요."

다음 날 그는 차에 뭔가 들어 있었다는 의심을 하기 시작했다. 매일 아침 속이 메스꺼웠고 자신이 약물에 취했다고 믿었지만 이유를 알 수 없었고 누구의 책임인지도 몰랐다. 라디오에서 플라스틱으로 오염된 물에 대한 뉴스를 듣고 난 뒤에는 더욱 집착하게 되었다.

그러다 어머니에게 고민을 말했고 어머니가 의사에게 가보라고 조언했다. 그는 가정의학의 대신 경찰을 만나고 싶었지만 어머니가 경찰에 가기에는 증거가 부족하다고 그를 설득했다. 그는 계속 불안과 두려움을 느끼고 그 주 내내 불길한 일이 벌어질 거라고 확신하면서 토요일에 어머니와 편지를 부치러 가는 길에 모퉁이 가게 옆에 주차된 흰색 밴이 얼마나 두려운지, 그 차가 자신을 감시한다고 설명했다.

그는 한 남자가 아닌 척 울타리 아래로 소총을 숨기는 모습을 보았다고 말했다. 동네 공원에서도 사람들이 자신의 대화를 엿듣는다고 믿었다.

7월 15일 월요일 아침, 불을 켰을 때 퓨즈가 나갔고 조나단은 누군가 집에 들어온 거라고 의심하기 시작했다. 그는 어머니에게 매일 밤 자러 가기 전에 집에 경보기를 켜자고 했고 자기 방에서 자는 게 너무 두려워 화요일에는 어머니 침실 바닥에서 잤다. 그는 집 밖을 빙빙 돌고 있는 차들이 있다고 믿었다. 또한 속삭이는 소리를 듣기 시작했고 사람들이 자신의 일거수일투족에 대해 말하는 것 같았지만 실상 아무도 보지 못했다. 이 모든 메아리가 도청 장치에서 들리는 걸까? 그는 궁금해지기 시작했다.

수요일에 그는 어머니와 할머니 댁을 찾았는데 할아버지가 정장을 입은 남자들과 찍은 사진을 보고 샌드위치도 케이크도 먹지 않겠다고 했다. 그는 프리메이슨이 일종의 음모에 개입했으며 그래서 자신을 감시하고 있다고 생각하기 시작했다. 이 모든 일의 발단이 자신이 본 면접과 관련이 있다고 믿었다.

그가 자기 경험을 설명할 때 난 그가 어떻게 망상적 기분에서 피해망상, 환청으로 이어지게 되었는지 알 수 있었다. 모든 것이 전형적인 조현병의 증상이다.

× × ×

목격자 진술과 공공기소국에서 보여준 증거품들이

2부
정신 이상 살인

그의 정신 상태를 더 잘 들여다보게 해주었다. 브룩스가 소프트웨어 업체의 인사부에 보낸 메일을 한번 살펴보자.

　　최근에 면접 본 사람입니다……. 담당자의 특이한 행동에 놀랐습니다. 우선, 면접관이 넥타이를 풀라고 하는 면접은 처음이었습니다……. 두 번째로, 제가 질문에 대답하길 살짝 꺼리자 사장님이 "괜찮아요?"라고 물었고 그런 다음에 "'네'라고 대답했나요?"라고 또 물었습니다. 전 단순히 '네'라고 대답하지 않았습니다.

　　리셉션에 있던 직원 한 명의 행동이 의문스러웠으며 그 사람은 가짜가 분명합니다. 또한 직원 한 명이 제가 면접을 보는 동안 카메라로 절 관찰하고 있었던 것도 걱정입니다. 위의 상황으로 미루어, 부디 제 입사 지원서를 폐기해주시기 바랍니다…….

조나단 브룩스 드림

감시받고 있다는 그의 집착이 시작되었고 나중에는 강렬한 망상으로 커졌다. 회사 측에서 보낸 면접 기록은 그가 정신병 상태에 들어섰다는 것을 더 잘 보여주는 증거다. 그가 면접에 꽤 익숙한 석사 학위생이라는 점을 기억하면서 살펴보자.

　　그는 질문을 면밀히 살폈으나 아주 짧게 한두 문장으로 대답했다……. 기술적인 지식을 설명하는 것을 제외하곤 팀원으로 소통할 수 있다고 보이지 않는다……. 조나단은 아주 내성적이었고 임원진이 열심히 노력했으나 말하기를 상당히 꺼렸다. 그와의 의사소통은 힘들었다.

그의 누나 앤 브룩스는 이렇게 말했다.

조나단은 이상한 말을 하기 시작했어요. 기차를 타고 올 때 누군가 자신의 차에 뭔가를 탔다고 했어요. 그래서 두 시간 동안 기절한 거라고 생각해요. 그는 아주 강경하게 자신은 기차를 타고 오는 동안 아무것도 기억나지 않고 기차가 버밍엄에 도착했을 때 누군가 밀쳐서 깨워서 내리게 했다고 믿고 있어요.

조나단은 택시 기사가 이상하고 모든 게 의심스럽다고 말했어요. 우리는 입이 아프도록 그냥 잠이 든 것뿐이라고 말해줬어요. 그는 완강하게 누군가 자신의 차에 뭔가를 탔다고 주장했죠. 토요일 전까지 기차에서 있었던 일에 대해 말한 적이 없어요. 전 동생을 이해하려고 노력했고 어디서 차를 샀는지 물었어요. 기차 판매원에게서 샀다고 하더군요……. 하지만 전 그런 일이 일어날 리가 없다고 생각해요.

월요일에 조나단은 여전히 몸이 안 좋아서 아무것도 먹지 못했어요……. 제게 전날 밤에 전기가 끊어졌다고 알려주더군요……. 누군가 우리 집을 노리고 있다고도 했어요. 그는 아주 겁에 질린 사람처럼 보였어요.

어머니도 저도 이 동네가 정전된 거라고 설득하지 않았어요. 조나단은 누군가 의도적으로 우리 집에 무슨 일을 저지른다고 믿었으니까요…….

전 그의 행동이 걱정되어 새장에 있던 제 작은 앵무새를 제 새집으로 데려왔어요.

월요일과 수요일에 어머니와 이야기를 나눴어요. 전 조나단이 진찰

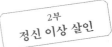
2부
정신 이상 살인

을 받아야 할 것 같다고 말했어요. 어머니는 동생이 체해서 신경이 예민해진 걸 수도 있다고 하셨죠. "그 애가 한동안 몸이 좋지 않았잖니"라고 했던 것 같아요.

목요일 오전 8시 54분, 목격자 윌리엄 제임스가 999로 전화를 걸어 이웃에 사는 브룩스가 겁에 질린 채 자신의 집 진입로로 찾아왔다고 말했다.

나중에 다른 증인인 우체국 직원 앤드류 웡이 브룩스가 가게로 들어와 안달 난 얼굴로 계속 뒤를 흘끔거렸다고 진술했다. 그는 브룩스가 분명 정신적 문제의 징후를 보였다고 말했다.

증인 아멜리아 데븐포트 역시 같은 날 브룩스를 그녀의 남자 친구 집 앞에서 봤다고 밝혔다. 차에 혼자 있던 그녀는 한 남자가 열쇠 꾸러미를 들고 자기 쪽으로 걸어오는 걸 보았다. 그는 흥분한 것 같진 않았지만 얼빠진 채 자신을 노려보고 있었다고 진술했다.

또한 그날 아침, 브룩스 어머니의 친구가 경찰에 신고했다. 그는 브룩스 부인이 전날인 금요일 오후 2시 이후로 보이지 않는다며 걱정했다. 경찰이 주소지를 방문했고 재빨리 집 안으로 들어갔더니 수차례 칼에 찔려 숨져 있는 그녀를 발견했다.

같은 날 아침, 오전 9시 54분에 경찰은 또 다른 999 전화를 받았는데 5분 거리의 모퉁이 상점에서 걸려온 것이었다. 직원이 한 남자가 손에 피를 묻히고 거리에 있는 걸 보았다고 말했다. 경찰이 오전 10시 5분에 도착했더니 브룩스가 근처 철도역 앞마당에 있는 커다란 쓰레기통에 숨어 있었다. 그의 오른손에 상처가 났고 옷과 팔은 피투성이였다.

근처의 청년들이 휴대폰으로 동영상을 찍으며 낄낄거리자 경찰은 "저 남성은 정신이 나갔다"고 설명하고 촬영하지 못하게 막았다. 쓰레기통 밖으로 나오라고 설득할 때 그는 맹렬하게 저항하다 결국 결박돼 수갑을 찬 채 경찰서로 이송되었다.

× × ×

조나단은 무슨 일이 있었는지 내게 말해주었다. 사건이 있던 날 아침 8시쯤 일어났고 밥을 먹으러 주방으로 갔다. 콘플레이크를 먹었지만 곧장 속이 메스꺼웠고 그건 기차를 탔을 때 독이 든 차를 마셨기 때문이라고 생각했다(면접은 3주 전에 봤음에도 말이다).

그는 누군가 라디오를 통해 이 집에 간섭하고 있다는 의심을 하기 시작했다. 매번 채널을 바꿀 때마다 환경 오염에 관한 뉴스가 나왔고 그는 이것이 자신이 독을 먹었다는 걸 분명히 알려주는 단서라고 생각했다. 누군가가 집으로 들어오는 정보를 조작하고 있으며 부패한 정치인과 관련된 뉴스 헤드라인이 이 상황이 음모라는 걸 뒷받침해준다고 확신했다.

그는 마지막 면접과 범죄를 저지른 날 사이 자기 인생이 위험에 처했다고 확신했다. 보고, 듣고, 느낀 모든 것이 그의 끔찍한 두려움을 확인시켜줄 뿐이었다. 그래서 어머니를 의심하기 시작했다고 덧붙였는데 집 안에는 다른 누구도 없으니 어머니가 개입했다는 거였다. 며칠이 지나는 동안 그는 어머니가 자기 인생을 조종하는 스파이라고

2부
정신 이상 살인

확신했다.

그는 어머니가 이상하게 행동했기에 누군가 어머니를 모방하고 있고 진짜 어머니는 유괴되었다고 생각했다. 집 밖에 뭔가가 있다는 두려움에 떨면서 아침에 속이 안 좋았던 일은 어머니의 책임이라고 믿었다. 다시 말해 어머니가 그의 음식에 독을 탄 것이라고. 그는 계속해서 수근대며 자신의 행동을 보고하는 목소리들을 들었고 그 목소리들은 마치 자기들끼리 대화하는 것 같았다.

그는 복도에서 주방으로 달려가 어머니의 머리를 구두로 내리치고 식칼을 집어 들고 뒤에서 어머니의 목을 찔렀다.

그는 자신의 행동을 실제로 제어할 수 없다고 느꼈고 어머니가 복도에 있는 전화기를 향해 도망칠 때 따라가서 반복해서 찔렀다고 설명했다. 공격하면서 손이 미끄러져 칼날에 베었고 바닥으로 칼을 떨어뜨린 것도 기억했다. 감시가 계속되고 있다는 걸 알기에 밖으로 나가 숨을 만한 안전한 곳을 찾았다. 다른 사람을 본 기억은 흐릿했으나 이 단계에서 자신이 목숨을 잃을 거라 확신했다.

그는 어머니를 칼로 찌르기 전에 어떤 폭력적인 생각을 한 적도 없고 그럴 계획도 세운 적이 없다고 말했다.

"전 정말로 제가 감시당한다고 느꼈어요……. 독에 중독되고 있었어요……. 그걸 어머니 탓으로 돌렸고요."

그는 여전히 자신이 어떻게 그런 짓을 했는지 이해하지 못하고 있었다. 정신과 약을 복용하면서 그의 증상도 차츰 사라지기 시작했지만 여전히 피해망상이 진짜가 아니라는 걸 받아들이지 못하겠다고 그는 말했다. "끔찍한 비극이에요……. 전 어머니 장례식장에도 갈 수 없었어요."

조나단은 2013년 7월 18일 목요일에 어머니 베로니카 브룩스를 살해한 혐의로 기소되었다.

× × ×

이 인터뷰를 통해 그의 증상이 무엇인지 알 수 있을 테다. 면접을 볼 때쯤 그는 '망상에 빠진 듯한 기분' 상태에 있었고 일반적인 사건을 망상으로 해석하기 시작했다. 흰색 밴, 총을 숨긴 남성, 가족사진, 기차에서 차를 받은 방식, 거기에 독이 들었다는 징조까지. 그는 자신이 위협을 당하는 중이고 감시 대상이라 확신하고 점진적으로 자기 어머니를 진짜가 아닌 사칭하는 인물이라는 피해망상으로 빠져들었다.

비록 시간만이 알려줄 수 있겠지만 아마도 그에겐 조현병을 형성하는 주요 정신 질환의 첫 발작이 나타난 것으로 보인다. 명백한 정신병적 증상에 빠진 상태에서 그는 살인자가 되었다.

날 포함해 네 명의 정신과 전문의가 그가 살인을 저지를 당시 합리적인 판단을 형성할 수 있는 능력이 부재한 정신병적인 상태라는 데 동의했다. 검찰 측 전문가가 한정 책임 능력을 바탕으로 과실 치사로 유죄를 인정했기에 재판에 설 필요가 없었다. 이 사례의 경우 그가 어머니를 살해한 다른 이성적인 설명이 불가하다(경찰이 항상 찾으려고 하는 무언가 말이다). 양형 심리 때 그를 감호 병동에 수감하고 기간 제약 없이 퇴원을 금지한다는 처분이 나왔다. 이제 그는 오랜 치료와

2부
정신 이상 살인

재활 과정을 시작했고 자신이 저지른 죄를 받아들이고 있다.

지역 신문은 이렇게 보도했다. '어머니를 칼로 찔러 숨지게 한 조현병 환자가 감호 병동으로 영구 수용이 결정 남. 그는 야만적인 공격을 한 이유를 대지 못했다.'

당연히 그의 설명이 망상임은 분명했다. 하지만 자신을 독살하려는 음모를 꾸미고 감시하는 가짜 인물에게 누가 행동을 취하지 않을 수 있을까? 호러 영화에나 등장할 법한 일이 실제로 이렇게 벌어진 것이다.

조나단의 사례에서 난 그를 진단하고자 인터뷰할 필요가 없었다. 증인의 진술을 읽는 것만으로 충분했다. 그의 누나는 정확하게 동생의 정신병을 설명했지만 그녀나 그녀의 어머니에게 무슨 일이 벌어질지 어떻게 예측할 수 있을까?

정신과 전문의가 제때 조나단을 만나 진단을 내리고 적절한 치료를 제안했다면 살인을 예방할 수 있었을 것이다. 뒤늦은 깨달음은 항상 솔깃하지만 또한 정신과적 사례에서 예후가 부정적일 수도 있다는 교훈을 알려준다.

자신의 어머니를 죽인 사람은 다른 살인자와 비교했을 때 정신 이상이 발견되는 경우가 대략 여섯 배 더 높다.[25] 이것이 법정신의학이 불안한 어머니들을 진지하게 대해야 하는 이유다. 우리는 항상 모친 살해범의 위탁을 받아들이는데 그들은 언제나 '우리를 위한 환자'이기 때문이다. 난 어머니를 죽인 사례를 많이 봐왔고 범죄자들은 마녀 혹은 악령에 사로잡히거나, 악마에 대한 망상에 빠져 종종 괴상한 범죄 현장을 만들어내기도 한다. 키우던 파충류를 토막내고, 시신에 포크를 꽂아버리는 행위도 봤다. 보호자인 생물학적 어머니를 살해하는 건 분명 정신 이상자의 소행이다. 통계가 이 부분에 대해 말해준다.

이번 사건이 조나단의 누나에게 끼친 영향을 생각해보자. 그녀는 어머니를 잃었을 뿐만 아니라 동생도 정신 병원에 갇히게 되었다. 그가 어머니에게 한 짓은 그의 정신이 얼마나 불안했든 간에 남매 사이에 평생 좁힐 수 없는 거리를 만들었다.

자살의 경우 가족들에게 끔찍한 영향을 끼치는데 자연사보다 더 참혹한 건, 관련자들이 끊임없이 다른 식으로 해결했으면 어땠을까, 하는 생각에 빠지기 때문이다. 그러나 가족 구성원이 다른 가족 구성원의 손에 죽음을 맞이하는 건 종종 두 명의 인생을 모두 잃어버린 것과도 같다. 피해자와 더불어 가해자까지 말이다.

2부
정신 이상 살인

8

삶을 잃은
피해자와 가해자

이렇게 두 인생을 잃어버린 경험은 나의 외조부모 에드워드와 캐서린의 삶에도 전적으로 영향을 끼쳤다. 외할아버지 에드워드는 제1차 세계 대전 직후 영국 해군에 입대해 HMS 아이언 듀크에 복무하며 1922년 스미르나 대화재 기간 그리스 난민들의 대피를 목격했다. 할아버지는 지중해 군함에서 내전 기간의 대부분을 보냈다.

할아버지의 거친 외모 속에는 자신을 믿고 따르는 청년들의 자상한 스승으로서 부드러운 면모가 숨겨져 있었으나 어린 시절을 돌이켜 보면 기억이 가물가물하다. 할아버지는 성공한 복서였고 1930년대 초, 영국 왕실의 군대가 여전히 어마어마한 시절에 왕실 복싱 협회에서 주관한 라이트헤비급 챔피언 자리에 올랐다. 복싱 토너먼트는 군함에서 열렸고 할아버지의 경우 HMS 리벤지 대 HMS 후드가 가라앉기 전에 있었던 격돌이었다. 아니면 포츠머스나 몰타처럼 해군 기지에서 진행되었는지도 모른다. 군 내의 복싱 최종전은 하이 홀번의 스타디움 클럽에서 열렸다.

1931년경 〈이브닝 스탠다드〉 지의 기사에 따르면 할아버지는 라이트헤비급에 출전한 군인 케네디를 상대로 승리한 걸로 나온다. '케네디는 녹아웃으로 승리를 거머쥐려는 의도를 숨기지 않았지만 두 번째 라운드에서 앨버트가 그를 바닥으로 쓰러뜨리자 큰 충격을 받았다. 마지막 라운드는 스릴 넘치는 경기였다. 앨버트가 케네디를 다섯 차례 넘어뜨리고 거친 싸움이 이어진 끝에 앨버트가 직접 두 차례 보드에 갔지만 그는 충분히 판정을 얻어냈다.'

할아버지는 다이버 자격을 취득하고 제2차 세계 대전 당시 HMS 퀸 엘리자베스가 알렉산드리아 항구에서 이탈리아 어뢰를 맞고 구멍이 생기자 구식 다이빙 헬멧과 부츠를 신은 채 흐린 물속으로 들어가 선체의 파손을 수리했다. 할아버지는 이 일을 긴급 공문에서 두 차례 언급했고 아무튼 다른 일부 동료들과 달리 배가 가라앉는 걸 막아냈다.

그러나 해군 생활은 외할머니 캐서린에게는 고통이었다. 에드워드는 인생을 거의 바다에서 보냈다. 장녀인 조지나 이모는 서른 살 생일이 지날 때까지 아버지를 본 적이 없었고 아버지가 돌아왔을 때는 어머니의 관심을 독차지하지 못해 분개했다. 할머니는 조지나와 차남 에드워드와 홀로 남겨졌다. 많은 다른 사람들처럼 할머니도 전쟁 동

2부
정신 이상 살인

안 한부모 가정으로 살았고 배급제로 끼니를 이으며 근근이 버텼다. 독일군이 침공할 거라는 엄청난 두려움에 할아버지는 할머니에게 권총을 주고 사용법도 알려주면서 나치가 도착했을 때 자녀들을 쏜 다음 할머니도 자살하라고 당부하고 떠났다. 포츠머스는 독일 공군의 주요 목표지라 정원 바닥에 있는 공습 피난처로 자주 대피해야 하는 일 역시 할머니의 스트레스를 가중시켰다.

포츠머스에 V-1 로켓이 떨어지고 지중해에 소형 잠수함 어뢰가 날아왔지만 가족들은 전쟁에서 살아남았다. 할아버지는 포츠머스로 돌아왔고 복무 기간을 늘려 포격 학교의 감독관이 되어 자신의 전쟁 이야기를 들려주었다. 그러나 많은 전시 부부들에게 공통적으로 나타나듯 오랜 기다림 끝의 재회는 그리 행복하지 않았다. 조지나는 힘든 아이였고 항상 부모님 사이에서 관심을 끌려고 애썼다. 십 대 때 조지나 이모는 편집증 양상을 보이기 시작했고 버스 정류장에 있는 모든 사람이 자신을 쳐다본다고 믿었다. 또한 가족에 대한 편집증이 생겨서 부모와 형제들이 침실을 엿보며 괴상하게도 그들이 자기 안경 코받침대를 손댄다고 주장했다.

나의 어머니와 어린 이모들은 전쟁 직후에 태어났고 네 자녀와 함께 조지나 이모의 문제가 커지자 할머니의 신경이 극도로 날카로워졌다. 가정에 균열이 생기고 할아버지는 정기적으로 다른 아이들을 데리고 사이클링을 하거나 해변을 따라 오랜 산책을 나갔고 그러는 동안 할머니는 집에서 형제자매와 절대 어울리지 못하는 조지나를 돌보았다.

난 최근에서야 사태의 전말을 들을 수 있었고 예상하듯 입 밖으로 꺼낼 때마다 여전히 눈물이 난다. 조지나 이모의 문제가 있었지만 겉으로 보기에 평범하고 단란한 가정이었다. 하지만 우리 어머니는 내적인 평화를 찾으려고 어릴 적부터 노력했고 부모님 사이 뿐만 아니라 다른 형제자매들 사이에서도 그러려고 애썼다고 회상했다.

삼촌 에드워드는 나중에 포츠머스를 떠나 〈맨체스터 가디언〉 지의 기자가 되었지만 조지나 이모는 고향에 남아 비서 교육을 받았다. 이모는 할아버지와 마찬가지로 해군 출신인 찰리와 데이트를 시작했고 스스로를 해군에 복무하는 파트너와 떨어져 외로운 생활을 하는 삶으로 몰아넣었다. 내 직업적인 관점에서 보자면 아이들은 가끔 경솔하고 충동적인 방식으로 인생을 선택하고 부모의 실수를 되풀이한다. 조지나 이모의 결정이 이런 예시일까?

× × ×

조지나와 찰리는 결혼하고 영국 해군 공동체가 있는 몰타로 여행을 갔다. 결혼하고 얼마 지나지 않아 찰리는 다시 바다로 나갔고 그들의 첫째 아이 루이자가 몰타에서 태어났다. 하지만 루이자는 끊임없이 울어대는 급경련통을 앓았으나 보살핌을 받지 못했고 (당시에는 방문 간호사가 존재하지 않았다) 조지나 이모는 어쩔 줄 몰랐다. 절망에 빠진 채 이모는 찰리에게 편지를 써 그가 돌아올 때쯤 '이곳에 없을 것'이라고 말했다. 해군은 승선한 군인들의 사기에 좋을 것이 없다고 판단했는지 찰리를 포츠머스 근교로 발령했다. 찰리와 조지나는 그때부터 사우스시에 있는 퀸스 호텔에서 모퉁이만 돌면

2부
정신 이상 살인

있는 가족들의 집 근처 아파트에 살았다.

포츠머스로 돌아오고 찰리가 곁에 있지만 조지나는 여전히 모성애를 발휘하지 못했다. 루이자는 순한 아이가 아니어서 자주 보챘다. 그럼에도 나의 어머니는 다섯 달 된 딸을 품에 안고 유모차를 끌고 자랑스럽게 긴 산책을 나서는 자신의 언니를 기억하고 있었다.

하지만 조지나 이모의 정신 상태는 피폐해졌고 편집증이 악화되면서 타인이 자기를 해치려고 감시한다는 망상에 사로잡혔다. 또한 스스로가 오염되었다는 확신에 차 피부를 박박 밀면서 강박적으로 씻었다. 이모는 산후 우울증 증세를 보였지만 그 시절에는 이런 상황을 거의 이해하지 못했고 다른 이들의 도움도 받지 못해 그런 상태로 계속 아이를 돌봐야 했다.

시간이 좀 흐른 뒤 어머니가 열네 살 즈음에 찰리가 집에 찾아왔다. 어머니는 거실로 갔고 할아버지가 손으로 머리를 감싸고 찰리가 한 말에 충격을 받은 모습을 보고 혼란에 빠졌다.

할아버지는 어머니에게 언니와 조카 사이에 일어난 일을 설명하기 힘들었던 것이 분명하다. 그는 조지나가 자기 아이를 죽이고 경찰이 조지나를 데려갔다고 설명했다. 이 소식에 놀란 어머니는 할아버지와 함께 지역 경찰서로 갔다. 하지만 유치장으로 갔을 때 어머니는 밖에서 기다려야 했다. 어머니는 언니가 어린 조카 루이자에게 한 짓에 대해 미친 듯이 화가 났다고 했다. 면회가 끝난 뒤 어머니는 눈물범벅이 된 할아버지와 팔짱을 끼고 집으로 돌아왔다.

어머니는 강인한 '전쟁 영웅'인 할아버지가 언니가 저지른 일로 인해 한순간에 쇠약해지는 걸 본 것이 가장 큰 상처였다고 말했다. 다음 날 어머니는 우체국에 우표를 사려고 줄을 서 있는데 나이 지긋한 부인 두 사람이 하는 말을 들었다. 한 사람이 다른 사람에게 이렇게 말했다. "자기 아이를 죽인 여자 기사 봤어? 그런 여잔 교수형에 처해야 해."

그 순간 어머니는 언니에 대한 분노가 동정과 연민으로 바뀌고 여기에 깊은 수치심까지 섞여 복잡한 감정을 느꼈다. 물론 사형 제도 폐지까지 5년이 더 남았기에 조지나는 정신과적 소견이 없는 한 살인죄로 교수형에 처할 상황에 놓였다.

× × ×

60여 년이 지난 뒤 조지나 이모가 그 사건을 내게 설명해주었다.

루이자는 쉬지 않고 울어댔다. 유모차를 타고 걸을 때 잠시 소강 상태를 보이다가 움직임이 멈추면 다시 울어대기 시작했다. 편집증에 고통받고 아무런 육아 도움이 없는 상태에서 조지나는 계속 힘든 삶을 이어갔다.

어느 아침, 찰리가 일하러 간 뒤 조지나는 더 이상 아이의 울음소리를 견딜 수 없었다. 그녀는 베개를 집어 들고 루이자 위에 덮은 다음 베개를 떼어내기가 '너무 두려웠다'고 했다.

그 이후에 벌어진 일에 대한 이모의 기억은 산발적이나 자신이 한 짓이 무엇인지 깨달았다고 말했다. 의사가 도착하고 이내 경찰이 찾아온 기억은 흐렸다. 그녀는 할러웨이 교도소로 연행되어 소지품을

2부
정신 이상 살인

모두 빼앗기고 독방에 갇힌 걸 기억하고 있었다. 자신이 갓난아이를 죽였다는 사실이 발각되면 다른 여성 재소자들이 자신을 죽일 거라는 두려움 때문에 감방에 갈 수 없다고 말했다.

독방은 끔찍했기에 고독한 감금에서 꺼내달라고 애원했다. 그러나 결국 여러 명이 쓰는 방으로 옮겨갔을 때 상황은 더 끔찍해졌다. 자신을 떠난 남편에게 복수하려고 두 명의 아기를 죽인 여성의 옆자리를 쓰게 되었다. 이모는 재소자들 간의 싸움을 목격했고 한 여성이 밤에 다른 여성의 옷에 소변을 보는 걸 보았다. 5주쯤 지난 뒤 그녀는 교도소에 있기에 정신적으로 너무 불안정한 상태라 포츠머스에 있는 세인트 제임스 병원으로 옮겨졌다. 오염에 대한 망상은 더 심해져서 누가 자신의 옷이나 침대에 손을 대는 걸 못 견뎌 했다.

그녀는 수차례 자살 시도를 했다. 얼마 지나지 않아 전기 치료를 받기 시작했다. 그녀의 사건은 법정으로 갔고 그렇게 자녀를 살해한 모든 어머니가 겪는 여정으로 들어섰다.

3부

영아 살해

사례 연구:

그레이스 칼린다

9

"저 여자는
악마에 씌었어요."

오전 나절 콜린은 웨스트 크로이던에서 페리 힐로 가는 자신의 2층 버스를 운전하고 있었다. 아침 등굣길 인파가 지나간 뒤라 1층엔 승객이 별로 없었고 버스 정류장에도 사람들이 거의 없었다. 한 커플이 정거장 앞에 앉아 있었는데 그들은 아주 이상해 보였다. 남자는 며칠 동안 씻지 않은 게 분명했고 여자는 아주 부유해 보였다. 콜린이 버스를 멈추고 그들에게 문을 열어주었지만 두 사람은 버스에 오르려고 하지 않았다.

그리고 그는 네다섯 살쯤 된 여자아이가 두 사람 사이에 앉아 있는 걸 보았다. 얼굴에 멍이 든 채로 말이다. 눈가가 부은 채 눈이 감겨져 있었다. 그가 쳐다보는 동안 여성이 맥주 캔을 집어 들어 여자아이의 입술 쪽으로 던졌다. 화가 치밀어오른 콜린이 개입하려다 더 좋은 생각이 떠올랐다. 그는 휴대폰을 찾았다. 여섯 살 난 딸이 좋아하는 게임이 깔려 있는 노키아 6300 모델로 그는 999에 전화를 걸었다.

경찰이 7분 만에 도착했고 지원 요청을 하기까지는 더 짧은 시간이 걸렸다. 그들은 경찰차 뒤로 재빨리 여자아이를 보내고 '블루 앤 투'(푸른 경광등과 투톤 사이렌)를 울리며 황급히 근처 쏜튼 히스에 있는 메이데이 병원 응급실로 향했다.

현장에서 체포된 그레이스 칼린다는 우간다 출신이고 데이비드 존슨은 캣퍼드 출신으로 둘 다 사우스 노우드 경찰서로 인계되었다. 오전 11시 31분, 그들은 아동 방임 및 술에 취해 아이를 맡은 혐의로 기소되었다.

그날 밤 콜린은 일을 마치고 집에 돌아와 자신의 어린 딸을 평소보다 더 오래 꼭 껴안아주었다.

× × ×

엄청나게 분주하고 자원이 부족한 걸로 악명 높은 메이데이 병원은 크로이던의 거대한 유역을 차지하고 있는데 지금은 크로이던 대학 병원으로 운영 중이다. 난 이곳을 잘 알고 있다. 1990년에 의사 자격을 받았을 때 면허를 얻기 전 6개월씩 처방과와 수술과에서 근무를 마쳤다. 우리는 의대에서 한 분야를 공부한 다음 의료 현장에서 일하는 것이 허용되었다. 바쁜 일반 병동 경험이 내게 도움이 될 거라고 생각해 크로이던의 호흡기 및 일반 내과에 지원했다.

3부
영아 살해

8월 초 뜨거운 주말에 첫 근무를 시작했다. 아침 9시 30분이면 구내식당에 앉아 맛없는 식당 커피를 홀짝이며 의료팀과 만났는데 동료 라이스 토마스, 수석 인턴 그레이엄 벌린, 전문의 수련의인 찰리 에스먼과 함께였다. 당시 찰리가 리더였고 우리는 병원에서 대기하며 병동 회진을 도는 고문 의사만 만날 수 있었다.

"음, 꽤 조용하네요." 내가 말했다.

"조금만 기다려봐요." 찰리가 말했다. "그리 오래가지 않을 테니까……."

몇 분이 채 지나지 않아서 첫 연락이 왔고 그 주 동안 우리는 응급실에서 넘어온 48명의 환자를 돌봤다. 난 빨리 배우고 싶었고 열심히 일했다. 56시간 교대 근무는 토요일 아침 9시에 시작해 월요일 오후 5시에 끝났다. 수련의들의 근무 시간과 안전 문제에 관한 캠페인이 이목을 끌기 전의 일이다.

학생으로 생활하다 온 거라 달라진 환경이 큰 충격이었고 특히 사람들과 만날 시간이 거의 없었다. 어느 월요일 저녁 이른 교대 근무를 마친 뒤 겨우 한두 시간 눈을 붙이고 친구들과 만나 술을 마시기로 했다. 여섯 시 정도여서 한 시간쯤 여유가 있어 나가기 전에 대기실에서 잠깐 자기로 했다. 잠시 졸고 깨어난 줄 알았는데 시계를 보니 이미 화요일 아침이었다. 난 열세 시간을 내리 잤고 이미 다음 교대 시간에 늦었으며 다시는 밤에 외출할 꿈을 꾸지 못했다.

몇 년이 지난 뒤 어린 낸시 칼린다가 메이데이 병원으로 들어왔다. 도착했을 때 아이는 불안했으나 건강 상태가 양호하고 발육이 좋아 보였고 구술과 운동 반응이 일반적인 글라스고코마스케일(지각 수준을 측정하기 위한 15단계)을 보였으며 신경 검사도 정상이었고 성적인 접촉이나 장기간에 걸친 학대 흔적도 없었다.

그러나 전 담당자의 기록에 따르면 얼굴이 멍들고 양쪽 눈꺼풀이 내려앉은 채 부었으며 몸에 새로 생긴 멍과 긁힌 자국이 많았다. 임상 소견상 의도적인 부상의 증거였다.

소아 안과 의사가 눈을 진찰하고자 진정제를 투여했다. 낸시에게 결막하 출혈이 발견되었고 모세혈관이 파열되면서 흰자위가 벌겋게 물든 걸로 보아 얼굴을 구타당한 것으로 추정했다. 다행히 시력은 정상이고 염증이나 안압이 상승한 흔적은 없었다.

사우스 노우드 경찰서에서는 버스 정류장에 있던 남성인 데이비드 존슨이 빈민에 알코올 중독자라는 사실을 재빨리 알아냈다. 그는 그레이스 칼린다에게 매우 독한 맥주 캔을 건넸고 그녀는 술을 받았으나 음주 측정을 했을 때는 취한 상태로 나오지 않았다. 네 살 난 딸 낸시의 상처에 대해 칼린다의 혐의는 신체 상해죄이자 제47항인 개인에 대한 범죄로 한층 무거워졌다.

한편, 칼린다는 경찰 구치소에서 이상한 행동을 보였다. 그날 밤 11시 무렵 그녀는 노래를 흥얼거리고 웃으며 이상한 손짓을 했다. 구치소에 있던 경사가 법정신의학 검사관(법정신의학 훈련을 받은 지역 가정의학의)을 불렀고 그는 '그녀가 고함을 질렀다……. 적대감에 차 있고 동시에 불안하며 짜증난 상태로 우리가 자길 죽이려 한다고 믿는다……. 한 주제에서 다른 주제로 뜬금없이 넘어가며…… 예수, 악마, 아이의 희생에 대해 이야기했다'고 기록했다. 그녀는 인터뷰를 할 상태가 아니어서 정신 건강 팀이 와서 더 자세한 사항을 평가하기로

3부
영아 살해

했다.

아동 병동에서 낸시는 더 이상 흐느끼지 않고 간호사가 준 주스를 마시며 한결 편안해했다. 그 애는 간호사에게 집에 아기 침대에서 자고 있는 여동생이 있다고 말했다.

여전히 칼린다의 신분과 주소를 찾느라 애쓰던 경찰에게 재빨리 이 소식을 전했다. 이내 제복을 입은 경찰이 급파되었다. 경찰들은 공용 현관문이 살짝 열려 있었으나 집 문은 잠겨 있는 걸 확인했다. 문을 두드리고 벨을 눌렀지만 아무 대답이 없자 경찰은 생명을 구하기 위해서 허가 없이 건물에 들어갈 수 있는 권리를 활용해 강제로 문을 열고 집 안을 수색하기 시작했다.

집은 깨끗해 보였지만 주방 바닥에 오븐 그릇이 부서진 채 있었다. 브라운 순경이 빈 주방, 거실, 두 개의 침실 중 작은 방을 살폈다. 어둡고 커튼이 쳐진 채 침구가 바닥에 아무렇게나 펼쳐져 있었다. 모퉁이에 흰색 이케아 아기 침대가 있었는데 단정하게 크로쉐 담요를 덮은 아주 어린 아기가 잠든 채 누워 있었다.

그런데 브라운 순경이 다가가니 아이는 숨을 쉬지 않는 것이 확실해 보였다. 만져보니 차갑게 굳었으며 팔과 몸통에 심한 멍이 들었고 코에서 액체가 흘러나왔다. 낸시의 6주 된 여동생인 뎀베였다.

법정신의학 검시관인 피터 허버트 박사가 현장을 방문해 아이가 오후 1시 3분경 사망했다고 발표했다. 어린 시신은 메이데이 병원 안치실로 가 부검을 기다렸다.

아기 뎀베의 시신이 발견된 뒤로 그레이스는 다시 체포되었고 그녀의 혐의는 폭행에서 살인으로 커졌다. 그녀는 주의를 줘도 반응을 보이지 않고 멍하게 앞만 쳐다보며 망상에 사로잡힌 것 같았다. 그녀를 살피려고 정신과의 두 사람이 도착했다. 노래를 흥얼거린 행동이 종교적 관습의 일부인지를 두고 의견이 일치하지 않았지만 구금하는 편이 더 낫다는 판단을 내렸고 칼린다는 정신 감정을 위해 입원 수속을 밟았다.

그녀는 베들렘에 있는 개방 병동으로 이송되었고 그곳에서 직원에게 "하느님이 제게 힘을 주셨어요⋯⋯. 지난주 이후로⋯⋯ 악마가 제 주변에 어슬렁거려요⋯⋯. 예수 그리스도께서 사람들을 치유하라고 절 보내셨어요"라고 말했다. 병동에서 그녀는 발작적으로 감정이 달라졌고 날뛰면서 위협적인 눈빛으로 직원들을 노려보았다. 한번은 간호사를 가리키며 이렇게 말했다. "저 여자는 악마에 씌었어요." 그녀는 안전을 위해 2 대 1 감시를 하는 병동으로 옮겨졌지만 항정신성 치료제를 복용하지 않아서 정신 상태의 기준치가 바닥을 찍었다. 한편 그녀는 출산 후 가장 심각한 정신 질환인 산후 정신병으로 진단받았다.

× × ×

아이가 태어난 이후의 몇 주는 행복하지만 당연히 처음으로 엄마가 된 사람은 여러 가지 정신적인 상태를 보이면서 취약해지는데 가벼운 산후 우울증(50퍼센트 이상), 산후 우울증(10퍼센트 이상) 그리고 드물게 산후 정신병(1,000명 중 한두 명)에 걸린다.

산후 정신병은 출산 후 며칠 혹은 몇 주 내에 발병할 수 있다. 가족

3부
영아 살해

이나 방문 간호사가 오지 못한 경우 심각하게 불안한 행동을 보이고 심해지면 엄마의 손에 아이가 목숨을 잃기도 한다.

이것이 뎀베의 비극적인 운명으로 내 사촌 루이자 역시 이모 조지나의 손에 질식사했다. 그레이스와 달리 조지나는 곧장 정신 병원으로 가지 않았고 그녀의 사건은 자체적으로 사법 제도를 거쳤다. 부모에 의한 이런 끔찍한 영아 살인 사건이 항상 정신병으로 발생하는 건 아니다. 이처럼 참혹한 범죄는 전 세계에서 얼마나 자주 발생하고 어떤 다양한 양상을 보일까?

10

자식을 죽이는
어머니들

19세기, 미혼모가 경제적·사회적으로 선택할 수 있는 범주가 상당히 제한적이라 절박함을 표출하는 행동으로 영아를 살해하는 일이 증가했다. 실제로 1863년부터 1887년까지 24년 동안 잉글랜드와 웨일스에서 부모에 의한 한 살 이하의 영아 살인이 총 3,225건으로 한 해로 보면 피해자는 대략 150명이다.

사법 제도는 예전부터 이런 문제를 인식하고 있었기에 정신병으로 밝혀진 건에 대해서는 무죄 방면이나 사면할 가능성도 있었다. 19세기 중반에 이르러 정신 착란성 사건은 맥 노튼 룰로 법제화했다. 피해망상 상태에서 살인을 저지른 대니얼 맥 노튼의 무죄 사면에 따른 것이다. 맥 노튼 룰은 영국과 미국에서는 정신병 관련 법으로 남아 있으며 살인을 저지르던 시기에 '정신병으로 인한 이성의 결함 상태'가 밝혀져야 적용된다.

이 정의에 따르면 자기 자식을 살해한 여성은 반드시 제정신이 아니며 행동에 책임을 질 수 없는 상태여야 한다. 1864년 왕립위원회의 결정에 따라 사형 제도는 존재했으나 한 번도 실행된 적은 없었다.

1922년 영아 살해법이 생겨나 영아 살해라는 새로운 범죄가 성립되었다. 1938년 개정된 영아 살해법(지금도 유효한)이 연령 제한을 열두 달로 높여서 영아 살인은 영국에서 공식적으로 만 한 살까지의 아동이 어머니의 손에 죽음을 맞이하는 것을 의미하게 되었다. '정신의 균형이 불안정하고…… 출산의 영향에서 완전히 벗어나지 못한 상태이거나…… 수유기의 영향이 태아에게 미치는' 상태면 성립한다.

이런 법적 정의는 구시대적이지만 정신의학의 발전에도 불구하고 (예를 들어, 수유는 더 이상 정신 장애를 일으키는 요인이 아닌 걸로 본다) 우리는 여전히 철 지난 법적 기준을 활용하고 있다. 법 조항이 얼마나 퇴보해 있는지 알지만 살인을 저지른 어머니에게 어느 정도 관용을 보여주려 노력한 건 종류를 막론하고 모든 살인이 여성보다는 남성에 의해 저질러진 경우가 과도하게 많아서다. 비율도 10 대 1로 남성이 압도적으로 높으며 여성 살인자의 상당수는 자녀를 죽인 죄를 지었다.

그 이유는 무엇일까? 빅토리아 시대의 '절박한' 문제는 상당 부분 근절되었다. 요즘은 정신적인 원인이 더 많고 정신적 문제를 겪고 있는 여성이 보이는 공격성은 자신의 신체 혹은 아이가 대상이다. 정신의학자이자 여성학자인 에스텔라 웰던은 여성은 폭력의 희생자가 아니라 가해자일 수도 있다고 기록했다. 그녀의 저서 『어머니, 성녀, 그리고 창녀(원제: Mother, Madonna, Whore)』[26]에서 웰던은 여성이 공격적인 충동을 가졌고 이를 감추고 있다가 종종 자식을 향해 폭력으로 발현할 수 있다고 지적한다.

이는 어머니가 '마음의 균형이 무너진' 상태가 아닌 한, 자기 자식에게 해를 끼칠 마음을 먹을 수 없다는 생각에 도전하는 주장이다.

× × ×

2018년 잉글랜드와 웨일스의 아동 살인(16세 이하) 피해자는 67명이었다. 매년 약 2분의 1에서 4분의 3 정도의 아동 피해자가 부모에 의해 목숨을 잃으며 모르는 사람에게 살해당하는 경우는 소수다(언론에서 엄청나게 주목을 받아 통계는 주로 무시당하기 일쑤나 다행히도 소아성애자의 유괴 살인은 드문 편이다).

앞서 말했듯이 아동 살인은 아버지보다는 어머니가 저지르는 경우가 더 흔하다. 살인을 저지른 어머니에게서 자주 정신 질환이 발견되는데 망상이나 급성 정신병의 맥락에서 그레이스 칼린다를 예로 들 수 있고 수년 전 우리 이모 조지나도 그런 경우다.

정신 질환은 당연히 산후 정신병에만 국한되지 않으며 어머니가 자신이나 아이의 어떤 미래도 보이지 않을 때 극심한 우울증을 겪으면서 '연장된 자살'이나 가끔은 일가족 살해를 저지른다.

언론에 보고된 스물일곱의 나브젯 시두의 사례를 들 수 있는데 그녀는 처음 낳은 아이가 남아가 아닌 것과 가족이 늘어난 데서 받은 스트레스로 우울증을 겪었다. 7년 전 정략 결혼을 한 남편 만짓과 인도로 여행을 갔다가 다툼이 있었다. 남편은 어떤 집안일도 하지 않을 거라는 조건을 고집했다(당신이 아직 페미니스트가 아니라면 이 책을 다 읽을 때쯤 그렇게 되어 있을 것이다).

2006년 8월 31일 패딩턴 역에서 승객들이 히드로 공항 급행열차에 올랐고 나브젯은 웨스트 런던의 그린퍼드에 위치한 자기 집을 향해 나섰다. 그녀는 23개월 된 아들 아만을 유모차에 태웠고 다섯 살 된 딸 심란이 옆에 있었다. 세 사람의 모습이 사우스올 역으로 들어가는 길에 설치된 CCTV 카메라에 잡혔다. 목격자들은 후에 나브젯이 두 아이와 있는 것을 보았고 11시 정도에 플랫폼에서 어슬렁거리고 있었다고 말했다. 한 보안 직원이 걱정되어 그녀에게 다가갔다.

"제가 왜 그러냐고 물었더니 그녀가 '아이들에게 급행열차를 보여주려고요'라고 대답하더군요. 전 그녀에게 철로 아래로 내려가면 안 된다고 말했고 그녀는 알겠다고 했어요. 아주 침착하고 차분해 보였어요."

나브젯은 남편에게 전화를 걸어서 말했다. "난 멀리, 아주 멀리 갈 거고 아이들도 데려갈 거예요." 만짓은 아내를 찾아 주변을 살피다 마침내 그녀가 사우스올 역으로 들어가는 걸 보았지만 주차할 자리가 없었다. 그가 플랫폼에 도착했을 때는 너무 늦었다.

나브젯을 본 다음 사람은 오후 1시 20분경 히드로행 급행열차의 운전사였다. 그는 그녀가 아만을 가슴에 안고 심란의 손을 잡고 고속으로 달리는 열차 앞 플랫폼으로 자녀들과 함께 뛰어드는 걸 목격했다. 철도 운전사는 브레이크를 밟으려고 했지만 제때 멈출 수 없었다고 말했다. 나브젯과 심란은 즉사했다. 심란의 몸은 심하게 훼손되어 지문만 겨우 식별할 수 있을 정도였다. 아만은 여러 부상에도 발견 당시엔 살아 있었지만 두 시간 뒤에 목숨을 잃었다.

살인자가 자기 목숨을 내던졌기에 재판은 없었다. 사인 규명을 할 때 검시관은 나브젯의 자살과 두 자녀의 과실 치사를 밝혀냈다.

나브젯은 정신과 치료를 받을 기회가 전혀 없었지만 이와 대조적으로 그레이스 칼린다는 아주 분명하게 정신적인 장애를 드러냈고 (다니엘 조셉처럼) 그녀는 교도소 수감을 건너뛰고 곧바로 병원으로 이송됐다.

그러나 자녀를 향한 심각한 폭력, 살인 혹은 살해 시도로 체포된 여성 대부분이 조지나 이모처럼 구치소에 수감된다. 2001년 내가 HMP 할러웨이에서 일을 시작했을 당시 그곳은 유럽에 남은 최대 규모의 여성 교도소였다. 그곳으로 가게 된 경위에 대해서는 나중에 이야기하겠지만 난 그곳에서 여러 사건을 살피고 영아 살해, 어머니가 자식을 향해 벌이는 폭력, 아동 학대 혹은 방임에 대한 거의 모든 것을 배울 수 있었다.

× × ×

할러웨이에서 내가 살핀 안드레아 우드는 중산층 군인의 아내로 심한 우울증과 망상을 겪었고 자신과 여섯 살 난 딸에게는 죽음과 부패 말고 다른 미래는 없다고 확신했다. 그녀는 욕조에 딸을 익사시키려 했고 자기 손목을 그었다(경미한 자해가 아니라 동맥을 관통한 깊은 상처였다). 딸은 살아남았고 안드레아의 손목은 수술로 복구됐으며 그런 뒤에 살인 미수로 체포되었다. 나중에 할러웨이에서 치료를 받으며 그녀의 우울증이 나아졌으나 여전히 죄를 저지른 걸 괴로워하며 변호사의 감형 제안도 거절한 채 살인 미수로 유죄를 선고받았다. 이후에도 비슷한 방식으로 자살을 시도했다.

정신 병원으로 환자를 이송하는 데 실패한 절박하고 고통스러운 사례다. 내 관점에서 안드레아는 완전한 우울증이었기에 그녀가 정신 병원에서 치료받을 수 있도록 조치했다. 그러나 지역 정신과 의사의 평가는 그녀의 자해가 성격과 관련된 문제일 뿐 정신병이 아니며 따라서 그녀는 교도소에 있어야 한다고 판단했다(다른 말로 하자면 슬프거나 미쳐서가 아니라 '나빠서' 그랬다는 거다).

그리고 몇 주 뒤 이른 아침에 전화를 받았고 그녀가 응급실로 이송되었다는 소식을 들었다. 올가미에 베여 이미 많은 피가 빠져나가 위독했다. 병원에 가니 그녀가 중환자실에 있다고 알려주었다. 산소 부족으로 두뇌는 영구 손상을 입었다. 그래서 난 두 번째로 그녀를 정신의학과로 보냈고 이건 우울증 치료의 목적이 아니라 영구 뇌 손상 병동에 장기 입원시키기 위해서였다. 이번에는 내 결정이 받아들여졌다.

교도소로 이송하는 결정은 생과 사의 갈림길이지만 이번 경우 철저한 조사가 없었다. 내가 옳았음은 입증했지만 의사로서의 소견을 더 견고하고 타당하게 설득하기 힘들었다.

내 스승 중 한 분이 올바른 결과가 나오길 원한다면 가끔은 다른 사람이 공을 차지하도록 내버려두라고 조언해주셨다. 너무 세게 밀어붙이거나 의견을 비판하는 경우 설득하고자 하는 동료가 독기가 올라서 자기 주장을 더 완강하게 밀어부치게 된다.

　그러나 가끔은 위헌법률심사권을 쓰겠다고 위협하며 고위 관계자에게 찾아가 절차를 따지고 공식 항의를 하기도 했다. 2부에서 언급한 셰릴의 사례가 이 부분을 잘 보여준다.

　셰릴은 할러웨이에서 자기 방, 머리, 옷에 불을 질렀고 생식기에 숨긴 면도날로 자해를 시도했다. 병원 이송이 결정되었지만 그녀는 몇 주 동안 대기자 명단에 있었고 우리는 그녀를 부적절한 환경에서 안전하게 데리고 있고자 노력했다. 사우스워크 형사 재판소에 그녀의 사건에 관해 세 번째로 증거를 제시했으나 병원 이송 문제는 여전히 해결되지 않았고 판사는 나에게 무슨 좋은 생각이 있는지 물었다. 난 국민건강보험 최고 책임자에게 왜 빈 자리가 나지 않는지 법원에 나와서 설명하도록 요구하는 게 좋겠다고 제안했다. 적절한 때에 증인 소환을 신청하자 24시간 내에 자리가 났다. 내 기억에 이 극약 처방은 딱 세 번 써봤다. 자주 쓸 수 없지만 제대로 하면 아주 만족스러운 결과가 나온다. 셰릴은 병원으로 옮긴 이후 빠르게 회복되었다.

× × ×

　　자해와 자살 시도라는 높은 위험이 산재하지만 여성 재소자 대부분은 자식에게 심한 폭력을 저지르고 살아남아 법정 절차에 직면해 구금 상태로 남아 있다. 조지나 이모가 그랬듯이 수차례 자살 시도를 했음에도 말이다. 요즘 법은 영아 살해라는 단독 범주를 생성해서 법정신의학자의 관점에 따라 여섯 가지 하위 분류로 나눌 수 있다.[27] 첫 번째는 '신생아 살해'로 태어난 지 24시간이 안 된 신생아를 죽인 행위로 하루에서 한 살 사이의 아이를 죽인 '영아 살해'와는 다른 형태다.

공식 통계를 보면 아주 드문 경우지만 실제 신생아 살해 수는 은폐할 수 있기에 알려지지 않은 사례도 많고 지금도 간간이 미라가 된 신생아의 사체나 유골이 다락이나 땅 속에서 발견되었다는 뉴스도 들린다. 1861년 런던 거리에서 신생아 혹은 아주 어린 아기 150명이 죽은 채 발견되었고 그레이트 오먼드 스트리트 병원(현재 박물관) 근처 맥클랜버그 스퀘어에 있는 고아원에선 이 아이들이 아직 살아 있다고 기록해두었다.

역사적으로 아기는 의식의 용도 또는 부모가 원치 않는다는 이유로 살해당해왔다. 아즈텍 문명, 고대 그리스와 로마 문명 모두 마찬가지다. 이 관습은 중국의 한 자녀 정책 기간 동안 이어졌고 인도 일부 지역에서도 문화적·경제적 이유에서 남아를 선호해 성별을 골라 살해하는 풍습을 고수하고 있다. 신생아 살해는 피임이 제한적이거나 가능하지 않은 역사적인 시기나 당대 사회에서도 흔하다. 여전히 부모와 함께 사는 어리고 미성숙한 나이에 어머니가 되는 경우가 종종 있다. 그래서 호텔 방에서 몰래 아이를 낳은 다음 변기나 욕조에서 익사시키거나 목을 졸라 질식사시킨다.

다음 유형은 '배우자 보복 살인'이라고도 부르는 메데이아 신드롬이다.

에우리피데스의 고대 그리스 비극 〈메데이아〉는 괄시받던 여성 주인공의 이름이다. 그리스 사회에서 그녀의 지위는 남편 제이슨이 코린트의 공주 글라우케에게 빠져 자신을 버리면서 땅으로 추락했다. 그는 메데이아를 정부로 유지할 생각이었지만 그로 인해 지위가 하락하는 걸 원하지 않았고(어쩌면 그녀의 목숨을 앗아가는 것도 논란이 될 수도 있기에) 메데이아는 복수를 위해 글라우케를 죽이고 제이슨의 새로운 장인인 크레온 왕도 독을 묻힌 옷을 써서 살해한다. 그런 다음 제이슨에게서 낳은 두 아들을 칼로 찔러 죽여 결혼의 결실을 파괴하는, 제이슨이 상상조차 할 수 없는 극도의 보복을 실행한다.

2천 년이 훨씬 지난 지금, 우리는 메데이아 신드롬을 부모 간 심리적 충돌의 치명적인 피해자가 자녀가 될 때를 지칭하는 용어로 쓴다. 살인자는 심각한 우울증을 앓고 있거나 혹은 복수심에 찬 자기애가 강한 부모일 수 있다. '내가 가질 수 없다면, 아무도 못 가지게 할 거야.'

메데이아 신드롬은 살인의 동기가 아이의 문제가 아닌 부모와 다른 사람 혹은 다른 사람들(다른 부모일 수도 있고 아닐 수도 있다) 사이의 관계에서 불거진 모든 시나리오를 포괄하기에 항상 복수로 연관되지는 않는다.

단순한 예로 새로운 파트너(일반적으로 남성)가 생기면서 아이를 버리는 경우도 있다. 이해가 가지 않겠지만 실제로 일어난다. 더 극단적인 사례로 2018년 워워셔 럭비에서 스물 셋인 루이즈 파튼이 세 살 난 렉시 드레이퍼를 질식사시키고 16개월 된 스칼렛 본을 목졸라 살해한 사건은 아이들이 '그녀의 성생활을 방해했다'는 이유에서였다. 그녀는 렉시의 죽음에 동요하지 않았고 하루 뒤 데이트 앱 바두를 통해 41건의 친구 요청을 수락했다. 배심원은 버밍엄 형사 재판소에서 4주간 재판을 진행한 뒤 6시간만에 두 건의 살인에 유죄를 선고했다.

3부
영아 살해

파튼은 살인죄를 확정받고 종신형, 최소 복역 형량 32년에 처해졌다.

이러한 사례에는 '가족 말살'도 포함되는데 관계에 실패한 부모가 자녀를 보살피는 난관 속에서 자기 삶도 이어나가야 할 때 생긴다. 이런 맥락에서 자녀를 죽인 부모는 왜곡된 양면성이 드러난다. 양육 본능은 유지되지만 그럼에도 살인 행위를 저지른다. 그들은 종종 피해자 혹은 피해자들을 침대에 눕히고 제일 좋아하는 인형을 준 다음 아이에게 남은 애정을 보여준다.

이런 사건의 현장 사진을 봤을 땐 정말 견디기 힘들었다. 여섯 살 난 남자아이가 아버지에게 살해당했다. 아이 침대에 가지런히 누워 있는 시신은 가장 좋아하던 나이키 에어 맥스를 신고 슈퍼맨 의상을 입은 상태였다. 어머니 역시 옆 침실에 죽은 채로 누워 있었다. 이런 사례에 대한 헤드라인 기사를 봤을 것이다. '5인 가족이 죽은 채 발견. 경찰은 용의자를 찾지 않음.'

2019년 7월 〈선〉 지에 또 다른 사례가 등장했다. 켄트의 해변가 자택에서 '속물적인' 어머니가 23개월 된 쌍둥이 제이크와 클로이를 욕조에 익사시킨 사건이다. 그녀는 카타르에서 누리던 호사스러운 생활이 끝나자 파트너와 갈등이 있었고 결국 마게이트의 '거지 소굴'로 갔다. 경찰은 런던을 지나는 A299 도로에서 2018년 12월 27일 충돌이 있었다는 전화를 받았고 그녀는 시속 161킬로미터로 달리다가 대형 트럭의 뒤를 들이박았다. 그리고 '히스테리'를 부리며 경찰에게 말했다. "날 그냥 죽게 놔둬요. 내 아이들을 죽였다고요." 경찰이 얼른 집으로 가보니 두 아이가 옷을 차려입고 죽은 채로 침대에 누워 있었다.

정신과 전문의들은 이 사건에 관해 의견 차이를 보였고(자기애적인 분노 대 극심한 우울증) 이 사건은 10년 동안 '혼합 명령'형을 받아 일부는 감호 병동에서, 일부는 교도소에서 지내게 되었다.

× × ×

영아 살해를 식별 가능한 하위 유형으로 분류할 수 있다는 점은 패턴이 소름 끼치도록 유사하다는 의미기도 하다. 신생아 질식사, 정신병적 영아 살해와 메데이아 신드롬뿐 아니라 장애를 가진 아이를 죽이고, 원치 않는 아이를 없애기 위해 아동 학대나 방임의 연장선상에서 살해하는 '안락사'도 있다.

'안락사' 혹은 '이타적' 살인은 2015년 타냐 클래런스의 사례를 들 수 있다. 그녀는 부유한 중산층이었으나 우울증이 심했고 장애가 있는 세 자녀를 보살펴야 하는 엄청난 과제에 압도당했다. 4세인 올리비아와 3세인 쌍둥이 벤과 맥스는 근육이 약화되는 질병을 앓고 있어서 반복적인 치료와 수술이 필요했다. 타냐는 자고 있던 자녀들을 죽이고 자살을 시도했다.

판결은 이렇다. 한정 책임 능력으로 인한 세 건의 과실 치사, 병원 수감.

11

부주의한 살인에
동정은 없다

원치 않는 아이를 없애버린 어머니가 정신 질환 없이 특이한 성격을 지녔을 가능성도 있지만 가정 불화와 학대 이력이 있을 수도 있다. 정신 병동에서 내가 제일 처음 맡은 살인 사건은 신생아를 살해한 죄로 감호 병동으로 보내진 이십 대 초반의 스텔라 노스건이었다. 팀에 합류했을 때 그녀는 석 달간의 집중 정신 질환 감정 중 절반을 해나가던 중이었다. 검찰 측 전문가가 살인죄(사형)를 영아 살해(감호 병원 수감 혹은 구금 없는 보호 관찰 등의 처벌을 포함해 어떤 형량이든 받을 수 있는 단계) 중 한 가지 유형으로 교체할 것인지 결정하는 데 도움을 줄 보고서 준비가 한창이었다.

경험이 부족한 상태에서 난 어머니가 신생아를 죽인 사건이기에

'그녀의 정신 상태에 분명 문제가 있다'는 영아 살해의 법적 기준에 부합한다고 확신했다. 그런 단순한 가정을 할 때 마음속으로 이모의 사례를 염두에 두었나 보다. 하지만 법정신의학은 아무것도 가정해서는 안 되는 분야다.

주별 세미나에서 스텔라의 사례를 논의했다. 사건을 이해하려면 다른 관점에서 접근해야 한다. 정신분석 이론 훈련을 받은 전문가는 우리에게 새로운 관점을 제공해줄 수 있다.

난 노트를 꽉 쥐고 격주로 열리는 세미나에서 우리 팀에 배정된 정신분석가인 칼리스타 앞으로 갔다. 그녀는 내게 노트는 필요없으니 세미나에 참석한 사람들에게 스텔라의 사연을 설명하고 그녀와 같은 공간에 있던 경험이 어땠는지 알려달라고 했다. 난 기억을 더듬어 스텔라가 살인과 죽은 아이에게서 동떨어져 있는 것 같다고 말했다. 그녀의 불안한 정신 상태를 비롯해 원치 않는 아이에 대한 살인을 두고 논의가 이어졌다. 스텔라는 자신과 자신이 저지른 행동을 분리하면서 공격성을 감췄다. 죽은 아기에게 어떤 감정도 느끼지 못했고 아예 처음부터 아이가 존재하지 않는 것처럼 굴었다.

스텔라에 관한 논쟁은 나에게 단순하기 짝이 없는 영아 살해 '정신질환' 모델을 다시 생각하게 해주었다. 또한 거북한 기분이 들었다. 내 사촌 루이자는 예상치 못하게 세상에 나왔다. 그녀 역시 예민하고 힘든 아이였다. 당시엔 난 범죄에 대한 조지나 이모의 이야기를 듣지 못했다. 스텔라의 사례는 내가 전문적으로 살핀 첫 번째 영아 살해 사건이자 조지나 이모의 사연을 제대로 반영할 수 있게 해주었고 궁극적으로는 나를 할러웨이에서 일하도록 이끌었다.

3부
영아 살해

× × ×

스텔라 사건의 자세한 내막이 밝혀지자 '살인'의 정
도가 영아 살해의 법적 기준과 완전히 일치하는 건 아니었다. 그녀는
공공 임대 주택 단지 4층 아파트에서 아이가 없어졌다고 경찰에 신고
했다. 정복을 입은 수십 명의 경찰이 일대를 수색하며 집집마다 탐문
조사를 벌이고 CCTV 증거를 수집했다. 24시간 수색 끝에 차갑게 식
은 신생아의 시신이 그녀의 집 문밖에서 쓰레기 활송 통로를 따라 연
결되는 커다란 공공 쓰레기장 바닥에서 발견되었다.

유괴라고 믿으며 수색에 참여했는데 아이 엄마가 직접 시신을 폐
기했다는 사실이 밝혀졌을 때 경찰들이 얼마나 분노했을지 상상이 갈
것이다. 그녀는 정신병에 걸리지 않았지만 계획하지도 원치도 않았던
임신을 했다. 미성년인 데다 혼자였고 산후 우울증을 심각하게 앓고
있었다.

한두 해 뒤 난 기간제로 고문 의사직을 맡은 병원에서 우연히 외래
환자로 스텔라를 다시 맡게 되었다. 일 년간 감호 병원에 수감된 뒤
그녀는 구금하지 않고 정신과 치료를 받는다는 조건으로 보호관찰
대상이 되었다. 하지만 그녀는 범죄 행위와 자신이 전혀 관계없다는
듯 여겼고(정신과 용어로 '분리'), 종종 지각하고 약속을 취소했다.

그녀는 새 연인이 생겼고 첫 아이에게 한 짓에도 불구하고 가족을
꾸릴 심산이었다. 계획대로 또 다른 아이를 임신하려 했다면 아동 보
호팀에서 그녀를 주시했을 것이다. 아동 보호팀은 어려운 질문의 답
을 찾아야 했다. 스텔라가 또 다른 아이를 안전하게 키울 수 있도록

허락해야 할까? 출산 후 몇 분이라도 아이를 안고 있도록 하는 게 안전하다고 볼 수 있을까? 이후 심각한 정신 질환을 앓고 있는 임산부를 맡으면서 나도 이런 질문에 직면했다.

× × ×

부모나 보육자에게 목숨을 잃는 아이들을 아동 학대의 연장선으로 보는 건 내가 할러웨이에 있을 때였다. 노스 런던에서 빅토리아 클림비와 베이비 P의 죽음이 언론의 주목을 받으면서부터였다. 이 사건과 관련해 매스컴의 관심은 전적으로 사회복지 사업의 실패에 쏠렸고 부모의 책임(당대 비난 문화의 또 다른 예)은 간과하는 듯 보였다.

난 방임으로 인한 죽음과 치명적인 학대 사례를 수없이 봐왔고 특히 기억에 남았던 한두 사례를 소개하고자 한다.

할러웨이에서 살인죄로 기소 중인 아멜리아 스티븐턴을 맡아달라는 요청을 받았다. 그녀는 현대판 업둥이로 태어나자마자 버려져 비닐봉지에 담긴 채 병원 문 앞에서 발견되었고 그렇게 단기 위탁 가정과 보육원을 전전하며 생활했다.

학교에서 산만한 행동을 보이다 학업을 중단했고 재미 삼아 불법 약물을 복용하던 중 헤로인에 중독되었다. 수차례 예상치 못한 임신을 했고 첫 번째 아이는 태어난 지 몇 주 만에 폐렴으로 숨을 거두었다. 두 번째 아이는 사회복지기관에서 전적으로 담당한 뒤 입양 절차를 따랐다.

3부
영아 살해

아멜리아는 다시 헤로인에 손을 대기 시작했다. "이길 수 없다면 굴복해야죠." 그녀는 다시금 남자 친구 세스의 아이를 임신했다.

이 세 번째 임신 기간 동안 사회복지기관에서 광범위한 지원을 해 주며 그녀가 부모로서 역할을 할 수 있는지 알아보도록 도와주었다 (이상하게 들릴 걸 안다). 그녀는 약물 의존증이 아이에게 유전되지 않 도록 임신 중에 헤로인을 끊겠다고 동의했다. 그러나 재빨리 약속을 어겼고 조산사와 사회복지사에게 이 사실을 숨겼다.

아기 제임스가 태어났을 때 아멜리아는 아이가 '많이 아프다'는 걸 알았지만 감기와 비슷한 헤로인 금단 증상인 줄 알았다. 대체로 근육 통, 발열, 한기가 든다. 몸이 아픈 아이는 자주 울었다.

"전문가의 도움을 받는 대신 우리끼리 알아서 할 수 있다고 생각했 어요……. 우리가 아이를 잘 돌본다는 걸 증명하면 키울 수 있게 해줄 거라고 여겼죠. 남자 친구에게 헤로인이 좀 있었어요……. 젖병에 그 걸 좀 타서 아이에게 줬고 괜찮아지는 듯 보였어요……. 조산사와 방 문 간호사가 날마다 왔지만 우린 그 사실을 숨길 수 있었어요."

어느 날 아멜리아는 헤로인에 취한 채 정신이 몽롱한 상태로 잠에 서 깼다.

"다음 날 아침, 아이는 여전히 침대에 있었어요……. 전 직감했죠. 뭔가 잘못되었다는 걸요……. 남자 친구가 울면서 말했어요. '아멜리 아, 아기가 죽었어.' 전 아기가 아직 자고 있다고 생각했는데 몸이 차가 웠어요. 아이에게 젖을 물리려고 했지만 몸이 벌써 굳어버렸어요."

과실 치사, 5년간 수감.

잦은 자해에도 아멜리아는 정신 병동으로 들어가지 못했고 그녀의 부주의한 살인은 동정을 얻지 못했다.

아멜리아의 경우, 제임스를 숨기고 방치했다. 슬프지만 아이에 대한 방임이나 학대 행동을 숨기는 건 드문 일이 아니며 사례별로 다양한 형태를 띨 수 있다.

×　×　×

메이데이 병원 흉부의학과에서 일할 때 지금까지도 기억 속에 남아 있는 특이한 사례를 만났다. 6개월 동안 그곳에 있으면서 응급실에서 넘어오는 환자들을 살피고 피검사 결과를 찾고 막힌 정맥 주사 바늘을 교체하느라 힘들었다. 당시 난 거의 패배를 인정하고 의사를 그만둘 지경까지 이르렀다. 6년간 훈련을 받았지만 그 정도로 힘들었다.

아픈 환자들이 목숨을 두고 사투를 벌이고 있기에 지쳐도 경계를 늦출 수 없었고 가끔은 그들을 잃기도 했다. 그런데 환자 중에서 일부가 거짓으로 아픈 척을 한다는 걸 알아차렸다. 관심을 받아 병원에 입원하기 위해서거나 우리를 속여 귀중한 시간을 낭비하게 만들려는 장난이라고 생각했다. 하지만 신장 결석으로 복통이 심한 척 꾸미고 심지어 확신을 주려고 소변 샘플에 몰래 손가락에서 낸 피를 떨어뜨리는 짓까지 하는 사람의 동기는 뭘까?

특별한 사례 하나가 내 흥미를 사로잡았다. 젊은 여성 타마라 앳킨슨이 관리가 잘 안 되는 뇌전증 때문에 병동에 입원했다. 그녀는 항간질약으로 아들을 독살하려고 한 다음 의사에게 아이가 설명할 수 없는 증상을 보인다며 데려왔다. 아이가 소아과 병동에 있을 때 타마라가 수액에 손을 대 주입관이 오염되면서 생명을 위협하는 감염이 생겨 아이는 중환자실로 옮겨졌다. 그런 뒤에 타마라가 경찰에 체포되자 발작 증상을 보여서 메이데이 응급실로 이송된 거였다.

병동에 입원한 뒤에 적절한 치료를 받았으나 그녀는 계속해서 발작했고 뇌종양으로 발전했을까봐 염려되어 급히 뇌 스캔과 뇌파검사(뇌전도)를 의뢰했다. 검사 결과 모두 음성으로 나오자 우리는 의구심에 휩싸였다. 난 그녀가 병원에서 발작을 일으키는 걸 보았다. 규칙적인 수축, 고개가 뒤로 젖혀지는 모습이 분명 일반적인 발작 증상처럼 보였다.

우리가 이런 행동을 거짓이라고 확신하자 타마라는 다리와 왼팔에 고름이 잔뜩 찬 커다란 종기를 여러 개 달고 나타났다. 면역 체계에 문제가 생긴 것일까봐 걱정하자 아동 학대 조사팀은 뒷전으로 물러났다. 우리는 HIV 혈액 검사를 했고 모든 표준 혈액 검사와 미생물 샘플을 채취해 알 수 없는 감염이 있는지 살폈다. 보기 드물고 특이한 상황에서 조사를 하다가 '죠브 증후군'일지도 모른다는 판단이 섰다. 성경 속 등장인물의 이름을 딴 이 증후군은 백혈구가 일반적으로 감염균과 싸워야 하는데 기능 이상으로 그러지 못해 억제할 수 없는 고름이 생기는 병이다. 기준에 부합하는 듯 보여 우리는 근처 전문 병원에 타마라의 검사를 의뢰했다.

한편, 고문 의사는 타마라의 건강 상태가 재판에 참여할 수 있는지 여부를 결정하도록 법정으로 증거를 제출하라는 요구를 받았다. 우리가 이 모든 수수께끼를 풀고 있을 때 병원 경비가 어느 날 내게 와 작게 속삭이며 말했다. "선생님, 끼어들고 싶진 않았지만 제가 뭘 봤는데 선생님이 아셔야 할 것 같아서요. 7번 침대 환자를 아시죠? 그녀가 바늘로 다리를 찌르는 걸 봤어요."

알고 보니 타마라가 바늘에 자기 대변을 묻혀 오염시킨 다음 그걸 피부에 찔러 물집이 생기게 한 거였다. 그녀는 뮌하우젠(스스로에게 거짓말을 하고 연약한 타인으로 유도하는 '인위적인' 의학적 상태) 증후군이자 대리자에 의한 뮌하우젠 증후군 모두에 해당했다. 타마라는 분명 인격 장애를 가지고 있었고 법정에 가서 결국 자신의 모든 혐의와 마주해야 했다.

보기 드문 증상에 그녀의 사고와 행동을 이해하려고 난 월간 세미나에서 불쾌한 병변 슬라이드와 함께 그녀의 사례를 발표했다. 자리로 돌아가자 수석 피부과의가 내게 말했다. "전부 흥미롭군요. 하지만 다음 번에는 진짜 발진을 가져오세요."

× × ×

정신의학은 날 매료시켰다. 내게 타마라의 고통은 실질적인 발진이었다. 다른 피부 발진은 옴, 매독, 전신 홍반성 루푸스(안면 발진이 특징인 자가 면역 질환)와 같은 내재한 의학적 상황을 알려줄 수 있다. 그녀의 경우 심각한 정신 질환을 드러낸 창구였다.

대리자에 의한 뮌하우젠 증후군으로 알려진 사례는 일반적으로 심각한 아동 학대와 범죄를 동반한다. 주로 자녀의 어머니, 보호자 혹은 간호사 등에게서 찾을 수 있다. 그들은 분명한 질환을 보이는 자녀를 의사에게 데리고 가는데 그 질환은 나중에 보호자가 거짓으로 증상을 보고한 것이거나 아이에게 직접 부상을 입히거나 독극물을 먹인 것으로 판명난다.

비밀 촬영으로 논란이 된 한 연구에선 심지어 호흡에 문제가 있는 아이들의 어머니 중 일부가 실제로는 자식을 질식시키고 있던 걸로 밝혀졌다. 동영상은 차마 보기 힘들 정도였다. 어머니들의 모습이 분명히 찍혔고 반복적으로 그들은 자식을 질식시키면서 수면 무호흡증으로 포장했다. 아기에게 장치를 달아 호흡과 심장 박동을 모니터하고 간호사가 카메라를 살피면서 최악의 경우를 대비해 개입할 준비를 마쳤다.

이 연구는 막대한 수의 영아가 목숨을 잃는 끔찍한 일이 실제로 벌어지고 있으며 극소수는 들키지 않을 거라고 확신하며 범죄를 계획적으로 숨긴 영아 살해 사건임을 알려준다. 증거가 버젓이 있지만 어머니가 괴롭힘과 속임수라는 왜곡된 조합을 보일 수 있다는 점을 받아들이기 꺼리는 분위기다.

아이에게 충동적으로 저지른 공격을 부인하고 의사를 속이며 의기양양함을 느낀 채 무력한 자신의 처지를 달래려고 속임수를 쓰는 것일까? '심리적 공식'을 찾으려고 노력 중이나 이 메커니즘은 해답을 얻지 못한 채 남아 있다. 어머니들은 종종 심각한 아동 학대나 방치, 자해나 식이 장애와 같은 징조를 보이고 스스로 불필요한 병원 입원과 수술을 하기도 한다.

또한 자신의 고충을 말로 표현하기 힘들어하는데 정신과 의사들은 이것을 '실감정증', 대략 풀어서 설명하면 '정신 상태를 설명할 말의 부재'라고 지칭한다.

타마라 사례를 포함해 수련의로서 내가 얻은 경험은 이후 할러웨이 교도소에서 정신과 의사로 일할 때 접한 아동 학대 사례를 이해하는 데 도움이 되었다.

× × ×

그렇게 난 아동 살해가 학대와 방임의 연장선에서 여러 가면을 쓰고 등장한다는 걸 배웠고 살인으로 이어지는 학대를 감출 수도 있다는 사실을 알았다. 그러나 가끔 아이에 대한 문화적·종교적 관습이 용납되기도 하고 심지어 일부 사회에서 권장하기도 하는데 영국에서는 이를 치명적인 범죄로 규정한다.

전 세계 여성과 소녀 2억 명에게 영향을 미치는 할례가 대표적인 예다. 영국에서 할례는 불법이고 최소한 잘못된 문화적 감수성으로 소녀들이 학대받아 되돌릴 수 없는 해를 입지 않도록 보호하려 노력해야 한다. 비슷한 방식으로 일부 공동체에서 실행되고 있는 육체적·감정적 학대(부두교에 대한 믿음, 오컬트, 악령 빙의)는 반드시 근절되어야 할 범죄로 인식해야 한다.

그러나 법정신의학자로서 보자면 이런 관행은 망상과 구별될 필요가 있다. 망상은 정신과 치료가 가능한 반면 악령이나 마법과 같은 문화 규범적 믿음은 그렇지 않기 때문이다. 정신이 온전한 상태에서 악령이나 마법과 같은 악의적인 힘에 대해 생각하는 것도 놀라울 정도로 흔한데 특히 런던처럼 문화적으로 다양한 지역이 그렇다. 예를 들

3부
영아 살해

어, '정령'에 대한 믿음은 일부 이슬람 공동체에서 보편적이고 '악령'이나 '악마'는 사하라 사막 이남의 아프리카 국가 출신 사람들에게서 언급된다.

여러 국가의 종교와 문화를 연구해보니 정령의 존재를 믿는 사람이 우간다에서는 15퍼센트, 코트디부아르에서는 최대 95퍼센트로 나왔다. 빙의에 대한 문화적 믿음은 아이에게 엄청난 폭력을 향하는 결과를 내는데 퇴마 절차에 따르면 아이의 눈에 고춧가루를 뿌리고 두들겨 패고 심지어 의식에 따라 살인도 저지른다고 설명하고 있다. 특히 알비노 아이의 경우 신체 일부에 특별한 힘이 깃들어 있다고 전한다.

2008년 우간다 경찰에 보고된 이러한 의식과 관련된 살인 및 행방불명은 300건 이상이다. 우간다 정부는 태스크포스팀을 조직해 인간을 제물로 바치는 의식을 조사했다. 부모와 일가친척이 부와 번영을 누리려 자녀를 주술사의 의식에 팔아넘긴 유명한 사건들이 많았기 때문이다.

물론, 런던도 의식에 따른 아동 살해가 낯설지는 않다. 2001년 '애덤' 사건은 템스강에서 신원 미상인 소년의 몸통이 발견된 경우다. 복잡한 조사가 이어졌고 소년은 밀거래를 통해 나이지리아 베닌 시티에서 독일을 경유해 영국으로 온 것으로 밝혀졌다. 독살을 당했고(소년의 위에서 금색 입자가 섞인 모래가 발견되었다) 정교하게 토막난 시신은 마치 '무티'나 '부두'의 살인 의식의 일부처럼 보였다.

할러웨이 교도소에서 난 문화적으로 허용된 아동 폭력의 또 다른 사례를 목격했다. 특히 고통스러운 사례가 있는데, 젊은 모리셔스 여성이 서아프리카 남성과 사귀었고 남성이 그녀에게 그들의 여섯 살난 딸이 악령에 씌었다고 믿게 한 것이다. 두 사람은 딸을 반복적으로 때리고 뜨거운 초로 태운 다음 자루에 넣어 입구를 꿰매 킹스랜드 로드 근처 운하에 던져버리려고 했다. 다행히 이웃이 찾아와 계획은 수포로 돌아갔다. 딸이 헝클어진 머리칼에 눈물 바람으로 학교에 와 교사가 사회복지과에 연락하면서 전말이 드러났다. 애인이 여성에게 영향을 끼친 건 분명하나 그녀에게 정신병이 있다는 어떤 증거도 없었다. 법은 그녀에게 적합한 형량을 내렸다.

× × ×

이 모든 듣기 힘든 이야기에도 불구하고 난 이 단계에서 모성애라는 개념에 너무 현혹되지 않고 법정신의학적 살인 증거를 찾는 데 집중할 수 있었다. 대부분의 의학 분야에서 고문 의사로 자리를 잡으려면 약 5년이 걸린다고 하는데 그 말이 맞는 것 같다. 시간이 지나면서 법정신의학적 불안감이 사라졌다. 또한 모든 환자 이송이나 강연 초대에 참석하지 않으면서 스트레스 수준을 낮추는 법을 배웠고 모든 정신 질환 관련 범죄를 전능하게 예방하려는 시도도 하지 않으며 토요일에는 보고서를 작성하는 걸 금지해 주말을 지켜 냈다.

어쩌면 폭력과 그로 인한 결과에 면역이 되어 법정신의학자가 나의 직업이 된 것일지도 모른다. 어떤 이들은 일하러 가서 건물을 설계하고 아이들을 가르치거나 원고를 읽을지도 모르지만 우리 같은 이

3부
영아 살해

들은 교도소 근방을 터벅터벅 걸으며 죄수들을 인터뷰하고 그들을 어떻게든 이해해보려고 한다.

간혹 사람들을 만나는 자리에서 "무슨 일을 하세요?"라는 질문을 받으면 난 그냥 "전 국민건강보험 소속 의사예요"라고 말하며 악마의 의미를 묻는 피할 수 없는 토론에서 벗어나려고 한다. "모든 살인자들이 미친 게 확실하죠?" 또는 "그냥 전부 다 교수형에 처하면 안 되나요?"라는 질문들 말이다.

12

미쳤다는 사실을
증명하는 일

그레이스 칼린다의 치료가 진행된 지 몇 달 뒤 그녀를 인터뷰하러 갔을 때, 돌이켜보니 난 살인을 저지를 당시 그녀의 정신 상태를 알아보려고 했던 것 같다. 또한 그녀가 정신과 치료에 어떤 반응을 보이고 어린 시절에 대해 어떤 말을 할지, 그 이야기가 어떻게 끔찍한 사건으로 이어질지도 궁금했다.

우간다 캄팔라에서 태어난 그레이스의 사연은 놀라웠다. 어린 시절에 학대받지 않았고 중등 교육까지 마쳤다. 살인을 저지르기 3년 전쯤인 스물세 살에 영어를 배우려고 영국으로 왔다. 그녀는 네 살 난 낸시의 아버지이자 별거 중인 남편을 캄팔라에 두고 혼자 왔지만 잠시 그곳으로 돌아가 관계를 회복하고 뎀베를 임신했다. 런던으로 돌

171

아온 뒤 쏜튼 히스에 집을 빌려 6개월 정도 살았고 간호조무사 겸 아동 돌보미로 일하면서 매주 영어 수업을 들었다. 그녀는 제 7일 안식일 재림파의 독실한 신자로 지역 신도들에게 유명했다. 악마에 대한 어떤 경험도 없었으나 "그들을 봤어요……. 내 딸이 죽기 직전에요"라고 말했다. 당시에는 그녀의 믿음이 정신병이지 문화나 종교적 규범이 아니라고 확신했다.

난 그녀에게 악마가 어떻게 생겼는지 물었다. "그들은 눈이 검고 사람처럼 생기지 않았어요. 내 아이에게로 왔죠……. 전 무서웠어요. 아이들말곤 아무도 없었으니까요. 손으로 때려가며 악마를 꺼내려고 했어요……. 전 악마의 머리를 때리고 몸을 문질렀어요……. 영혼이 아이들에게서 악마를 꺼내라고 시켰어요."

그녀는 악마를 제거하는 유일한 방법은 '퇴마'뿐이라고 확신해 템베의 흰 눈동자를 붉게 만들었다. 템베를 때린 뒤에 그녀는 '악마가 템베를 떠났다'고 생각했지만 "낸시에게로 옮겨갔어요……. 전 악마가 깨어날 거라고 생각했어요."

난 그녀에게 아이들에게서 악마를 꺼내려고 때리지 않았다면 어땠을지 물어보았다. "그랬다면 엉망인 인생을 살아야겠죠……. 악마가 아이들을 무너뜨릴 테니까요……. 제 머릿속의 영혼이 제가 해야 할 일에 대해 반복해서 알려줬어요. 머릿속에서 그를 꺼낼 수 없었어요. 마치 죄수처럼 붙잡혀 제대로 생각할 수 없었어요."

인터뷰를 마치고 난 급행열차를 타고 런던으로 돌아왔다. 언제나처럼 보고서 작성을 끝내야겠다는 압박감이 들었다. 집에 도착해서 커피를 진하게 내린 다음 아들의 바이올린 레슨을 피해 작은 정원에 앉아서 진술서를 읽었다.

그레이스의 친구는 살인을 저지르기 한두 주쯤 전부터 그녀의 행동이 달라진 걸 눈치챘다고 말했다. 그녀는 괴이한 문자 메시지를 보내고 신난 듯했다. 또 다른 증인은 그녀를 "자기 나라 언어로 말하는데 불안하고 걱정스러워 보였고 이상한 행동이…… 미친 사람 같았다"고 진술했다. 진술서는 그녀의 행동이 악령 빙의에 대한 망상적 믿음에서 발전해 환청과 같은 정신병 증상으로 넘어가 살인을 저지르기 전 짧은 시간 안에 끔찍한 지경에 이르렀다는 점을 일관되게 알려준다.

버스 정류장 현장에 있던 경찰들은 그녀가 무절제하게 행동했다고 설명했다. 꽤 오랫동안 씻지 않은 존슨에게 키스했다. 그녀에게선 술 냄새가 났고 경찰이 체포하려고 했을 때 존슨의 턱수염을 붙잡고 버티는 바람에 그가 바닥으로 쓰러졌다. 그녀는 경찰차에 올랐을 때 '이상하게 웃으며' 성경책을 꽉 쥐고 몸을 앞뒤로 왔다 갔다 했다.

병원에서 열흘간 보호관찰을 한 뒤에 항정신성 약물 치료를 받았고 이후 몇 달 동안 그녀의 정신 상태와 행동은 차츰 나아졌다.

최초 진단명은 이렇다. '산후 정신병', 종교적 망상에 대한 믿음, 빙의라는 망상, 폭력을 통해 악마를 꺼내려 한 망상적 믿음이 특징.

그녀가 영아 살해(정신 균형 이상)와 한정 책임 능력(비정상적인 정신)의 기준에 부합한다고 분명히 말할 수 있었다. 그렇지만 그녀가 법으로 정한 정신병의 더 높은 기준치를 맞출 수 있을까? 정신 질환이 받아들여지려면 그레이스는 살해 당시에 '정신병'을 분명 겪고 있어야 한다. 또한 자기 행동이 잘못되었다는 걸 인지하지 못했다는 부분

3부
영아 살해

도 언급되어야 한다. 그녀는 퇴마를 한 뒤에 뎀베가 깨어나길 기대했고 자신의 행동을 감추려는 의도가 없었고 경찰을 피하지도 않았다.

누구도 이런 상태에서 재판을 원하지 않지만 '법적' 정신 이상은 모든 정신과 의사가 동의한다고 할지라도 배심원 앞으로 가야 한다. 배심원이 정신과 의사의 소견을 무시하고 예상치 못한 판결을 살인자에게 내릴 수도 있다. 요크셔 리퍼로 불린 피터 섯클리프의 재판을 기억할 것이다. 1980년대 초 여성 13명을 살해하고 다른 7명의 살인 미수에 그친 그의 사건에서 정신과 의사들은 만장일치로 그가 정신병이 있으니 '한정 책임 능력'에 해당한다고 소견을 냈지만 돌아온 판결은 대량 학살과 살인 미수 유죄로 20년형을 선도받았다. 그 당시 판사, 배심원, 사회는 대체적으로 결과에 흡족해했다.

그러나 그레이스의 재판은 짧았고 한 명의 정신과의가 증거를 제시하고 판사가 마무리를 지었다. "배심원 여러분 판결을 내려주세요. 명망 높은 정신과의 네 사람의 동의한 의견을 무시하기로 결정했다면 현명하지 못한 배심원이 될 것입니다."

판결은 이렇다. 정신 이상으로 인한 무죄, 무기한 병원 구속 수감.

× × ×

비슷한 시기에 난 자동차 후방 추돌 사고로 운전을 하지 못해 이참에 자전거를 열심히 타보기로 했다. 감호 병동으로 가는 편도 약 22.5킬로미터를 자전거로 이동했다. 첫 한 달은 힘들었다. 특히 날이 흐리거나 비가 흩뿌릴 땐 자전거에 오르는 게 귀찮은 일거

리처럼 여겨졌지만 자전거를 타고 출퇴근하면서 건강이 좋아졌고 그 시간 동안 마음을 정돈하고 심박을 높일 수 있었다. 게다가 앉아 있는 시간 동안 축적된 살들이 분해되기 시작했다. 난 캠든에서 강을 따라 벨마시까지 갈 수 있었다(물론 옷을 갈아입으러 방문자 센터의 화장실로 몰래 들어가는 모습을 교도관이 보고 어리둥절해했지만). 재소자의 정신 감정 평가나 진료 뒤에 40분 정도 자전거를 타니 정신이 맑아졌다.

할러웨이로 자전거를 타고 가면 몇 분 걸리지 않아서 자전거를 고정해둔 다음 신분증을 보여주고 에어 로크를 통과했다. 병동 사이의 연결 복도를 종종 걸어 다니면서(그레이스의 사례와 같은 건을 마음에 두고) 난 다른 죄수들이 안전하게 자기 방으로 들어간 뒤에 아기를 유모차에 태우고 움직이는 광경을 보고 놀랐다. 이 여성들은 주로 비폭력 범죄로 수감된 사람들로 카리브해와 라틴 아메리카에서 마약 운반책으로 코카인 수십 팩을 들여오다 히드로 공항에서 붙잡힌 류의 죄를 지었다. 임신한 상태로 교도소에 온 여성들은 출산 후 아홉 달 동안 모자 병동에서 감시하에 자녀를 돌볼 수 있다. 물론 아기에게 해를 끼칠 위험이 없는지 철저하게 몸수색을 거친다. 일련의 보고서는 영아를 거친 환경으로 데려가는 걸 방지하는 쪽이 좋다고 주장하지만 적어도 이렇게 하면 어머니와 아이의 유대감 형성에 중요한 인생의 첫 아홉 달을 함께 지낼 수 있다.

3부
영아 살해

13

일 년을 살지 못한
아기의 장례식

남성에 의한 유괴 살인은 드문 경우다. 2018년 모르는 사람에게 살해당한 16세 이하의 피해자는 4명에 불과했다. 그러나 언론은 이런 사건일수록 거대하게 다루고 남성 범죄자에게 여성 공범이 있는 경우에는 더욱 그렇다. 무어스 사건(십 대 청소년 5명을 성적으로 학대 및 살해) 살인범인 이안 브래디와 마이라 힌들리가 전형적인 경우다.

2002년 가족 휴가를 갔던 나는 세상과 완전히 단절되길 원해 이탈리아 북서쪽 언덕에 자리한 헛간을 개조한 숙소에서 지낼 동안 휴대폰을 꺼놓았다. 난 휴가를 즐겼고 마지막 이틀 밤엔 산타 마게리타로 가서 귀국하기 전 해안가에서 남은 시간을 보냈다. 다음 날 아침, 만이 내려다보이는 식당에서 아침을 먹은 뒤 〈라 리퍼블리카〉 지의 첫 장에서 축구 셔츠를 입은 두 소녀의 컬러 사진을 보았다. 그들은 홀리와 제시카로 살인 사건의 두 피해자였다. 교사인 맥신 카는 용의자인 이안 헌틀리에게 거짓 알리바이를 제공했지만 자신이 '범죄자를 도왔다'는 명목으로 체포된 사실도 몰랐다.

다시 출근했을 때 맥신은 할러웨이에 구금되었고 다른 죄수들은 낮이고 밤이고 이렇게 중얼거렸다. "음…… 아동 살해범…… 차기 마이라 힌들리." 헌틀리가 홀리와 제시카를 죽였다는 사실을 당시에도, 사건 후에도 맥신이 알지 못했다는 점이 받아들여졌으나 그녀가 거짓 알리바이를 제공해 법을 속인 혐의를 확정받아 3년 반의 수감형이 내려졌다.

그렇다고 해도 남성 성범죄자와 결탁한 여성에 대한 증오는 맥신 카의 경우 성형 수술을 하고 이름도 바꾸며 살아갈 정도지만, 마이라 힌들리의 이름과 함께 평생 그녀를 따라다닐 것이다. 2002년 마이라 힌들리가 목숨을 잃자 〈데일리 메일〉 지의 헤드라인에는 이런 제목이 달렸다. '아동 피해자들과 달리 장례를 치르게 된 마이라 힌들리'.

× × ×

어머니가 자녀를 살해하는 상황은 고통스럽기 그지없고, 나는 내장 적출부터 악령 퇴치까지 극심한 폭력과 관련된 많은 사례를 봐왔다. 정신과적 설명은 일부 사례를 이해하는 데 도움을 주지만 그 모든 끔찍한 범죄를 전부 다 이해할 수는 없다. 사건은 항상

3부
영아 살해

정신적 문제로 기인하는 것이 아니며 학대나 방임으로 자녀를 살해한 여성이 정신병을 핑계로 무죄가 된 경우도 없다.

루이자를 살해한 뒤 HMP 할러웨이 교도소에 남아 있던 조지나 이모의 사례는 어떨까? 어머니는 루이자가 세인트 메리 병원 맞은편 밀튼 공동묘지에 간소하게 묻혔다고 하셨다. 상여꾼 한 사람이 작은 흰색 관을 들고 와서 묻었다. 장례식은 없었다. 일 년도 채 되지 않아 삶을 마감하면 배웅해줄 사람이 별로 없다.

조지나는 교도소에 수감 중이어서 당연히 장례식에 참석하지 못했다. 정신 이상을 겪고 있었기에 기존 살해 혐의가 영아 살해로 바뀌었다. 법원의 명령에 따라 조지나는 포츠머스의 세인트 제임스 병원으로 보내졌으나 치료가 잘되지 않았고 자살을 시도한 뒤에(영아 살해자들에게서 흔하다) 결국 극한의 치료 대상이 되었다.

그럼에도 불구하고 조지나는 결국 뇌엽절리술 부작용에서 회복했다. 힘든 치료 과정 내내 남편 찰리가 곁을 지켰고 마침내 그녀는 세인트 제임스 병원에서 퇴원해 남편과 집으로 돌아갔다. 다시 일상을 찾았고 시간이 흐른 뒤 그녀는 임신했다.

아기 데이빗에게는 더 나은 삶이 펼쳐질 거란 희망이 있었다. 지속적인 정신과 치료와 보호관찰로 조지나의 정신 상태를 안정적으로 유지한 이번이 또 다른 기회였다.

하지만 그렇게 되지 못했다. 집에서 출산하는 동안 모든 상황이 좋지 않았다. 조지나는 방광염으로 추정되는 복부 통증을 겪었다. 그러고 나서 진통이 시작되었음을 알리는 '조짐'이 나타났다. 어머니가 의사를 부르러 갔지만 의사는 방문을 거부했다. 아마도 조지나 이모가 저지른 일로 인해 그녀에게 부정적인 감정을 가졌던 것 같다. 데이빗은 엄청난 청색증을 보이며 태어났다(어머니가 기억하기로는 거의 청록색이었다고 한다). 서둘러 근처 세인트 메리 병원으로 갔지만 몇 시간밖에 살지 못했다. 그날 늦게 병원에서 돌아온 찰리가 조지나에게 무미건조한 목소리로 말했다. "아이는 죽었어."

할머니가 얼마나 슬프고 절망했을지 난 상상만 할 수 있을 뿐이다. 긴 시간 홀로 네 자식을 키웠는데 두 손주를 그렇게 어이없이 보내버렸으니. 할머니의 정신과 육체도 크게 피폐해졌다. 먹구름이 가족 위로 드리운 것 같았다.

이 두 번의 비극에도 불구하고 찰리와 조지나는 계속 함께 살았고 1962년 또 다른 딸인 해나를 출산했다. 해나는 먼저 간 두 형제자매보다 더 나은 삶을 시작했고 조부모님의 사랑을 독차지했다. 정말로 귀한 손주였다.

그렇지만 이전의 사건들은 수년간 가족들을 괴롭혔다. 이 가족사가 나의 의대 초창기 시절에 영향을 미쳤는지 의식하지 못했지만 장래를 결정하는 데 분명 큰 역할을 담당했다. 이런 가족사가 정신적 고통과 함께 인간의 파괴력에 대한 민감함과 호기심을 심어주었다고 생각한다. 그리고 민감함과 호기심은 다른 의학 분야보다 훨씬 더 법정신의학에 필수적이다.

앞서 말했듯이 우리가 법정신의학을 선택하는 것이 아니다. 법정신의학이 우리를 선택한다.

3부
영아 살해

× × ×

난 메이데이 병원의 미친 듯이 바쁜 진료실에서 근무한 뒤 곧바로 정신과로 간 것이 아니다. 훌륭한 정신과 의사가 될 수 있을지는 자신보다 동료가 먼저 알게 된다는 말이 있다. 동료 그레이엄 벌린이 대표적인 사례다. 정신과가 내게 잘 어울린다고 그가 제안했을 때 마음에 새겨두었다. 당시에는 준비가 되지 않아 우선 응급실에서 6개월을 보내 보기로 결심했다. 모든 트라우마, 칼에 찔린 상처들, 심장마비 중에서 정신의학적 증상들이 내게 가장 크게 와닿았다.

또한 그곳에서 학대 피해자들을 치료했다. 남성에게 공격받은 여성들 말이다. 찢어진 입술을 봉합하고 멍과 물린 자국을 치료했다. 가정 폭력으로 창밖으로 던져져 척추 골절을 입은 여성의 사례가 기억난다. 2018년 대략 200만 명의 성인이 가정 폭력을 경험했다. 이는 100명의 성인 중 6명꼴이다. 가정 폭력이 너무 만연하기에 그로 인해 치명적인 결과가 생긴다는 사실이 그리 놀랍지도 않다.

4부

연인을 죽인 남자들

사례 연구:

자이 레디

14

가정 폭력,
그 악취 나는 핑계

      크롤리 근처에서 길을 잃은 나는 막다른 골목에서 개트윅 공항 북쪽 터미널에 자리한 주차장으로 들어갈 뻔했다. 그 사이 길이 바뀌었는지 내비게이션이 혼란을 일으켰다. 난 투덜거리며 차를 돌렸다. 뭐든 처음에 단박에 성공할 수 없는 법이다.

  2009년 자이 레디라는 죄수를 만나러 가는 길이었다. 레디는 몇 주 전 직장에 있던 아내 자넷을 살해한 혐의를 받고 있었다. 자기 팔뚝을 그은 뒤 그는 하이 다운 교도소에서 정신 감정을 받기 위해 감호 병동으로 옮겼다. 물론 여전히 감옥으로 돌아가야 할 대상이었지만 이는 향후 재판 결과에 달려 있었다.

  피고 측 변호사는 내게 그가 까다로운 인물이라고 경고했다. 인터뷰 장소에 모습을 드러냈을 때 레디는 동생의 전화를 기다리던 중이었는데 내가 늦게 왔다고 불평하면서 죽은 아내에 대한 안 좋은 말을 늘어놓기 시작했다. 이 모든 건 내가 입을 열기도 전에 벌어졌다.

그는 암갈색 폴로 셔츠를 입고 있었고 심한 구취가 났다. 들은 이야기대로 무례한 인상이었다.

그러나 보고서 작성이 내 일이다. 난 객관성을 되살려 그의 머릿속에 무엇이 들어 있는지 이해하려고 애써야 한다. 그래서 첫인상은 지워버리고 선입견 없이 그의 이야기를 들었다.

그는 시간순이 아니라 제멋대로 이야기했고 죽은 아내의 행동 분석에 열을 올렸다. 두 사람의 성격이 얼마나 달랐는지, 아내의 가족과 잘 어울리지 못했다는 말도 했지만 딸 사밀라의 이야기가 나오자 울음을 터트렸다. "제 아이가 고아가 되는 걸 원치 않아요." (사밀라는 당시 뉴캐슬 대학교에서 석사 과정 중이었으나 그녀가 검사 측 증인이라 자이는 체포 이후로 모든 연락을 거부당했다.)

난 그에게 티슈를 건네고 잠시 감정을 추스르길 기다렸다. 우리는 유리 창문으로 둘러싸인 공간 속 편안한 의자에 앉아 있었다. 복도를 가로질러 간호사실에 모여 있는 직원들이 보였다.

자세를 고치고 레디는 자신이 건강 분야에 어느 정도 지식이 있어 사밀라가 아플 때 보살피는 건 늘 자기 몫이었고 아내는 그럴 때 특히나 무능했다고 말했다. 그는 자신이 담석으로 병원에 입원했을 때 아내가 '정신적·육체적으로 자신과 함께하지' 않았다고 불평했다.

그런 다음 그는 옆길로 빠져 자넷이 가족을 보러 말레이시아로 가 오래 머물렀던 때의 이야기를 꺼냈다. 사밀라가 너무 보고 싶어 그는

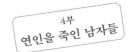

4부
연인을 죽인 남자들

쿠알라룸푸르로 날아갔다고 이야기하면서 자신이 결혼 생활을 유지하려고 노력하는 쪽이었음을 어필하려는 듯 보였다. 하지만 최근 둘의 관계는 '아내 쪽에서 나빠졌다'. "전 그녀를 구속하지 않아요……. 어쩌면 한 가지 상황에서는 제가 그녀를 때릴지도 몰라요……. 한 가지 상황에서만요."

그가 불평을 해대는 걸 들으면서 난 차를 주차장에 두고 비행기에 올라 따뜻하거나 시원한 어딘가로 떠나고 싶다고 생각했다. 솔직히 어디든 무례한 레디와 인터뷰실이라는 창문 없는 온실에 갇혀 있는 것보다는 나을 테니까. 난 일반적인 순서대로 성장 과정에 대한 정보와 범죄를 저지르기 이전의 상황으로 대화를 되돌리려고 노력하면서 그의 가족사를 묻기 시작했다.

그는 자기 아버지 라이마가 임페리얼 칼리지에서 공부한 엔지니어로 쿠알라룸푸르 대학교에 강의를 나갔으며 어머니는 은행원이라고 말했다. 페낭에서 태어난 레디는 후에 과학을 전공했지만 끝마치지 못하고 말레이시아 국립 은행에서 일자리를 구했다. 그는 지역 크리켓 클럽 소속이자 정기적으로 헌혈을 해서 의학 쪽으로 꽤 지식이 있다고 자부했다.

1999년 영국으로 온 레디는 변변찮은 일자리를 전전하다가 렌토킬에서 부기와 인보이스를 처리하는 일자리를 구했다.

자넷과의 결혼은 반쯤 정략 결혼이었다. 그는 결혼해야 하는 상황에 갇힌 것처럼 느꼈다고 말했다. "하지만 결혼하기로 합의하고 전 그녀와 22년을 살았어요……. 그녀를 존중해주었고 많은 걸 해주었죠."

그런 다음 구매 원장을 적는 일자리로 옮겼고 월급이 3천 파운드 줄어서 그와 자넷은 돈 때문에 말다툼을 벌였다. 난 보고서를 통해 그가 가정 폭력 혐의를 받고 있다는 걸 알았기에 가정 폭력이 조금이라도 있었는지 물었다. 그런데, 방금 자신이 아내를 때렸다고 인정했던 그가 이렇게 대답했다. "이건 거짓이에요……. 그녀는 거짓말로 절 몰아세우고 있어요……. 일부러 내게 죄를 씌우는 거예요……. 그녀는 월요일인 걸 알고 있었어요. 제가 스트레스를 받는 날이고 그래서 월요일에 전 늘 혈압이 높아요."

다시 말해 아내가 맞지 않으려면 그를 월요일에 자극하지 말았어야 했다는 뜻이다. 과연 월요일을 좋아하는 사람이 있을까? 그의 구취와 똑같이 악취가 나는 핑계였다.

2008년 5월, 그는 벨트로 자넷을 폭행하고 스패너로 아내와 딸을 위협하면서 집 밖으로 그들을 쫓아갔다. 난동을 피운 혐의가 인정돼 구금 대신 사회봉사 명령을 받았고 보호관찰부가 운영하는 가정 폭력 프로그램에도 참석해야 했다. 그는 "가정 폭력은 거짓이었지만 전 열심히 사회봉사 명령을 따랐어요. 매주 수요일이면 고문과도 같은 질문을 받아야 했죠, '왜 그랬나요?' ……하지만 전 그런 적이 없어요" 라고 항변했다.

자신의 죄를 뻔뻔하게 축소하는 그의 말에 난 짜증이 났지만 언제나처럼 해야 할 일에 집중했고 말과 실제 자료 사이의 불일치에 관한 부분은 기록하지 않았다.

그날 아침 차 안에서 난 저녁에 리젠트 파크의 크리켓 네트로 갈 계획을 세웠다. 내 아들들은 여러 스포츠에 관심을 보였다. 태권도를 하다가 크리켓으로 전향했고 비싼 도복을 팽개치고 크리켓용 의상,

4부
연인을 죽인 남자들

배트, 헬멧과 얼굴 보호대를 장착했다. 초여름 저녁의 교통 체증을 잘 뚫을 수 있다면 시즌 마지막 경기를 볼 수 있을 거라 생각했다.

한편 레디는 계속 자기가 저지른 일을 축소하느라 급급했다. 난동을 저질렀으면서 그는 사소한 폭력 이상은 전부 부정했다. 난 그가 다시 시간순으로 이야기를 이어가도록 주도했다. 1월에 그는 자기 어머니가 페낭에서 병으로 쓰러졌다는 소식을 듣고 어머니를 찾아뵈러 갈 비자를 받으러 대사관에 갔지만 공과금 고지서와 같은 개인 증명 서류가 필요했다.

"전 속이 상했어요. 정말 너무하잖아요……. 자넷이 제 손발을 다 잘랐어요……. 그녀는 제게 서류를 주지 않았어요." 인터뷰가 끝났을 때 간호사가 창문을 두드리며 레디에게 동생이 말레이시아 조호바루에서 전화를 걸어왔다고 알려주었다.

× × ×

난 교통 정체를 피하기 위해 M25 고속도로를 달려 런던으로 향했다. 법정신의학 분야에 있으면 동네 지리를 복사기 방문 판매원처럼 빠삭하게 꿰뚫게 된다. 브릭스턴과 펜턴빌 같은 교도소와 아일스워스와 스네어스브룩과 같은 법원이 나침판의 네 방향처럼 자리해 있는 관계로 다양한 수송 수단을 활용한다. 자전거, 지상철, 지하철, 택시, 제일 좋아하는 건 실용적이진 않지만 늘 즐거운 템스 클리퍼(템스강을 오르내리는 배)다.

해군이었던 아버지는 내 어린 시절의 상당 기간을 바다에 나가 있었다. 실제로 아버지는 딱 한 번 내 운동 경기를 보러왔다. 윈체스터 지역 유소년 럭비 클럽의 마지막 시합으로 우리는 25 대 0으로 참패를 눈앞에 두고 있었다.

바다에 나가 있는 시간이 많은 것과 더불어 이사도 자주 다녀야 했다. 난 아홉 곳의 학교를 다녔고 열한 살이 되기 전에 일곱 번이나 전학을 갔다. 가족들은 그릇이 가득 담긴 상자를 끊임없이 쌌다 풀었고 난 새로운 커리큘럼에 적응하는 일에 지치게 됐다. 나중에 이 뿌리 없는 생활의 미덕을 찾으려고 애썼고 법정신의학과에 오기 전에 해외에서 공부하거나 일할 수 있는 기회를 다 챙겼다. 하지만 내 아이들이 어린 시절의 나와 비슷한 생활을 겪게 하고 싶지 않았다. 자신의 어린 시절을 바꿀 수 없지만 거기서 교훈을 배우려고 노력하면 자녀에게는 다른 경험을 줄 수 있으니까.

법정신의학자로서 나는 결별과 이사보다 한층 파괴적인 경험에 대한 이야기를 듣는다. 심각한 방임과 학대는 내가 인터뷰한 대부분의 죄수들의 성장 배경에서 빠지지 않는 부분이고 이러한 부모의 습성이 유전된다는 증거처럼 보였다. 모든 부모는 기필코 자신의 어린 시절을 다음 세대에 대물림하지 않아야 한다.

아동 정신과 수련 기간 동안 좋은 부모가 되는 요건에 관한 연구에서 지식을 얻었고 나중에 내가 부모로서 역할을 할 때 어느 정도 자연스럽길 바랐다. 사실 그냥 자녀 옆에 있어만 주면 된다. 그날 저녁 내 마음속에는 부모 역할에 대한 이론적 분석은 사라지고 아이들을 볼 수 있다는 만족감으로 가득 찼다. 아이들과 일몰을 보러 프림로즈 힐로 걸어 올라갔고 아이스크림을 먹고 런던 동물원과 리젠트 파크,

텔레콤 타워, 런던 아이가 있는 남쪽을 바라보고 그 아래 베들렘이, 저 멀리 동쪽으로 벨마시 교도소가 자리한다는 걸 알았다.

× × ×

며칠 뒤 레디의 서류를 다시 검토했다. 서류 뭉치를 찾다가 증인 진술서에서 그가 질투와 집착이 심했다는 기술을 발견했다. 딸 사밀라는 그가 술을 마신 뒤에 화가 나서 자신의 머리를 때리고 어머니를 자주 두들겨 팼다고 말했다. 익숙하지만 그럼에도 불구하고 몹시 불편한, 여성 파트너에 대한 남성의 폭력 이야기다.

가정 폭력이 죽음으로 이어지지 않는 경우도 많다. 가정 폭력 혹은 '가까운 파트너의 폭력'은 어떤 유형의 성관계에서 발생할 수 있고 성 정체성이나 파트너의 성적 취향과는 관련이 없다. 꽤 가벼운 정사에서도 생길 수 있다. 폭력 행위는 계획적이고 강자에 의한 것이거나 '정서적(감정적)'일 수 있다. 가까운 파트너의 폭력은 주로 후자인 '정서적' 분류에 속한다.

전 세계적으로 여성에 대한 폭력은 중요한 문제로 자리 잡았다. 유엔마약범죄사무소의 자료를 보면 2017년 세계에서 매일 평균 127명의 여성이 파트너나 가족에 의해 목숨을 잃으며 한 해 피해자 수는 아시아 19,700명, 아프리카 13,400명, 미국 6,900명, 유럽 3,300명 상당이다. 멕시코의 경우 여성 살해율이 5년간 두 배로 늘어 한 해 1,000명에 달했다.

이 문제는 2020년 2월 9일 남편에게 살해당한 스물다섯 살 잉그리드 에스카밀라로 인해 대두되었다. 남편은 나중에 자신의 음주 문제로 아내와 다투었다고 자백했다. 아내를 죽인 후 그는 시신의 가죽을 벗기고 내장을 제거해 변기에 버렸다. 〈파살라〉지는 그녀의 유출된 시신 사진을 입수해 보도하면서 이런 무참한 헤드라인을 달았다. '큐피트의 과실.' 이에 대한 반향으로 멕시코 여성들이 연대해 전국적으로 시위를 벌였다.

남성이 파트너에게 폭력을 행사할 위험성이 높은 요인은 저학력, 아동 학대 경험, 가족 폭력 목격, 술, 배우자의 부정 의심 등이다. 남성의 지위가 여성보다 높다고 여기거나 가족의 명예와 성적 순결을 강조하는 사회, 혹은 여성의 권리를 희생해 남성의 권리를 우위에 두는 사회에서 더욱 위험성이 컸다.

페미니즘은 그간 보수적인 사회뿐 아니라 전 세계를 대상으로 성장해왔다. 이탈리아에서 2009년 (주로) 여성을 스토킹으로부터 보호하려고 스토킹 방지법이 도입되었으나 2017년 벌금형으로 바뀌어 가해자가 재판을 받지 않게 되었다. 미국 일곱 개 주에서 여성을 성폭행한 남성이 친권을 주장할 수 있고 앨라배마, 오하이오, 미시시피, 루이지애나는 낙태 금지법을 통과시켰고 강간이나 근친상간도 예외는 없다. 활동가 님코 알리의 효과적인 캠페인에도 불구하고 여성 할례는 영국에서 완전히 근절되지 못했고 일부 소녀들은 부모에 의해 해외로 가 이 끔찍한 학대 절차를 진행하고 돌아온다.

나이지리아 형법 55항에 따르면 남편은 아내의 행동을 교정할 목적으로 아내를 때릴 자격이 있다. 이슬람 세계에선 여성이 가장 심한 제약의 대상이며 사우디아라비아의 경우 여성은 최근에 들어서야 겨

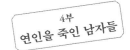

우 운전을 할 수 있게 되었다. 이 모든 극한 폭력을 쓰는 여성 혐오의 가장 치명적인 형태는 탈레반과 ISIS에서 여성을 교육에서 배제하고 성 노예로 부리는 일이다. 파키스탄의 부족 집단에서는 여성이 학대하는 남편에게서 벗어나기란 거의 불가능한데 이는 학대로 인한 심리적인 문제뿐 아니라 법 제도와 문화적 장벽에서 기인하기도 한다.

너무 흔한 탓에 남편 혹은 가까운 파트너에 의한 살인을 '일반' 살인이라 지칭하고 경찰이 해결할 수 있으면 보통 징역형으로 가지 정신 병원에 입원하는 경우는 없다. 그렇지만 우리가 살펴본 것처럼 이 범죄자들은 정신적인 문제가 없는 것이 아니라 인격 장애, 극도의 흥분, 질투, 우울증, 스토킹 행위가 모두 각자의 역할을 하고 여기에 이성을 잃거나 분노가 함께 작용해 사달이 벌어진다.

많지는 않지만 소수의 범죄자는 감호 병동으로 들어오고 대부분의 살인자는 자신의 죄값을 교도소에서 치르는데 이때 고려하는 중요한 요소는 살인에 대한 종신형인지 아니면 정신적인 '평계'가 있어 과실 치사인지의 여부다.

× × ×

두 번째 인터뷰를 하기로 결정하고 레디에게 살인 전 24시간에 대해 이야기하라고 압박했다. "전 아내에게 해를 입힐 생각이 없었어요." 그가 말했다. "아내가 일하는 TK 맥스로 갔어요. 필요한 서류가 아내한테 있을 거라 확신했거든요. 서류를 챙기면 대사관이 문 닫기 전에 갈 수 있고 그러면 아주 빨리 말레이시아로 돌아갈 수 있잖아요."

난 그런 다음 어떻게 됐는지 말해달라고 했다.

"자넷은 남성 재킷 코너에 있었어요……. 전 사과했어요. 그리고 서류가 필요하다고 말했고 나는 그녀가 가지고 있다는 걸 백 퍼센트 확신했어요……. 그녀는 영문을 모르겠다는 얼굴로 절 가게 뒤로 데리고 가서 묻더군요. '여긴 왜 왔어요?'"

"그녀는 말이 없다가 입을 열었어요. '날 따라와요.' 전 본능적으로 가고 싶지 않았지만 그녀를 따라갔어요. L자형 복도였죠. 그녀가 모퉁이를 돌더니 제게서 도망치려고 했어요……. 그녀는 사무실로 들어갔지만 문고리가 고장 나 잠그지 못했어요……. 전 아내가 경찰을 부를 거라고 생각했어요……. 그래서 달려들었고 그녀가 절 밀면서 모든 게 시작되었어요……. 제가 기억하는 유일한 한 가지는 식도 주변에…… 피가 나는지 몰랐어요……. 칼이 제 손에 쥐어져 있다는 걸 10분 뒤에야 알았어요."

"전 완전히 정신을 잃었어요……. 제 딸이 고아가 되는 걸 원치 않아요. 하지만 아주 오랫동안 제 머릿속에는 분노가 있었죠……. 그녀가 제 고통의 원인이에요……. 전 제가 원하는 삶을 살 수 없었어요."

이 일련의 사건을 어떻게 이해할 수 있을까? 분개, 화, 분노가 들끓었다고?

'선택적 기억 상실'이란 개념은 분노 유형의 폭력을 설명하는 모델이다. 뉴욕에서 활동하는 정신과의 프레드릭 워댐이 범죄의 일부 유형을 설명하기 위해 1937년 처음 사용한 용어다. 대략 이런 식이다. 선택적 기억 상실은 참을 수 없는, 극도의 감정적 긴장에서 사고가 한

191

층 자기중심적이 되는 심리적 경험이다. 어느 지점에 도달하면 폭력은 과도한 긴장감이 불러온 압박을 해소하는 유일한 방식이 된다. 내부의 분투 끝에 폭력적인 행동이 나온다. 이는 감정적 긴장 해소로 이어지지만 실제 벌어진 일에 대한 통찰은 몇 달이 지날 때까지 발달하지 못할 수도 있다.

선택적 기억 상실은 이론일 뿐 의학이나 정신과 진단명이 아니다. 결국 법은 인간이 분노의 감정과 살인에 대한 생각을 통제하길 원한다. 사무실의 짜증 나는 인간에 대해 분노가 치솟을 수도 있고 그가 출근길에 버스에 치였으면 좋겠다는 상상도 하지만(상당히 보편적인 살인 판타지), 이렇게 차츰 쌓인 긴장이 극심한 폭력과 함께 선택적 기억 상실 위기로 이어지면 스스로의 행동에 대해 책임져야 한다.

증인 진술서에 따르면 레디의 직장 동료 두 사람이 그가 아내가 짜증난다고 했고 한번은 죽이고 싶다고 말했다고 진술했다. 살인 이후 경찰은 TK 맥스 밖에서 와인 한 병(피노 그리지오)이 든 배낭과 스테인리스 스틸 칼 두 자루의 빈 케이스와 영수증을 찾았다. 케이스의 바코드와 상점의 기록을 비교해보니 살인을 저지른 당일 오전 9시 42분에 구입한 것으로 나타났다. 레디가 동네 슈퍼에서 그걸 사는 장면이 CCTV에 찍혔다.

범죄 현장인 TK 맥스의 CCTV는 그가 티셔츠 코너에서 25분간 구경하는 척하다가 아내가 등장하자 바로 그 앞에 나타났다는 걸 보여주었다. 많은 사람이 공격을 목격했다. 자넷의 동료들이 복도로 내려왔고 레디가 그녀의 가슴을 찌르고 쓰러뜨린 다음 그 위로 걸터앉아 목을 그었다.

제이콥 스왈로우 박사가 부검을 진행했고 사인은 목, 가슴, 복부에 생긴 상처였다. 목을 가로지르는 깊은 상처는 경동맥, 성대, 후두까지 잘려 나가게 했다. 가슴엔 깊숙이 찔린 네 곳의 상처가 있고 그중 하나는 오른쪽 흉부 정면으로 들어가 폐를 손상시켰다. 오른쪽 엄지, 오른쪽 집게손가락, 왼손 전체에 방어하다 생긴 상처가 있었다. 다시 말해 사망에 이르게 한 치명타가 하나 이상이었다는 뜻이다.

4부
연인을 죽인 남자들

15

'모든 남자가 자신이
사랑했던 것을 죽인다'

　　　레디의 사례는 파트너를 죽인 남성의 스펙트럼 중 어디에 해당될까?

　이 살인 사건의 하위 유형에는 정신 상태와 행동별로 미묘한 차이가 있다. 분류가 중립적이지 않은 건 많은 사건들이 한 가지 이상의 특징을 가지기 때문이다. 물론 앞서 소개한 것처럼 심각한 정신병으로 애인이나 배우자를 죽이는 부류도 있다.

　레디의 사례는 살인이 오래 지속된 폭력의 연장선인 듯 보인다. 그렇지만 다른 보편적인 시나리오들도 있다. 내가 이들을 대략적인 비공식 분류 체계로 나누었으니 하나씩 살펴보자.

소유욕과 질투로 인한 살인(정신 질환이 있든 없든)

내가 본 수많은 애인이나 배우자 대상 범죄는 레디의 사례처럼 관계가 틀어진 데서 기인하는데 기존에 발생한 폭력의 연장선이 아닌 소유욕('넌 내 거니 아무 데도 못 가')이나 질투('널 다른 사람에게 빼앗길 수 없지')로 인한 결과다.

소유욕이 살인으로 이어지는 예시는 하버드를 졸업한 자선단체 활동가 수지의 사례에서 알 수 있다. 런던 지하철에서 건축가 자비에르를 만난 그녀는 곧바로 전화번호 교환에 응한다. 이후 그의 소유욕과 집착에 그녀는 헤어지려고 노력했고 아이비리그 소셜 네트워크에서 한층 괜찮은 누군가와 메시지를 교환하기 시작했다.

처음 수지의 새로운 친구를 알지 못한 자비에르는 그럼에도 불구하고 자신이 사랑하는 대상을 잃어가는 걸 견딜 수 없었다. 그녀의 휴대폰으로 폴이라는 사람이 문자 메시지를 보낸 걸 알게 된 후로 그는 일주일간 부글부글 끓다가 그녀와 대면했다. 수지는 자신이 이 관계를 끊고 싶지만 그게 폴 때문은 아니라고 말했다.

자비에르는 배신감, 화, 격한 분노와 일시적 판단 상실을 경험했다고 말했다. 그는 수차례 칼로 수지를 찔렀고 시체를 욕실에 유기했다. 그는 하루 더 기다렸다가 999에 신고했고 경찰이 도착했을 때 유언장을 넘겨주었다. 그는 사건 이후에 유서를 작성했다고 주장했다.

일부 살인자들은 미리 술이나 코카인에 취하는 방법을 택한다. 자비에르의 '유언장'과 관련된 데이터를 법의학 IT 전문가가 분석하니 그는 일주일간 마이크로소프트 워드에서 문서를 편집해왔던 걸로 밝혀졌다. 이 말은 그가 살인 이후에 작성한 것이 아니라 치명적 결과에

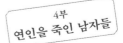

대해 미리 추측했다는 뜻이다. 그는 온라인에서 오스카 와일드의 문구를 검색했다. '……모든 남자가 자신이 사랑했던 것을 죽인다……. 겁쟁이는 입맞춤으로 그렇게 하고, 용감한 자는 검으로 그렇게 한다.'

판결은 이렇다. 살인죄, 종신형, 최소 복역 형량 20년.

× × ×

관계가 끝날 때 이런 사건이 종종 벌어진다. 배신, 신뢰 상실, 분개, 질투, 시기의 감정이 모든 화와 분노로 이어진다. 이런 감정은 일상의 한 부분이지만 치명적인 수준으로 증폭될 수 있고 여기에 정신병 여부는 상관없다. 법정신의학, 특히 스토킹 분야에서 세계적인 권위자인 폴 멀렌 교수는 이를 '사랑의 병적인 확장'이라고 불렀다.[28]

라이벌 의식과 질투와 시기는 중요한 차이가 있다고 멀렌 교수는 설명한다.[29] 라이벌 의식은 똑같은 사람을 원하며 애정을 보이는 라이벌을 향한 경쟁적인 공격성을 동반한다. 이 공격성은 원하는 사람에게 직접적으로 가지 않는다. 원하는 사람을 소유하고 싶다는 생각을 가지고, 파괴적인 공격성은 라이벌을 떼어내려는 바람에서 온다. 반면 질투는 원하는 사람이 이미 파트너가 있지만 그 사람의 주의를 끌거나 애정을 얻으려고 경쟁하는 상황과 관련이 있다. 질투는 라이벌과 파트너를 모두를 향한 공격성을 포함한다(사랑과 욕망이 혼합된).

법정신의학 집단이 설명해준 이 차이에 대해 들은 적이 있다. 시기는 카페를 지나갈 때 연인이 손을 잡고 서로의 눈을 바라보는 걸 보고 느끼는 감정이다. 질투는 다가가 보니 연인 중 한 사람이 자기 아내·남편·파트너·중요한 사람인 걸 알았을 때 느끼는 감정이다.

다시 말해서 시기에는 두 사람이 관여하고(예를 들어 다른 사람의 행복을 시기할 수 있다), 질투는 세 사람이 관여하는 전형적인 삼각관계다. 질투는 성적 소유욕을 일깨울 수 있지만 분노와 모욕도 느끼게 한다. 질투하는 남자는 자신의 파트너와 라이벌의 성적 행위를 선명하게 그려보며 스스로를 고문하거나 그들을 불륜으로 취급해 조롱하기도 한다.

물론 불륜은 항상 조롱의 대상이다. 불륜이라는 단어는 뻐꾸기가 끊임없이 상대를 바꾸고 다른 새 둥지에 알을 낳는 습성에서 유래했다. 이탈리아에서 파울을 놓친 축구 심판은 불륜을 당한 사람이란 오명을 쓰는데 그가 자기 뒤에서 일어난 일을 볼 수 없기 때문이다(이탈리아어로 Cornuto라고 쓰며 뿔이 둘 달린 신화 속 괴수를 의미한다). 「오셀로」에서 질투는 '푸른 눈을 가진 괴물'이고 불륜은 '사랑하지만 의심하고 미심쩍지만 강하게 사랑하는' 누군가를 말한다. 그러나 위험에 처하는 건 애정을 주는 대상이지 라이벌이 아니다.

법정신의학에서 우리는 일반적인 질투와 '병적인' 질투(오셀로 증후군)를 구분하려고 노력해왔다. 불륜이 망상적인 믿음을 토대로 한 것인지 합리적인 이유에 의한 것인지 판단하기 위해서다. 불륜의 망상은 라이벌을 향한 강렬하게 불쾌한 감정, 전방위적인 질문 세례, 비정상적인 폭력 행위를 이끌어낼 수 있다. 이런 일반적인 감정과 망상적 질투 사이의 구분에 있어서 문제는 '실제 진실'을 입증하기 힘들다는 데 있다. 가령, 상대를 속인 파트너는 정신과 의사나 사회복지사에

4부
연인을 죽인 남자들

게도 진실을 털어놓지 않는다.

가끔 일반적인 질투와 병적 질투 사이의 차이가 두드러지는 경우가 있는데 그건 질투가 다른 특이한 망상에서 발현된 경우다. 파트너가 자신에게 독을 먹이고 있다는 믿음과 같은 것이 예다.

다른 사례로 망상의 존재나 부재보다 연관된 행동의 맥락에서 질투가 비정상적이거나 '병적일' 가능성도 있다.

질투는 전화가 온 걸 못 받았거나 하는 악의 없는 사건을 과대 망상으로 해석하면서 유발될 수도 있다. 그래서 미친 듯이 문자 메시지를 보내고 사랑하는 이의 행방을 캐고 심지어 속옷까지 살피게 된다. 불륜의 위험을 줄이기 위한 절박한 노력에서 비롯된 집착 행위는 라이벌이 없더라도 병리학적 용어로 정의될 수 있다. 친밀한 관계의 절반이 파트너가 바람을 피지 않는다고 믿지만 그럼에도 불구하고 파트너가 못된 길로 빠지거나 직장에서 밤을 새는 것 같은 경우에 불안함을 느꼈다. 따라서 이는 망상적인 질투가 아니나 불안, 소유욕, 파트너가 친구를 만나고 있을 때 쉴 새 없이 전화하기 등과 같은 괴롭힘은 분명 병적이다.

병적 질투는 오랫동안 살인을 일으킬 가능성이 높다고 여겨져 왔고 그 위험성이 전적으로 라이벌이 아닌 사랑하는 대상에게 향하지만 불륜을 저지르던 어느 사람이 질투와 정신병으로 자기 파트너와 추가로 그 애인까지 죽인 사건을 본 적이 있다. 판결은 이랬다. 2회 이상의 과실 치사, 감호 병동에서 무기한 감금 조치.

병적 질투는 정신병, 우울증, 알코올 중독과 같은 다양한 정신 질환과 관련이 있으며 과도한 나르시시즘과 자기 확신을 보이지만 이면에는 '민감한' 불안감이 내재하는 등 비정상적 성격과도 관련이 있다.

× × ×

타티아나 타라소프는 1960년대 말 캘리포니아 대학교에 다니던 학생이었다. 그녀는 인도 벵갈에서 온 학생 프로센짓 포다르와 가벼운 사이였다. 타티아나는 두 사람이 연인에 대한 서로 다른 개념을 가졌다는 걸 재빨리 깨달았지만 프로센짓은 두 사람이 진지한 사이라고 생각했다. 타티아나는 자신이 다른 남자와 데이트를 하고 있다며 그를 밀어냈다. 프로센짓은 엄청난 충격을 받았고 우울증에 빠져 학업과 건강을 등한시했다.

프로센짓은 로렌스 무어 박사에게 도움을 구했지만 정신과 치료를 받는 동안 그는 타티아나를 죽이고 싶다고 말했다. 무어 박사는 경찰에게 연락해 살펴달라고 요청했지만 정작 타티아나에게는 어떤 경고도 하지 않았다. 무어 박사의 상사인 포웰슨 박사가 무어 박사의 의견을 기각하고 프로센짓을 구금해선 안 된다고 마무리했다. (하급자가 상급자로 인해 행동을 멈춘 게 아닐까?)

프로센짓의 정신 상태가 나아지고 있을 동안 타티아나는 해외로 오랜 여행을 떠났다. 하지만 그녀가 돌아왔을 때 프로센짓은 소름끼치게도 그녀를 스토킹하기 위해 그녀의 동생과 친구가 되어 있었고 1969년 10월 칼로 그녀를 찔러 살해했다. 타티아나는 어떤 경고도 받지 못했다. 만약 그랬다면 그를 피했다거나 적어도 그가 나타났을 때 경찰에 신고했을 것이다.

4부
연인을 죽인 남자들

당신의 경우라면 전 애인의 담당 의사가 환자 기밀 유지 조항을 위반하고 환자가 당신을 죽일 생각을 하고 있으니 조심하라고 경고해야 할까? 즉, 말로 한 위협이 당신에게 직접적인 위협일까?

타티아나를 추모하고자 타라소프 법이 발인되고 정신과 의사는 환자에게 위협받는 사람에게 사실을 알릴 의무가 생겼다. 타라소프 법은 미국 23개 주에서 공식화되었고 영국을 포함해 세계 다른 지역에도 영향을 미쳤으나 영국에서는 실제 법제화되지 않았다. 이와 대조적으로 영국 경찰은 이 같은 위협이 경찰에게 알려졌을 때 잠재적 피해자에게 '생명 위협' 경고를 하도록 의무화하고 있고 2017년 한 해만 700건 이상을 조치했다. 이는 1988년 경찰이 잠재적인 피해자에게 위협을 알리지 않아 살인 사건이 벌어진 이후로 도입되었다.

이 작업이 실제로 어떻게 진행되는지는 헬멋 슈나이더의 사례를 통해 살펴보자. 헬멋은 세 자녀와 헌신적인 아내 스벤자와 함께 안정적인 결혼 생활을 하고 있었다. 그런데 헬멋은 아내의 항변과 그를 사랑한다는 맹세에도 반복적으로 아내가 바람을 폈다고 비난했고 남편의 이런 행동은 그녀의 사회생활에도 영향을 미쳤다.

지역 정신과 팀은 실제로 그에게 라이벌이 있다는 증거가 없기에 질투가 망상이라고 확신했다. 헬멋은 아내에게 폭력을 행하려는 위협을 하면서도 질투로 괴로워하며 자살 시도를 했다. 그는 스스로 정신병동에 입원했고 항정신성 약물과 심리 치료를 받기로 했다. 한동안 그는 더 이상 자살을 시도하지 않았고 그의 '망상적' 질투도 약에 반응해 더는 아내의 불륜을 의심하지 않았다. 그는 치료에 협조한 덕분에 구금되지 않고 약을 계속 복용하고 심리 상담과 퇴원 환자 관리에

응하겠다고 약속하며 퇴원했다.

그가 퇴원하기 전 병원 측은 스벤자와 약속을 잡아 그녀에게 심각한, 심지어 살인이 될 수도 있는 폭력이 헬멋에게서 유발될 가능성이 높다고 분명하게 경고했고 그녀는 별거가 이 위험을 줄이는 유일하게 안전한 방법이라는 조언도 들었다. 하지만 그녀는 '그가 어떻게 날 다치게 할 수 있겠어? 그러기엔 날 너무 사랑하는데'라고 생각했다.

헬멋은 한동안 별거하기로 동의했고 치료도 성공적이었고 아내를 비난하는 일도 그만둬서 두 사람은 점차 같이 보내는 시간이 많아졌다. 얼마 뒤 스벤자와 아이들은 콘월에 커티지를 빌려 여름 휴가를 예약했고 이 기회에 두 사람의 관계를 개선해보고자 헬멋을 초대했다.

불행히도 아무에게도 말하지 않고 헬멋은 약 복용을 중단했다. 여행 중에 화가 나자 헬멋은 다시금 아내가 다른 남자와 만난다고 비난했고 아이들 앞에서 연속적으로 아내를 찔러 살해했다.

관계자들은 가능한 모든 행동을 다 취했다. 정신과 팀은 스벤자에게 헬멋과 별거하라고 강요할 수 없었고 헬멋을 구금할 수도 없었다. 그가 약 복용을 중단한 걸 그들이 어떻게 알 수 있단 말인가?

헬멋의 인터뷰 기록을 검토하던 난 등줄기가 서늘해지는 걸 느꼈다. 스벤자에 대한 감정에 대해 묻자 헬멋은 이렇게 말했다. "전 아내를 몹시 사랑해요. 죽을 만큼 사랑해요."

판결은 이렇다. 한정 책임 능력에 의한 과실 치사, 무기한 정신 병원 수감 조치.

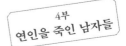

×××

　이것이 바로 내 신혼여행을 망친 사건이다. 난 움브리아로 날아가서 움버타이드의 조용한 마을 근처에 아파트를 빌려 2주간 마음껏 수영을 즐기려고 하던 참이었다.

　난 병원으로 돌아가 우리가 뭘 잘못했는지 함께 살펴보는 긴급 회의에 참석하고 싶었다. 여행의 두 번째 주 피렌체 대학교에서 '광기, 과학, 그리고 사회'라는 모호한 주제의 콘퍼런스가 열렸다. 갈 예정이 아니었지만 동료 집단이 필요하다고 느꼈다. 그래서 오전 여섯 시가 되기 전 움버타이드에서 총알 택시를 타고 268킬로를 달려 당일치기로 토스카나에 갔다 돌아왔다. 원래 그날 근처 중세 도시 구경을 가려고 했었다. 하지만 난 슬픔을 가누지 못했고 사건에 영향을 줄 수 있는 무언가를 했다고 느끼고 싶었다. 분명한 현실은 살인을 한 누군가를 진단하는 데 실패했다면 그건 내 책임일 수 있다는 거였다.

　난 스벤자 사건에 참여한 수많은 전문가 중 한 명이었고 치료를 담당한 정신과 전문의를 본 적도 없었지만 스스로를 비난할 수밖에 없었다. 아무리 노력해도 사건을 되돌릴 수 없었다. 과거를 되돌릴 수는 없는 노릇이니까. 죽음은 곧바로 찾아오지만 내가 예방할 수 있지 않았을까, 하는 생각이 머리에서 떠나지 않았다.

　관광 대신 하루 종일 도시 외곽에 있는 회의장에 있었다. 작은 플라스틱 컵에 담긴 이탈리아 에스프레소 커피가 기억난다. 영국 회의장에 있는 구정물 같은 커피와는 차원이 달랐다. 하지만 난 그날 강연이 하나도 기억나지 않는다. 순전히 요행으로 헬멧을 담당했던 정신과 수련의 중 한 사람인 브루스를 그곳에서 발견했다. 사건에 대해 이야기를 나누면서 브루스는 곧장 내 불안함을 이해했고 최근 소식을 알려주었다. 타라소프 경고를 했고 제대로 서류 작업을 해두었고 정신 건강 구금도 고려했다는 등등이다.

우리가 절차적 측면에서 할 수 있는 걸 다 했다고 알려주었지만 그렇다고 끔찍한 결과를 막지 못했다는 생각에서 벗어날 수 없었다. 2주간의 휴가는 화창한 햇살 아래서 망가져가고 있었다.

그렇게 헬멋과 스벤자의 사례는 계속 내 안에 남았다. 법정신의학자는 항상 병적인 질투를 심각하게 생각한다. 인터뷰를 하는 동안 그 부분을 파악하면 목 뒤에 털이 곤두서는 시나리오가 꼭 등장한다(헬멋 사건 이후로 종종 수련의들에게 경각심을 주는 이야기로 활용한다). 유일하게 안전한 치료는 지리학적인 접근으로 이는 곧 질투하는 사람과 연인을 분리하는 것인데 물리적인 거리를 두거나 아니면 법원의 명령이나 병원 구금 등을 활용해야 한다.

× × ×

법정신의학자로서 우리는 자주 잘못된 결과를 접하고 헬멋과 같은 환자는 결국 사건이 끝난 뒤에 법정 감호소로 들어간다.

헬멋 사건 이후 얼마 지나지 않아 난 앤드류 아무개를 봐달라는 요청을 받았다. 그가 응원하는 축구팀이 FA컵 파이널에서 성적이 좋지 않았고 그는 여자 친구 사라를 공격해 그녀의 목을 찔렀다. 그런 다음

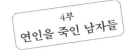

도망치다 버스와 부딪혔으나 다행히 차가 천천히 달리고 있었고 그와 사라는 런던 지역 병원의 응급실로 들어갔다.

사라는 고소를 원치 않았으나 지역 정신 건강 위기 대응팀이 실수한 부분이 있었다. 그들은 경찰에게 개입하지 말라고 설득해 지역 기관에서 이 상황을 처리할 수 있다는 확신을 주었다. 역설적이게도 사법 제도가 개입해야 사건이 정신 건강 관련 기관의 주목을 더 쉽게 얻을 수 있는데도 말이다. 형법 절차에 들어가야 법정신의학 쪽으로 치료가 가능한 기준 요건이 일부 충족된다. 고소를 취하했다면 폭력 행위가 벌어질 위험이 아무리 크다고 해도 사건은 우선순위에서 밀려난다. 이상하게 들릴 수도 있지만 이는 법정신의학에서 반복되는 문제다. 앤드류 같은 이가 어떤 형태든 지역 치료소 쪽과 연계되면 경찰은 다른 더 중대한 사건을 우선시할 수밖에 없다.

앞서 말했듯 국가 정신 건강 기관이 환자가 정신 감정을 받기 전에는 관리 책임을 지지 않기로 하면서 지난 8~9년간 정신과 치료가 열악해졌다. 그런데 정신병자의 망상을 그냥 내버려두면 심각한 결과, 심지어 살인으로 이어진다. 종종 우리는 법정신의학이 아닌 급성 정신과 진료를 위한 문지기 역할이라는 과중한 업무를 떠안으면서 환자의 이력과 정신 상태를 완전히 평가할 여력이 없는 경우가 많다. 국민건강보험 측은 응급 환자용 병실 수를 줄이라고 압박하고 심지어 자발적인 단기 병원행조차 가능하지 않게 되었다. 하지만 입원을 하면 짧게나마 위험성에 대해 심도 있는 진단이 가능하다.

이번 사례가 그런 경우다. 누구도 앤드류의 정신 이력을 살피지 않았고 사라는 무슨 일이 벌어졌는지 부수적인 설명을 하러 나타나지 않았다.

사건이 있고 한두 주 뒤에 법정신의학적 위험성 평가를 해보는 편이 좋을 것 같다는 결정이 내려왔다. 난 외래 환자 병동에서 떨어진 한적하고 창문이 없는 인터뷰실에서 앤드류를 만났다. 그는 단순히 술을 과하게 마시고 벌어진 사고 정도로 치부했고 여자 친구에게 어떤 반감도 없었다고 말했지만 대충 무마하려는 듯한 인상을 주었다.

그의 동의하에 난 사라를 불러 추가로 진술을 듣기로 했다. 걱정과 달리 그녀가 나타났고 남자 친구의 학대에 대해 장황하게 설명하기 시작했다. 질투로 인한 비난, 집착하는 행동과 폭력 위협이 있었다. 그녀는 자신이 배신했다는 앤드류의 의심이 실제로 어떤 증거도 없다고 말했다. 이런 상황에 몹시 지쳤고 어떻게 해결할 수 있는지 알고 싶어 했다.

따라서 앤드류가 칼로 사라를 공격한 건 FA 컵 파이널에서 아스날의 프레디 융베리의 두 번째 골이 들어가 첼시의 패배가 확정난 일과는 아무 상관이 없으며 모든 게 사라에 대한 앤드류의 '망상적' 질투로 벌어진 거였다.

난 앤드류 사례에 곧장 조치를 취했다. 서둘러 위험 평가 보고서를 마무리해 올렸다. 사라에게 타라소프 경고를 해줘야 한다고 주장했고 사회복지사가 개입해 사라를 대피시켜야 한다고 말이다. 앤드류에게 치료를 제안했지만 그는 받아들이지 않았다. 이후 또 다른 위협이 있은 뒤 그는 구금되었으나 정신 병동에서 탈출했다. 다행히 사라가 안전하다는 소식을 전해 들었다.

이 모든 일이 벌어지는 동안 법정신의학을 담당하지 않은 동료이

205

자 위기 대응팀의 열혈주의자로부터 내 보고서가 '지나치게 진지하다'는 비난을 받았다.

난 이렇게 답할 수밖에 없었다. '정말로 그렇길 바랄 뿐입니다.'

× × ×

부부나 연인 사이의 폭력은 순식간에 벌어진다. 짧았던 행복은 잔인하게 산산조각난다. 질투에서 기인한 화는 점차 악화되어 구타, 강간, 궁극적으로 살인으로 이어진다. 본인이 불륜을 저지르면서 상대를 불륜으로 매도하는 경우도 흔하다. 다시 말해, '난 널 포함해서 원하는 대로 다 할 수 있지만, 넌 나한테만 충실해야 해'다. 이기적인 나르시시즘은 가정 학대범부터 연쇄 살인범, 총기 난사범까지 많은 살인자 유형에서 찾을 수 있는 보편적인 요소다.

해로운 남성성 때문에 이런 일이 벌어질까? 소년과 남성은 리더가 되어 감정을 제어하다가 최후에 분노를 표출해야 한다는 과거의 끔찍한 성 역할이 다시 부활한 것일까?

남성의 과도한 공격성이 새로운 문제는 아니지만 남성이 영국 교도소 수감자의 95퍼센트를 차지하는 실정에서 무시할 수는 없는 부분이다. 생물학적 차이로 용납해주거나 혹은 사회·문화적인 기대와 부모의 열악한 '본보기' 행동이 모두 일조한 건 분명하다.

스토킹에서 이어지는 살인(과 안전하게 결별하는 법)

스토킹이란 '반복적으로 원하지 않는 소통이나 접근을 해 고통이나 두려움 혹은 폭력의 두려움을 야기하는 행위'라고 정의할 수 있다. 세계적으로 스토킹 분야에서 명성이 높은 두 전문가인 법정신의학자 폴 멀런 교수와 미셸 파테 교수가 행동, 정신병리학, 내재한 동기를 분석해 스토커를 다섯 가지 하위 분야로 나누었다.[30] 첫 번째 유형은 애인으로부터 '거절'당한 사람들로 구성되는 집단인데 이 유형이 가장 많으며 이들의 스토킹은 전 연인에게 집중되어 있다. 다른 네 가지 유형은 다음과 같다.

- 친밀함을 추구하는 집단: 다른 사람이 자신을 사랑한다고 망상에 빠진 경우.
- 일명 무능한 구혼자: 예를 들어, 자신이 보이는 관심을 상대가 원하지 않는다는 점을 이해할 수 없는 자폐 스펙트럼에 속한 개인.
- 자기를 자른 상관을 향해서라든가 분노한 대상에 대한 불만이나 불평을 이상한 방식으로 표출하는 개인.
- 보기 드문 포식자 스토커로 성폭행을 계획하고 잠재적 피해자를 스토킹하는 인물.

여기서는 대다수 유형인 전 애인에게 차인 사람들을 살핀다.

기분 나쁘게 차였든 정중하게 거절을 당했든 한두 차례 간청하는 문자나 꽃을 보내거나 상대가 원치 않는 전화를 걸 수도 있다. 정의는 다양하지만 4주가 흐르고 열 번의 소통 노력에도 아무 반응이 없다면 이제 그만둬야 한다. 게다가 그런 행동이 상대에게 두려움의 원인이 된다면 범죄에 해당하는 괴롭힘의 범주로 들어간다. 영화 〈어둠 속에

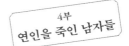

4부
연인을 죽인 남자들

벨이 울릴 때〉에서 클린트 이스트우드를 스토킹하는 여성 배역이나
〈적과의 동침〉에서 줄리아 로버츠를 노리는 남성 배역을 떠올리면
이해하기 쉽다.

거절을 당한 스토커는 수치를 느끼기도 한다. 과하게 의존적이거
나 나르시시즘에 빠져서 자신의 처지에 압도당해버린다. 폴 멀렌과
미셸 파테 교수가 설명한 것처럼 스토킹은 재결합과 복수 혹은 이 둘
이 유동적으로 결합해서 생긴 복잡한 욕망에서 동기를 얻는다. 거절
당한 스토커의 상실감이 좌절, 분노, 질투, 복수심과 결합할 수 있다.
그래서 스토킹이 잃어버린 친밀감의 대체재가 되어 '긴밀하고 유사
한 관계의 패러디'를 창출하는 것이다.[31]

동료 프랭크 판엄[32]은 수년에 걸쳐 일련의 괴롭힘 사례를 살피다
두드러진 현상을 찾았고 대부분은 당시 언론에 보고되었다. 전 애인
에게 거절당한 인물이 스토커 중에서 폭력 성향이 가장 높다(친밀함
추구 유형 등 다른 하위 유형과 달리). 폭력 위험성은 스토커가 스토킹
대상의 집에 들어갔을 때 더 커진다.

따라서 연구는 전 애인이 2주 이상 성가시게 한다면 괴롭힘이 6개
월 이상 지속될 가능성이 높다고 알려준다. 로즈메리 퍼셀 교수가
400건이 넘는 스토킹 사례 연구를 통해[33] 2주를 시발점으로 확인한
건 2주 이상 괴롭히는 스토커는 그런 행동을 6개월 혹은 그 이상으로
계속하는 경우가 많다는 뜻이다. 또한 피해자를 감시할 가능성도 더
크다. 주변을 어슬렁거리고 반복적으로 전화하거나 편지, 팩스, 이메
일로 연락한다. 또한 피해자에게 위협, 물리적인 공격, 재물 파괴 등
을 행할 수도 있다.

만약 원치 않는 꽃을 전 애인에게 받았다면, 그는 앞으로 물리적으로 공격하거나 집에 무단 침입할 테고 당신은 심각한 폭력의 위험에 노출되어,[34] 심지어 살인 피해자가 될 수도 있다. 거절당한 남자에게 전과가 없어도 갑작스러운 분노가 촉발될 수 있다는 점도 꼭 기억하자.

거절당한 파트너가 저지른 특별한 사례 하나를 소개한다. 내가 만난 프랜시스 채프먼은 작은 업체의 임원이다. 그는 아내 레베카와 힘든 이혼 절차를 거쳤다. 부부가 살던 집을 내놓는 문제로 논쟁을 벌이는 동안 그는 문자를 보내고 음성 메시지를 남기고 반복해서 예전 집으로 찾아가 아내에게 불평했다. 한번은 화가 나 온실 유리를 깨부쉈고 어느 날은 레베카가 나간 걸 확인하고 집에 침입했는데 표면적으로는 자신의 우편물을 챙기러 갔다는 핑계를 댔다.

"전 이 집에 엄청난 돈을 들였어요. 아내는 아무것도 하지 않았고 결국 전부 다 가지려고 해요. 내가 어떻게 절약해서 빌어먹을 새집을 살 수 있단 말입니까? 그 판사를 교도소에 보내야 해요." 재판 기록을 보면 그는 판사에게 소리를 지르고 '재수 없는 놈'이라고 불렀다.

이혼 절차가 진행되는 동안 그는 "정말 화가 났고 집을 돌려받고 싶은데 아니면 이혼으로 반반 나눠야 한다니…… 전 정원 울타리에 많은 돈을 썼어요. 이건 빌어먹을 강도 짓이야"라고 말했다.

두 사람은 쓰레기를 버리는 일을 두고 말다툼을 벌였다. 그는 항상 매우 깔끔히 정돈하는 걸 좋아했다. "아내는 재활용 봉투가 다 차면 새로 봉투를 바꿀 생각을 안 하고 그냥 그 위에 콘프레이크 상자를 올려놓아요. 상자를 납작하게 접지도 않죠. 게다가 남은 콘프레이크

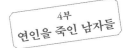
4부
연인을 죽인 남자들

를 박스 안에 그대로 넣어둬요……. 제가 박스를 바닥에 내동댕이치자 아내가 발끈하더군요, '당신 지금 무슨 짓을 하는 거예요?'"

어느 날 이혼 가판정이 나자 채프먼은 레베카에게 집을 반으로 나누자고 설득하다가 필요하면 칼을 들고 자살하겠다고 위협할 생각이었다. 그가 말했다. "겁을 주면 그녀가 조금이나마 나에게 애정이 있었다면 그렇게 하자고 말할지도 모른다고 생각했어요."

그는 레베카가 늘 타는 버스에서 내리자 그녀에게 집과 가구를 반으로 나누자고 애걸했다. "난 팔지 않을 거예요. 할 말은 그게 다예요……. 이제 내 집이잖아요." 그의 말에 따르면 그녀가 이렇게 말했다고 한다.

하지만 그는 자살하겠다고 위협하는 대신 아내를 공격해 끔찍하게 살해했고 버스에 탄 목격자들은 처참한 장면을 목도했다. 그들 중 한 사람인 족 홀리스가 레베카의 상태를 보러 갔지만 그녀의 소름 끼치는 부상을 보곤 이내 죽었다는 걸 깨닫고 시신을 코트로 덮어주었다. 한편 채프먼은 두 사람이 살던 집으로 도망쳤다. 그는 장모가 레베카를 보러 와 있던 걸 몰랐다. 그는 장모도 살해했다.

중요한 점은 그가 살인 무기를 범죄 당일 아침에 구입했고 나르시시즘에 빠졌고('내 집이고') 집착('콘프레이크')하는 성격이었으나 이를 정신병이라고 둘러댈 수 없다는 것이다. 재판에서 그는 배심원에게 집을 팔자는 제안을 거절하는 그녀의 마지막 말에 발끈해 갑자기 자제력을 잃었다고 설득하려 들었다. 여전히 이혼 판결에 화가 난 상태로 그는 감옥에서도 그 부분을 호소하려 했다.

판결은 이렇다. 살인, 종신형, 최소 복역 형량 30년.

× × ×

　　이 모든 상황을 고려해서 어떻게 안전하게 관계를 끝낼 수 있을까? 그건 파트너의 개인적인 성향에 어느 정도 달렸다. 나르시시즘, 자기중심적, 소유욕, 집착, 질투나 보복하는 타입은 웬만하면 피하는 것이 상책이다(말이야 쉽긴 하다!). 또한 과도한 '애정 공세'에 주의해야 한다. 원래 미국의 '통일교' 교도들이 쓰던 말로 그들은 과도한 주목, 칭찬, 애정 표시로 사랑을 표현했다. 가끔 오컬트 집단도 새로운 구성원을 영입하려고 이런 일을 벌이지만 이는 남녀 관계에서도 찾아볼 수 있다. 이 같은 행동은 누군가가 당신이 원하는 걸 마음껏 해주고 싶어 하거나 데이트를 하게 만들려는 무해한 행동일 수 있지만, 어쩌면 행동을 조작하려는 징조이자 나중에 지배와 학대로 변질될 수도 있다.

　애인 사이의 헌신이 어느 정도든 간에 데이트를 하고, 결혼하고, 사랑의 반지를 교환하거나 미리 부부 납골당까지 구매해뒀다고 해도 관계가 끝났을 때 분명한 메시지와 함께 깔끔하게 헤어지는 편이 낫다. 이를테면 '우린 안 될 것 같아. 당신 때문이 아니라 내가 문제야'와 같은 말로 말이다. 애원하는 전화가 오거나 원치 않는 꽃 선물이 날아든다면, 말했듯이 2주가 지날 경우 공식적으로 '정지 명령'을 내릴 수 있고 이어서 적절한 때에 '스토킹 일지'를 쓰거나 경찰에게 보고해 경고를 줄 수 있지만 현 관행은 방해 금지 명령으로 곧장 옮겨가는 식이다. 마지막으로 가처분 신청이나 형사 고발이 필요할 수도 있고 그런 경우 접근 금지 명령을 받을 수 있고 궁극적으로 교도소에

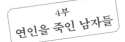

4부
연인을 죽인 남자들

수감할 수도 있다.

스토킹은 심각한 문제지만 과거에는 역겨울 정도로 과소 평가되어왔다. 그렇지만 지금은 많이 개선되어가고 있으며 법률 집행자들과 정신의학자들이 상당 부분 협조해 혁신적인 합작 프로젝트가 진행 중이다. 그렇다고 해도 인생이 늘 원하는 대로 되는 건 아니고 깔끔한 마무리가 어렵다는 사실이 남아 있다. 양면적인 감정, 일시적인 재결합, 메시지가 뒤섞이는 일도 있을 수 있다. 잊지 말아야 할 건 마지막 '이별의' 섹스를 상대는 '화해의' 섹스로 오해할 수 있다는 점이다.

수년간 많은 사례를 경험하면서 강력하게 조언하는데, 이제 곧 전 애인이 될 사람에게 사실 새 애인이 없으면서도 새 애인이 생겼다고 말해서 빠져나오려고 하는 건 질투심에 불을 지피는 행위니 지양하길 바란다. 이렇게 하는 게 상대가 마음에 차지 않고, 매력적이지 않아서 더 이상 사랑하지 않는다고 털어놓아 상처를 주는 것보다 낫다고 친구가 제안할 수 있다. 아니, 그건 좋은 생각이 아니다. 전 애인에겐 상대가 다른 애인과 함께 있는 상상을 하는 쪽이 개인적인 실패를 경험하거나 치과 치료를 받는 것보다 더 끔찍한 고통이다. 특히나 그 상대가 한 명이 아니라면 더욱이.

거짓으로 연적의 아이를 임신했다고 말하는 것 또한 나쁜 전략이다. 난 그로 인해 살인이 벌어진 사례를 두 건이나 보았다. 두 건 모두 부검을 통해 임신하지 않았음이 확인되었다. 한 사례의 경우 피해자가 관계가 끝났음을 단번에 보여주는 방식을 고민하다가 전 파트너가 단념하고 새 출발을 할 거라는 헛된 희망을 가지고 자신이 다른 사람의 아이를 임신했다고 거짓말을 했다.

피해자의 친구와 여동생을 포함한 증인들이 피해자가 그들에게 자신이 거짓말을 할 거라고 알렸다고 말했다. 그녀의 동기는 의도적이었으나 예상 못한 끔찍한 결과를 낳았다. 나와 인터뷰를 할 때 살인범은 자신에게 라이벌이 있을 뿐 아니라 연적이 그녀를 임신까지 시켰다는 점에 분노한 상태였다.

가끔 관계를 정리하는 일은 경찰서, 보호관찰소, 정신 병원의 감독 하에 이루어져야 하고 극단적인 상황에선 앞서 설명했던 대로 대피할 장소를 마련해두어야 할지도 모른다.

스토킹에서 살인으로 끝나는 이런 극한 사례를 보면서 자신의 경험을 반영할 수 있다. 우리 모두 어느 단계에서 결별해봤고 애정이 더 이상 보답을 받지 못한다는 걸 깨달았을 때 상처를 받는다. 거절당한 상황을 되돌려보려고 노력하는 건 보편적인 반응이며 진심이 담긴 편지, 꽃, 상대가 좋아하는 와인을 보내거나 하루 이틀 사이에 너무 많은 전화를 걸 수도 있다. 하지만 그만둬야 하는 시점이 있고 그 시점을 넘어서면 상대가 품었던 약간의 후회가 짜증으로 변질되거나 심지어 두려움이 될 수도 있다. 누군가가 거리를 두자고 요구한다면 최악의 행동은 원치 않는 애정을 질식할 만큼 퍼주는 것이다. 학창 시절 난 거리를 두자는 말이 친절한 거절이라는 걸 뒤늦게 깨달았고 가까운 친구에게 '그녀가 닐 암스트롱이 된 것처럼 느낄 수 있게 우주만큼 거리를 줘봐'라고 놀림받기도 했다. 물론 말이 행동보다 훨씬 쉽다.

경험을 돌아보니 자존감에 상처를 입은 느낌을 이해할 수 있을 것 같다. 그러나 특이한 성격을 가진 사람들은 이런 평범한 감정을 나르시시즘적 보상 상실로 받아들인다. "어떻게 날 사랑하지 않는다고 말

213

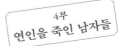

할 수 있어? 난 거절할 수 없는 매력을 지녔는데."

예전에 감호 병동의 환자가 이별하는 과정을 살피라는 요청을 받았다. 가벼운 섹스 파트너 여러 명에게 외설적인 문자를 보낸 걸 걸려 차이자 상대를 살해한 남자였다. 치욕과 거절이 결합한 상태로 그는 떠나는 파트너의 얼굴과 목을 찔렀다.

10년 동안 집중 치료를 받은 뒤 폐쇄 병동에서 풀려날 때가 가까워지자 그는 온라인 소셜 네트워크를 통해 만난 전문직 여성과 데이트를 시작했다. (그래, 심지어 정신병에 걸린 살인자도 누군가에게는 매력적으로 보일 수 있다.)

법정신의학 팀은 이 새 연인에게 환자의 범죄 이력(즉, 결별 당시에 연인을 죽인 것)을 알렸고 이 정보에도 구애받지 않고 한동안 둘의 관계가 이어졌다. 그러다 몇 달 뒤 새로운 연인이 차갑게 식었고 상대와 헤어지길 원했다. 우리는 안전한 환경에서 감독하에 헤어져야 한다고 생각했다. 그래서 둘의 만남 이후 벌어질 위기 상황에 대비해 999에 모든 연락을 응급으로 처리하도록 요청해두었다.

결과적으로 둘은 원만하게 헤어졌고 환자는 성공적으로 지역 공동체로 돌아갔다. 이렇게 마무리가 되었다는 이야기를 들으면 독자 여러분도 안심이 좀 될 거다.

불륜이 낳은 살인(물론 질투가 혼합된)

화를 제어할 수 없는 남자 혹은 분노를 표현하는 방식으로 갑자기 폭력을 행사하는 남자는 범죄를 저지르는 가장 흔한 대상이다. 그런데 '통제력 상실'이나 '정신 이상'을 언급하며 부분적인 변론을 제기하는 경우도 많다.

2009년 영국 법은 여성이 남성 파트너의 학대로 인해 살해당할 수 있다는 상황을 더 잘 수용하기 위해 법을 개정했고 동시에 상대를 독점하려는 남성의 경우, 특히 불륜을 문제로 삼아 여성을 살해하는 경우에 핑계를 대기 더 힘들게 만들었다.

새로운 법에 따라 판사들은 배심원에게 피고가 통제력 상실을 변론으로 제시할 때 불륜 여부를 고려하지 말라고 고지하는 의무가 생겼다.

지금부터 소개하는 사례는 왜 불륜이 예외가 되어야 하는지 설명하고 또한 경찰이 파트너 살해 사건을 얼마나 쉽고 빠르게 해결할 수 있는지 보여준다.

우선 화를 잘 내고 독점욕 강한 남편 레이 톰슨에 대해 살펴보자. 그는 아내의 불륜 사실을 알게 되었다. 크리스틴은 남편과 사는 인생이 절망적이라 생각했고 신혼 때부터 새로운 남자를 만났고 사건 당시에는 누군가와 밀접한 관계는 아니었으며 결혼 생활을 안전하게 끝내려는 방법을 찾으려고 노력했다.

아내가 종종 다른 곳에서 남자를 만난다는 이야기를 들었을 때 톰슨은 곧바로 아내에게 물어보지 않고 퇴근 시간보다 일찍 집에 가서 아내를 기다렸다가 같이 쇼핑하러 갔다. 그런데 도착한 곳은 쇼핑 센터가 아니었다. 그는 아내를 호수 옆 한적한 공원의 길가로 데려갔고 그의 행동에 불만스러운 반응을 보이는 아내를 차고에 보관해둔 낡은 군용 총검으로 수차례 깊이 찔러 살해했다.

그는 시내로 돌아와 아내와 자기 차가 없어졌다고 신고했다. 얼마

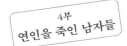
4부
연인을 죽인 남자들

못 가 개를 산책시키던 사람이 그녀의 시신을 발견했고 톰슨이 여분의 차 열쇠가 없다고 말해서 소방대가 잠긴 차량을 절단하는 데 세 시간이 걸렸다. 그는 차와 함께 열쇠도 도난당했다고 주장했다.

후에 형사 한 명이 내게 주력 용의자가 남편인 것 '같다'고 말했지만 처음에 수색 영장을 발부받기에는 증거가 부족했다.

런던 경찰청은 살인 사건의 약 90퍼센트를 해결한다. 살인 사건 수사에 엄청난 자원을 할당하고 증거 수집의 골든 타임인 24시간 안에 많은 경찰을 배치하는 덕분이다. 회의가 소집되면 고참 형사가 살인 사건에서 가장 강력한 수색 도구를 설명한다. 바로 휴대폰 기지국 분석, CCTV, DNA 증거인데 가끔은 이 순서 그대로기도 하다.

톰슨 사건의 경우 CCTV가 자동차가 상점이 아닌 호숫가를 향해 가는 것을 보여주었지만 흐린 화면에서 톰슨이 운전자임이 식별되지 않았다. 몇 주 동안 세밀하게 분석한 결과 휴대폰 기지국 데이터가 수집되었고 경찰은 기록을 토대로 용의자의 휴대폰 위치가 자동차와 크리스티나의 시신이 발견된 곳과 병리학자가 추정한 범행 시각과 겹친다는 걸 알아냈다.

게다가 톰슨이 삼촌에게 건 전화 기록에서 톰슨이 삼촌에게 "크리스틴이 없어졌어요"라고 말하는 진술을 입증해주었다.

이 증거를 가지고 수색 영장이 발부되었다. 주방 싱크대 아래 U자 배관 뒤에 숨겨둔 비닐봉투에서 피가 묻은 총검이 발견되었고 그의 DNA와 크리스틴의 혈흔이 나왔다. 그러자 톰슨은 아내가 불륜을 저질렀다는 걸 인정했을 때 "자제력을 잃었다"고 주장했다. 아내의 불륜을 알게 되어 자극을 받았다고 항변했지만 받아들여지지 못한 것은 살인의 의도적인 본질과 이를 숨기려는 시도 때문이었다. 톰슨의 사례부터 도입된 새로운 법에 따르면 자제력 상실은 배심원의 고려 사항에서 특히 배제되어야 하는 요소다.

판결은 이렇다. 살인, 종신형.

우울증과 한정 책임 능력

결별을 이유로 남성이 여성을 살해했을 때 한정 책임 능력을 변론으로 삼는 건 성공할 수 있을까?

이 어려운 문제는 소위 우울증 살해라고 해서 1990년대 말 구두쇠 성향의 의사 남편이 저지른 사건으로 설명할 수 있다. 그녀는 새 냉장고를 사달라고 부탁했다. 남편은 실습실에서 샘플을 보관하던 용도로 쓰던 중고 냉장고를 아내에게 주었다. 계좌에 80만 파운드 이상이나 들어 있는데도 그는 가족의 생일날 맥도날드에서 외식하고 축하하러 온 손님들에게 각자 음식을 계산하게 했다! 더 이상 참지 못한 아내는 변호사에게 상담을 받았고 이혼 신청서를 냈다.

하지만 남편은 결혼이 끝나는 걸 용납할 수 없어 아내에게 반복해서 다시 생각해달라고 간청했다. 그는 술을 과하게 마시기 시작하고 스스로에게 진정제를 처방하고 동료들에게 수척하고 불행한 모습을 보였다. 어느 날 아침 그는 집에 있었고 아내가 아이를 학교에 태워다주고 돌아왔다. 그녀가 커피를 마시는데 남편이 망치를 들고 지나갔고 분명 뒷정원의 콘크리트 길을 부수려는 것처럼 보였다. 그런데 그녀가 입을 열자 공격이 날아왔다.

부검 결과 남편은 아내를 적어도 일곱 차례 이상 망치로 내려쳤고

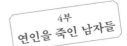

이미 바닥에 쓰러졌는데도 계속 때린 걸로 나왔다. 그런 다음 남편은 그녀를 쓰레기봉투와 침대 시트로 싼 다음 피를 흘리는 시신을 질질 끌고 2층 침실로 올라갔다. 아내에게 아직 목숨이 붙어 있다는 걸 알았지만 그녀를 창밖으로 집어 던져 척추를 부러뜨려 죽게 만들었다. 이것은 경찰 수사에 혼선을 주려는 범죄 현장 '상연'의 표본이다. 매우 드물고 살인 사건 중 대략 1퍼센트 정도 발생한다.[35]

그는 몇 시간 뒤 구급차를 불렀고 처음에는 경찰에게 자신이 차고에 있는데 아내가 위층 침실에서 떨어졌다고 했다가 마침내 죄를 인정하면서 이렇게 말했다. "전 수치스럽게 살 수 없어요."

존경받는 전문직이 아무 전과가 없는데도 분노의 순간에 갑작스럽게 아내를 죽였다면 정신적으로 문제가 있다는 생각이 드는가? 아내가 이혼과 두 아이의 양육권을 원한다는 점을 알고 난 뒤로 그가 심각한 우울증을 겪고 있었다는 정신과 보고서를 검찰 측이 받아들였다. 이 우울증은 현저하게 그의 책임감을 손상시켰다. 그의 변호사는 정신병적 변론을 활용해 살인에서 과실 치사로 형량을 줄여 종신형을 면하게 했다. 그가 고작 2년 반 만에 풀려났다는 소리를 듣고 피해자의 어머니는 분개했다. "내 딸의 목숨값이 고작 그 정도인가요?"

현재는 검사가 훨씬 까다로워져서 드러난 의학적 상태가 이성적인 의사 결정과 같은 여러 가지 정신적 기능에 상당한 장애를 보인다는 부분을 반드시 입증해야 하고 또한 살인과의 연관성을 설명할 수 있어야 한다. 다시 말해, 우울증은 누군가가 이성적인 판단을 하지 못하고 미래에 대한 암울하고 비관적인 관점을 제공하는지 설명해주지만 마찬가지로 왜 망치를 휘둘렀는지도 설명할 수 있어야 한다.

내겐 이 사례가 왜 이렇게 명백한지 모르겠다. 우울증에 걸린 남자가 결혼 생활이 끝날까봐 걱정되어 보인 반응이 이렇단 말인가? 아니면 부자 구두쇠의 심각하게 인색한 융통성 없는 면모가 가족과 자산을 잃을 위기 앞에서 부러지며 풀려버린 것일까? 그가 존경받는 의사가 아니라 카펫 만드는 사람이거나 군대 신병이었다면 같은 결과가 나왔을까? 이 사례를 다시 살펴보고 내린 내 생각이다.

분명 범행 당시 그가 비정상적인 정신 상태였다는 데는 동의하지만 한정 책임 능력 여부에 대해서는 의학적이 아닌 도덕적인 이슈가 남아 있다. 가끔은 도덕의 가치를 의학화해서 좀 더 분명하게 만들고 그다음에 검찰은 형량을 줄여달라는 요청을 받아들일지 여부를 판단해야 한다.

명예 없는 명예 살인

흔히 말하는 '명예 범죄'란 무엇일까? 여성이 파트너를 선택하지 못하게 하고 카스트 제도에 순종하며 정절을 지키도록 하기 위해 벌이는 유괴 및 살인을 지칭한다. 이런 맥락에서 남편은 아내가 자신을 떠나려고 할 때 죽일 수 있다.

이런 사건을 마주한 적이 있는데 명예라는 개념이 어떻게 분노로 이어지는지 알 수 있었다. 영국에서 30년 넘게 산 동남아시아 출신 가족의 이야기다. 가장은 알코올 중독에 실직자인 님몰로 그는 아내가 자신을 존경하지 않으며 시부모님을 모욕했기 때문에 화가 났다고 말했다.

이런 문제로 수차례 가정 폭력이 있었고 대부분은 그가 술을 마셨

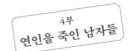

4부
연인을 죽인 남자들

을 때 벌어졌다. 어느 날 밤, 술 취한 상태로 그는 새벽 4시 30분에 집으로 돌아갔다. 아내는 어쩔 수 없이 그를 안으로 들였고 언쟁이 벌어졌다. 그는 칼로 두 번 아내를 찔렀고 한 번은 등을 관통해 대동맥까지 들어갔고 다른 한 번은 앞에서 찔러 간을 통과했다. 두 상처 모두 죽음에 이를 수 있는 치명타였다.

그는 체포되었고 다음 날 인터뷰에서 이렇게 말했다. "전 남편으로서 정말 수치스러움을 느꼈어요……. 여성이, 그것도 아내가 자기 남편을 존경하지 않는다는 건 받아들일 수 없는 일이에요……. 그녀는 우리 부모님을 모욕했어요……. 옷차림을 통해 절 존중하지 않는다는 걸 보여줬고요……. 전 아내를 뒤에서 한 번, 앞에서 한 번 찔렀어요."

그는 맥주와 스피릿을 마셨다고 했다. "너무 치욕스러워 자제력을 상실했어요. 진짜 속상하고 화가 났어요." 그런데 그저 '살짝 아내를 찌를' 의도였다고 말했다.

과연 뻔한 사건일까?

× × ×

이 사례의 경우 정신병적인 증거가 예상치 못한 방식으로 이의를 제기했다. 부검과 증인 진술을 포함해 경찰의 증거가 모조리 수집되었을 때 피고 측 변호사가 정신과 의사에게 가능한 변론을 찾아달라고 했다.

정신과 의사인 이카루스 박사가 담당을 맡았다. 그는 하급 법원에서 경험이 좀 있었지만 심각한 범죄 사건은 맡은 적이 없었다. 이카루스 박사는 살인이 벌어진 지 석 달 뒤에 유치장에서 그를 인터뷰했고 반면에 경찰은 그를 체포한 즉시 취조를 진행했다. 자신이 저지른 행동을 합리화하려고 님몰은 이카루스 박사에게 자신이 아내를 찌른 행동이 '실제가 아닌' 것처럼 느껴졌고 '마치 죽은 동생이 나타난 것' 같았다고 말했다.

그래서 이카루스 박사는 이 현실감 상실이 살인을 설명해주는 정신 이상이라는 의견을 냈다.

여기에는 두 가지 문제가 있다. 우선 가장 확실한 건 정신과 의사가 경찰 취조 내용을 기록한 스크립트를 읽지 않았다는 점인데 거기에는 당시 피고가 유죄를 입증하는 증언이 담겨 있다. 난 이 오류를 보고서에서 지적했고 또한 현실감 상실은 아주 흔하고 정신병의 형태가 아니라고 언급했다. 현실의 대안인 '감각'이지 현실과의 '접촉 실패'가 아니다. 아주 피곤하거나 불안할 때 멍한 느낌이 드는 것과 같다. 예를 들어, 중앙형사재판소 살인 사건 재판에서 증거를 제출해야 할 때 이카루스 박사가 느끼게 될 감정 같은 거다.

이카루스 박사는 피고 측 변호사 옆에 자신의 증거를 가져다 두었다. 그는 왜 현실감 상실이 한정 책임 능력에 해당하는지 설명했다. 친절하고 무난한 설명이 끝난 뒤 그는 증인석 밖으로 나와서 출구 쪽으로 걷기 시작했다. 하지만 그는 형사 법원의 절차에 대해 정확히 알지 못했다.

그가 법정을 반쯤 걸었을 때 판사가 말했다. "저, 이카루스 박사님, 반대 심문을 잊지 말아주세요……."

상황이 어떻게 돌아갔을지 짐작이 갈 거다. 검찰 측 변호사의 질문은 이런 식으로 진행됐다.

"이카루스 박사님, 기록된 보고서의 내용에 동의하시나요?"

"네, 그렇습니다."

"박사님, 소견을 내기 위해 관련 자료를 전부 살펴보셨습니까?"

기억하는데 그는 판사를 향해 몸을 돌리고 대답했다. "네, 그렇게 했습니다. 재판장님."

"이카루스 박사님, 피고가 그날 밤 취조에서 했던 이야기는 당시 그의 정신 상태를 이해하는 데 상당히 적절하다는 데 동의하십니까?"

"네, 물론입니다. 재판장님."

"박사님, 경찰 취조 내용을 확인할 기회가 있었습니까?"

"아, 아뇨. 없었습니다."

"박사님, 배심원을 위해 피고가 아내를 살해하고 열두 시간이 지난 뒤에 경찰에 진술한 내용을 큰 소리로 읽어봐달라고 부탁해도 되겠습니까? 노란색 탭 뒤쪽이고 바로 앞에 놓인 배심원 자료 76쪽입니다……"

이카루스 박사는 주저하며 읽었다. "……그녀는 옷차림을 통해 절 존중하지 않는다는 걸 보여줬어요. 전 그녀를 찔렀어요…… 가볍게."

"이카루스 박사님, 경찰 취조로부터 석 달이 지난 시점에 그가 말한 진술을 납득한 이유를 배심원에게 설명해주시겠습니까?"

"이카루스 박사님, 이 자리에서 정신 이상이라는 용어의 기준이 무엇인지 설명해주시겠습니까?"

"이카루스 박사님, 정신이란 정확히 어떤 의미인가요?"

지켜보기 힘들었지만 형사 법원은 살인 확정을 원했고 사실에 기반한 전문가 증거는 입증할 수 있는 것이어야 했다.

민사 재판에서 이런 명백한 누락은 전문가들의 합동 성명을 통해 재판 전에 알 수 있다. 하지만 재정적으로 어려운 형사 재판에서 공공기소국에게 압도당하고 마지막까지 변호인단이 지침을 내리는 경우 이런 웃지 못할 불상사가 결국 배심원 앞에서 벌어지는 건 흔한 일이다.

판결은 이렇다. 살인죄, 종신형, 최소 복역 형량 18년.

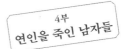

16

살인자의
머릿속에 들어갈 때

레디와 처음 만나고 몇 달이 지난 뒤 중앙형사재판소에서 그의 재판이 열렸다.

보고서에서 나는 그가 결혼 생활을 설명한 부분과 죽은 아내를 포함해 다른 이들의 진술을 비교했을 때 '증거의 충돌'을 지적했다. 그러나 그가 딸과 떨어질 상황에 몰두해 있고 감정적으로 불안정하고 눈물을 글썽이며 일에 집중하지 못했다는 동료들의 설명을 들어 그의 상태를 알고 있었다. 자신이 저지른 일에 대한 반응으로 자해하거나 서투르게 '자살 시도'를 연장할 수도 있다(이런 부류의 살인에서 흔한 일이다).

어쨌든, 정신과 진단 매뉴얼에는 일상에서 동떨어지지 않은 다양한 감정 상태가 속해 있다. 그리고 레디는 '적응 장애'의 기준에 부합한다. 국제 분류에 표기된 정의는 '개인적인 고통과 감정적 동요……인생의 변화에 적응하는 시기에서……발현되는 다양성으로 우울한 기분, 불안, 걱정……순응하고 미리 계획을 세울 수 없을 것 같은 기분……과장된 행동이나 폭력의 발현……(상태)'라고 설명한다.

난 상당히 소소한 이 진단을 내렸으나 실제로 '정신 기능 이상'과 '뚜렷한 의학적 상태'에도 그가 '합리적인 판단을 내리거나 자제할 수 있는 능력이 점진적으로 불능 상태'가 되었다고 배심원을 설득할 수 없을 것 같았다. 피고에게 살인 유죄를 받을 거라고 알려주고 그가 눈물을 흘리며 종신형을 받아들이면서 죄의 심판을 받는 쪽이 훨씬 낫다고 변호사는 말했다. 그러지 않으면 자신이 받은 형량에 대해 배심원이 아닌 변호사를 오랫동안 책망하며 보낼 것이다.

배심원은 적응 장애를 진단하는 기준에 대한 자세한 설명을 그리 중요하게 여기지 않았다. 그들은 검찰 측 사건이 며칠 동안 진행되는 걸 봐오면서 휴대폰 기록 요약본, CCTV 화면, 매출 영수증을 비롯해 실제 증인들의 증언을 들었다. 이 모든 정보를 토대로 그들에게 피고석에 있는 남자에 대한 인상을 결정할 기회가 주어졌다.

피고 측 변호사는 재판이 진행되던 날부터 재빨리 증거를 제시하고 레디의 딸이 그의 가정 폭력을 눈물로 증언했다고 알려주었다. 그녀는 아버지의 얼굴을 보고 싶지 않아서 커튼 뒤에서 증언했고 레디는 법정이 떠나가도록 '더러운 계집애'라고 소리쳤다.

대질 신문 마지막에 아내 목에 깊숙이 찔린 상처가 중요 동맥을 심하게 훼손해 죽음에 이르게 했다는 부분에 관해 질문했을 때 레디의

4부
연인을 죽인 남자들

반응은 그 자리에 있던 모두를 탄식하게 만들었다.

"런던 구급대가 제때 움직이고 늑장을 부리지 않았다면 아내는 지금까지 살아 있을 겁니다."

난 그의 정신 기능 이상이 사소한 정도라는 걸 인정하고 그 점이 그에게 상당한 영향을 끼쳤는지 여부는 배심원에게 맡겼다. 레디는 배심원에게 오랜 세월 동안 아내와 딸이 참아왔던 행실을 드러냈고 여기에 장애 여부는 그다지 중요하지 않았다.

배심원이 결정을 내리기까지 90분이 걸렸다.

판결은 이렇다. 살인죄, 종신형, 최소 복역 형량 18년.

× × ×

첫인상이 늘 들어맞는 건 아니지만 이번 사례에서는 그랬고 이렇게 마무리되어 기뻤다.

내가 진단하거나 치료한 환자들에 대한 반응은 상당히 유익한 범주로 날 데려갔다. 가끔은 짜증이 치솟고 화나고 지루하지만 즐거움도 느낀다. 너무 웃긴 환자를 만났을 때는 웃음이 멈추지 않았다. 하지만 그는 조울증이었고 과거에 자살을 시도했기에 난 그의 즐거움에 현혹되어 그 속에 숨은 슬픔을 놓치지 않도록 하느라 조심했다.

이런 반응들은 내가 어떤 환자든, 특히나 살인자의 머릿속에 들어가려고 노력할 때 왜 누군가가 살해를 했거나 그러려고 했는지 이해하는 데 도움을 준다. 한번은 동료가 한 말을 듣고 놀란 적이 있다. "난 환자들에 대해 전혀 아무 감정이 없어……. 완전 중립 상태로 남는 게 좋아." 나의 경우 그럴 수 없고 정신 감정을 위해 인터뷰를 하는 동안 개인적인 반응을 찾는 데 더 비중을 두는 편이다. 이후 장기간의 치료 과정도 중요하기 때문이다.

늘 감정적이라는 말은 아니다. 동시에 객관성을 어느 정도 유지하는 것도 필요하다. 가령, 법정신의학자가 어린 시절 부모의 자살을 경험했다고 치자. 그런 사람은 부모를 잃은 사건에 감정적으로 반응할 수 있다. 사건이 불러일으키는 감정을 무시하는 게 아니라 잘 파악해서 인터뷰하는 사람의 경험에 활용하고 그런 감정이 사각 지대에 남지 않도록 만드는 일이 중요하다.

정신분석학자(일반적으로 미국에서는 의료 자격을 가지고 있으나 영국은 그런 사람이 적다)는 개인적인 치료법과 사례를 관찰해 스스로를 단련해야 할 필요가 있다. 영국 법정신의학 분야에서 법정신의학자는 개인적 치료를 진행하는 쪽과 아닌 쪽으로 살짝 나뉘는데 이건 의무가 아니라서다.

처음 수련을 시작했을 때 나는 내가 어떤 방향성으로 나아갈지 조금 걱정했던 것 같다. 하지만 아동 정신의학 사례를 감정한 경험이 큰 울림을 주어서 치료를 진행하는 쪽으로 방향을 잡게 되었다.

어떤 루트를 선택하든 환자에게 감정이 없다는 동료가 틀렸다는 생각에는 변함이 없다. 법정신의학 사례에 반응을 전혀 보이지 않기로 마음을 먹는다는 건 다음과 같은 가장 강력한 진단 도구를 활용할 기회를 놓친다는 의미다.

그들과 같은 공간에 있는 건 어떤 느낌인가?

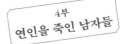

그들이 당신에게 주는 느낌은 어떤가?

다른 이가 그들에게 보이는 반응을 이해하는 데 당신의 반응이 도움이 되는가?

그들이 왜 누군가를 죽였는지 이해하는 데 당신의 반응이 도움이 되는가?

레디에 대한 내 반응이 그의 아내가 견뎠을 무언가를 이해하도록 도와주었다. 그녀는 떠나기 위해 최선을 다했지만 그의 학대를 벗어나지 못했고 목숨이라는 대가를 치러야 했다.

그런데 여성이 자신을 공격하는 사람으로부터 스스로를 보호하기 위해 도망칠 수 없는 상황에 놓인다면 어떻게 될까?

결과는 예상할 수 없다…….

연인을 죽인 여자들

사례 연구:

샬럿 스미스

17

자기중심적
나르시시스트의 최후

샬럿이 개를 키우는 여성을 만나러 간 뒤 모든 일이
시작되었다. 네 아이 중 열다섯 살인 섀런이 강아지를 키우고 싶어 했
고 그녀는 딸을 행복하게 해주고 싶었다. 사실 샬럿은 알코올 재활 센
터에서 8개월을 보내고 가족과 상봉한 지 얼마 되지 않은 시점이었
다. 그래도 마침내 상황이 나아지는 듯 보였다.

적어도 2001년 8월 29일 수요일까지는 그랬다. 샬럿은 파트너인
레니 존스를 12인치 주방용 나이프로 심장을 찔러 살해했다.

내가 샬럿을 만난 건 HMP 할러웨이에서였다. 평소처럼 교도소에
새로 들어온 죄수들을 살피고 기존 죄수들의 소식을 업데이트하고
병원으로 이송할 사례가 있는지 찾고 교도관이 보기에 자해, 자살 시

도 위험 혹은 단순 이상 행동을 보여 정신 이상의 가능성이 있는지 여부 등 요주의 인물이 없는지 찾으며 평범한 반나절을 보내던 중이었다.

교도소 정신과 의사의 일과는 병동 정신과 의사의 일과와 상당히 다르다. 우리는 심각한 정신 질환으로 교도관들이 주의를 요하는 인물들을 관리하고 재소자에게 간단한 지시를 내리고 탈옥을 예방하기 위해 그곳에 있다. 정신 질환에 대해 인식하고 관리해 재소자들이 살아서 다음 날을 맞이할 수 있도록 해야 한다.

할러웨이는 서유럽권에서 가장 큰 여성 전용 교도소로 총 591명의 죄수를 수용할 수 있고 매년 수천 명이 들어온다. 작성해야 하는 조사 보고서가 엄청나고 거기에 대한 비평도 까다롭다. 우리는 길게 늘어선 교도소 병동의 정신과 업무를 정기적으로 하고 있다. 당시 난 근처의 남성 교도소 HMP 펜턴빌에서 막 정기 검진을 시작한 터였다. 그곳에서 보안 교육을 받았기에 행정에 골치를 앓고 있는 새로운 할러웨이 팀과 교대로 일을 볼 권한이 생겼다.

게다가 법정신의학에서 여성은 남성을 상대하는 일보다 더 힘들다고 여기기 때문에 인기가 적은 편이다. 범죄학자 로레인 젤소프는 범죄의 대부분은 여성이 아닌 남성이 저지른다고 설명한다.[36] 또한 여성 수감자는 학대 경험으로 인해 정신적으로 더 많이 손상을 입어 불안을 속으로 삼키는 경향이 있고 따라서 자해할 확률이 높아진다. 뒤늦게 알고 보니 내 결정은 우리 가족의 영아 살해 사건에서 기인해 2001년 이 인기 없는 부서에 지원할 정도로 개인적 호기심이 높았다.

교도소의 주된 제재는 자유의 박탈이다. 과거 교도소 의사들은 의

231

사와의 접촉이 열악하고 불쾌한 처벌의 일부로 느껴지게끔 의무적으로 그런 태도를 취해왔었다.

말할 것도 없이 내가 할러웨이에 도착했을 때는 한층 더 공격적인 생각이 창궐할 때였다. 교육을 받는 동안 문을 쾅 닫고 나가는 재소자를 위해 어떤 좋은 일도 해줄 수 없다는 걸 배웠고 숙면, 식사, 가족 연락, 자살과 같은 즉각적인 문제를 보고하고 다루는 것이 가장 중요함을 유념했다. 어린 시절의 트라우마와 같은 어려운 부분은 나중으로 기약해야 했다.

이런 부분을 파악한 상태로 난 교도소 지하 병동에 있는 인터뷰 룸 C1으로 갔다. 교도관이 내게 샬럿을 봐달라고 요청해서다.

인터뷰실에는 낡은 철제 의자 두 개와 이가 빠진 테이블이 놓였다. 흰 페인트가 칠해진 벽에 휘갈긴 그라피티가 보였다. 유일한 환풍구는 작은 창문에 난 얇은 틈으로, 육중한 유리는 부서지지 않았지만 금이 가 있었다. 밖으로는 움푹 패인 마당이 있고 그 너머 높은 외벽이 자리하고 꼭대기는 탈옥을 방지하기 위해 활처럼 굽어 올라간 지붕이 막고 있었다.

샬럿은 키가 크고 호리호리한 체격으로 군데군데 금발로 염색한 긴 머리칼에는 레니의 피가 아직 좀 남아 뭉쳐진 채였다. 살해한 지 이틀이 지난 뒤였다. 그녀는 씻지 못해 더럽고 손톱이 부러지고 오른쪽 팔뚝에 멍이 들었고 찢어진 입술은 낫고 있었지만 여전히 부풀고 멍든 상태였다. 침묵 속에서 그녀는 바닥만 빤히 쳐다봤다.

그녀는 29일 밤 열두 시 이후에 체포되었고 그 다음 날을 경찰서 유치장에서 보냈다. 경찰 취조에 응한 뒤 치안 판사의 법정에 간단히 출석했고 보석이 기각되어 구치장에 수감된 상태로 남았다.

난 소개를 하고 그녀에게 기분이 어떤지, 우리가 도울 수 있는 일이 없는지 물었다. 그녀는 눈을 비비고 처음에는 대답하지 않더니 이윽고 아이들을 만날 수 있는 방법이 있는지 물었다.

내가 아이들에 대해 질문하자 그녀가 입을 열기 시작했다. 열일곱 살 리는 수능을 준비 중이었고 열다섯인 섀런은 전학 간 학교에 정착하느라 어려움을 겪고 있었다. 열 살인 케빈은 잘 지내고 있고 세 살인 리암은 샬럿이 재활기관에 있을 동안 제대로 돌봄을 받지 못했다.

그러나 현재는 모두 긴급 보육센터에 있고 샬럿은 아이들이 함께 있으면서 서로 의지할 수 있는지 알고 싶어 했다. 난 그녀에게 사회복지팀이 곧바로 일을 처리해줄 거라며 안심시켰다.

그녀는 비현실적인 기분으로 "레니가 죽었다는 사실을 믿을 수 없어요"라고 말했다. 4~6개월 전에 있던 수면 문제는 개선되었고 그녀는 "자신을 잘 수습했다". 그렇지만 구치소에 남아 있는 동안 그녀는 "끔찍하고…… 자존감이 떨어지고…… 멍한" 기분을 느꼈고 구치소에서는 "잠을 잘 수 없어요"라고 말했다. 그녀는 내게 진이 다 빠졌고 자신의 삶을 끝낼 방법을 찾고 있는 중이라고 털어놓았다. 약물 과다복용, 손목 긋기, 목 매기 등. 자녀들에 대한 생각이 그녀를 버티게 하는 유일한 부분이었다.

× × ×

2002년 잉글랜드와 웨일스에서 재소자 95명이 자살

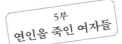

했고 여성 재소자의 자살 위험율을 20배나 높아졌다. 2011년까지 영국 교도소 내 자살은 57명으로 줄어들었는데 법정신의학자 루크 버밍엄과 던 그루빈이 개발한 재소자들을 위한 건강 검진 제도가 한몫했다.[37] 또한 케임브리지 범죄학자로 교도소 환경의 '도덕적 수준' 측정법을 개발해 괴롭힘을 줄이고 직원들이 합법적으로 행동하게 권장한 알리슨 리브링 교수의 혁신적인 작업 덕분이다.[38] 그러나 가혹하고 야만적으로 교도관을 감축해 일하는 시간을 늘리고 재활 및 건강 프로그램을 줄이자 2017년 자살 수치는 119건으로 다시 치솟았다.

난 샬럿에게 더 자세한 질문은 하지 않았다. 이 단계에서 주요 과제는 그녀를 살려두는 것이다. 난 다시 사무실로 돌아갔고 그곳에는 두 곳의 교도소 보건 담당자(기초 간호 교육을 받은 사람)가 검은 어깨 견장을 단 흰 셔츠와 푸른 정복을 입은 간호사 두 명과 차를 마시고 있었다. 우리는 사회복지사, 정신과 간호사와 합류해 계획을 논의했다. 정신과의 세 사람과 열두 명 정도 되는 간호사, 심리학자, 사회복지사 중 유일한 남성인 난 전임자가 초크 줄무늬 정장에 고위 인사와 같은 목소리 톤으로 딱히 호감 가는 인상을 남기지 않았다는 점을 염두에 두었다.

샬럿이 '일반 감방'이 아닌 병동에 있어야 한다는 점이 분명해졌다. 병동으로 옮기면 그녀를 살필 수 있고 며칠 동안 그녀를 안전하게 지킬 수 있다.

비록 그녀가 다시 술을 마시기 시작했지만 심각한 알코올 의존증은 아니었다. 그녀가 술에 의존하지 않도록 돕기 위해 다이아제팜(진정제)을 소량 복용하게 했더니 일주일 내내 알코올 중독 치료를 할 필요가 없었다. 마약과 알코올 중독은 할러웨이에서 매우 보편적이라 이미 간호사가 관리하는 헤로인과 알코올 의존 디톡스 프로그램이 있다. 점진적으로 대체재 복용을 줄여가며 심각한 금단 증상을 관리한다.

나는 회의를 마무리짓고 후속 조치에 관한 검토를 끝냈다.

할러웨이 재소자 중에는 한층 더 심각한 자해 환자들이 있는데 이들은 종종 인격 장애와 학대 병력을 가지고 있다. 그들에게 진짜 필요한 건 입원 치료다.

2003년 정신 병원으로 보낸 할러웨이 재소자들에 관한 연구를 살폈다.[39] 우리가 보낸 건 60명인데 절반만 받아줬다. 거절당한 상당수가 인격 장애 진단을 받은 재소자들이다. 우리는 교도소 내에서 구할 수 있는 자원을 바탕으로 경계성 인격 장애를 가진 자해 환자들을 직접 관리해야 한다는 점을 깨달았다.

샬럿은 며칠 동안 병동에서 지내며 관리를 받겠지만 정신적으로 안정되면 일반 감방으로 가게 될 것이다.

교도소 근무가 끝났고 난 캠든 로드를 따라 운전하면서 프림로즈 힐을 지나갔다. 늦여름 날씨를 즐기는 술집 야외 테이블의 손님들을 보았다. 오늘 밤 얼마나 많은 시비들이 칼을 휘두르는 상황과 살인으로 이어질까? 마침내 집에 도착해 난 아들들을 살피고 아이들이 안전하게 집에서 부모 모두와 같이 있다는 데 감사했다.

이쪽 일이 누군가의 삶에 대한 관점에 얼마나 큰 영향을 미치는지 깨닫고 놀랐다. 한동안은 흔한 주방 나이프조차 살인 무기를 떠올리게 했다. 법정신의학 일을 하면서 너무 많은 범죄 현장 사진들과 핏자국을 보았다. 증거들은 전부 비닐 봉투에 담겨 배심원에게 넘어간다. 이렇게 모든 범죄에 노출되다 보니(강도, 폭행, 강간, 방화에 관한 보고서를 쓰므로), 점점 더 위험을 기피하게 되었다.

× × ×

일이 주가 흐른 뒤 다시 샬럿을 만났다. 그녀는 한층 정돈돼 보였다. 여러 차례 인터뷰를 거치며 사연 전부가 드러났다.

문제의 그 밤, 그녀는 딸 새런과 함께 친구의 차를 얻어타고 강아지를 보러 갔는데 도착해보니 강아지는 없었다. 강아지를 팔겠다고 한 여성은 자기 애인과 마리화나를 피우고 있었기에 그녀를 진정시키는 데 40분 정도 걸렸다.

아무런 수확도 없었기에 네 아이들에게 줄 차가 필요했고 그래서 새런에게 집으로 돌아가는 길에 차와 같이 먹을 치킨과 감자튀김을 산 뒤 리암을 집으로 데려다 달라고 했다.

그리고 자신은 술집으로 가서 바 직원과 이야기를 나누다 술을 마저 마시고 막 아이들에게로 돌아가려는데 레니가 술집에 들어와 그녀에게 인사한답시고 팔을 세게 쳤다.

전 남친과 이야기를 하고 있었다고 착각한 레니가 화를 냈다고 그녀가 말했다. 샬럿이 화장실을 갔다 와 보니 레니가 바에 앉아서 새로 시킨 맥주를 마시고 있었다. 그녀는 그다음에 무슨 일이 벌어졌는지 기억하지 못했지만 그들은 술을 수차례 더 마신 듯했다.

샬럿은 레니가 옆집으로 이사 온 뒤 일 년 정도 교제했다. 알코올 중독자인 그에게는 아들이 있었지만 부양 자격을 전처에게 뺏겨 아이를 보지 못하게 되면 자주 언쟁을 벌이며 스스로를 책망했다.

앞에서 본 것처럼 가정 폭력은 쉽게 일어날 수 있다. 심한 술버릇과 반사회적인 성향에 욱하는 성미가 결합하면 새로운 관계를 순식간에 잦은 말다툼으로 변질시킨다. 레니의 질투가 유독한 칵테일이되어 샬럿에게는 끔찍한 결과를, 레니에게는 죽음을 안겼다. 레니는샬럿이 바람을 핀다고 비난했으나 실상 자기가 바람을 피고 있었다."난 원하는 건 다 가질 수 있어." 여러 법정신의학 사례에서 보았던 전형적인 자기중심적 나르시시즘이 다시 등장했다.

얼마 못 가 레니는 단지 샬럿뿐 아니라 그녀의 가족들까지 쥐락펴락하려고 했다. 그는 샬럿의 친구들을 기생충이나 쓰레기라고 부르면서 언어 폭력을 가했다. 동시에 그는 여전히 주말마다 스윈든에 사는전 여친을 보러 갔고 그 여자가 샬럿에게 문자를 보내 그가 바람을피고 있다는 사실을 알렸다.

거의 모든 논쟁의 시발점은 레니의 질투심으로, 그녀가 집에 있을줄 예상했는데 없을 경우 질투가 극에 달했다. 그는 도수가 센 라거를밤마다 마셨고 최근 몇 달간 술버릇이 더욱 고약해졌다. 이것이 언어폭력을 가속화한 요인이다.

샬럿에 따르면 살인이 벌어지기 아홉 달 전부터 말싸움이 폭력으로 변했다고 했다. 그녀는 두렵기도 하고 치욕스러웠으나 관계를 끝내지 못했고 집에서 나가라는 말도 그는 거절했다. 더 많은 말다툼과구타가 있었고 마지막 폭력은 살인이 일어나기 일주일 전쯤이었다.

학대받은 여성이 학대한 남성 파트너를 살해하는 이유는 육체적인 구타에만 그치지 않는다. 안젤라 브라운의 저서 『구타당한 여성은 언제 살인을 저지르는가(원제: When Battered Women Kill)』[40]에서 이런 상황에 처한 여성은 학대의 정도가 극심해지면 피해자에서 가해자로 바뀔 뿐이라고 말한다. 법정신의학자 길 메지는 자신을 학대한 상대를 죽인 여성 사례 17건을 연이어 살피면서 대부분이 심각한 육체적·정신적·감정적·성적 학대를 경험했다는 사실을 찾아냈다. 성적 학대에는 여성의 외모나 체형에 대한 폄하, 피임 여부 제약, 불륜 의심, 매춘 강요, 협박과 폭력에 의한 동의 없는 성관계, 그리고 어느 사례에서는 강제로 개와 성행위를 하도록 유도했다.[41]

× × ×

시간이 얼마 없어서 난 파우더 밀크를 넣은 인스턴트 커피를 마시고 간호사와 교도관들과 함께 미술실에 들렀다. 여기서 가장 연약한 집단이 미술 치료사와 함께 수업을 받는다. 치료견인 나이 많은 래브라도 리트리버 퀴버가 테이블 아래서 졸고 있었다. 난 마스터키로 그곳을 나와 육중한 강철 안전문을 통과해 중앙 정원으로 걸어갔고 그곳에는 한 무리의 재소자들이 있었다.

할러웨이는 1852년에 지어진 건물로 단식 투쟁을 하던 여성 운동가들이 이곳에 수감되어 강제 급식을 받았고, 1955년 마지막으로 교수형을 당한 여성 재소자 루스 앨리스, 마이라 힌들리, 그리고 나의 이모 조지나도 머물다 갔다. 1970년대에 다시 지어져 지금은 5층 건물 높이로 비정형적인 직사각형이 삼면을 감싸고 있다. 주변을 따라 걸으며 아트 워크숍, 체육관, 수영장이 있는 활동관도 지났다. 점심 시간, 교대 시간, 그리고 한밤에 교도소는 완전히 봉쇄되기에 '거주 구역'(독방 여러 개 혹은 침상 네 개가 있는 도미토리, 30명의 재소자가 머물 수 있는 공간)마다 고작 한 명의 교도관이 있다. 내가 여러 개의 두터운 철문을 지나면 교도관이 내 뒤에서 문을 잠근다(벽에는 '잠그고 확인하자'라는 포스터가 붙어 있다). 마지막 문이 닫힐 때 내 왼손 약지가 끼였다. 고통을 느끼면서 손톱 밑바닥에 혈종이 생긴 걸 알았다.

검게 변한 손톱이 다시 자라기까지 6개월이 걸렸고 그 시간 동안 샬럿의 사례를 진행하면서 사법 절차 위에 올려놓았다.

그렇게 그날 밤 HMP 할러웨이를 떠났다.

교도소에서 감정 평가를 하고 집으로 돌아가는 길 대부분은 한 시간 이상 걸리지만 할러웨이는 비교적 가까이 있다. 한편으론 빠른 퇴근길이 좋기도 하고 다른 한편으로는 법정신의학 세계와 목욕을 하고 잠자리에서 아이들에게 동화책을 읽어주는 행복한 세상 사이의 분리 과정이 줄어드는 것 같아 아쉬웠다. 차나 자전거를 타고 음악, 라디오 뉴스를 듣거나 열차를 타는 경우 책을 주로 읽는다(가볍게 읽을 수 있는 비소설류나 종종 누아르 소설을 읽으며 살인을 휴식의 소재로 바꾸려 애쓴다). 나는 법정신의학 관련 자료가 내게 영향이 없는 척하지 않는다. 까다롭고 힘든 사례들을 동료들과 이야기하고 몇 년 뒤 연례 회의 때 술을 마시며 대화를 나누기도 한다. 가끔은 사건을 한쪽으로 치워두는데 그렇게 하지 않으면 당연히 너무 신경이 쓰이기 때문이다.

같은 분야 종사자가 아닌 사람들과 시간을 보내는 것도 좋아한다.

239

바깥 세상에 나가서 학창 시절 친구와 맥주를 마시며 밀린 이야기를 나누기도 한다. 많은 친구들이 런던을 떠났지만 한 친구, 브래드는 ITN 방송국에서 일하고 있다. 그는 주로 영화 시사회장이나 기자 회견장에 가 있는데 한번은 내가 중앙형사재판소에서 나와 세간의 이목을 끄는 사건의 판결을 기다리는 기자들에게 직진했는데 그중에 브래드가 있는 걸 보았다. 아주 다른 우리의 직업이 한자리에서 만나는 지점이었다.

× × ×

몇 주 뒤, 난 또 다른 정신과의에게 피고 측을 위해 보고서를 써달라고 요구했고 샬럿을 위한 정신과적 변론이 강화되길 기대했다. 검찰 측 전문가가 내게 두 번째 의견을 요청했다.

살인죄로 종신형을 받고 최소 복역 형량 15년을 받는다면 샬럿은 막내인 세 살 리암의 어린 시절을 통째로 함께할 수 없게 된다. 그것이 다음 세대에 어떤 영향을 미칠까? 어머니를 감금하면 아이 역시 피해를 입는다. 사촌 해나를 숨 막힐 것 같은 '보육원'에 데려다주면서 방문해봐서 너무 잘 알고 있다.

조지나 이모의 두 자녀가 죽은 뒤 셋째 해나의 안전과 안녕이 모두에게 제일 중요해졌고 그녀는 어머니와 함께 있을 수 없었다. 그러나 조지나 이모는 해나가 자기 근처의 보육원에 머물러야 자주 보러 갈 수 있다고 주장했다. 어쩌면 입양을 가는 편이 더 나을 것 같기도 했다. 정신이 온전치 못한 부모와 간헐적으로 만나면서 보육원에 산다는 건 쉽지 않은 일이다. 해나는 물리적으로는 안전했지만 그녀의 감정 발달에는 어떤 일이 벌어졌을까? 이 부분을 고려해야 한다는 걸 나중에 병원에서 젊은 여성들을 치료하면서 깨달았다.

× × ×

다시 샬럿을 만났다. 그녀는 의도치 않은 살인에 대해 유죄를 인정하지 않으며 과실 치사는 인정한다고 말했다. 검찰 측은 죽이려는 의도가 아니라 심각한 해를 입힐 의도인지 입증을 요구하기에 샬럿의 증거는 충분치 않았다.

그녀는 눈물을 글썽였으나 조금 다독이니 마침내 사건의 전말을 들을 수 있었다.

친구의 차를 타고 레니와 함께 술집을 나섰고 그들은 집에 도착했다. 아들 케빈이 텔레비전을 보고 있었고 주방의 넘쳐나는 쓰레기통 위로 텅 빈 후라이드 치킨 상자가 구겨져 박혀 있었다. 샬럿은 위층으로 가 섀런과 리암을 살폈다. 그런데 레니가 따라와 그녀를 때리고 머리끄댕이를 잡아당겼다.

고성이 오갔고 레니가 그녀의 얼굴에 침을 뱉으며 머리를 때렸다. "그는 제게 '쓰레기처럼 역겨운 년'이라고 했어요……. 제가 뭐하러 전 남친 제레미랑 이야기를 했겠어요?"

쉽게 예상할 수 있는 반사회적인 남성의 질투심으로 벌어진 사건일까? 알코올, 질투, 폭력과 같은 시나리오는 남성이 여성을 죽일 때 흔히 개입한다. 죽을 때까지 싸우고 남성이 거의 승리자가 된다.

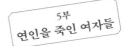

샬럿의 기억은 '살짝 흐렸'다. 그녀는 아이들의 침대로 가서 시트를 갈아주고 그 사이 레니는 계속 고함을 쳐댔다.

"전 우리 집에서 당장 꺼지라고 소리쳤지만 그가 거부했어요……. 그는 집 안에서 계속 절 따라다녔어요."

그녀는 그에게서 벗어나려고 아래층으로 내려갔고 전화를 걸어 도움을 청하거나 그를 집 밖으로 내보낼 생각이었다. 그런데 레니가 현관문을 막고 길을 비켜주지 않았고 그녀가 뒷문으로 가려 하자 복도를 막아 차단했다.

샬럿은 주방으로 돌아갔다고 했다. 식기 건조대에 커트러리와 주방용품이 있었다. 그녀는 눈물 바람으로 흐느꼈다. 그녀에게 티슈를 건넸지만 진술을 방해할 생각은 없었다.

"전 그냥 제일 먼저 눈에 띄는 걸 집었어요……. 긴 주방용 나이프였죠."

"제가 나이프를 들면 그가 가까이 오지 못할 거라고 생각했어요."

"정확히 어떤 상황이었는지 기억하려니 정말 힘드네요."

그녀는 문을 향해 뛰었으나 레니가 앞을 막았다.

"제가 바란 건 그저 집 밖으로 나가는 거였어요."

"레니가 제 쪽으로 다가오기 시작했어요."

"전 나이프를 휘둘렀어요……. 찌른 게 아니라요."

"전 그가 살짝 스친 거라 생각했어요."

그가 계속 다가오자 그녀는 나이프를 던져버리고 위층으로 올라갔다.

완전히 탈진했고 취기가 올라 모든 것이 흐릿했다. 침대에 앉아보니 머리카락이 한 움큼 빠졌다. 그녀는 담배를 피우러 아래층으로 내려왔고 레니가 '벽에 웅크린 채' 앉아 있는 걸 보았다.

술에 취하면 레니는 늘 그렇게 있기에 그녀는 뭔가 잘못되었다는 걸 곧바로 알아차리지 못했다. 마침내 그가 단순히 취한 게 아니라는 걸 알았을 때 섀런에게 구급차를 부르라고 소리쳤다.

"현실처럼 느껴지지 않았어요. 지금도 현실 같지 않아요……. 전 그가 죽었다는 게 아직도 믿기지 않아요."

그날 우리가 한 이야기는 여기까지다. 섀럿이 과호흡이 오기 시작해 인터뷰를 마무리했다. 교도관이 들어와 그녀를 안심시키고 감방으로 데려갔다. 나는 가방에 노트 뭉치를 집어넣고 서둘러 2시에 있을 판결을 들으러 우드 그린 형사 법원으로 갔다.

일반적인 주당 근무 시간이 반나절의 세션으로 나뉘어 있어 보통은 점심을 대충 해결하고 런던 이곳저곳을 누빈다. 할러웨이 구내식당에서 죄수들 틈에 끼어 먹는 바삭한 참치롤은 우드 그린 형사 법원의 암울한 자판기와 비교하면 미식 수준으로 근사하다.

당시 난 근무 시간 중 최소 네 곳 이상에서 일했다. 교도소, 병원, 진료소, 강의실, 전문가 증언석까지. 그러다 전화를 받았다. "여보세요, 피터예요." 피터 누구? 난 그렇게 생각했다. 감호 병동의 수간호사 피터일까, 아니면 루드게이트 힐의 첸 살인 사건팀의 피터일까? 홀번 경찰서에 근무하는 피터일까, 할러웨이의 관리팀 피터일까? 어쩌면 보일러를 고치러 온 배관공 피터일 수도 있다.

그렇게 짧은 시간 동안 한 사건에서 다른 사건으로 옮겨가는 데 익숙하다. 전날 밤에 사건 자료를 읽어야 하고 그러지 않으면 재판장 뒤

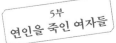

편에서 보고서를 속독해야 한다.

다른 분야의 의사들 대부분은 환자가 찾아오는 시스템이지만 불행하게도 법정신의학 환자들은 주로 구금되어 있기에 움직일 수가 없고 설사 그럴 수 있다고 해도 그들의 머리와 다리가 서로 다른 방향으로 나아가려 할 것이다.

×　×　×

이후 샬럿의 검찰 측에서 보낸 문서꾸러미가 도착했다. 증인 진술서에서 증인 저스틴 앳킨슨이 레니와 샬럿이 술집에 있었고 '꽤' 취했다고 확인해주었다.

또 다른 증인이자 샬럿의 이웃은 이후의 장면을 기억했다. "대략 밤 11시 45분 경이었어요⋯⋯. 전 여자의 큰 목소리와 다른 목소리를 들었어요⋯⋯. 그런 말이 오간 것 같았죠, '다신 날 때리지 마⋯⋯. 그랬다간 난 떠날 거야⋯⋯. 그가 날 때릴 거야⋯⋯. 이번에 난 떠날 거야'라고요."

이웃에 사는 도나 에드워즈는 이렇게 말했다. "새벽 12시 40분쯤 여자가 발작하듯 비명을 지르는 소리에 잠에서 깼어요⋯⋯. 뭐라고 소리 질렀고 누구한테 그러는 건지는 알 수 없었죠⋯⋯."

집 안의 유일한 목격자인 샬럿의 아들 케빈이 말했다. "제가 아래층으로 내려오니 레니 아저씨와 엄마가 그 자리에 있었어요⋯⋯. 엄마가 칼을 들고 있었고 아저씨가 엄마한테 말했어요. '날 찔러봐, 해보라고.' 그리고 칼이 쑥 들어가는 걸 봤어요⋯⋯. 피가 철철 흘러나

왔어요······."

경찰과 구급차가 도착했을 때 샬럿은 레니 앞에 무릎을 꿇고 있었다. 구급대원들이 심폐소생술을 하려고 했으나 이미 엄청난 출혈로 사망한 것이 분명했다. 바닥을 붉게 물들인 것도 모자라 여전히 굳지 않은 피가 주방을 미끄럽게 만들었다. 샬럿은 재빠르게 진술에 대한 주의를 받았고 살해 용의자로 체포되어 끌려갔다.

경찰에게 진술에 대한 주의를 받았을 때 그녀의 대답은 이랬다. "그는 괜찮죠, 그렇죠? 우리는 그냥 장난친 거예요······. 그를 다치게 할 생각은 아니었어요······. 그가 먼저 시작한 거예요."

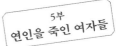

5부
연인을 죽인 여자들

18

가해자는 이따금
피해자였다

할러웨이 구치소에서의 첫날, 가혹한 '현타'를 맞이하는 초범들은 좀 더 빠르게 적응할 수 있도록 카펫이 깔린 바닥과 쿠션이 많은 가구를 배치한 방에서 보낸다. 그곳에서 나는 부드럽게 말을 거는 직원이 그들에게 차와 코코아를 타주는 걸 보았다.

이번 방문에는 열여덟 살 학생인 엠버를 보러 갔는데 하루 전 살인 '공모' 혐의로 들어왔다. 이 사건은 성적 학대자를 상대로 계획한 복수처럼 보이지만 엠머가 관여한 정도가 논쟁거리가 되었다. 기억할 것은, 법에는 우발적인 살인, 도발, 자기방어 조항이 있지만 복수는 항상 명백한 살해 혐의로 여겨진다.

순진하고 연약하고 전혀 세상 물정을 모르는 엠버는 야비하고 매력적이며 근사한 BMW를 모는 서른 살 그레고리의 꾀임에 넘어가 그의 집에 찾아갔다. 그는 말리부 칵테일로 그녀를 취하게 만든 다음 음란물을 보여주며 강간했다.

그녀는 그의 집으로 간 자신을 탓했고 일주일 동안 누구에게도 말하지 않다가 남자 친구 숀에게 마침내 이야기를 털어놓았다. 격분한 숀은 그녀를 설득해 강간범을 핀스버리 파크 끝자락 공중전화 부스 근처에서 만나자고 유인하라고 설득했고 그녀는 숀이 '주먹다짐'을 하거나 '본때를 보여줄' 거라고 생각했다. 그런데 그레고리가 도착했을 때 숀과 친구 한 명이 야구 배트를 들고 다가왔다.

"전 남자 친구가 야구 배트로 공격할 거라곤 생각도 못 했어요. 전혀 몰랐어요……."

금속 배트 하나와 나무 배트 하나로 죽을 때까지 얻어맞은 그레고리는 피해자가 되었고 엠버는 공범이 되었다.

그녀는 강간에 대한 극심한 스트레스 반응으로 PTSD(거슬리는 기억·플래시백, 과잉 각성, 회피)를 겪은 걸까? 그럴 수도 있으나 그레고리 폭행 모의를 할 때 그녀는 '심각한 상해'를 입힐지도 모른다는 위험성을 파악했다. 검찰 측이 그녀가 '살인 가담자'라는 걸 입증한다면 한 대도 때리지 않았다고 해도 살인죄를 받을 가능성이 크다. 결국 정신과적 증거는 필요치 않았다. 검찰 측 전문가가 답변을 받아들인 게 분명했다.

브렌트 깁슨. 살인, 종신형, 최소 복역 형량 12년.

숀 엘리엇. 살인, 종신형, 최소 복역 형량 14년.

엠버 도슨. 실질적 상해를 일으킨 주동자, 징역 2년 6개월.

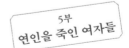

× × ×

이 시기 우리 집 첫째가 유치원에 들어갔고 난 오후 여섯 시면 아이를 데리러 가야 했다. 가능한 좀 일찍 가서 같이 바닥에 앉아 나무 기차 세트를 가지고 놀고 동화책을 읽거나 텔레비전을 보았다.

어느 저녁 할러웨이에서 퇴근한 뒤 재소자들에 대한 생각을 접어 두고 아들의 기저귀를 갈고 있는데 주머니에서 동전 한두 개가 흘러 아이 옆 매트에 떨어졌다. 10펜스 동전과 작은 5펜스 동전이었다.

아이가 행복하게 킥킥거리며 동전을 잡으려고 손을 뻗는데 어느 순간 5펜스 동전이 보이지 않는다는 걸 알았다. 당황하지 않으려고 애쓰며 아이의 입 속을 살폈지만 아무것도 없었다. 동전이 후두에 걸린 걸까? 아이가 침을 조금 흘리는 걸 확인했다.

소아과 수련의로 있었던 경험을 바탕으로 아이가 질식할지도 모른다는 생각에 겁이 났다. 황급히 아이를 데리고 휘팅턴 응급실로 갔고 초진 간호사는 호의적이었다. 그녀는 내게 내과의가 와서 봐줄 때까지 기다리라고 한 뒤 목 측면 엑스레이를 찍는 데 동의했고 난 내 생각이 확실한지 혹은 상황이 더 끔찍한지 알아내고 싶었다. 후자일 경우 아이는 후두경술을 받아야 할 수도 있었다.

난 당황하지 않으려고 노력했고 언제고 호흡 정지가 올 수 있다고 확신했다. 의대생 때 바로 그 응급실 부서에서 일했었다. 난 소심하게 응급실 의사 중 한 명에게 다가가 국민건강보험 고문 의사 신분증을 번쩍이며 이 곤란한 상황에 대해 설명했다. 그녀는 흔쾌히 엑스레이 요청 서식에 서명해주어 내가 더 불안에 시달리지 않도록 시간을 아껴주었고 우리는 엑스레이 부서 앞에 가서 대기했다.

방사선 촬영기사를 기다리며 복도를 쳐다보던 중 바퀴 달린 들것이 시선을 잡아끌었다. 어린 여성 환자가 수갑을 차고 있었다. 가까이 다가가니 그녀는 할러웨이 수감자로 남성 교도관에게 호송을 받고 있었다. 당사자는 침착해 보였지만 난 그녀가 수갑을 찬 채로 대중이 다 보는 곳에서 병원 들것에 올라 호송을 받고 있다는 사실이 불편했다.

불과 몇 년 전, 여성 재소자가 수갑을 찬 채로 침대에서 출산한 사례가 맹렬한 논쟁을 불러일으켰다. '환자에게 수갑을 채우지 말라'는 사설이 〈영국 의학 저널〉에 실렸다.[42] 과열된 반응이 날아들었지만 재소자들을 다루는 의사들은 의료 행위는 수갑을 찬 상태로도 가능하다고 지적하면서 죄수가 탈옥하거나 폭력 행위를 보일 위험성이 높기 때문이라고 말했다. 핵심 이슈는 훌륭한 의료 서비스는 경호 체계가 불필요한 경우 중단할 수 있어야 하고 동시에 환자의 사생활과 존엄성을 최대한 지켜주어야 한다는 점이다.

잠시 부모로서의 불안에서 벗어나 윤리적 딜레마에 빠져 항의할 뻔했으나 이내 생각을 고쳐먹었다. 가끔은 그냥 놔둬야 해, 여전히 마음이 무거웠지만 그렇게 생각했다.

엑스레이에서 동전은 발견되지 않았고 난 행복하게 웃는 아이를 데리고 집으로 돌아왔다. 이 급박했던 병원 여정이 어쩌면 아이의 즐거움을 위한 것이었는지도 모른다는 생각이 들었다. 쓸쓸한 사실은 가족의 위기 한가운데서도 난 불운한 우연에 의해 교도소 세상을 떠올렸다는 것이다.

5부
연인을 죽인 여자들

× × ×

       그 주 후반에 샬럿의 검찰 측 추가 자료가 도착했고 침실 겸 서재에 있는 책상에서 봉투를 뜯어보았다.

옆 방에서 아들 둘이 이층 침대에 자고 있다는 걸 염두에 두고 CD 플레이어에서 〈더 미스에듀케이션 오브 로렌 힐〉을 낮게 틀어두고 커피를 한 모금 마시고 현장과 부검 사진을 재빨리 넘겨보았다.

첫 번째 사진들은 집 외관, 옆 골목, 현관이 담겼다. 집 안에서 주방을 찍은 사진들은 급하게 뜯은 살균 팩과 거즈 덩어리를 보여주었다. 바닥은 피로 흥건했고 구급대원이 레니의 피에 미끄러졌다.

레니는 근육질이지만 말라서 수퍼라이트급 복서 느낌을 풍겼다. 팔에 문신을 했고 바지를 입고 팔찌를 찼지만 셔츠는 입지 않았다. 두 대의 갈비 사이에 1인치가 채 안 되는 가로줄이 깔끔하게 그어져 있고 위로 2인치 정도, 왼쪽 젖꼭지 바로 안쪽에도 상처가 있었다. 상처는 가운데가 살짝 벌어져 가장자리에 뭉친 피와 중간의 피얼룩진 노란 지방질 조직이 선명했다. 다른 사진에서 가로로 난 상처를 잘 볼 수 있었다. 외부 가슴 상처보다 살짝 짧고 심장 좌심실의 두꺼운 근육벽을 곧바로 관통했다.

거의 완벽했다. 누군가를 칼 한 번으로 찔러 죽일 계획이라면 이보다 더 치명적인 부위는 없다.

폭스 박사가 쓴 부검 보고서에는 이렇게 적혀 있었다. '가슴 왼쪽 앞쪽에 한 곳 찔린 상처가 있고…… 상처는 왼쪽 가슴에서 앞에서 뒤쪽으로 관통했고 날카롭게 뒤로 들어가고 살짝 안으로…… 곧바로 쓰러지진 않은 것 같으며…… 피해자는 치명적인 상처의 고통을 느낄 수 있을 정도의 육체적인 움직임이 가능했던 걸로 보인다.' 이 부분은 샬럿의 설명을 입증해준다. '……직접적인 대치에서 상처의 방향은 칼이 살인자의 오른손에 있었기에 칼날이 엄지와 검지 사이에서 나왔으리라 추정되며…… 망자의 손이나 팔에 방어한 상처는 전혀 찾아볼 수 없다.'

× × ×

여성 파트너에게 목숨을 빼앗긴 레니의 운명은 상당히 드문 경우다. 2019년 영국 통계에 따르면 파트너나 전 파트너에 의해 살해당하는 남성 사망자는 오직 8퍼센트다. 대부분의 남성이 낯선 사람 혹은 지인과의 싸움이나 강도를 당하거나 약물 혹은 갱단과 관련된 폭력으로 사망한다.

애인을 살해하는 여성이 피해자로부터 학대를 당해왔다는 사실은 흔하게 나타나는 공통점이다. 이런 사례의 경우 학대받은 여성이 학대자와 죽을 때까지 싸우는 경우가 만연하다. ('둘 중 하나는 죽어야 끝나는 거야.') 갑작스런 분노의 순간에 치명적인 한 방이 찾아온다.

그렇다면 샬럿의 학대 관계는 어떻게 끝내야 했을까? 왜 그녀는 벗어날 수 없었을까? 어떻게 학대자를 죽였을까?

레니의 행동이 얼마나 혐오스러운지 간에 복수로 사람을 죽이는 건 법에 의해 살인으로 지정되어 있다. 자기방어를 주장하는 건 희박한 가능성처럼 보이지만 샬럿이 과연 종신형을 피할 수 있을까?

251

인터뷰에서 그녀는 아주 어릴 적 친부가 가족을 버렸다고 알려줬다. 어머니 패트리샤는 양아버지 커티스와 재혼했고 그녀는 어린 시절부터 그에게 신체적 학대를 당한 걸 기억하고 있었다.

커티스는 샬럿의 어머니에게도 폭력적이었고 너무 자주 그런 일이 생겨 패트리샤는 파트너로부터 샬럿을 보호하려고 애썼다.

샬럿의 학교생활도 원만하지 않았다. 열네 살부터 술을 자주 마시던 그녀는 열다섯에 퇴학을 당하고 다시는 공부를 하지 못했다. 십 대 시절 자해를 해 손목을 긋고 약물도 과다 복용했다. 정신과 의사와 만났을 때 그녀는 자살 위험 때문에 단기로 병원에 입원하라는 제안을 받았다.

그녀가 처음 제대로 만난 상대는 러셀이었다. 십 대 후반에 그를 만났지만 두 사람은 그녀가 이십 대 초반에 헤어졌다. 러셀은 술을 마시고 자주 폭력을 행사했다.

러셀이 떠난 뒤 그녀는 마찬가지로 폭력적인 남성 너대니얼을 만났다. 그는 그녀의 눈을 멍투성이로 만들었다. 그다음 만난 빌리 역시 주정뱅이였다. 그가 심각한 알코올 문제를 겪고 있기에 사회복지과에서 그가 어린이들과 어떤 접촉도 할 수 없게 막았다.

한편 샬럿 자신의 알코올 의존도 역시 높아졌다. 아침부터 술을 마시기 시작해 몸이 떨릴 정도에서야 멈추는 그녀는 재활시설로 들어갔고 감시하에 자녀를 함께 데려갈 수 있었고 다른 아이들은 임시 위탁 시설에 맡겨졌다.

그녀는 가까스로 정신을 차렸고 그 상태를 18개월간 유지했다. ……그러다 레니를 만났다.

×××

　　샬럿은 경계성 인격 장애 진단을 받았다. 할러웨이에
서는 흔하게 볼 수 있는 질환이다. 불안한 연인 관계, 충동성, 반복되
는 자살 행동, 위협 혹은 자해 행위, 불안정한 정서(기분)가 동반된다.
경계성 인격 장애는 어린 시절 심각한 학대를 받은 뒤에 발병하는 경
우가 대다수다.

　　경계성 인격 장애 환자는 종종 정신과 진료에서 거절을 당하거나
'치료할 수 없는' 상태로 분류된다(지금은 치료가 한층 더 보편화되었
다). 도움을 주려고 노력하는 일도 힘들다. 그들은 불행히도 모순되는
반응을 보이는 데 선수라 가끔은 치료사들도 환자가 잘못된 방향으
로 악화되는 걸 보면서 다른 도움을 받도록 하는 게 낫다고 생각해
거절하기도 한다.

　　다시 말하면 방치(어머니가 자녀를 학대로부터 보호하지 못한 상태)
되거나 성적 학대(예를 들면 변태 새아빠)를 당한 환자는 나중에 커서
모든 사람들이 항상 그들을 실망시키거나 이용할 뿐이라고 확신한다.
그래서 타인에게 최악의 반응을 불러오는 방식으로 행동하는데 이런
아이러니로 비관적인 기대를 충족시킨다.

　　법정신의학자로서 이런 충동성을 이해하는 것이 중요하다. 환자가
날 짜증나고 지치고 화나게 만들면 무작정 거기에 반응하지 않고 내
게 뭘 말하려는 것인지 파악해야 한다.

　　치료사가 경계성 인격 장애 환자를 치료하면서 약속 시간에 늦는
다거나 면담을 취소하거나 휴가를 가버리면 환자는 재앙과 같은 생

253

각에 빠져 자해 재발이 일어날 수 있다. 이 집단을 치료하려면 예상치 못한 상황에 적응하지 못하는 그들을 위해 꾸준하고 안정적인 모습을 보여야 한다.

인지 행동 치료, 유대 형성이나 문제에 대한 이해(분노, 자해, 불법 약물 중독 등)가 치료사와 환자 사이에서 발전한다. 인지 행동 치료는 고도로 체계화되어 있어 정신 상태나 행동의 변화를 만드는 데 초점을 두면 된다.

경계성 인격 장애의 효과적인 치료법은 정신과 의사 앤서니 베이트먼과 피터 포나기가 개발한 정신적 요인을 이해하는 데 기반을 둔 치료법이다.[43] 공격성과 감정적 위기와 같은 증상을 상징적·역동적인 의미를 전달하는 것으로 보며 환자가 고통스러운 정신 상태로 빠지는 역효과를 낳는 것을 이해한다. 정신적 요인을 해석하는 데 기반을 둔 치료로 진화론, 심리학, 신경과학, 정신요법을 통합해 애착 이론으로 보강한다.

부모에 대한 불안한 애착은 개인이 자기를 반영하는 능력에 장애를 가져오고 욕구, 의도, 타인에 대한 믿음을 이해하는 능력을 손상시킨다. 이 이론의 지지자들은 신경과학에 토대를 두고 있다고 주장하며 열악한 인생 초기의 애착이 전전두엽피질(진화론적 용어로 사회적인 뇌로 기획, 작업, 기억, 기대를 담당한다)과 후두엽 피질(한층 원시적인 뇌의 부분으로 경계, 싸움 혹은 도피, 선택적 주의와 연관 있다)을 과도하게 사용하도록 만든다. 트라우마는 정신 작용이나 반영 능력을 불안정하게 만드는 잠재적인 요인으로 자제력을 잃어버리게 만든다. 불안정한 감정 상태, 폭력 혹은 충동적인 행동 '실행'이 일어날 수 있다.

치료사를 만나는 목적은 애착 시스템을 조심스럽게 활성화시키고 호기심을 자극하여 어떤 감정적 단절을 '적절'하게 함으로써 환자가 다시 '후방 피질' 모드로 돌아가게 자극받거나 감정에 압도된 상태에 놓이게 하지 않아야 한다.

이 모든 것이 다 이해할 수 없는 말들로 들린다는 걸 알고 있다. 실습 과정을 마친 나 또한 그러하다. 하지만 모든 치료사들은 경계성 인격 장애에 꾸준히 측정 가능한 기법을 활용하는 반복 가능한 치료법을 제공하기 위해 노력하고 있다.

법정신의학에서 심리적 치료를 논의할 때 정신분석 치료법을 언급하지 않고는 불가능하다. 덜 쓰는 용어긴 하지만 주로 정신 역학 치료법이라고도 부른다.

정신과 의사나 심리학자가 무의식을 믿는지 의구심이 들 수도 있다. 난 믿는 쪽이다. 영국 정신의학은 어느 정도는 믿는 쪽(그래서 정신 역학 사상에 개방적인)과 아닌 쪽으로 나뉜다.

정신 역학 요법은 자아의 측면을 탐구하는 치료법으로 알려졌다(정신분석가 스티븐 그로스의 저서 『때로는 나도 미치고 싶다(The Examined Life)』를 참고하라[44]). 환자의 감정에 중점을 두고 되풀이되는 자기 패배 패턴, 초창기 애착 모델과 같은 과거의 경험, 치료사와의 관계가 환자가 실제 인생에서 다른 사람들과 관계 맺는 방식을 이해할 수 있도록 어떻게 돕는지 살핀다.[45]

극도의 정신 역학 요법은 치료 관계에서 무슨 일이 일어나는지 해석하는 방식이라 많은 법정신의학 환자들에게는 아주 힘들 수도 있다.

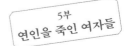

그러나 정신 역학적 접근법을 잘 살펴보면 상당히 유용할 수도 있다. 치료를 위해 '자기 분야'가 아닌 치료 방법을 선택하게 되더라도 말이다.

× × ×

정신의학과 이전, 응급실에서 근무할 때 난 응급실 일부 직원의 가혹한 태도를 알아차렸다. 예를 들어, 약물 과용에 대해선 두 가지 주요한 초기 치료 방식이 있다. 위세척(엘튼 존이 〈로켓맨〉 영화에서 한 것처럼)이 가장 효과적이나 꽤 힘들고 간호 인력의 노동이 필요하다. 다른 하나는 토근을 복용하는 방식인데 효과는 덜하고 심한 고통과 비자발적인 구토가 동반된다.

낮에는 상급 직원들이 있어 위세척을 선호한다. 그렇지만 밤 근무 중에는 자해 환자에 대한 부정적인 반응을 드러내는 경우가 많고 약물 과다 복용 사례에 반복적으로 발작적인 구토 치료를 처방하는 걸 보았다. 간호사들이 위세척 과정이라는 불쾌함을 피하는 동시에 스스로 만든 절망에 빠진 환자를 의도적으로 처벌하는 행동으로 보이기도 했다.

샬럿과 같이 경계성 인격 장애를 겪고 자해와 자살 생각을 되풀이하는 사람에게 우리는 자신을 소중히 하라고 말할 수 있을까? 중요한 요인으로 작용하는 한 가지는 선택한 자살 방법의 치명성에 달려 있다. 자살에는 종종 심각한 양면성이 있어 잦은 다음 날의 후회 혹은 '회심'이 요인이 된다. 환자가 약물 과다 복용을 했다면 선택한 약물에 따라 위세척을 하면 살 가능성이 커지고 해독제를 주입할 수 있다. 이러한 자살 시도는 죽음을 원한다기보다 도와달라는 신호일 가능성이 높다.

그러나 급속하게 죽음에 이르는 방식을 선택한 경우, 다른 생각을 할 겨를이 없다. 교도소에서 가장 쉬운 접근 방식이 목을 매는 것인데 끈이나 레이스 혹은 벨트만 있으면 된다. 이런 경우 급속도로 무의식에 빠지고 심장이 미주 신경 자극을 늦추고 목이 졸려 질식하게 된다. 할러웨이에서 목 매는 일은 아주 흔해 모든 교도관이 낚시 칼을 가지고 있다. 플라스틱 케이스 안에 칼날이 달려 있는데 목을 맨 재소자의 줄을 재빨리 자르는 용도다.

슬프게도 난 자살의 양면성에 대해 너무 잘 알고 있다. 기억하기에는 이른 나이지만 조지나 이모의 영아 살해 여파와 함께 데이비드가 사산되면서 할머니 캐서린이 우울증에 빠졌다는 이야기를 들었다. 사회적 오명과 조지나 이모의 정신병이 조부모에게 큰 고통을 가져다주었고 설상가상으로 할머니는 유방암이 발병했다. 너무 벅차다고 말하기 시작했고 상황이 극도로 나빠졌을 때 자신의 머리를 석탄 가스 오븐에 넣어달라고 부탁했다.

이런 가족사가 정신과 의사가 되겠다는 결정에 도움을 주었다. 가족 중 자살한 사람이 없거나 의사로서 다루어본 사례가 없다면 젊은 정신과 의사는 자살을 예상하지 못한다. 대략 5명의 정신 질환 환자가 잉글랜드와 웨일스에서 매일 목숨을 끊는다는 통계에도 말이다. 또한 '크라이 울프' 증후군(양치기 소년 우화처럼 상습적인 거짓말 때문에 정작 필요할 때 도움을 받지 못하는 현상)이 있다. 모든 수련의는

257

응급실에서 최소한의 약물이나 칼을 사용한 치명적이지 않은 자해를 보다가 진짜로 자살이 일어나면 마치 뺨을 맞은 것처럼 얼이 빠진다.

수련 중인 정신과의가 내 지도하에 할러웨이로 경험을 쌓으러 왔을 때 난 그들에게 자살 시도 재소자 중 정신과 진료를 보낼 사람을 뽑으라고 권장했다.

열정이 넘치지만 자신감이 과도한 수련의가 심각한 자해를 일삼고 경계성 인격 장애를 앓던 젊은 여성 아리아나를 살폈다. 공공질서를 어지럽힌 죄로 재판을 기다리면서 그녀는 한두 주 정도만 구치소에 있었다. 아리아나는 자신을 담당한 정신과 의사의 경험 부족을 지적했다. "당신은 확실히 이 분야에 미숙하군요……. 당신은 너무 어려요. 그 사실을 부정하지 말아요."

수련의는 그녀가 자살에 대해 살짝 양면적인 태도를 보인다고 기록했지만 그녀가 다시 자기 인생을 끝내려고 할 거라고도 적었다.

"언제 끝내고 싶어요?"

"모르죠……. 그럼 감옥에서 나갈 수 있으니까요. 내 일부는 죽고 싶어 하고 내 일부는 살고 싶어 해요……. 일자리로 다시 돌아갈 수 있다면 경찰과 다투고 스스로에게 칼질하고 목을 매는 것 같은 바보 같은 행동을 하지 않을 거예요……."

그는 이론적으로 어떤 약이 잘 들을지 알려주었지만 어느 것도 처방하지 않았다. 그는 그녀를 브리스틀에 있는 지역 정신 병원으로 보내지 않기로 결정했다. 그녀가 병원으로 이송될 정도도 아니고 어쨌든 곧 구치소에서 나가게 되니 원한다면 자유롭게 도움을 찾을 거라고 생각했다.

풀려난 지 얼마 지나지 않아 그녀는 클리프턴 현수교에서 에어번 협곡으로 뛰어내려 두 번의 기회가 없는 명백한 자살 방법을 택했다.

그녀를 마지막으로 인터뷰한 수련의가 날 찾아왔을 때 그는 앞으로 법원에서 증인석에 앉아 자신의 결정을 울고 있는 가족들에게 설명해주어야 한다는 걸 깨닫고는 얼굴이 종잇장처럼 창백해졌다. 이런 류의 경험이 법정신의학자를 만들어간다.

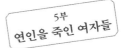

19

매 맞는
아내 증후군

애인이나 배우자에게 학대를 당하는 여성들은 여전히 중요한 논쟁의 주제다. 여성들은 자신을 손안에서 조종하려고 하는 남성들의 주된 피해자였다. 재정적 자립, 보복에 대한 두려움, 자식과 연락이 끊어질까봐, 심지어 '명예' 살인에 대한 두려움 등을 이유로 애인이나 배우자를 떠나지 못하는 경우도 있다.

무력감을 습득한 모델이 이를 설명해준다. 실험실의 쥐에게 탈출구를 주지 않고 반복적으로 고통스러운 자극에 노출시킨 뒤 살펴보니 무감각, 수동적, 동기 결여 증상을 보였다. 학대 관계에서 도망칠 방법이 없다는 걸 알고 있는 매 맞는 여성도 이와 같은 방식으로 반응할까? 그녀의 무력감, 절망, 낮은 자존감과 수동적인 자세를 설명해줄까?

'매 맞는 아내 증후군'은 친밀한 관계에서 폭력에 노출된 여성들에게서 볼 수 있는 특징을 망라하고 있다. 우울증과 무기력은 학대 상황에서 도망치는 능력을 떨어뜨린다. 하지만 이렇게 단순한 문제일까? 미국 정치학 교수인 도널드 다운스가 매 맞는 아내 증후군에 관해 쓴 책에서 그는 여성들이 '학대 대상을 생존을 지켜주는 영웅으로 인지하는 자세를 취한다. 매 맞는 여성을 그저 비이성적이고 나약하다고 여기는 건 합당한 자기방어에 대한 주장을 잠식하고 여성에게 전반적으로 더 큰 상처를 주는 행위다'[46]라고 말한다.

어떤 이들은 반복적인 학대 경험에도 불구하고 여성이 폭력적인 관계에 붙잡혀 헌신한다고 주장한다.

예술과 문학 속에서 독재자 남성에게 맞서 싸운 여성은 동정과 비난의 대상 양자로 묘사되고 있다. 아시리아인 장군 홀로페우스의 머리를 벤 유디트의 신화는 강자에 대한 약자의 승리, 압제자를 극복하는 여성의 힘, 외세의 위협에 맞서는 피렌체 대중들을 풍자했다.[47] 그러나 살인을 저지른 다른 여성 캐릭터는 다른 반응을 얻었다. 토마스 하디의 『테스』를 살펴보자. 냉소적이고 사람을 조종하는 데 능한 나이 많은 남자 알렉에게 강간당한 피해자 테스의 인생은 비극의 길을 따라 짝사랑, 원치 않는 임신, 그리고 아이의 죽음으로 이어진다.

이야기 마지막에 테스는 알렉이 자신의 인생을 망쳤다는 사실을 깨닫고 그를 죽인다. 실제 살인의 순간은 묘사되지 않았지만 하인이 알렉의 시신을 발견하고 '상처가 작았지만 칼날 끝이 피해자의 심장에 닿았다'고 설명하는 걸로 봐서 샬럿이 레니에게 가한 폭행과 상당

261

히 비슷하다. 마찬가지로 알렉에게 수모를 당해온 테스의 삶을 드러내는 장면이기도 하다.[48] 이 빅토리아 시대 서사가 암시하는 한 가지는 분명하다. 여성에게 행복이란 안정적이고 행복한 결혼을 통해 얻어지는 것이라는 점이다. 그러나 하디는 빅토리아 사회의 관습 위에 사랑을 올려서는 안 된다고 제안한다. 그는 분명 독자들이 테스에게 동정심을 느끼길 바랐고 심지어 그녀의 살인이 정당하다고 느끼게 만들었지만 그녀가 탈출하도록 내버려두지 않았다. 판결은 살인이었고 그녀는 교수형에 처해졌다.

21세기인 지금 샬럿은 어떨까? 그녀의 사건은 법원에서 어떻게 판결이 날까? 종신형을 받을까, 무죄로 풀려날까, 혹은 그 중간일까? 샬럿의 진단명은 우울증, 알코올 중독, 경계성 인격 장애, 매 맞는 아내 증후군이다.

미국 등 다른 나라에서는 3급 과실 치사와 같은 대안이 가능하다. 다시 말해, 검찰의 자유 재량이라 볼 수 있다. 그러나 영국에서 샬럿은 변론을 하지 않는 한 살인자가 되어 종신형을 받을 판국이다. 학대 이력 자체만으로는 불충분하지만 어쩌면 정당방위가 선언될 '한 가닥'의 가능성도 있다.

매 맞는 여성 살인범에 관한 설문조사는 전 세계에 다양한 조항이 있음을 알려주었다. 호주의 경우 '사회 체계적 증거'를 정당방위의 맥락으로 활용할 수 있다. 미국에서는 가정 폭력을 살필 때 정당방위와 관련해 '합당성'을 평가하고 가해자가 '죽음이나 부상의 위험'을 느꼈다는 '진실한 믿음'이 영향을 줄 수 있다.

이 점이 샬럿에게 어떻게 적용될지는 쉽게 알 수 있는데 그녀는 레니가 다시 자신을 때릴 거라는 '진실한 믿음'을 분명 가지고 있었다. 그러나 나이프를 사용한 건 '합당한 폭력'일까? 인도에서는 '서서히 타오르는 분노' 도발을 인정하고 있다. 폴란드에서는 학대 이력이 도발, 정신 이상 혹은 '특별 감형'의 사유가 될 수 있으며 브라질의 경우 형량 선고가 자유 재량에 달려 있고 가정 폭력과 같은 '사회적·도덕적 가치에 의한 이유'로 형량을 줄일 수 있도록 허락한다. 일본과 스페인의 경우 감형은 규범이고 뉴 사우스 웨일스에선 구속 대신 벌금형이 적용된다.

영국에서 매 맞는 여성이 학대하는 애인이나 배우자를 죽인 경우, 정당방위를 주장하기 어렵지만 받아들여질 경우 무죄 방면이 된다. 아무튼 유일한 목격자인 케빈은 샬럿이 레니를 칼로 찌른 순간이 레니가 실제로 그녀를 때릴 때가 아닌 욕을 한 뒤라고 알려주고 있기에 합당한 폭력이라고 배심원을 설득하기는 어려울 것이다. 하지만 매 맞는 여성의 사례에서 '도발'에 대한 판례법은 복잡하고 변화무쌍하다. 변론(살인에서 과실 치사로)이 성립하려면 '숨진 사람이 한 말이나 행동'이 도발을 일으킬 만해야 하며 샬럿이 갑작스럽고 일시적으로 '자제력 상실'을 한 상태여야 한다.

1990년대 말 다양한 범죄 사례들은 학대받는 여성들이 천천히 끓어오르는 도발을 품고 있기에 법적 정의에서 '갑작스러운' 자제력 상실에 부합하지 않는다고 알려준다. 부부 싸움 중 갑자기 남성이 상대를 죽이는 건 그들이 강하기 때문이다. 그러나 지속적으로 학대를 당한 여성은 자신의 학대자에게 힘으로 압도할 수 없고 샬럿의 경우처럼 운 좋게 칼을 심장에 꽂지 않는 한 복수는 불가능하다. 따라서 학

5부
연인을 죽인 여자들

대받은 여성은 누적된 자제력 상실을 겪는다. 순간적인 복수가 아니라 천천히 끓어오르는 자제력 상실인 셈이다.

× × ×

운 좋게도 난 법정신의학 분야에서 처음 일할 때 이런 사례를 경험했다. 의료계의 오랜 속담처럼 '하나를 보고, 하나를 하고, 하나를 배우고'가 적용되는 경우였다. 1996년 시드니 맨리 병원 동관 정신과 병동에서 6개월 교환 업무를 막 마친 참이었다. 런던 생활에 다시 적응하는 중이었고 벌써 셸리 비치의 흰 모래와 퇴근 후 노던 비치에서 수영하던 때가 그리웠다.

내 상관은 법정신의학계의 선구자인 짐 맥키스 박사였다. 수년간 많은 동료들의 스승이자 사려 깊고 열정 넘치는 정신과 의사였던 맥키스 박사는 전직 아이슬란드 경찰인 기실리 구니혼손과 함께 자백 철회 및 오심 판단 전문가로 활약했다. 1970년대에는 자백만으로도 살인 유죄 확정이 가능했다. 경찰에 '자백'하는 일은 엄청난 심리적 압박에서 이루어져 나중에 자백을 철회해도 유죄 확정과 종신형이 이어졌다.[49] 짐과 기실리는 인권 변호사 게레스 퍼스와 함께 일하며 힘든 일을 해나갔고 오심을 낸 법정을 설득하는 작업을 했는데 당시 중앙형사재판소는 정신과 전문가의 증거에 상당히 회의적이었다.

철회한 자백에 대한 이들의 작업은 영향력이 상당했고 1984년 모든 용의자 인터뷰에서 음성 녹음을 의무화하도록 법이 개정되었다. 용의자의 법정 진술을 개선하는 조항이 생겼고 형 선고 전 구금에도 제약이 걸렸다. 1996년 난 옥스퍼드 형사 법원을 돌아다니며 남편 맬컴 손턴을 살해한 죄로 유죄를 받았던 새라 손턴의 재심에 참석했다.

맬컴은 술주정뱅이로 새라에게 반복적으로 욕설과 위협을 가했다. 한 번 이상 경찰이 출동했고 맬컴은 모욕죄를 인정받았다. 1989년 6월 14일, 술에 취한 그는 새라가 집에 왔을 때 그녀를 창녀라고 부르며 그녀와 딸 피오나를 자고 있을 때 죽이겠다고 협박했다. 생명의 두려움을 느낀 그녀가 나이프를 집어 들었다. 그녀는 그가 술이 깨길 바랐지만 위협이 계속되자 그를 한 번 찌른 뒤 구급차를 불렀다.

검찰 측은 새라가 병적인 거짓말쟁이고 돈을 노린 살인이므로 정신과적인 변론은 적용되지 않는다고 주장했다. 그 재판에는 관례에 따라 네 명의 정신과 의사가 참석했고 이들은 의견 차이를 보였다. 1996년 5월 29일 금요일, 새라 손턴은 배심원에게 무죄 판결을 받았다. 그들은 그녀를 과실 치사로 판정했지만 도발이었는지 심신 미약인지 혹은 이 두 가지가 다 섞였다고 보았는지는 구체적으로 밝히지 않았다(이 사례에서 진단명은 경계성 인격 장애다).

그녀는 이미 5년을 복역했기에 판사는 기존의 형량을 그녀가 이미 채웠다며 재판장에서 바로 방면했다.

살짝 얼버무린 것 같다고 생각할 수도 있지만 당시 재판에서는 '천천히 끓어오르는 분노'를 인정하지 않았고 당연히 그것은 복수와 너무 근접했기에 선례가 되어서는 안 되었다.

이 전형적인 표본과 더불어 또 하나의 본보기는 남편을 불태워 죽여 전 세계적으로 이목을 집중시킨 키란짓 알루왈리아의 사례다.

키란짓은 십 년간 가정 학대를 겪었고 여기에는 신체적인 폭력, 굶

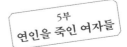

5부
연인을 죽인 여자들

주림, 강간까지 포함됐다. 1989년 봄 어느 날 밤 남편이 그녀가 도망치지 못하도록 발목을 부러뜨리고 뜨거운 다리미로 얼굴을 지졌다. 그날 밤늦게 그가 자고 있을 때 그녀는 침대에 석유를 뿌린 다음 남편에게 불을 붙였다.

키란짓은 1989년 12월에 살인죄를 선고받았다. 재판 당시 그녀가 남편이 자러 갈 때까지 기다렸다는 점이 그녀가 정신을 '진정시키고' 자기 행동에 무게를 실은 증거가 되었다. 다시 말해 그녀의 행동을 갑작스럽고 일시적인 자제력 상실이 아닌 복수로 보았던 것이다.

키란짓의 살인 유죄 판결은 한정 책임 능력을 토대로 1992년 뒤집혔지만 천천히 끓어오르는 분노에 따른 도발은 인정되지 않았다.

× × ×

학대받은 피해자의 상태에 관해서는 논란의 여지가 많다. 피해자는 스스로를 인식하기보다는 그저 피해자 역할을 하고 무의식적으로 관계에 참여하지만 대항할 수 있다는 감각을 부정한다.

평생 페미니스트로 살면서 현대 여성 쉼터 운동의 주창자인 에린 피지는 여성 피해자와 남성 가해자 사이의 정돈된 구획을 받아들이는 걸 경계하며 폭력적인 관계에서 여성이 파트너를 살해하는 것 외에 다른 대안을 선택할 수 있다고 말했다. 의존적이고 공격적이고 가학 피학적인 요소가 두 파트너 사이에 역동적으로 움직인다고 주장했다.

애인이나 남편을 죽인 여성들 모두가 피해자는 아니다. 내가 수련의를 마칠 당시 널리 알려진 한 사례를 소개하겠다. 시간제 모델로 일하던 지젤 앤더슨은 버스 운전기사인 남자 친구 오스카를 42차례나 칼로 찔러 살해했다. 1996년 12월 1일 이른 시간에 두 사람이 차를 세워놓고 말다툼을 벌이다가 말이다.

오스카가 그녀를 학대했다는 증거는 없었다. 그는 행복한 청년이었다. 사흘 뒤 열린 기자회견에서 앤더슨은 '뚱뚱한 승객'이 포드 시에라에서 내리더니 오스카를 공격했다고 주장했다. 경찰은 살인자를 쫓는 데 실패했고 아무도 포드 시에라 차량을 본 적이 없었다. 경찰은 두 사람이 타고 다니던 자동차의 휘발유 탱크에 숨겨져 있던 흉기를 찾아냈다. 앤더슨은 유죄를 선고받았고 종신형 중 14년을 살았는데 후에 자신이 오스카를 찔러 죽였다고 자백했다.

앤더슨은 교도소에서 분노 조절 치료를 받았고 죽을 때까지 감시를 받는 조건으로 풀려났고 지금은 조용한 해변가 마을의 미용실에서 일하며 살고 있다고 한다.

20

정신 이상자와
정상인의 경계

       문서 작업 시 보통 나는 아날로그 테이프에 녹음한 첫 번째 보고서 초안을 받아쓰는 식으로 일했고 가끔 마감이 촉박할 땐 타이피스트를 찾기도 했다. 손가락으로 자판을 두드리는 것보다 내 머리속에서 구성하는 쪽이 더 빨랐다. 인터뷰 자료, 증거 요약본, 살인 보고서를 전부 타이핑하면 20장 이상의 분량이었다. 샬럿에 관한 보고서를 지금 살펴보면 허점이 좀 보이고 증거 요약도 간략한 편이다.

    샬럿의 변론이 담긴 보고서는 공백이 많고(비록 큰 폰트로 메꾸고 스페이스 바로 두 칸씩 띄었지만) 두드러진 오자가 있었다. 게다가 전문가 의견이 사방에 흩어져 있고 결말에서 깔끔하게 정리가 되지 않은데다 과장법이 많아 보고서의 질을 떨어뜨리는 것 같았다.

난 널찍한 침실 겸 서재에 앉아 200파운드 넘게 주고 산 『블랙스톤의 범죄 판례집(원제: Blackstone's Criminal Practice)』을 뒤적였다. 우리는 변호사가 아니기에 법에 있어서는 매우 좁은 식견밖에 없다. 난 새라 손턴의 사례가 흑백 매뉴얼에 영원히 박제된 것을 보았고 사법 기관의 자문을 받아 샬럿에 대한 의견을 구성했다.

경계성 인격 장애는 분명했다. 애착, 충동성, 자해, 자살 시도 등 불안함을 보였다. 알코올 의존증에 급성 중독도 확실했다. 주취에 대해서는 나중에 살펴볼 테지만 이 부분이 샬럿의 사례에서 '당면한 문제'는 아니었다. '무력함을 느끼고 학대 상황에서 벗어날 능력 상실'이 샬럿을 가장 잘 설명하는 말 같지만 이것이 책임에 대한 '상당한 기능 이상'일까? '모든 일'이 '책임 있는 개인'이 자제력을 잃어 벌어진 것인가? 당신이 샬럿의 상황이라면 어떻게 할 것인가?

× × ×

검찰 측 전문가가 열악한 품질의 변론 보고서가 짜증스러웠는지, 어느 오후 5시 30분에 베드퍼드 로의 재판장에서 열리는 회의에 참석하라는 통지를 보냈다. 나는 그곳에 도착한 다음 안내를 받아 웅장한 회의실로 들어갔다. 모로코산 가죽으로 감싼 법률 보고서들이 일렬로 꽂혀 있고 광이 나는 회의실용 테이블이 놓여 있었다.

지금 돌이켜보니 문제는 분명했지만 당시 여전히 미숙했던 난 의견을 적극적으로 피력하지 않았다. 그래, 가해자는 정신 이상이었다.

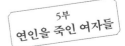
5부
연인을 죽인 여자들

난 경계성 인격 장애와 매 맞는 아내 증후군에 대해 언급했다. 하지만 상당한 장애가 있다는 부분은 배심원이 결정하도록 내버려두어야 한다고 생각했다. 형사 책임은 궁극적으로 도덕의 문제지 의학의 문제가 아니니까.

당시 그 방에 있던 모두가 내 입에서 나오는 한 마디 한 마디에 집중하는 모습에 좀 불편했다. 이후 살인 사건 경험이 많아지면서 이 부분에 있어서도 상당히 익숙해졌다. 일반적으로 살인 사건의 경우 앞서 말한 것처럼 누가 칼을 휘둘렀는지에 대해서는 이견이 없다. 사건이 벌어지던 당시에 피고가 어떤 정신 상태를 가졌는지에서 이견이 갈리는데 그 부분을 이해하기 위해서 법정은 내 의견이 필요한 것이다. 그러나 그때 그 순간 난 피고석에 앉아 있는 것마냥 주눅이 들었다. 변호사가 목소리를 가다듬으며 내게 했던 말을 똑똑히 기억한다. 그녀는 '상냥하게' 말했지만 내 이마에 땀이 송골송골 맺히는 걸 느꼈다. 난 침을 삼키고 불안함을 들키지 않길 바랐다.

"감사합니다, 박사님." 그녀가 입을 열었다. "이 사건에 관한 박사님의 의견을 매우 잘 들었습니다. 단지 몇 가지 부분을 짚고 넘어갔으면 합니다만⋯⋯. 형사 법원은 피고 측의 과실 치사 요청에 대한 관점이 필요하고 이미 잘 아시리라 확신합니다."

난 목소리를 그대로 유지하면서 대답했다. "네, 물론입니다. 어떻게 도와드리면 될까요?"

"현재 박사님께서 할러웨이에서 샬럿 양을 몇 차례 만나보신 걸로 압니다만?"

"그렇습니다. 그녀가 이송된 직후에 처음 만났습니다."

"샬럿 양이 경계성 인격 장애의 기준에 부합한다고 확신하시나요?"

난 어느 부분이 궁금한 것인지 생각하며 조심스럽게 대답했다. "네."

"그리고 박사님께서 샬럿 양의 알코올 의존증을 진단하셨죠. 그녀가 보호받는 환경에 있음에도요?"

"그렇습니다."

변호사가 말을 이었다. "경찰 구금 시 혈중 알콜 농도에 따르면 피의자가 사건을 저질렀을 때 술에 취해 있었다는 데 동의하셨지요?"

"네, 맞습니다."

"그런데 그 정도로 취한 상태에서는 분명 자발적인 행동일 것이고 따라서 당면한 문제가 아니며 이는 정신 이상과는 상관이 없기 때문에……."

"네." 내가 대답했다. "그녀는 술에 대해 강한 충동을 가지고 있지만 술을 마실지 여부를 결정할 능력은 남아 있었습니다."

변호사는 고개를 끄덕이며 자기 노트를 내려다보았다. "그렇군요, 감사합니다. 그렇다면 이제는 정신 이상에 경계성 인격 장애가 미치는 영향에 대해 저희에게 알려주시겠어요?"

"음, 미국의 기준이 이해하기 좀 더 수월할 걸로 판단됩니다. 그쪽이 더 구체적입니다……. 관련 특징으로 감정 기복, 충동적인 행동, 애정 결핍 등이 있으며 그래서 단기간에 기분이 변하고 부적절한 분노 혹은 분노 조절 장애를 겪고…… 짜증을 자주 부립니다."

그녀가 덤볐다. "하지만 박사님, 충동성과 부적절한 분노는 정신 이상이라기보다는 성격적 결함에 더 가깝지 않을까요?"

"네." 난 정신을 가다듬었다. "그렇기도 하지만 아니기도 합니다……."

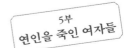

5부
연인을 죽인 여자들

그녀가 내 말을 잘랐다. "알겠습니다. 정신 이상을 인정한다고 가정해보고 박사님이 말씀하신 기준이…… 분노 조절에 어려움이 있고 등등이군요. 정신 이상 증상이 그녀를 한정 책임 능력으로 만들 만큼 현저하다고 보시나요?"

"음, 그 부분을 고려한다면……."

"현저하다는 의미가 무엇인지 당연히 아시겠죠, 테일러 박사님. 법적 기준은 사소한 불능보다는 높지만 완전한 불능보다는 낮습니다."

"그건," 내가 말했다. "현저한 불능은 재판장에서 결정할 부분이라고 생각합니다."

그녀가 힘없이 웃었다. "네, 테일러 박사님. 박사님 말이 맞습니다. 궁극적인 문제죠. 하지만 이 사건이 재판으로 간다면 법정은 박사님의 전문적인 식견으로 책임에 현저한 기능 장애가 있었는지 여부에 대해 배심원이 결정을 내릴 수 있도록 도와줄 거라 기대할 것입니다. 매 맞는 아내 증후군으로 넘어가볼까요. 이 부분에 대해서는 어딘가 모호하네요. 이 분야를 다룬 다운스 교수님의 저서가 익숙하실 거라고 생각합니다만?"

"네, 그렇습니다." 내가 대답했다. 정신을 차리려고 애썼지만 여전히 주눅이 든 상태였다. "다만 매 맞는 여성 증후군에 대해서 정신의학적으로 분명하게 합의된 진단 기준이 존재하지는 않습니다. 그리고 다운스 교수님은 정당방위와 정신 이상의 미국식 버전을 참고하셨고요."

그녀가 말을 이었다. "박사님, 전 박사님이 매 맞는 여성 증후군이 이런 유형의 사건에서 정신 이상으로 받아질 거라는 걸 분명하게 알고 있었다고 확신합니다. 여성이 학대하던 남성을 죽였고…… 무력함을 학습하고 학대당하는 관계에서 벗어날 능력이 없고 위협을 인지하지 못하고 등등 말이죠."

"그렇습니다."

난 짜증이 묻어나는 목소리를 감지했다.

"박사님, 판사님이 박사님의 보고서를 포함해 모든 증거를 살필 거라는 걸 잘 알고 계신다는 점이 이 사건에서 아주 걱정되는 부분입니다. 특히 어머니와 떨어질 네 아이들을 걱정하고 있다는 부분에서요……."

× × ×

마침내 이해가 갔다. 검찰 측은 변호인단이 원하는 결과를 알고 있지만 그걸 보증할 전문가의 의견이 필요했는데 허술한 보고서의 책임이 내게로 넘어온 것이다.

추가로 더 논의한 다음 변호사는 내게 검찰 측 전문가가 두 번째 의견을 듣고자 다른 정신과 의사에게 보고서를 요청할 거라고 알려주었다.

까다로운 사건의 경우 양측 두 사람씩 네 명의 의견을 듣는 것이 보편적이다. 나중에 검찰 측이 정한 전문가가 누군지 알았을 때 난 그들이 매 맞는 여성 증후군이라는 개념에 관심이 있고 동정심이 많다는 걸 파악했다. 이것은 내게 한 가지 배울 점을 알려주었다. 전문가의 의견이 필요하다면 전문가를 신중하게 골라야 한다는 것이다.

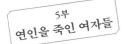

5부
연인을 죽인 여자들

전문가의 의견이 알려진 것처럼 '돈에 따라 움직인다'는 이야기를 하는 것이 아님을 분명히 밝힌다. 문제는 다른 언어, 즉 법과 정신의 학이라는 두 가지 규칙이 만나서 작용하는 부분에서 늘 이성적이고 수용 가능한 다채로운 의견을 제시해야 한다. 그 범위에서 벗어날 경우 판사나 동료들의 비난을 받을 위험을 감수해야 한다.

난 법이 자체적인 방식에 따라 무조건적인 기준을 적용하고 최종 결론에 도달하는 것이 아니라 되짚어가면서 결과주의적인 접근을 한다고 배웠다.

이 사건에서 공정하고 적합한 결과란 무엇일까? 또한 기존 법을 이 사례에 어떻게 적용할 수 있을까? 사회는 피고를 불쌍히 여길까, 아니면 그녀를 영원히 가둬야 한다고 생각할까? 피고는 병원 치료가 필요할까, 아니면 교도소에 수감되어야 할까?

× × ×

어느 분야든 고문 의사로 자리 잡기까지 약 5년이 걸린다. 리더십, 우선순위 정하기, 업무 분장, 만약의 사태를 대비하는 능력도 보여주어야 한다. 나 또한 포모 증후군이 있었다. 이 사건을 맡지 않으면 얼마나 힘들든 간에 나한테 또 다른 좋은 일이 떨어지지 않을까? 종종 주머니 속에서 진동을 느꼈지만 그 안엔 내 휴대폰이 없다는 걸 알아차렸다. 우리는 환자 보고서에서 이를 촉각 환각 혹은 육체 환각이라고 쓴다.

인생을 살아오면서 거절할 때가 언제인지 판단하는 건 경험을 통해서만 얻을 수 있는 기술이다. 큰일은 모두 한꺼번에 찾아온다. 내 동료 집단은 주로 다같이 실습을 했고 그들은 우리에게 사건을 보내 주는 다른 정신과 의사의 기벽이나 성격에 익숙했다. 내게 자리를 넘 겨준 수석 정신과 의사가 이별의 말로 이렇게 빈정댔다. "X 박사는 안 달하는 스타일이라 모두에게 법의학 의견을 물을 거예요. Y 박사가 사 건을 넘겨주면 곧장 환자를 브로드무어로 보내는 편이 나을 겁니다."

맞다. 나중에 내게 앤서니 하디를 보낸 건 Y 박사였다.

같은 해, 난 고문 의사로 승진했고 우리 가족은 첫 아이가 태어나 기 불과 4주 전에 이사를 하는 통에 시간이 없어서 이케아에서 산 아 기 침대조차 조립하지 못했다.

아내와 나 둘 다 일을 하기에 아들은 첫 생일 이후 어린이집에 가 야 했다. 2001년 어느 가을에 난 UCL에서 강연을 했고 청중 한 사람 이 세계 무역 센터에 비행기가 충돌했다고 소리쳤다. 수업이 취소되 고 귀가를 서두른 나는 아들을 어린이집에서 데리고 와 뉴스 속보를 지켜보며 많은 사람들이 그랬던 것처럼 카나리 워프 타워(신도시 카 나리 워프의 고층 건물들)도 목표물에 있을 거라 확신했다. 아직은 몰 랐지만 9·11은 이내 내가 감정하게 된 사례에 영향을 미쳤다. 그렇지 만 9·11의 즉각적인 충격과 여파가 지나자 평범한 삶이 돌아왔다. 12월에 둘째 아들이 태어났고 난 일상으로 돌아갔다.

샬럿의 재판이 가까워졌을 때 둘째 아이의 돌이 다가왔고 길 건너 편 어린이집에 형과 같이 다닐 준비를 거의 마쳤다. 난 일요일 오후에 시간을 내 추가 보고서를 작성했다. 입장을 고수해야 했다. 매 맞는 아내 증후군은 정신과적 진단은 아니지만 난 이것이 샬럿이 저지른

275

일을 설명하는 데 도움이 될 걸 알았다.

'법원이 매 맞는 아내 증후군을 정신 이상으로 인정한다면…… 현저한 장애와 관련된 특정도 분명……' 등등의 내용이었다.

매 맞는 아내 증후군 모델을 활용해 '폭력 주기'가 시간이 흐르는 동안 반복되면 자신의 믿음을 잠식해버리고 무력함을 습득한 상태가 될 수 있다. 그녀는 레니와 '치명적인 상황'에 갇혔고 그래서 '맞섰고' 목숨을 빼앗은 결과가 나왔다.

매 맞는 아내 증후군을 인정받기 위해서 여성은 반드시 적어도 한 번은 이 주기를 지나야 하고 일련의 증상이 드러나야 한다. 낮은 자존감, 자책, 두려움, 의심과 '변화의 가능성에 대한 믿음 상실'이 그것이다.

재판 날짜가 잡혔고 샬럿의 사례는 내가 여러 일을 반복적으로 해나가는 동안 의식 속에서 흐릿해지고 있었다

그러다 휴식을 가질 기회가 찾아왔다. 동료들과 함께 미국 캘리포니아 뉴포트 비치에서 열리는 '정신과와 법' 아카데미에 참석하기로 했다.

그해의 회의 프로그램은 흥미로워 보였다. '사형 사건에서 피고 정신과 의사의 역할', '40가지 사례로 설명하는 존속 살인', '성범죄자의 화학적 거세에 대한 새로운 정보' 등의 세션이 있었다.

대서양을 향해 항공기가 순항 고도에 올랐을 때 아무도 내게 연락할 수 없으니 예닐곱 시간의 휴식이 주어졌다는 걸 깨달았다. 그런데 비행기가 반 정도 날아갔을 때 난 딱히 영화를 보고 싶진 않았다. 곧이어 자리를 바꿔 동료와 나란히 앉아 또 다른 할러웨이 사건의 초안

보고서를 함께 써나갔다.

× × ×

 법정신의학자는 열심히 일하지만 일 년에 한두 번 회의 장소에 모이면 열심히 놀기도 한다. 정신과 의사들은 허풍을 떨고 유머 감각을 겨룬다. 우리는 서로를 진단하길 좋아한다. "그 혹은 그녀는 사이코패스, 나르시시스트에 조현병이야……. 아니면 자폐 범주에 있어." "그의 보고서는 길고 지루해. 숲을 본다고 나무를 보지 못하지."

 우리는 지난 해 동안 서로 사례를 넘겨주거나 법정에서 언쟁을 벌였다. 따라서 격렬한 의견 불일치에도 불구하고 늦은 밤 회의가 열리는 호텔 바는 각자의 전쟁 이야기를 교환하며 기분 나쁜 농담을 주고받기에 좋은 때다. 내 관점에서 이것은 법정신의학 분야에서 살아남기 위해서 꼭 필요한 요소다. 난 동료들이 다른 이의 의견을 듣지 않고 고립되어 혼자서 업무를 다루려고 하다가 실패하는 걸 봐왔고 심지어 이 분야를 떠나는 것도 목격했다. 동일 집단의 지지는 동료들의 합의가 꼭 개입될 필요는 없지만 말했듯 동료들의 반응 테스트 정도로 활용하면 좋다.

× × ×

 영국으로 돌아온 뒤 난 샬럿에 대한 검찰 측 전문가

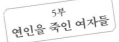

5부
연인을 죽인 여자들

의 한 줄짜리 편지를 받았고 거기에는 내 도움에 감사한다고 적혀 있었다. 그들은 피고 측의 항변을 받아들였다.

판결은 징역 5년이다(2년 6개월을 살고 난 뒤에 가석방 신청이 가능하도록 확정). 후에 상소 법원에서 형량을 3년으로 줄였고 샬럿은 그 자리에서 풀려났다.

키아라 레오네티를 죽인 리 왓슨은 25년형을, 샬럿은 2년형을 받은 셈이다. 아주 다른 상황에서 생명을 빼앗았다는 부분에서 큰 차이가 있다. 이제 누가 법이 바보 같다고 말할 수 있는가?

2009년, 법이 개정되어 매 맞는 여성 증후군은 더 이상 정신 이상으로 인정되지도 '의학적 상태로 인식'되지도 않는다. 그 사이 '강압적인 지배'라는 새로운 조항이 생겼고 샐리 챌린이 훌륭한 표본이다.

샐리는 2010년 남편 리처드를 살해했다. 열 여섯에 스물두 살인 그를 만났다. 남편은 처음에는 매력적이었으나 점차 학대를 일삼기 시작했다. 그녀를 신체적·언어적으로 괴롭히고 친구들을 만나지 못하게 했으며 정작 자신은 바람을 피고 사창가를 드나들었다.

샐리는 그를 떠나려고 했지만 감정적으로 너무 의존하고 있던 터라 다시 되돌아왔다. 그리고 얼마 지나지 않아 그는 샐리에게 점심 메뉴를 사오라고 빗속으로 내몰았고 그 사이 전화로 또 다른 여성과 데이트 약속을 잡았다.

그녀는 돌아와 그에게 맞섰고 다툼이 일어났다. 이 과정에서 그녀가 망치로 남편의 머리를 반복해서 때렸다. 샐리는 살인 유죄 판결을 받고 종신형에 최소 복역 기간이 22년이었는데 항소에서 18년으로 줄어들었다.

강압적인 지배는 가정 폭력의 형태로 곧장 인식되고 그 특징은 심리적인 학대, 비하, 심리 조작, 활동 및 친구와의 만남 제약 등을 담고 있어 학대받는 사람은 고립되고 학대하는 사람에게 의존할 수밖에 없다. (어딘가 많이 익숙하지 않나?)

2017년 강압적인 지배가 도발에 미치는 영향에 관한 정신과 의사의 보고서와 함께 샐리는 새로운 진정서를 제출했다. 샐리의 유죄는 뒤집혔고 계획된 재심은 파기되고 그녀는 2019년 자유를 얻었다.

× × ×

2006년 내가 할러웨이를 떠날 때 여성 교도소의 정신과 서비스가 막 개혁되고 있었다. 브로드무어 폐쇄 병동이 문을 닫았고 환자들은 개방 병동으로 이동했다. 난 할러웨이에서 배운 것들을 『교도소의 정신의학: 종합 가이드북(원제: Psychiatry in Prison: A comprehensive Handbook)』[50]에 한 챕터로 수록했고 이 작업이 가치가 있다는 걸 입증했다. 이후 13년을 유사한 병원에 있는 여성들을 위해 일했다.

마지막으로 할러웨이를 찾았을 때 우습게도 차를 세우고 나오다 주차 금지 표시에 머리를 부딪혔다. 간호사들이 내가 이마에서 흐르는 피를 종이 타월로 닦아내는 걸 보고 피부 접착제로 처치해주었다. 할러웨이에서 모든 힘든 사례들과 극적인 사건들을 겪은 뒤였고 욱신거리고 피 나는 머리는 작별 인사로 적합한 것 같았다.

자리를 떠나며 얼마나 많은 경험을 했는지 생각해보았다. 정신의

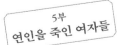

학에 발을 들이면 인간의 조건에 대한 표면적인 흥미 그 이상을 가져
야 한다. 그리고 이 부분을 어디보다 깊게 공부할 수 있는 곳은 할러
웨이가 단연 압도적이다. 지금도 종종 그곳을 지나치며 허물어지길
기다리고 있는 담장과 출입구를 바라본다. 솔직히 브로드무어 병원에
서 브릭스턴 교도소까지 다른 어떤 곳보다 저 벽 안에서 더 많을 걸
배웠다고 말할 수 있다.

6부

범죄를 잊은
살인자

사례 연구:

데니스 코스타스

21

기억 상실,
살인 사건의 범인

벨마시 교도소를 '법적으로 방문'해서 딱딱한 플라스틱 의자에서 한 시간가량 기다린 끝에 인터뷰실로 갔지만 문을 닫기까지 고작 45분이 남았다. 시간이 충분하지 않았기에 다른 날 다시 와야 한다는 걸 깨달았다.

2011년 7월 내 담당인 데니스 코스타스는 유통 관리자로 여자 친구 소피아를 살해한 혐의를 받고 구금 중이었다. 그는 경찰과 변호사에게 살인이 벌어진 날 밤에 무슨 일이 있었는지 기억나지 않는다고 주장했다.

몹시 생략된 인터뷰에서 난 '현시점'에 집중했다. 그의 현재 '정신 상태'와 사건에 대한 진술에 초점을 두고 그의 인생사는 다음번 우리가 만날 때로 남겨두었다.

살인을 저지르기 전날 코스타스는 신경통을 핑계로 병가를 낸 뒤 오후 내내 술을 진탕 퍼마셨다. 어디서 그는 전화를 걸었을까? 아내와 십 년을 함께 산 방 두 개짜리 집일까, 아니면 여자 친구 소피아의 아파트였을까?

"기억이 나지 않는군요." 그가 내게 대답했다. "제 기억은 상당히 왜곡되었어요." 그는 자기가 낮잠을 잤지만 언제 깨어났는지 모른다고 했다. "전 정말로 무슨 일이 있었는지 몰라요. 기억하는 거라곤 불을 끈 것뿐이에요. 시야가 흐렸어요. 목소리를 들었고 전 집 문을 열고 나왔어요. 다시 들어갔고 그런 다음 거실로 갔어요. 거실에 불이 났고 전 거기에 물을 뿌렸어요."

"그다음에 어떻게 됐나요?" 내가 물었다.

"어떻게 집에 왔는지 모르겠어요. 전 기억력이 매우 나빠요. 경찰에게 무슨 일이 있었는지 듣고 나서야 알았어요……. 전 겁을 먹었어요……. 거실에 불이 난 건 기억나고 도와달라는 목소리를 들었는데…… 분명 999로 연락을 했을 거라 생각했는데 어쩌면 제대로 다이얼을 누르지 않았거나 어쩌면 통화 중이라는 연결음을 들었을지도 모르죠."

이 말은 분명 검사 측의 응급 전화 기록 증거에 따르면 어떤 999 전화도 오지 않았다는 사실에 대처하기 위한 시도다. 코스타스는 검찰의 증거를 피의자 측과 공유할 때 그 부분을 '발견'한 것이다.

"사방이 불바다였어요……. 소피아가 어디 있는지 보이지 않아서 아래층으로 내려가 건물 밖으로 나갔어요……. 어떻게 집에 왔는지

6부
범죄를 잊은 살인자

모르겠지만 버스를 탄 것 같아요……. 처제가 집에서 텔레비전을 보고 있더군요……. 전 침실로 들어가 잠들었어요. 그다음 기억나는 건 경찰이 찾아왔고 전 체포되었다는 거죠."

이것이 그가 기억하는 2011년 6월 22일 화요일 오후와 수요일 오전의 사건이다.

× × ×

코스타스의 조각난 설명은 살인 피의자들에게서 내가 마주한 첫 기억 상실이 아니다. 지난 70년간의 연구 결과를 살피면 살인자, 기타 범죄자와 재소자의 약 30퍼센트가 범죄 당시 기억 상실을 주장한다. 코스타스도 예외는 아니었다.

그런데 그가 기억하지 못하는 행동이란 무엇일까?

6월 22일 수요일 오전 3시 50분, 경찰은 업튼 파크의 4층짜리 저층 아파트 블록에서 누군가 문을 두드리고 강제로 열려 한다는 신고를 받았다. 경찰이 출동했을 때 걱정하는 거주자들이 주차장에 서 있었다. 꼭대기 층으로 달려가 보니 누군가가 그들을 향해 걸어오는 모습이 보였다. 형체로는 성별이 짐작되지 않았지만 호러 영화에 나오는 괴물 같은 모습으로 얼굴부터 상반신까지 살이 참혹하게 타들어갔다. 하비 스튜어트 순경은 그런 상황은 처음 봤다고 진술했다. "찰나의 순간에 초현실적인 느낌을 받았어요."

경찰은 응급 조치를 하려고 했지만 어떻게 해야 할지 몰랐다. 여성은 자기 이름이 소피아라고 말했다. 그리고 새벽 3시쯤 집에 왔는데 아직 열쇠를 갖고 있던 전 남자 친구 데니스 코스타스가 안에서 기다리고 있었다고 말했다. 그가 그녀와 대적했고 말다툼이 벌어졌고 휘발유가 들어 있는 캔을 그녀에게 뿌리고 불을 질렀다는 것이다.

그녀는 연기를 흡입해 숨쉬기 힘든 상태였고 도착한 구급대원이 기도를 확보하기 위해 절개를 해야 했다. 몹시 심각한 상태로 그녀는 화상 전문 병동으로 이송되었다.

집 안에는 커튼, 가구 일부, 카펫이 검게 변했지만 벽은 단단한 콘크리트라 불이 자체적으로 꺼졌다. 3리터 정도의 휘발유가 남은 플라스틱 석유통이 주방에서 발견되었고 그곳은 불길이 미치지 않았다.

경찰은 재빨리 코스타스를 추적했고 그는 그날 아침 아내 리나와 같이 사는 집에서 체포됐다. 당시 술에 절어 잠든 상태였다. 그는 심하게 취해 취조할 상태가 아니었기에 깰 때까지 감금해둘 수밖에 없었다.

범죄 현장 주변의 CCTV를 수집하면서 근처 주유소의 CCTV도 확보했다. 코스타스의 외양과 일치하는 남성이 불안하게 걸어가는 장면이 찍혀 있었다. 주유소에서 그는 5리터들이 휘발유를 골랐고 펌프에서 석유를 채우는 데 어려움을 겪는 듯 보였다. 현금을 낸 다음 소피아의 집 방향 쪽으로 사라졌다. CCTV에 찍힌 시각을 보니 그가 휘발유를 가지고 집 안에서 소피아가 돌아오길 기다린 게 틀림없어 보였다.

코스타스를 인터뷰하려고 기다리고 있던 유치장 형사들에게 메시지가 도착했다. 소피아가 밤을 넘기지 못했다는 소식이었다. 사인은 심장마비로, 화상으로 인해 호흡기로 산소가 들어오지 못했고 연기를

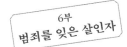

많이 흡입했기 때문이었다.

× × ×

인터뷰를 할 수 있을 만큼 술이 깬 코스타스는 유치장 경사의 책상 앞으로 불려갔고 살해 혐의를 취조받았다. 경찰은 그에게 CCTV 증거를 들이밀었다. 변호사와 짧은 상담 뒤 코스타스는 찍힌 사람이 자기라는 데 동의했지만 거기 간 기억이 없다고 말했다. 그는 자해하려고 휘발유를 샀을지도 모르지만 소피아에게 불을 질렀을 리가 없다고 주장했다. "제가 자해하려는 걸 그녀가 막다가 사건이 일어난 것 같아요."

그렇다면 내가 밝혀내야 하는 질문은 하나다. 이 기억 상실은 진짜일까? 진짜라면 그 원인은 무엇일까?

살인 사건의 경우, 범죄자와 피해자 사이의 관계, 범죄자가 사건을 저지르기 전, 저지르는 동안, 저지른 후의 정신 상태를 살피면서 정신과적인 문제가 있는지 파악할 필요가 있다. 정신 이상의 징후를 찾으면서 살인 동기도 고려해본다. 이번 살인자는 무슨 일이 벌어졌는지 기억하지 못하기 때문에 모든 정보는 목격자 진술, 휴대폰 발신지 분석, CCTV와 같은 증거에서 얻어낸다.

코스타스가 거짓말을 했을 수도 있다. 살인자들은 기억이 안 난다고 하면 핑계가 될 수 있을 거라 착각하는데 이내 그렇지 않다는 걸 깨닫게 된다. 차선책으로 기억 상실을 주장해 재판에 나설 능력이 없다는 걸 염두에 두기도 한다.

재차 말하지만, 기억 상실은 재판을 피하기 위한 범죄자에게 도움이 되지 않는데 1959년 경찰을 총으로 쏘고 기억나지 않는다고 말한 겐터 포돌라 사건 덕분에 영국에서 법으로 지정했기 때문이다. 그가 진짜 기억 상실증인지를 두고 정신과 전문가들 사이에서 이견이 있었지만 그의 주장은 법정에서 받아들여지지 않았다. 나중에 그는 자신이 범죄를 저질렀다고 자백했고 HMP 원즈워스에서 교수형을 당한 뒤 교도소 무덤에 묻혔다.

루돌프 헤스 역시 뉘른베르크 재판에서 이 핑계를 댔다. 자신이 저지른 일에 대한 기억 상실 주장은 1933~1945년 사이, 히틀러 치하의 독일인 제 3제국에선 사실로 받아들여졌다. 하지만 그는 이 말이 곧 혐의에 대해 이성적으로 자신을 변호할 수 없다는 의미라는 점을 깨닫고 재빨리 거짓이라고 자백하고 재판에 참여했다.

× × ×

기억 상실을 허위로 주장하는지 여부를 판단할 수 있는 정신과 검사는 없다. 궁극적으로 재판에서 밝혀야 하는 문제지 정신과 의사가 내릴 판단이 아니다. 영국에서는 거짓말 탐지기를 사용하지 않는데 그 기계는 정확하지 않기로 악명이 높다. 예를 들어, 감정 반응이 전혀 없는 사이코패스가 거짓말 탐지기를 가짜 진술로 통과할 수 있는 것이다.

신경심리학자들의 일부 검사는 허위 기억 상실을 감지하는 데 도움이 된다. 질문지에 아주 짧은 시간 안에 평범한 물체의 단순한 선

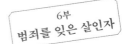
6부
범죄를 잊은 살인자

모양을 기억한다든가 하는 실제로 뇌 손상을 입었거나 고도의 치매 환자도 통과할 수 있는 아주 쉬운 기억력 질문을 집어넣는다. 꾀병이라면 일부러 실패해 심리학자가 그 사람의 기억력이 떨어진다고 믿게 만드려는 잘못된 시도를 한다.

인터뷰실이 배정되길 기다리면서 난 코스타스가 간호사나 의사를 기다리는 다른 재소자들과 함께 감방에 있는 모습을 관찰했다. 상습범이 아닌 그는 고개를 숙이고 있었다. 난 개방적인 마음가짐을 유지해야 했다. 인터뷰실에서 그는 푹 가라앉은 듯 보였다. 충격 때문일까, 아니면 그저 방어 자세를 취하는 걸까? 환각을 본다는 증거도 사이코패스의 무심하거나 부적절한 농담도 없었다.

기억 상실의 주요 원인 중 하나로 고려해야 할 것은 우리가 해리성이라고 부르는 스트레스와 관련한 기억 상실이다. 엄청나게 버겁고 감정적인 사건(친밀한 애인이나 배우자의 죽음과 같은)이 벌어졌을 때 그 사건이 너무 고통스러워 뇌가 효과적으로 현실을 차단해버리는 것이다. 스트레스를 받는 당시의 뇌 회로에 담긴 기억은 이후 평범하고 침착한 정신 상태로 돌아왔을 때도 회상하기 힘들다. 이것을 상태 의존적 기억이라고 부른다. 혹은 고통스러운 사건을 '무의식적으로' 다시 억누르는 방식일 수도 있다. 기억 상실은 시간이 흐르면서 개선될 수 있지만 거짓말쟁이는 범죄에 대해서만 완전한 기억 상실이 이루어져 기억의 '섬'이 없다.

해리성 기억 상실은 '제외 진단'으로 모든 다른 요인들이 배제되고 남은 유일한 선택사항을 말한다.[51]

따라서 처음부터 나는 다른 가능한 모든 요인을 고려해야 했다. 코스타스의 경우 뇌 기능 이상이 범죄의 기록, 저장 혹은 회상을 방해했는지 여부를 결정하는 일이 가장 중요하다. 우리는 이를 '기질' 기억 상실이라고 부르는데 육체적인 질병이 뇌에 영향을 끼친 것을 의미한다. 기질성 뇌 질환은 살인 사건에서 상당히 드무나(대부분의 연구에서 매년 손에 꼽을 정도) 그래도 고려해야 한다. 신체적 요인을 배제하기 위해선 뇌종양, 머리 부상, 치매, 뇌나 행동에 영향을 미칠 수 있는 다른 병력이나 임상적 징후가 있는지 전부 살펴야 한다.

× × ×

내가 처음 '전공의'로 근무하던 메이데이 병원에서의 사례를 소개해볼까 한다. 62살의 공무원 환자가 들어왔다. 그는 차분하고 온화한 사람으로 두 자녀와 세 손주를 두었다. 그가 병원에 왔을 때 며칠 동안 호흡이 아주 가빴다. 엑스레이와 다른 검사를 한 뒤 우리는 급속히 퍼지는 폐암 말기로 암세포가 이미 뇌까지 전이되었다고 진단했다. 방사선 혹은 화약 요법 말고는 할 수 있는 게 없다고 설명할 때 그의 가족들이 침대 곁에서 같이 들었다.

며칠 뒤 늦은 저녁 평소처럼 회진을 돌면서 그의 침대 발치에 매달려 있는 클립보드에 적힌 처방 차트를 확인하러 갔다. 그러다 침대에 발이 걸려 테이블 쪽으로 넘어지면서 물을 쏟았다.

그는 눈을 깜박이더니 침대에서 벌떡 일어나 공격적으로 내게 달려들더니 병동을 따라 날 쫓아왔다. 마지막 병상을 통과했을 때 나는 더 이상 도망칠 곳이 남지 않았다. 다행히 바퀴 달린 커다란 산소 실

6부
범죄를 잊은 살인자

린더가 있었고 그와 나 사이에 실린더를 두고 믿을 만한 경비가 도착할 때까지 그를 붙잡아두는 데 성공했다.

이 일로 그의 종양이 전두엽까지 퍼졌고, 급속도로 커진 종양이 행동을 규제하는 뇌 부분을 억눌렀음이 밝혀졌다. 따라서 그의 공격성과 탈억제는 '신체적' 요인이다. 그가 날 붙잡아 목을 졸라 질식시켰다면 그의 기억 상실은 진실이고 법적으로 한정 책임 능력을 주장할 수 있다.

롭 아난카스트 교수는 우리가 모즐리에서 일을 시작할 때 이런 말을 해주었다. "여러분의 팀에는 사회복지사, 간호사, 모든 종류의 치료사들이 모여 있을 겁니다. 의학을 잊지 마세요. 여러분의 의학적 지식은 여러분에게 이익을 제공할 기량입니다." 다른 전문가 및 치료사들과의 협업은 법정신의학 환자의 재활에 있어서 꼭 필요하다. 난 아주 훌륭한 동료들과 일했다. 하지만 한두 명의 법정신의학 동료가 팀의 유일한 의사라는 자기 역할을 망각하고 육체적 건강과 관련된 힘든 결정을 내리는 리더십을 발휘하지 못해 환자의 일반 치료와 강제 치료를 두고 위험을 자초하는 걸 목격하기도 했다.

코스타스는 뇌로 전이가 되는 걸로 알려진 폐암이나 다른 암 소견이 보이지 않았다. 그렇다면 감염이나 다른 뇌 질환과 같이 잘 알려지지 않은 신체적인 요인 중 하나일까?

× × ×

'신체적' 뇌 질환이 공격성을 이끌어 살인을 저지르

게 한 몇 안 되는 사례들을 살펴보자. 교도소 관리자 안토니오 로씨는 환청을 듣기 시작하고 환영을 보게 되었는데 자기 아내가 그에게 환영을 보냈다고 생각했다. 아내가 자신을 죽일 거라고 믿은 그는 아내를 칼로 찔러 살해했고 부검해보니 상처가 68군데나 나 있었다. 그는 아내의 시신을 카펫으로 둘둘 말아 집에 놔뒀다.

그 과정에서 손에 심한 부상을 입은 그는 응급실로 걸어 들어갔다. 자신이 무슨 짓을 저질렀는지 전혀 기억하지 못했고 벌어진 일에 대해 진짜로 당혹해하는 듯 보였다. 처음에는 자신이 토마토 캔에 베었다고 말했다가 그 다음엔 병을 깨트렸다고 했다. 이는 말 지어내기의 표본이자 뇌가 기억의 공백을 메우려고 하는 시도로 진짜 뇌 손상과 관련된 기억 상실의 사례에서만 볼 수 있다.

사실 부상은 그의 손에서 살인 무기인 칼이 아내를 반복적으로 힘껏 찌르는 동안 뼈의 저항을 받으며 칼날이 미끄러지면서 생긴 것이다. 단검이나 전투용 칼이 아닌 근처에 있던 나이프를 집어 들어 사용한 살인자들에게서 흔히 볼 수 있는 상처다.

로씨의 심각하게 손상된 손 힘줄은 수술로 회복되었고 그는 폐쇄 정신 병원으로 이송되었다. 이송된 뒤 그의 환각 증상은 우리가 약을 쓰기 전 관찰 기간 동안 기적적으로 해소되었다. 그렇지만 그는 조정 능력을 상실했다. 가령, 샤워할 때 서 있을 수 없었다. 신경학자들과 상담하고 검사를 해보니 진단을 내릴 수 있었다. 감호 병동으로 들어온 지 한두 달 만에 그는 휠체어 신세로 전락했다. 이내 상태가 급속도로 악화되어 침대에만 누워 있었다. 약 2년 뒤에 그는 숨을 거두었다.

로씨에게는 드문 뇌 변성 질환, 초기 치매, 운동 뉴런증까지 겹쳤

6부
범죄를 잊은 살인자

던 것이다. 스티븐 호킹의 사례와 달리 이런 유형의 운동 뉴런증은 급속도로 죽음에 이른다. 이 '시간 제한적' 정신 질환은 공격성과 같은 뇌 손상의 증상을 동반한다. 몇 달 뒤 근육 경련이 나타나고 움직이는 능력이 손상된다. 예후가 좋지 않고 발병부터 죽음까지 2~5년이 걸린다.

로씨는 내가 본 '신경정신병'적 살인 사건의 몇 안 되는 사례 중 하나다. 이 '가장 복잡하고 특이한 사건'에 대한 내 구체적인 보고서는 검찰과 피고 측, 중앙형사재판소 모두가 바쁜 시간을 들여가며 배심원 재판을 여는 고충을 덜어주었다.

× × ×

난 코스타스의 의료 기록을 살피며 특이 증상이 있는지 찾아보았다. 그는 허리 통증, 흉부 감염, 심한 음주 병력이 있지만 의심할 만한 뇌 질환은 없었다. 뇌 기능 '스캔' 검사에서 아무 문제가 없었고 일반적인 기억력을 보였으나 여전히 그날 밤 있었던 일에 대해 기억하지 못했다. 행동을 관장하는 전두엽에 추가 검사를 했지만 멀쩡했다.

의심스러운 부분을 하나라도 발견했다면 MRI로 뇌를 찍고 추가 검사를 하자고 제안했을 테다. 하지만 그럴 필요가 없었고 설령 제안한다고 해도 지원금을 받지 못했을 것이다. 사소한 부상으로 보험 청구 논쟁을 벌이고 있는 상태라면 검사를 총동원했을 테지만 종신형을 받을지 모르는 삶과 죽음이 걸린 사건이 보험사의 돈보다 오히려 중요성이 낮은 현실이었다.

두 번째 인터뷰에서 코스타스는 자신의 사연을 들려주었다. 그는 소매업 판매 관리자로 술을 좋아했다. 1999년에 결혼했고 아내가 임신 초기 유산했다. 그들은 아이를 입양하는 문제를 두고 다툼을 벌였다. 그의 음주는 더욱 잦아졌다. 간간이 기네스를 마시던 수준에서 주말마다 도수가 높은 라거로 옮겼고 보드카를 마셨다. 그는 천천히 절제하면서 마시는 쪽이 아니라 막 퍼붓는 스타일이었고 심할 때는 스톨리치나야 보드카 한 병 반을 마시기도 했다. 끔찍한 숙취를 겪었지만 직장에서 파인트 잔으로 물을 들이켜며 이겨냈다.

아내와의 갈등은 계속되었다. 그러다 2003년쯤 그가 피해자 소피아를 직장에서 만났다. 얼마 지나지 않아 두 사람은 불륜을 시작했다. 그는 양다리를 걸쳤고 며칠은 소피아와, 다른 며칠은 아내 리나와 지냈다. 소피아는 그가 결혼한 걸 알았지만 리나는 불륜 사실을 몰랐다. 그는 소피아에게 자신이 리나를 떠날 거라고 말했지만 결코 그러지 않았다. 소피아가 그를 밀어내기 시작하자 그는 소피아를 떠나지 않을 거라고 '그녀의 압박도, 다른 누구의 압박도' 받지 않을 거라고 말했다. 그렇게 이중생활이 계속되었다.

코스타스의 음주 패턴이 살인과 뒤이어 찾아온 기억 상실을 설명해줄 수 있는지 자문했다. 술이나 불법 약물로 살인 사건이 뒤덮여버리는 일은 놀랍지도 않으니. 2018년 통계를 보면 살인 용의자의 32퍼센트와 피해자의 36퍼센트가 사건이 일어나던 때 술을 마시거나 약을 했다. 술에 취하면 어떤 이들은 친절하거나 다정해지고 어떤 이들은 신경질을 부리고 화를 낸다. 술은 폭력과 살인 사이의 균형을 무너

293

트리는 요인 중 하나다. 그러나 알코올 소비는 일상의 한 부분으로 음주자들 대부분이 살인을 하지 않고 경험상 알코올 중독이 살인의 유일한 원인인 경우는 없었다.

최근 정부 통계에 따르면 영국 인구의 약 60퍼센트가 술을 마시고 그 60퍼센트 중 대략 4분의 1, 800만 음주자들이 일주일 중 가장 심하게 마신 날 술을 완전히 들이붓는다. 간단히 말하면 우리는 음주 문화를 가지고 있고 나도 다르지 않다. 다만 대부분이 술을 좀 과하게 마신 이후에 기억이 흐릴 수 있지만 알코올 의존성은 또 다른 문제다. 음주는 불안을 해소하고(잠시나마) 스트레스를 풀어주는 효과가 있고 주말에 기분을 느긋하게 하고 싶을 때도 용이하다.

이런 습관이 확장되어 목요일 밤에서 시작해 그다음 주 목요일에 끝난다면 스트레스를 풀기 위한 수준의 음주에서 벗어난다. 습관적인 소비는 일상이 되고 점차 독립적인 상태에서 의존적으로 변한다. 날마다 '잠을 깨우는 용도'로 필요하거나 '해장술'을 찾는 건 단순한 심리적인 갈망이 아니라 신체적으로 완전히 무력해진 증거다.

그러나 코스타스는 매일 의존적으로 마시기보단 한번에 폭음하는 습성이 더 컸다. 난 그의 음주가 장기적으로 끼칠 가능성과 함께 어떻게 살인 행동으로 이어질 수 있었는지 생각해야 했다.

× × ×

심각한 알코올 의존이나 폭음은 다양한 급성 증후군이나 장기 뇌 손상으로 이어져 행동에 장애를 가져온다. 음주가섬망은 종종 오해를 받고 있다. 아주 높은 수준의 알코올 중독에서 빠져나올 때 불안, 몸 떨림, 땀 흘리기, 뒤이어 섬망이 찾아와 의식이 혼탁해지고 환각이 생긴다. 가끔은 작은 동물이나 곤충으로 나타나는데 우리는 이를 왜소 환각이라 부른다.

음주가섬망을 겪은 남자를 평가한 적이 있는데 그는 군중이 자신을 쫓아온다고 생각하고 스탠리 칼을 휘둘렀다. 마침 지나가던 행인에게 부상을 입혔으나 다행히 상처가 치명적이지 않았다. 음주가섬망은 일반적으로 술을 끊고 나서 2~4일 사이에 나타나고 응급 상황인 경우 병원에 입원할 수도 있다.

그러나 코스타스의 살인은 술을 마시는 중이었지 폭음한 뒤 2~4일 사이에 일어난 일이 아니다. 또한 그는 환각을 언급하지 않았고 구치소에서도 의식이 혼미하지 않았다.

알코올 중독의 마지막 단계로 비타민 B 결핍과 관련한 뇌 손상의 유형도 있다(술을 마시느라 음식 섭취를 거부한 사람들이 걸린다). 운동 장애, 비정상적인 눈 움직임을 포함한 응급 상황으로 시작한다. 급히 정맥으로 비타민을 공급하지 않으면 영구적인 기억 상실 상태에 이르고 앞으로 새로운 정보를 배울 수 없게 된다.

영화 〈메멘토〉에 정확하게 묘사된 기억 상실의 유형으로, 주인공은 문신과 폴라로이드 사진으로 새로운 정보를 수집하고 기록하면서 아내의 살인범을 찾아 나선다. 현실에서는 이 증상으로 결국 병원에 입원한 알코올 중독증 선배 의사를 알고 있다. 매일 아침 그는 간호사에게 자신의 아내가 어디 있는지 묻고 날마다 아내가 수년 전 자신과 이혼했다고 눈물을 흘렸다. 끊임없이 반복되는 일상으로, 뇌 손상이 일어나기 직전의 시간에 박제된 상태였다.

그러나 다시 말하지만 이건 코스타스에게 적용되는 경우가 아니다. 혼란이나 비정상적인 눈 움직임도 없고 그는 새로운 사실을 기억하는 '미래' 기억력 테스트에서 이상 징후를 보이지 않았다.

일반적인 중독은 기억을 왜곡하는 효과가 있지만 술은 반대로 기억을 단절시킨다. 도수가 높은 술을 급하게 많이 마셨을 때 일어나는 경향이 크다. 기억이 끊기는 건 부분적이며 보존된 기억의 섬이 시간이 지나면서 기억들 간의 간극을 줄인다.

난 38세 남성 피에르 카터 살인 사건 증인석에서 이 현상을 판사에게 설명했다. 카터는 햄프셔 베이싱스토크에 있는 자신의 방갈로에서 레이먼드 샌더스라는 노인을 목졸라 살해했다. 샌더스는 카터에게 반복적으로 성적 이득을 취했고 둘이서 술을 많이 마신 뒤에 벌어진 일이라 카터는 그가 술에 약을 탄 것으로 의심했다. 그는 나중에 술로 인해 필름이 끊어진 기억 상실을 주장했다.

판사가 내게 물었다. "박사님, 제가 제대로 이해했는지 말해주세요. 강의 어귀가 술로 쓸려나갔다고 가정한다면 알코올이라는 조류가 잦아들면서 진흙 속에 있던 기억의 섬이 드러나는 건가요?"

"정확합니다, 재판장님."

판결을 이렇다. 기억 상실 인정, 도발에 의한 과실 치사, 징역 4년형.

× × ×

알코올로 인한 기억 상실은 코스타스의 기억 상실에

타당한 설명처럼 보인다. 그는 파인트 맥주 대략 열다섯 잔, 보드카 한 병 반을 마셨다. 그를 체포한 뒤 경찰서에서 혈중 알코올 농도를 역추적했을 때 나타난 결과다. 그는 전에도 이렇게 필름이 끊긴 적이 있었다. 직장 동료가 코스타스가 전날 밤 술을 마시면서 그에게 전화했는데 코스타스 자신은 전화를 건 기억이 없었다고 말했다. 술 마시고 전화하지 말자(특히나 차였다면 말이다. 앞 장을 참고하라).

1995년 정신과 수련의로 지낼 때 모즐리의 알코올 재활 병동에 배정받았고 그곳에서 장기간 음주가 가져온 끔찍한 결과와 마주했다. 알코올 의존증은 종종 '오십 대'에 드러나는 경우가 많아서(따라서 너무 늦다) 수년간 심해져왔기에 되돌리기 엄청나게 어렵고 이미 많이 망가진 상태다. 당시 우리는 6주짜리 프로그램을 운영했다. 대기 목록에 이름을 올린 환자들은 입원하는 날까지 술을 마셔서 생명을 위협하는 금주 발작을 피하려고 했다는 이야기를 들었다. 한 환자가 기억나는데 그는 말 그대로 모즐리의 정문 계단 앞에서 택시에서 내리며 턱수염에 다 묻도록 구토를 해댔다. 그는 간호사와 경비의 도움을 받아 입소했고 안전하게 관리를 받았다. 우리는 환자들에게 해독을 해주고 5~7일간 '벤조' 투약량을 줄이는 과정을 진행한다. 벤조는 바륨이나 리브리엄과 같은 약한 진정제로 발작 위험을 줄이고 땀, 떨림, 구토와 같은 심각한 금단 증상을 줄여준다.

정신이 말짱해지면 환자들은 일주일에 두 번 개인 및 집단 치료를 받는다. 우리는 정신과 육체의 건강을 판단하고 비타민을 처방하고 간 기능 검사 등을 진행한다. 사업을 말아먹고 집까지 잃은 한 남성 환자가 있었다. 그는 자기 문제를 해결하려면 그저 잔에 위스키 대신

297

사과 주스를 넣기만 하면 된다고 말하며 사업은 내팽겨쳐 두었다. 길거리에서 3리터들이 독한 술을 병째 마시던 한 젊은 여성은 그의 말에 이렇게 받아쳤다. "당신은 거짓말투성이야. 아직 바닥까지 안 떨어져 봐서 그래." 그녀는 나보다 더 말을 잘했다. "코를 바닥에 처박은 다음에야 다시 올라올 수 있는 거야. 괴상한 양반……. 캠버웰 그린에 있는 알코올 중독 학교에 가게 될 때까지 기다려요. 그럼 알게 될 거니까." (알코올 중독 학교는 심각한 알코올 중독자들이 모인 단체로 모두가 마실 술을 사기 위해 돈을 모으는 곳이다.)

알코올 병동 환자들은 술에게 붙잡히기 전까지 직업을 가지고 살았고 대부분 사연이 있다. 의사, 경찰 고위 간부, 노동 조합 일꾼까지 모든 부류의 사람이 모여 있다. 맨정신 상태를 너무 끔찍해했던 시어도어라는 환자가 기억난다. 그는 마지막으로 술을 진탕 마시고자 병동을 빠져나갔다. 결국 위장 주변 혈관이 파열될 정도로 팽창해서 치명적인 출혈 상태로 응급실로 돌아왔다.

× × ×

알코올 의존증은 모즐리 병원 그리피스 에드워즈 교수가 최초로 정의했다. 반복된 음주부터 금단 증상에 이르기까지 보통 한 종류의 술로 정착하고 내성이 커져서 같은 효과를 내려면 더 많이 마셔야 한다. 코스타스는 의존증은 아니었으나 분명 불행한 사람이었고 불분명한 이유로 꾸준히 술로 기억을 지워야 할 필요가 있었던 것 같다.

그렇지만 그들이 맨정신일 때가 있을까? 알코올은 사람의 인생과 의사 결정을 제약하는 한 방식이다. 중독 말기에 이르면 자신의 알코올 소비에 대해 다시 평가하게 된다. 1995년 알코올 중독 병동에서 일하면서 환자들의 삶을 보면서 시원한 맥주와 레드 와인이 마시고 싶다는 생각이 싹 가셨다. 그해 여름은 밖에 놀러 나갔을 때 운전기사 노릇만 하기로 마음먹었다. 스스로를 돌아볼 수 있는 이 맨정신의 시기는 분명 알코올 중독 병동에서 보낸 반년에 대한 반응이었다.

6부
범죄를 잊은 살인자

22

증인 진술서를
들여다보면

나는 오래도록 사건에 대해 생각했다. 코스타스가 의도적으로 계산해서 휘발유를 뿌리고 불을 붙였을까? 술에 취한 상태였던 그가 어떻게 빠져나올 수 있었을까? 가여운 소피아는 어떤 상황이었을지 궁금했다. 무자비한 불길이 넬름거리며 머리 위에서 타들어가는 끔찍한 이미지가 떠올랐다. 좀비와 같은 형태로 비틀거리며 다가온 그녀를 발견한 경찰들은 어땠을까? 어떤 식으로 도움을 줘야 할지조차 막막했을 것이다.

화재와 관련된 사망의 80퍼센트는 연기 흡입이 원인이다. 유독 가스, 특히 일산화탄소와 시안화수소를 흡입하면 기도가 열화상을 입어 집중 치료실에서 인공호흡기를 달아도 숨을 쉬는 능력이 파괴된다.

1987년 31명의 목숨을 앗아간 킹스크로스 화재 당시 의대생으로 응급실에서 당직을 서봐서 매우 잘 알고 있다.

다시 코스타스로 돌아와서 그의 인생은 결국 어떻게 되었나?

상관은 그가 회사에서 문제를 일으키지 않고 성실하게 일했다고 말했다. 그의 전과 조회를 하니 범죄나 어떤 이력도 없었다. 하지만 소피아의 여동생은 코스타스가 지배욕과 질투심이 크고 괴롭히는 스타일이었다고 말했다. 소피아는 코스타스가 이중생활을 한다는 걸 가족들에게 말하지 않았던 것이 분명했으나 셀레스테와 같은 친구들에게는 털어놓았다.

셀레스테는 두 사람이 연애 초반에는 엄청나게 사랑하는 것 같았지만 소피아가 키우는 고양이를 코스타스가 더럽다고 느끼고 싫어한다는 걸 알고 다툼을 벌였다. 코스타스는 독점욕도 강해서 그들은 항상 '서로의 얼굴을 보고' 말로 해야 했다. 관계는 그렇게 나빠지기 시작했다.

셀레스트는 한번은 소피아와 같이 술을 마시러 나갔는데 코스타스가 계속 전화를 해서 소피아에게 집으로 오라고 했다고 말했다. 살인이 벌어지기 며칠 전 소피아와 함께 있을 때 그에게서 술에 취해 전화가 왔고 코스타스가 소피아에게 마침내 이혼할 결정을 내렸고 그녀를 위해 사태를 수습할 거라고 말했다고 밝혔다.

그러나 너무 늦었다. 소피아는 충분히 오래 기다렸고 헤어지려고 노력 중이었다. 그녀는 셀레스트에게 그에게서 집 열쇠를 돌려받고 싶고 경찰서에 갈까도 고민했지만 그가 난처해지는 걸 원치 않는다고 털어놓았다.

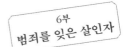

난 증인 진술서를 계속 살펴보았다.

코스타스의 아내 리나는 처음에는 결혼 생활이 좋았지만 곧 자주 다투었다고 말했다. 남편은 며칠씩 연달아 종적을 감췄고 아무 설명을 하지 않거나 혹은 연속 교대 근무를 했다. 그는 체포되기 이틀 전에 집을 나섰지만 리나에게 술 취한 목소리로 전화해 더 이상 그녀를 사랑하지 않고 결혼 생활에 이골이 났다고 말했다.

열차가 역에 정차한 걸 깨닫고 가방에 서류 뭉치를 집어넣고 서둘러 내렸다.

더비 형사 법원에서 그날 들은 자세한 내용은 기억나지 않는다. 그저 일상적인 형량 심리였다. 그렇지만 플라스틱 의자에 앉아 오래 기다리면서 다른 사건의 서류를 읽은 기억이 난다. 난 초점을 옮겨 한 시간 정도 코스타스에 대해 잊어버리고 또 다른 사례에 집중하고 증거를 제시할 마음의 준비를 했다. 그래, 솔직히 난 바쁜 걸 좋아하는 것 같다. 내겐 마감일의 압박보다 한가함이 더 끔찍하다.

난 코스타스의 보고서 때문에 일정이 빡빡했고 살인 사건치고는 당황스럽게도 짧은 마감 기일을 수락했다. 하지만 이런 상황을 개의치 않았다. 흥미로운 사건이고 런던으로 돌아오는 기차에서 다시 서류를 들여다보는 게 행복했다.

경찰 체포 기록이 있었고 검찰 측 전문가가 사용하지 않은 자료와 테이프 레코드 인터뷰를 글로 담은 긴 스크립트에는 사방에 '노 코멘트'라는 대답이 적혀 있었다. 기차가 런던 북쪽 외곽을 통과했을 때 난 다시 서류를 챙기기 시작했다.

그러다 오스카 노백의 진술을 보았다.

× × ×

    소피아는 친구나 가족들 모르게 오스카와 만나기 시작했고 어쩌면 그녀는 코스타스와의 현 상황을 해결하지 않은 상태로 새로운 사람을 만나는 것이 부끄러웠는지도 모른다. 오스카의 전화번호가 소피아의 전화 기록에 있었고 그녀가 살해당하기 전 주에 여러 차례 그가 전화를 걸어왔기에 경찰은 그에게서 진술을 받았다.

    코스타스 사건의 경우 과도한 업무에 지친 변호사가 오스카의 진술을 놓친 것이 분명했다. 피해자가 그날 밤 실제로 어떤 일정으로 움직였는지, 머릿속에 무슨 생각이 있었는지 등 모든 증거가 그녀가 죽기 직전에 새로운 관계를 시작한 남성에게서 나왔다.

    오스카는 짧은 시간 동안 그녀를 알았고 소피아는 코스타스에 대해 거의 말하지 않았지만 헤어지려고 노력하는 중이고 코스타스가 여전히 그녀의 아파트 열쇠를 가지고 있다고 했다. 그는 소피아가 경찰의 도움을 얻어 열쇠를 되돌려 받을까 생각 중이지만 코스타스가 곤경에 처하거나 일자리를 잃게 되는 걸 원치 않았다고 했다.

    오스카와 소피아는 사건 전날 데이트를 했고 그녀는 코스타스로부터 계속 문자와 전화를 받았다. 그들은 코스타스와 다툼을 벌일 일이 걱정되어 따로 방을 잡았고 소피아는 오스카에게 마지막으로 코스타스를 봤을 때 그가 그녀의 휴대폰 통화 목록을 보려 했다고 말했다.

    그래 바로 이거다. 난 '평범한' 동기를 찾았다. 수년간 밍기적거리다가 코스타스가 마침내 아내와 헤어질 거라고 말했지만 너무 늦은 것이다. 소피아는 다른 사람을 찾았다. 그녀가 새 남자 친구와 있다가

303

6부
범죄를 잊은 살인자

새벽 3시에 집에 돌아왔을 때 코스타스가 기다리고 있었다. 어쩌면 그는 그녀가 밤늦게까지 어디 있었는지 궁금했을지도 모른다. 그래서 술에 취한 상태로 대립했고 말다툼을 벌였다. 휘발유를 구입한 건 사전 계획을 의미하고 다시 말하면 포식자의 폭력인 셈이다. 그는 그녀에게 겁을 주고 화상을 입히고 자기도 타죽을 거라고 위협할 생각이었거나 혹은 두 사람 다 죽음을 맞게 할 생각일 수도 있었는데 마지막 다툼에서 술김에 한계를 넘어서면서 치명적인 화재를 일으켰다.

코스타스의 알코올 소비는 엄청나서 살인을 저지른 뒤 그의 첫 기억 상실은 아마 진짜일 것이다. 그는 자신의 기억이 되돌아오기 시작했다고 말했고 경찰과 첫 취조를 할 때와 나중에 나와 할 때 항상 기억이 드문드문 난다고 했다. 이 말은 알코올성 기억 상실이 진실일 가능성이 한층 더 크다는 걸 의미한다. 부분적인 기억 상실도 처음에는 진짜였으나 그가 살인에 대해 더 많이 기억하기 시작하면서 오스카를 알고 있다는 점을 부정했다. 난 의구심을 가졌다. 하지만 그는 체포된 뒤에도 경쟁자에 대해 모른다는 관점을 유지했고 그래서 법정에서 살인이 미리 계획된 것이 아닌 즉흥적으로 벌어진 일이라고 주장할 수 있었다.

이 사건은 완전히 정신과적 낚시 여정이었다. 변호사들이 내게 그의 기억 상실, 뇌 손상 가능성, 외상후 스트레스 장애, 혹은 간략한 정신병 일화, 정신 이상, 한정 책임 능력으로 재판에 설 수 없다는 가능성 등에 대해 언급해달라고 요청했다. 어쩌면 그가 경찰에게 머뭇거리며 제안한 것처럼 스스로에게 불을 지를 계획을 세웠거나 아니면 동시에 소피아도 같이 데려가려 했을 수도 있다. 그는 그녀를 때리거나 칼로 찌르지 않았고 그저 연료를 뿌리고 불을 붙였다. 결국 이 사건은 사랑하는 상대를 잃는 나르시시스트적인 피해를 경험한 한 남성이 저지른 전형적인 성적 살인일 뿐이다. 연인에게 향하던 분노가 그녀가 다른 사람을 만나기 시작하면서 질투라는 화염에 휘감긴 것이다.

난 보고서를 작성하면서 기억 상실에 대한 모든 대안적인 설명을 넣었다. 술로 인해 기억이 단절되고 부분적으로 다시 기억이 살아난 건 진짜인 것 같고 적어도 살인 초반에는 그런 것 같지만 계속 기억이 나지 않는다는 부분에 대해서 거짓말을 하고 있는지는 결정할 수 없다고 밝혔다. 내가 뇌 손상과 정신병을 제외했으니 정신 이상이나 다른 변론은 없었다. 자발적인 알코올 소비는 살인의 핑계가 될 수 없다. 코스타스가 기억하는지 여부와 상관없이 그는 증거에 반대하지 않았고 살인죄를 인정했다.

판결은 이렇다. 살인죄, 종신형, 최소 복역 형량 21년.

× × ×

심각한 알코올 문제가 코스타스의 범죄를 전부 설명할 순 없지만 기여한 부분은 확실히 있다. 음주 문제를 치료할 방법을 찾았다면 그날 밤 그 정도까지 취하진 않았을 것이다. 그러나 그가 도움을 청했다고 해도 마약과 알코올 중독 치료는 국민건강보험에서 적용받기 상당히 힘들다.

알코올 중독 치료와 재활 서비스는 투자 가치가 충분하다. 치료받

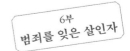

6부
범죄를 잊은 살인자

지 못한 중독자들에게 들어가는 사회적 비용이 엄청나다. 특히 불법 약물 거래와 관련한 폭력과 살인을 염두에 두면 말이다. 2018년 영국과 웨일스에서 일어난 모든 살인 사건의 42퍼센트에 해당하는 332건에 약물이 관련돼 있다.

그러나 더 이상 국가건강보험에서 운영하는 알코올 중독과 재활 치료 프로그램은 영국에 남아 있지 않다. 현재 크게 실패한 공공 정책이 된 2012년 랜슬리 개혁이 그렇게 만들었다. 추가 치료를 위한 자금이 삭감되고 책임은 돈을 쥐고 있는 지역 관할 기관으로 넘어갔고 그곳에는 마약과 알코올 중독 말고 다른 우선순위가 있었다.

나도 가끔 한적한 도싯의 동네 펍에 들려 식스페니 골드 파인트를 한 잔 하곤 한다. 파인트를 마시며 코스타스나 알코올 중독 환자들 혹은 알코올이 두뇌에 미치는 영향, 도파민 분출이나 신경전달물질의 변화와 같은 과학적인 부분에 대해 생각하지 않으려고 노력한다. 그냥 차분해지는 효과와 술을 마시며 느끼는 친밀함에 감사한다.

도싯에서 주말을 마무리할 때쯤 도시의 북적거림이 그립다는 점을 인정한다. 그렇지만 내가 항상 잉글랜드의 시골을 좋아하는 이유는 상대적으로 심각한 폭력 범죄가 드물고 살인 사건은 거의 전무하다고 볼 수 있어서다.

이론적으로는 뭐 그렇다……

7부

강도 살인

사례 연구:

누가 대령을 죽였나?

23

차갑게 식은
탐정 소설처럼

2004년 1월 8일 새벽 4시 57분 허트퍼드셔 구급관제 실로 999 전화가 걸려왔다. 퀸 강과 립 강 사이에 자리한 조그만 마을 브로잉에서 걸려온 것인데 퍼닉스 팰엄에서 4.8킬로미터 정도 떨어진 곳에 자리하고 있다. 전화를 건 남성은 구급차를 홀리혹 커티지로 보내달라고 요청했지만 이유나 정황에 대해서는 말하지 않았다. 익명의 제보자는 마을 철자를 낡은 동네 표지판과 똑같이 a를 추가로 붙여 알려 주었지만 그 동네 사람처럼 '퍼닉스'라고 발음했다. 제보자는 또한 "번팅퍼드 근처에 있어요"라고 말했다. 마지막 '퍼드'도 지역 시골 억양으로 '퍼'를 강하게 발음했다. (나중에 경찰이 음성 파일을 분석해보니 제보자는 지역 사람으로 추정되며 언어 전문가의 소견에 따라 대략 60세 정도로 알려졌다.)

퍼닉스 펠엄으로 구급대를 보내고 대원들은 홀리혹 커티지를 찾아 마을을 돌았다. 하지만 한밤중이라 마을은 고요하기만 했고 홀리혹 커티지라는 이름의 집을 찾을 수 없어서 그냥 복귀했다.

다음 날 아침 가정부인 조제트 스완슨이 깐깐하고 나이 많은 고객 라일리 워크맨 대령의 일과를 돕기 위해 홀리혹 커티지로 갔다. 그녀는 현관 문 앞에 쪼그리고 앉아 움직이지 않는 대령을 발견했다.

스완슨 부인은 어쩔 줄 몰라 근처에 사는 변호사 에드워드 데이비드슨에게 연락했다. 데이비드슨이 홀리혹 커티지로 왔고 나중에 그는 죽은 노인의 얼굴을 보고 충격을 받았다고 말했다. 그 사이 구급대원들이 도착해 바이탈 사인을 확인한 뒤 사망했다고 판단했다. 대령의 나이를 생각하면 심장마비나 뇌졸중과 같은 자연사로 추정되었으나 정확한 진단은 부검해야 알 수 있었다. 몇 시간 뒤 장의사가 도착했고 시신을 영구차에 태우려고 들것에 올리는 순간 그들은 대령의 등에서 화기에 다친 것처럼 보이는 1인치 너비가 채 되지 않은 상처와 피 얼룩을 발견했다.

경찰이 출동했다. 이 죽음은 갑자기 살인 사건으로 변했다. 하지만 이때쯤 가정부, 이웃, 구급대원들이 사방을 걸어다닌 터라 현장을 보전하고 감식하긴 너무 늦었다. 부검 결과 대령은 12게이지 엽총에서 나온 '산탄'이라는 특이한 총알을 맞고 사망한 걸로 밝혀졌다. 일반적인 12게이지 엽총 탄약은 꿩이나 비둘기를 잡는 용도로 쓰며 170~270개의 작은 펠렛이 들어 있는데 개별 무게가 2그램 정도고 납에 안티몬을 넣어 강도를 높인다.

7부
강도 살인

반면 산탄 탄약의 경우 8개의 커다란 펠렛에 개별 직경이 거의 1센티고 무게는 50그램이 넘게 나간다. 주로 미국 경찰과 가정에서 호신용으로 구비한 엽총에 쓰인다. 영국에서 산탄 탄약은 여우와 같은 동물 사냥용으로만 사용이 제한되어 있다. 이 종류의 탄약을 파는 가장 가까운 상점은 퍼닉스 펠엄에서 580킬로미터 넘게 떨어진 이스트 바넷 마을이다.

어디서 났는지 몰라도 전문가는 탄약이 3미터 정도 떨어진 곳에서 발사된 것으로 보았다. 당연히 이건 명백한 살인이다. 게다가 없어진 물건이 아무것도 없고 대령의 귀중품 컬렉션도 고스란히 남아 있어 지독한 냉혈한의 처형처럼 보였다. 어쩌면 일종의 원한 살인일 수도 있다.

스완슨 부인이 마지막으로 대령을 본 건 전날 밤 저녁 7시 35분 경이었다. 경찰은 증거 수집을 위해 골든 타임인 24시간 동안 집집마다 탐문 수사를 했고 전날 밤 오후 8시 20분쯤 쾅 하는 소리를 들었다는 주민이 몇 명 나타났다. 그러나 밤에 총소리가 나는 건 퍼닉스 펠엄과 같은 시골에서는 평범한 일이라 아무도 경각심을 갖지 않았다.

사망 당시 83세인 워크맨 대령은 제2차 세계 대전 참전 용사다. 옥스퍼드에서 공부한 그는 대학을 졸업한 직후 군에 들어갔고 전쟁 동안 옥스퍼드셔와 버킹엄셔 경보 부대에서 복무했고 나중에 그린 재킷 여단으로 편입되었다. 그는 복무 기간 대부분을 미얀마에서 일본군을 상대하며 보냈다. 군에 있는 동안 캐나다, 나이지리아, 독일, 키프로스에 주둔했고 미국 전역을 여행했다. 그는 1급 장교로 기록되어 있었다.

워크맨은 1960년대 중반 군에서 은퇴했다. 한동안 골동품 거래상을 하다가 퍼닉스 팰엄에 정착했다. 아내 조애너가 말년에 거동을 못하게 되자 워크맨이 그녀를 보살피고 마지막 수발을 들었다. 그녀는 결국 2003년에 눈을 감았고 화장을 한 뒤 유해 일부를 반려동물 타라의 유해와 함께 섞었다.

워크맨은 시가를 사고 동네 브루어리 탭에서 술을 마시곤 했다. 그러나 조애너가 죽은 뒤에는 술집에 나타나는 횟수가 줄었고 은둔자가 되어 집에서 『반지의 제왕』과 『해리 포터』 시리즈를 다시 읽으며 시간을 보냈다. 죽기 일 년 전에 그는 스완슨 부인을 간병인으로 고용했다. 그날 아침 시신을 발견한 것도 부인이었다.

× × ×

이건 차갑게 식은 탐정 소설이다. 경찰은 전혀 갈피를 잡지 못했다.

999에 녹음된 목소리를 허트퍼드셔 경찰 웹사이트에 올려 신고자가 누군지 알아보려고 했다. 형사들은 전화가 걸려온 것으로 추정되는 근처 브루잉에서 공중전화를 가져왔고 결국 바닥에 구멍만 남겨놓고 공중 전화 박스를 통째로 떼어왔다. 경찰서로 익명의 제보자에 대한 연락이 200여 통 정도 왔지만 쓸 만한 건 없었다.

지역 교구 목사인 로버트 녹스는 누가 무슨 이유로 워크맨을 쏘겠냐며, "노인은 최고의 삶을 살았다"고 말했다. 사방에서 추측이 난무했다. 사람을 착각하고 살해한 경우일까? 어쩌면 군대 시절 원한을

7부
강도 살인

품은 살인일까?

돈을 노린 살인인지 여부와 함께 어떻게 범인을 식별할 수 있을지도 의문이었다. 워크맨은 퍼닉스 팰엄에서는 꽤 부유한 인물이고 재산을 노린 범죄의 목표가 될 가능성이 있었다. 그는 매년 지속적으로 가격이 오르는 커티지에서 살았다. 대령은 고위 군 장교의 최고 급여에 맞춰 매년 물가와 연동되는 연금을 받았고 무역업을 하던 시절에 획득한 귀중한 골동품과 은 컬렉션도 있어 돈을 노린 범죄일 가능성이 높아 보였다.

의구심은 증폭되었다. 그가 사기꾼의 피해자일까? 아니면 돈을 주지 않으면 대령에 대한 진실 혹은 거짓 정보를 흘리겠다는 협박이나 위협을 받았을까? 돈이나 재산 강탈이 목적이었다면 그에게 유언 변경을 강요하지 않았을까? 골동품을 거래하는 과정에서 누군가와 갈등이 불거졌을까?

사건은 텔레비전 드라마의 모든 특징을 다 가지고 있었다. 하지만 소설이나 드라마는 돈을 노린 계획 범죄에 과도하게 중점을 두는 경향이 있다. 실제로 강도 살인은 놀라울 정도로 비중이 적다. 2018년 726건의 살인 사건이 발생했는데 그중 6퍼센트에 해당하는 47건이 강도 살인인 반면 51퍼센트인 373건의 범죄가 말다툼, 복수, 홧김에 저지른 결과였다.

이 전반적인 수치는 미국과 비슷해서 2018년 총 14,123건의 살인 사건 중 6퍼센트에 해당하는 851건만이 돈이 목적이었다. 당연히 강도 살인의 경우 초기 목적은 갈취지 살인이 아니다. 살인이 벌어지는 건 피해자에게 겁을 주려다가 심각한 부상을 입히거나 피해자가 저항했거나 하는 경우다. 물론 그래도 여전히 살인은 살인이지만.

× × ×

배우자나 애인이 돈을 노리고 사전에 모의한 살인 사건은 정말로 드물다. 이미 살펴보았듯이, 배우자나 애인에 의한 살인은 순간의 분노로 일어나는 경우가 훨씬 많다. 경찰은 연인 중 한 명이 살해당하면 먼 데서 용의자를 찾지 않는다. 보험금이나 유산을 노리고 배우자를 살해한다거나 이혼 조정 과정에서 말다툼을 벌이다 살인을 저질렀다고 생각하는 사람들은 현실을 잘 몰라서 그럴 수 있지만 대체로 정답은 아니다.

최근 육군 교관 에밀 실리어스가 아내를 살해하려는 두 번의 시도로 유죄를 선고받은 사건을 살펴보자. 이중생활을 하면서 그는 빚이 쌓였고 매춘부를 불러들이고 온라인에서 만난 여성과 정사를 가졌다. 아내의 생명보험에 투자한 뒤 그는 자기 집 가스 밸브를 임의로 조작해 아내를 죽이려고 했다. 이 시도가 실패로 돌아가자 그는 하늘로 나갔다. 부부는 낙하산을 타는 취미가 있었고 그는 아내의 낙하산을 훼손했다. 아내는 낙하산이 엉켜 척추를 다치고 다리, 쇄골과 갈비뼈가 부러지는 부상을 입었지만 이번에도 목숨을 건졌다.

두 번의 형사 재판에서 숙련된 낙하산 교육자의 증거가 포함되어 실리어스는 살인미수 혐의를 인정받고 종신형에 최소 복역 형량 18년을 선고받았다.

언론에는 실리어스의 정신 감정이 공개되지 않았지만 보도를 보면

313

그의 동기와 행동이 분명 사이코패스적인 특성을 드러내고 있다. 합리적인 추측인지는 직접 판단해보길 바란다.

× × ×

실리어스 건은 접어두고 다른 사례를 살펴보면 상대를 조종하는 행동, 화려한 언변, 특출난 매력, 동정심 결여와 같은 사이코패스의 특성이 겉보기에는 멀쩡하고 직장에서 법을 준수하며 사는 사람에게서도 발견된다. 이 분야 전문가인 로버트 헤어는 저서 『양복 입은 뱀(원제: Snakes in Suits)』에서 '기업형 사이코패스'를 다루었다.[52] 그는 기업형 사이코패스의 파괴적인 특성이 간과되는 건 그들의 매력적인 행동 성향 때문이라고 설명한다.

그러나 사이코패스 사기꾼은 사이코패스 살인범이 될 수도 있다. 돈을 노린 사기꾼이 지닌 두드러진 특성 중 하나는 나르시시스트적 성격인데 여기에 사이코패스의 특성이 결합할 경우 사기와 기만이 살인으로 이어지는 것이다.

나르시시즘은 정신과 의사이자 정신분석학자 제시카 예이클리의 설명에 따르면[53] 허영심과 자기애라는 개인적인 특성에서 시작해 나르시시스트적인 인격 장애의 형태로 나타난다. 폭넓은 스펙트럼의 한 지점에는 건강하고 평범한 수준의 나르시시즘이 있어 개인이 낮은 자존감을 느끼지 못하게 보호한다.

그러나 극단에 있는 나르시시스트적인 인격 장애의 특징은 과장과 자기중심적 성향이 포함돼 있다. 끊임없이 성공이나 권력에 대한 환상을 품고 자신이 특별하다는 믿음을 가지고 뭐든 가질 자격이 있다고 느낀다. 타인을 배척하고 동정심이 없고 질투를 하거나 오만한 행동을 동반한다. 또한 나르시시즘에는 크게 두 가지 하위 유형이 있는데 이름하여 오만과 자기확신이라는 '두꺼운 낯짝'의 나르시시스트와 과도하게 민감하고, 크게 동요하고 방어적이며 수치스럽고 불안해하는 '얇은 낯짝'의 나르시시스트가 있다. 가끔 두꺼운 쪽이 얇은 쪽에 대한 심리적 방어 기제를 보이기도 한다. 예를 들어, 나르시시스트는 다른 사람을 폄하하는 농담을 던져 가슴을 후벼파지만 스스로에게는 그러지 못한다. 세계적으로 활동하는 저명한 정치인 중 일부는 과도한 자존심과 과한 자신감이 결합해 어떤 비판도 수용하지 못한다.

자기애적 인격 장애는 직장과 대인관계 뿐 아니라 금전적인 문제를 일으킬 수도 있다. 나르시시스트들은 끊임없이 주목받고 과도한 존경을 원하고 자신이 특출나다고 인정받으려는 기대가 있다. 자신의 성취를 과대 포장하고 성공, 권력, 아름다움에 대한 환상에 빠져 있다. 원하는 바를 얻기 위해 상대를 배척하거나 조종도 불사하며 자기 이익보다 타인의 감정을 우선하는 능력이 없거나 그럴 생각조차 없다. 그들은 최고의 사무실과 최고의 자동차를 원하고 감옥에서 제일 푹신한 침대를 요구하며 정신과 의사가 자신을 그날의 첫 번째 환자로 진료하지 않을 경우 화를 내기도 한다.

자기애적 성격 장애가 있는 사람은 또한 문제를 해결하는 데 어려움을 겪고 감정과 행동을 잘 정리하지 못한다. '진정한 자아'를 보는 걸 잊어버리고 그 자리를 '거짓 자아'로 포장해 모든 걸 다 잘해야 한다는 강박에서 생기는 상처로부터 스스로를 보호한다.

7부
강도 살인

이 말은 곧 나르시시스트는 자신이 받아야 한다고 생각하는 걸 얻기 위해 사기나 기만을 저지를 수 있고 죄책감이나 양심의 가책을 느끼지 않으며 자기 행동이 타인에게 미칠 영향은 안중에 없다. 방해를 받으면 충동적으로 행동하고 목적을 달성하기 위해 살인까지 저지를 수도 있다.

나르시시즘은 사이코패스와 긴밀한 관련이 있는데 나르시시즘적인 과장법과 동정심 결여라는 특성은 사이코패스 체크리스트에 올라와 있는 항목이고 나르시시스트의 반사회적 행동과 사디즘을 더하면 결국 사이코패스가 된다는 말도 있다. 나르시시즘의 개념은 법정신의학의 여러 분야에 걸쳐 있으며 애인이나 배우자 살인마, 스토커, 총기 난사범의 행동을 이해할 때 도움이 된다.

극단적인 예시로, 나르시시스트의 거짓 자아는 병적인 거짓말을 일삼고('월터 미티 신드롬') 완전히 새로운 자아를 채택해 사기꾼으로 활동한다.

이번 건과 관련 있고 나르시시즘과 겹치는 성격 특성을 한 가지 더 살펴보자면 공식적인 정신과 진단명은 아니지만 마키아벨리즘이 있다. 마키아벨리즘은 기만, 아첨, 감정적 결여와 같은 사리사욕적 전략으로 사회와 대인 관계를 교묘하게 조장한다. 마키아벨리즘, 나르시시즘, 사이코패스가 결합하면 성격 특성의 '어두운 삼인방'이 구성되며 부정적인 행동을 보이고 금전을 노린 비행을 저지른다.

24

사기꾼도
칼과 총을 든다

나는 살인 사건 피의자의 정신 감정뿐 아니라 사기 피의자의 정신 감정 의뢰도 받는다. 처음에는 양쪽을 다 살폈으나 경험이 쌓이면서 주로 검찰 쪽 사건을 담당하게 되었다. 사기꾼의 정신 상태는 내가 공동 집필한 학술 논문의 주제로, 사기꾼의 정신 장애 유형 분류 체계를 구성해보았다.[54]

사기와 꾀병에 대해 처음 알게 된 건 다단계 금융 사기로 걸려든 다이앤 윗워스의 정신 감정을 하게 되면서다. 그녀는 5천 파운드를 투자해 믿을 수 없을 만큼 높은 이자 수익을 주는 투자 계획에 참여하라고 구슬렸다. 의심하지 않는 투자자들로부터 60만 파운드 이상의 돈을 갈취한 윗워스와 그녀의 남편은 투자는커녕 명품과 자동차를 사고 호화로운 해외 여행에 돈을 써버렸다. 영국 국세청의 조사와 경찰 조사가 이어지면서 윗워스는 경찰 구금 중에 거짓으로 발작을 일으켰다. 피고 측에서는 그녀가 재판을 받기에 정신적으로 적합하지 않다고 주장했다.

내가 벤틀리가 주차되어 있는 호화 전원주택에 진찰차 방문했을 때 그녀는 입을 전혀 열지 않았다. 그런 다음 법정에 출두해 눈이 보이지 않고 신체 한쪽이 마비되었다고 주장했다. 난 순진하게도 그녀가 말한 증상을 듣고 극심한 편두통으로 인한 동맥 경련이나 뇌졸중이 아닐까 추측했다. 그러나 결정타 중 하나는 검찰 측 변호사에게서 나왔다. 윗워스가 자신을 치료한 정신과 의사와 개인적으로 대질 심문을 받는 동안 계속해서 꾀병을 부려 보험금을 타내려고 한 것이다. '대문짝만큼' 큰 꾀병이 분명했다. 그녀와 남편은 사기죄를 인정받았고 각각 4년형과 6년형을 선고받았다.

난 이런 식의 행동 유형을 많이 봐왔다. 일부는 터무니없는 사기를 치고 기억 상실을 주장하는 우스꽝스러운 모양새를 보인다. 개인이 사기 범죄를 저지르면서 사람들을 기만한 것처럼 법적 절차도 속이려 들고 이를 감정하는 정신과 의사에게는 재판 결과를 뒤집고자 기억 상실인 척 꾀병을 부리는 식이다.

× × ×

난 이내 냉담하고 동정심이 없고 기생적인 삶을 사는 마키아벨리주의자, 아마도 사이코패스의 가능성이 있는 범죄자의 돈을 노린 사기가 살인으로 이어진 사례와 만나게 되었다. 바로 아난드 바마의 사건이다.

스물여섯 살 아난드 바마는 금융 시장에서 활약하며 온라인 도박으로 활동 범위를 넓혔다. 그는 선물 투자업자로 신분을 속였으나 사실은 빚이 10만 파운드가 넘는 도박 중독자였다.

빚을 갚으려고 부모님 몰래 부모님 명의의 집을 담보로 대출을 받았다. 그는 부모님의 서명과 변호사의 서명을 위조해 27만 파운드 이상의 사기를 쳤다. 그 돈은 기하급수적으로 커지는 도박 빚을 갚는 데 들어갔다.

그러다 들통이 났는지 2003년 10월 26일, 아난드 바마는 59세인 아버지 디네시 바마를 목 졸라 살해하고 시신을 여행 가방에 담아 자신의 포드 자동차 트렁크에 숨겼다. 살인을 저지르기 전날 그는 '독살'과 '살인'을 온라인으로 검색해보았다. 그런 다음 아버지가 실종되었다고 신고했다.

다음 그의 행보가 꽤 특이한데 사기꾼들의 보편적인 정신 상태를 부분적으로나마 설명해준다. 그들은 진실을 부정하는 경향이 있고 피해자와 경찰뿐 아니라 스스로에게도 거짓을 말한다. "내 연금 펀드가 없어지겠지만 괜찮아. 난 돈을 갚을 거야." 그들은 스스로에게 이렇게 말한다. 이런 심리적인 부정이 바마가 아버지의 시신을 두 달간 자기 자동차 트렁크에 방치해둔 부분을 설명한다. 눈에 보이지 않으면 마음에서도 멀어지는 법이다.

아버지가 사라지고 난 뒤, 바마도 수색에 나섰다. 그는 포드 자동차를 팔고 BMW 5시리즈를 구매했다고 주장했지만 그 점을 뒷받침

7부
강도 살인

해줄 서류가 없었다.

놀랍게도 바마는 아버지의 절단한 시신이 담긴 자동차로 계속 돌아와 붙어 있는 주차 딱지를 떼어내고 차량 서랍에 숨겨두었다. 주차 딱지에는 시간과 날짜와 그의 지문이 있었기에 검찰 측은 그가 반복해서 자동차로 돌아왔다는 뚜렷한 증거를 얻었다.

× × ×

난 특별 진료소에서 도박꾼의 정신 감정을 여러 번 했으나 법정신의학에 따르면 이런 특성들은 법정에서 전혀 도움이 되지 않는다.[55] 강력한 중독 본능과 사기를 치는 행동 능력에 혀를 내두를 수밖에 없었다. 비록 도박 충동이 아주 강해서 가끔은 저항할 수 없겠지만 사람은 도박을 그만둘 능력이 있고 따라서 형사 법원은 항상 도박꾼이 자기 행동에 책임을 지도록 할 것이다.

바마가 자기 행동을 통제할 수 있었음에도 불구하고 뇌 스캔 연구를 보면 도박을 할 때 선조체(뇌의 보상기관)의 활동을 알 수 있다. 도박꾼은 승리에 중독되는 것이 아니다. 그들은 자기가 이겼는지 혹은 졌는지를 판단하기 직전의 불확실한 찰나에 중독되는 것이다. 이걸 '게임 안에 있다'고 말한다. 경찰이 시신을 찾고 난 뒤 바마가 체포되었고 중앙형사재판소에서 재판을 기다렸다. 그의 말장난에 넘어가지만 않는다면 단순한 사건이었다.

그런데 벨마시에 구금되어 있는 동안 바마는 다른 거짓말을 생각해내 누군가 차를 빌렸다고 주장했다. 그의 감옥 동료인 나구 머피는 코카인 중독에 지능이 낮은 남자로 경범죄로 구금된 상태라 곧 풀려 날 예정이었다.

바마는 머피에게 자신을 도와주면 온라인 선물 거래 투자법을 가르쳐주어 그를 부자로 만들어주겠다고 구슬렸다. 머피는 벨마시에서 얼마 뒤에 풀려났고 무관한 다른 범죄에 연루되어 다시 체포되었다. 경찰은 그가 바마의 살인 사건과 관련된 검찰 측 문서를 소지하고 바마가 제출한 거짓 진술서도 함께 가지고 있는 걸 알았는데 그는 그걸 제3자를 통해 경찰에 제출할 생각이었다. 문서에는 진술서를 어떻게 써야 하는지와 그렇게 해서 받을 돈에 대해 자세히 적혀 있었다.

경찰 인터뷰에서 머피는 전체 계획을 자백했다.

난 머피가 경찰 취조에 적합한 상태인지의 여부에 관한 논쟁에 개입했다. 두 사람은 법정의 실현을 방해한 혐의로 유죄를 받았고 바마는 아버지 살인죄 유죄를 확정받았다.

판결은 이렇다. 종신형, 최소 복역 형량 14년.

× × ×

바마의 사례를 내가 언급한 사기꾼 살인자 중 한 명으로 볼 수 있다. 그가 날 워크맨 대령 살인 사건을 되돌아보게 했다. 이 사건에 사기꾼 살인자, 협박범, 착취자가 있을 가능성이 있고 사이코패스의 특성을 가진 사람이 대령이 경찰에 신고하겠다고 위협하자 살해한 것일지도 모른다.

경찰은 돈 문제로 인한 살인이라는 가능성을 거의 배제한 듯 보였

7부
강도 살인

지만 수사의 활로가 될 수 있는 건 확실했다. 이런 유형의 수사는 일반적으로 은행 기록을 분석하고 특이한 거래 이력이 있는지 살피고 전화 기록을 추적하는 등의 일을 해야 한다. 그러나 특이 사항은 전혀 발견되지 않았다. 어쨌든 처음에는 말이다.

다음 핵심 영역은 문 앞에서 대령을 쏜 엽총을 추적하는 것이었다. 경찰은 여기서 두 가지 질문에 직면했다. 왜 살인에 총이 사용되었을까? 그리고 어떤 방식으로?

세상에서 가장 엄중한 총기 법을 가진 덕분에 영국에서 총기에 의한 살인은 드물다. 소총 면허를 신청하는 데만 수개월이 걸리고 사냥용, 해충 처리용 혹은 클레이 사격 클럽 회원과 같은 합법적인 목적이라는 증거가 필요하다.

미국과 달리 의료 및 범죄 기록을 포함한 신청자의 인적 사항을 살피고 담당자가 최종 결정을 내리기 전에 신청자의 집에서 인터뷰를 한다. 승인이 나면 총기 안전장치를 반드시 설치하고 담당자에게 최종 서류를 발급받기 전 테스트를 거쳐야 하고 등록된 모든 엽총은 개머리판과 총렬에 지워지지 않는 일련번호를 새긴다.

이런 안전장치에도 불구하고 영국에서 엽총을 소유한 사람은 백만 명이 넘으며 다수가 클레이 사격 클럽 회원으로 그 수는 50만 명 이상이다(사냥이나 사격용 라이플총). 미국은 합법적으로 총기를 소유한 사람이 2억 6,500만 명에 이른다.

2018년 잉글랜드와 웨일스에서 총기 살인 29건이 발생했고 이전 6년 동안은 21~32건 사이였다. 이 중에서 법적으로 총을 소유한 사람은 얼마 되지 않으며 대부분이 불법 권총과 총신을 짧게 자른 소총으로 갱단과 관련된 총격 사건이었다. 이와 대조적으로 미국은 같은 해 총기 살인 사건이 10,265건으로 4분의 3 이상을 불법 소지자가 저질 렀다. 미국에서 2017년 경찰과 관련된 총격 사망은 986건이고 영국에 서는 6건에 불과한데 이것도 런던 브릿지와 웨스트민스터에서 발생 한 테러 4건을 포함한 것으로 테러 용의자들은 '경찰에 의해 자살'할 목적으로 일을 저질렀다.

따라서 대령의 사건에서 살해 무기가 불법인지(짧게 자른 소총)에 관한 여부는 분명히 밝혀져야 한다. 시골인 경우 법적으로 소유하고 있는 총일 가능성이 더 높다. 현장에 탄약통이 남아 있지 않고 엽총의 총렬은 매끄러워서 분명한 패턴을 남기지 않기에 탄도 분석이 유용 하게 쓰일 가능성도 없다.

경찰이 합법적으로 총기를 소유한 지역민들을 살폈지만 아무것도 나오지 않아서 사건은 미제로 남았다. BBC 방송국의 〈크라임 와치〉 에도 방영되었지만 추가로 단서가 나오지 않았고 사건도 차갑게 식 어갔다.

× × ×

비록 난 20년이 넘게 런던에 살았지만(해외 근무를 제외하고) 이런 시골 환경에 익숙하다. 퍼닉스 팰엄은 내가 처음 학교 를 다니던 도싯의 마을 풍경과 다르지 않다. 내 아들과 딸이 돌아다닐 수 있을 만큼 충분히 컸을 때 도싯은 아이들을 속박하는 런던의 삶을 환기할 완벽한 해독제가 되어주었다.

7부
강도 살인

이곳은 소설가 토마스 하디의 고장이기도 하다. 500년 이상 봉토제를 기반으로 한 농경지가 펼쳐져 있고 지금은 주로 유제품을 생산한다. 겨울엔 많은 농가들이 농번기를 이용해 꿩 사냥을 하고 수렵지이외에서 비둘기도 잡고 해를 입히는 야생 동물의 개체 수도 조절한다. 간단히 말해 총은 이곳 일상의 한 부분인 셈이다.

이런 환경에 익숙하기에 난 자연스럽게 호기심이 생겨 워크맨 대령의 총격 사건 이후부터 궁금하게 생각했던 동네의 토끼 사냥꾼이자 열성 넘치는 스포츠맨인 크리스토퍼 너스에게 찾아갔다.

너스는 당시 이십 대 중반으로 부모님과 퍼닉스 팰엄에서 그리 멀지 않은 스토킹 팰엄에 살고 있었다. 야생 동물 개체를 조절해주는 자영업을 하면서 그는 사륜구동 자동차를 몰고 정기적으로 근방을 돌았다. 마을 사람들의 정원에서 두더지를 몰아내고 농사를 망치는 쥐와 여우들을 쫓아내는 일로 생계를 이었다. 너스는 예전에 대령의 집에서도 일했고 2003년까지 3년간 30파운드를 받고 말벌집을 치워주었다.

사건 발생 직후 너스가 다른 사소한 문제로 경찰서에 출석했을 때그는 이 사건에 대한 질문을 받았다. 대령이 죽기 석 달 전 쯤에 말벌집 제거에 관해서 이야기하려고 방문했지만 그 이후로는 연락한 적이 없다고 진술했다. 범죄 현장에 너스와 연관이 될 만한 법의학 증거는 하나도 없었다. 그의 차량에 엽총 잔해가 있었으나 그 지역에서 흔히 볼 수 있는 우연이었다. 따라서 뚜렷한 동기나 살인과 관련한 증거가 없었기에 너스는 아무 혐의도 받지 않고 풀려났다. 하지만 경찰 진술 후 그의 사진이 지역 신문에 작게 실렸다. 곧바로 기사화되면서 그는 일거리를 구하기 어려워졌고 많은 고객을 잃었다.

토끼를 잡아 트렁크에 싣고 다니는 직업 때문에 경찰이 부당하게 그를 목표로 삼은 것일까? 다시 말해, 다른 용의자가 없는 상태에서 지역 인구 중 가장 튀는 개인이 그였을까?

난 동물을 근절하는 그의 일이 인간을 근절하는 일로 바뀐 것이 아닐까, 하는 추측이 생겨났다. 동물 사냥꾼이 총구를 인간에게로 겨냥하는 건 1924년 리처드 코넬의 단편「가장 위험한 게임(원제: The Most Dangerous Game)」에 잘 나와 있지 않나? 로버트 핸슨의 사건이 기억난다. 그는 여성 17명을 납치해 성폭행하고 결박한 다음 그들을 자신의 경비행기에 실어 알래스카 황야에 버렸다. 그들을 풀어주고 자유를 얻을 수 있다는 실낱같은 희망을 품게끔 가학적으로 굴었다. 그런 다음 자비 없이 그들을 사냥해서 죽였고 이는 2013년 영화〈프로즌 그라운드〉에서 존 쿠색이 핸슨 역을 맡아 연기했다. 그는 호리호리한 체격에 사회성이 부족하고 말을 더듬어 놀림을 받았다. 자신의 행동을 조롱한 상대들에 대한 복수심은 동물 사냥에서 인간 사냥감을 스토킹하는 행위로 커졌다. 종신형을 받은 그는 2014년 교도소에서 숨을 거두었다.

너스 또한 외톨이로 지냈다. 정원의 두더지, 쥐, 해충 박멸이 그에게 죽음에 매료되게 했거나 혹은 살인의 맛을 보게 해 동물에서 인간으로 대상을 변경했을까?

2004년 7월, 우리의 비밀 인터뷰에서 나눈 이야기를 밝힐 순 없지만 당시 언론에 보도된 너스는 내게 도싯에서 만난 악의 없는 동네 주민을 연상시켰다. 농사를 짓고 사냥하고 낚시를 하며 르롬 강에서

7부
강도 살인

신선한 송어를 잡아 우리 어머니의 닭이 낳은 신선한 달걀과 물물 교환하며 살아가는 그런 순박한 어부처럼 말이다.

그러나 너스는 엽총 자격증이 없었고 그래서 대령을 죽인 무거운 산탄총을 쏠 12게이지의 화기를 만질 수 없었다. 너스는 다시 쥐를 잡고 다른 시골 일을 하며 살아갔다. 수사는 조용해졌고 워크맨 대령 살인 사건은 미제로 남았다.

× × ×

2004년 11월 30일, 여행 공동체 회원인 프레드 모스라는 청년이 자기 집에서 실종되는 사건이 벌어졌다.

난 보고서를 받지 못했고 그저 지역 뉴스에서 보았다. 프레드는 반려견인 그레이하운드 잡종 넬리와 함께하는 토끼몰이 등 시골 스포츠 매니아였다. 그레이하운드와 같이 빨리 달리는 개는 냄새가 아닌 눈을 보고 사냥감을 쫓는다. 토끼몰이는 그레이하운드 레이싱의 전신으로 개가 시뮬레이션용 토끼를 쫓는다. 지금 영국에서는 불법이 되었지만 아일랜드공화국에서는 그렇지 않다. 법으로 금지되었지만 영국 여행 동호회에서 인기가 많다. 프레드는 도로 포장 사업장을 운영했고 그 돈으로 작은 대지 두 곳을 구입해 정착할 집을 지을 계획이었다.

프레드 모스는 에섹스주 스텐스테드 마운트피쳇에 있는 숙모 집에서 11월 30일 아침에 마지막으로 목격되었다. 그는 넬리와 노란 아스트라 밴 자가용을 타고 나갔고 그 이후로 지상에서 사라진 듯했다. 서른여섯 시간 뒤에도 여전히 실종인 상태에서 가족들은 제보자에게 보상금 12만 5천 파운드를 걸었고 여행 공동체 자원봉사자 500명이 나서서 그를 찾기 시작했다. 넬리가 뉴튼 마을 근교에서 발견되면서 그 지역을 집중적으로 뒤졌다. 처음에는 실종자 수색으로 시작했지만 시일이 지나면서 모스가 어쩌면 일종의 희생자가 된 것은 아닐지 우려가 커졌다.

2004년 12월 3일 금요일, 주차장에 버려져 있는 모스의 밴이 발견되면서 실종 사건은 살인 사건으로 바뀌었다.

경찰은 12월 5일 일요일 오후 한 남성을 조사했지만 그 남자를 어디서 잡았는지 알리지 않았고 그가 농부도, 땅 주인도, 여행 공동체의 구성원도 아니라는 것만 말했다. 그런데 알고 보니 그 남자는 쥐잡이 크리스토퍼 너스였다.

관례적으로 경찰은 프레드 모스와 아는 모든 이를 살폈고 그들은 모스와 너스가 서로 아는 사이라는 걸 파악했다. 너스는 모스의 개가 더 크고 빠른 토끼를 몰이하도록 준비를 시킬 때 토끼를 구해다주었다. 너스는 모스의 실종과 관련된 질문을 받았고 선뜻 둘이 친구 사이라고 인정했지만 그가 어디로 갔는지, 무슨 일이 생겼는지 전혀 아는 바가 없다고 부인했다.

프레드 모스의 시신이 발견되지 않았지만 경찰은 전면 수사에 나섰고 증거를 모으기 시작했다. 발신지 추적을 통해 모스의 휴대폰이 번팅퍼드 지역에서 사용된 걸 알아냈다. 크리스토퍼 너스의 휴대폰 기록을 보니 그 역시 모스와 같은 시각 번팅퍼트에서 휴대폰을 썼기에 경찰은 두 사람이 그곳에서 만난 것이 분명하다고 결론내렸다.

11월 30일 오후 1시, 모스의 밴과 진녹색 레인지로버(너스의 자동차와 외관이 일치)가 CCTV에 잡혔고 인근 마을로 가는 것이 확인됐다. 1시 15분에 모스의 휴대폰이 리팅턴 근교 하이필드 팜에서 신호가 잡혔다. 하이필드 팜은 고립된 농경지로 사륜구동 자동차로만 갈 수 있는 곳이다. 모스의 휴대폰은 3시 15분에서 3시 37분 사이에 네트워크 연결이 끊어졌다.

경찰 질의를 통해 너스가 하이필드 팜에서 정기적으로 해충을 처리한다는 사실을 알아냈다. 그는 소유자에게 사냥 허락을 받았고 일주일에 두 번 그곳으로 갔다. 토끼 사냥을 좋아하는 탓에 가끔은 밤에 야간 사냥을 하기도 했다. 다시 말해 너스는 그 지역을 손바닥 보듯 훤히 꿰뚫고 있었다.

너스의 휴대폰이 주변 지역과 개별 기지국에 연결되었다가 끊어진 점이 그가 팜을 오간 기록을 알려주었다. 시신이 없는 상태에서 너스를 공식적으로 살인죄로 기소할 증거가 충분치 않았다. 만약 너스가 모스와 함께 농장에 있었고 모스와 그의 휴대폰이 그냥 사라졌다면 모스에게는 무슨 일이 벌어졌을까? 너스는 그 질문에 대답할 수 있는 유일한 사람이다. 왜 너스는 계속 그 지역을 맴돌았을까? 모스를 찾았던 걸까? 그렇다면 왜 나서지 않을까? 너스는 이 모든 증거에 대해 무고하다는 설명을 하지 않았다.

경찰이 증거를 더 확보했지만 의구심은 남았다. 프레드 모스의 시신은 어떻게 되었을까?

대답은 너스에게서 나왔다. 베드퍼드 교도소에 구치된 상태로 너스는 감방 동료에게 자신이 모스를 총으로 쐈고 살인은 '백퍼센트 개인적인 원한'이라고 덧붙였다. 그는 시신을 칼과 쇠톱으로 토막낸 다음 차량 뒤편에 실어 나른 뒤 그곳에서 태워버렸다는 것이다. 너스는 감방 동료에게 자신이 그렇게 해준 덕분에 모스의 가족이 관을 살 필요가 없어진 것이니 가족에게 호의를 베푼 셈이라고 태연하게 빈정거렸다. 감방 동료가 교도관에게 알렸고 교도관이 사건을 수사하던 형사에게 말해주었다.

경찰은 법의학 증거 수집에 나섰고 너스의 자동차를 수색한 결과 모스의 DNA가 검출되었다. 너스가 감방 동료에게 준 정보 덕분에 경찰은 피가 묻은 쇠톱도 찾았다. 추가 DNA 분석으로 혈흔이 모스의 것과 일치한다고 밝혀졌다.

경찰이 모은 증거를 바탕으로 너스가 모스를 외딴곳으로 꾀어내 그를 총으로 쏴 죽이고 시신을 칼과 쇠톱으로 여러 조각으로 잘랐다고 발표했다. 모스의 시신은 자동차로 옮겨진 뒤 불타버려 아무것도 남지 않았다. 너스는 단서를 찾지 못하도록 죽은 개를 14.4킬로미터가량 떨어진 곳에 버렸다.

× × ×

모든 증거가 준비되기까지 시간이 좀 걸렸고 재판은 일 년이 좀 지난 뒤인 2006년 초 노샘프턴 형사 법원에서 열렸다. 검사 측이 사건에 대해 설명하고 CCTV 증거와 법의학 통신전문가가 힘들게 분석한 휴대폰 증거에 관해 설명했다. 2월 23일 변론이 열렸고 너스는 완전히 새로운 진술을 했다.

그는 배심원을 설득하려고 모스가 마약 거래에 연루되어 있었는데

7부
강도 살인

일이 잘못되었다는 좀 복잡한 이야기를 했다. 그는 자신이 마약을 거래한 사실이 들통날까봐 경찰에게 말하지 않았다고 주장했다.

그러나 너스는 모스가 실종되고 며칠 뒤에 발견된 밴에 대해서 경찰에게 한 진술에 거짓이 들어 있었음을 인정했다. 너스의 자동차에서 발견된 모스의 혈흔과 DNA에 대해서 그는 모스가 앞서 자기 차에 탔을 때 우연히 칼에 벤 것이라고 주장했다.

너스는 경찰이 어떤 증거를 가지고 있는지 정확히 알게 되자 일 년 넘게 쓸모없는 핑계를 준비했다. 모스는 성공한 사업 운영자였으니 그가 마약에 거래했다는 다른 증거는 없었다. 그리고 한적한 시골 농장에서 마약을 거래한다고? 이런 상황에서 판사는 배심원에게 초기 너스가 하는 변명이 불리한 추정이라고 알려줄 것이다.

핏자국이 남은 쇠톱과 너스의 연관성은 피해자의 DNA가 묻어 있고 너스가 동료에게 고백했다는 보고가 있으니 배심원을 충분히 설득할 수 있었다.

2006년 2월 27일, 너스는 프레드 모스의 살인죄를 확정받아 종신형을 언도 받고 최소 복역 형량 30년에 처해졌다.

내 기분은 과연 어땠을까?

난 2004년 7월 말 너스와 인터뷰를 했고 그는 그해 11월 30일에 모스를 죽였다. 난 너스를 치료하지 않았고 영향을 끼칠 수 있는 위치가 아니었다. 이번 건의 경우 시신조차 없었기에 부검이 잘못될 수가 없었다. 하디 사건에서 배운 교훈을 다시 떠올렸다. 냉혈한 살인자는 자신이 붙잡히기 전까지 혹은 스스로 잡혀 들어오기 전까지는 자기가 한 짓에 대해 말하지 않는 경향이 있다는 걸 말이다.

너스의 범죄는 내게 알려준 것과 완전히 불일치하는 특징들을 가지고 있다. 예를 들어 오해받고 있는 쥐잡이, 외톨이 등의 이미지 말이다. 그가 친한 친구인 모스를 꾀어 한적한 곳에 데리고 가서 죽이고 사체를 유기했다는 점이 사실이라면 이 냉혈한 살인은 완전히 다른 인격 특성과 행동을 보이고 있다. 사기, 사람을 교묘하게 조종하는 행동, 잘못에 대한 후회나 죄책감의 결여 말이다.

그는 왜 모스를 죽였을까? 그가 대령도 죽인 걸까? 두 사건은 연관이 있을까? 내가 정신 감정을 한 뒤에 두 번째로 살인을 저지른 걸까? 법정신의학자에게는 아주 어려운 질문이다. 우리가 전적으로 미래를 예측하지 못한다고 해도 최소한 정신병의 고위험 상태를 식별할 수 있다.

앞서 내가 장기 날씨 예측에 대해 했던 말처럼 보퍼트 풍력계로 잔잔한 바람이 불 거라 예측했는데 실제로는 미친 듯이 세게 퍼붓는 폭풍이 밀려온 걸까? 내가 누군가의 정신 감정을 하는 중에 그 사람이 들키지 않은 이전의 살인을 저질렀다면? 내가 그 사람을 만나기 전에 저지른 살인이 이후 밝혀질 경우 내 보고서는 전적으로 쓸모없고 부정확한 자료가 된다.

다시 말해서, 연쇄 살인마에 대한 정신 감정이 그들의 살인 리스트 중간쯤에 이뤄지면 살인자가 무슨 짓을 하고 있는지 자백하지 않는 한 보고서는 쓰레기통에 처박힌다는 것이다.

물론 하디의 사례처럼 내가 인터뷰를 하기 전에 그가 샐리 화이트를 죽였다는 점이 나중에 알려지고 그가 감정 이후(그리고 나와 똑같이 의심하지 않는 동료들 여러 명에게서 평가를 받은 후에) 얼마 지나지

7부
강도 살인

않아 다른 두 명을 더 살해하는 경우도 있었다.

× × ×

2010년 5월, 너스가 프레드 모스 살인 유죄에 항소했다는 소식을 런던 스트렌드 형사 항소 법원에서 들었다. 너스에게 반박할 증거는 명백했고 그의 유죄 확정은 유지되었다.

한편 경찰은 계속해서 워크맨 대령 사건을 수사했고 좀 늦었지만 새로운 증인이 나타났다. 대령의 사망 시기에 퍼니스 팰엄에 살았던 정원사 게리 챔버스였다. 2004년 1월 7일, 집에서 아들을 재울 준비를 하는데 '탕 하는 엽총 소리'를 들었다. 그 직후 그는 총격이 들린 곳 근처에서 레인지로버가 달리고 있는 걸 목격했다. 그는 번호판 일부를 보았고 거기에 SOHO라는 글자가 있었다. 당시 너스는 스토킹 팰엄 근교에 살았고 레인지로버를 몰고 번호판이 N50 HO였다. 다른 증거도 나타났다. 너스의 삼촌, 피터 워드가 총신을 짧게 자른 소총이 자기 조카의 차 좌석 아래 감춰져 있는 걸 워크맨 살인 사건 이전에 보았다는 것이다.

그리고 마지막으로 돈을 노린 동기가 실제로 드러났다. 수사 과정에서 워크맨이 1960년대에 두 집 살림을 했다는 사실이 밝혀졌다. 존경받는 군 장교인 그는 비밀리에 런던에 있는 게이바를 찾았고 당시에 동성애는 불법이었다.

구금 당시 너스는 감방 동료와 다른 죄수들에게 자신이 워크맨 대령과 정사를 벌였다고 말했다. 워크맨을 죽인 동기는 여전히 불분명하지만 나는 너스가 돈을 뜯어내려고 했다고 보고 있다.

워크맨 대령 사건은 감방 동료가 너스의 고백을 진술하는 데 응하면서 2007년 12월 재검토에 들어갔다. 너스는 당시 이름을 크리스토퍼 도처티-편천으로 바꾸고 동료 재소자와 동성 결혼을 했다. 너스는 돈을 갈취하려 했다는 걸 경찰에게 말하겠다고 워크맨이 위협하자 살해 계획을 세웠다고 밝혔다. 뒤이어 모스를 죽인 건 대령의 죽음에 대해 너무 많이 알고 있었기 때문이었다. 이게 다 대령의 재산 때문이었고 그는 워크맨의 비밀스러운 사생활 혹은 그들의 정사에 관한 사실을 알리겠다고 협박해 돈을 뜯을 생각이었다.

너스는 2010년 7월 워크맨 대령 살인죄로 기소되고 이어서 미제 사건 검토에 들어갔다. 2012년 11월에 추가로 형사 재판이 진행되었다.

래섬 변호사가 형사 사건을 담당했다. "(너스가 자기 감방 동료에게 말하길) 그는 1998년부터 워크맨 대령을 알고 지냈고 두 사람은 성행위를 했습니다." 그는 대령이 돈이 많고 호의적이었다고 설명했다. 너스는 동료 재소자에게 살인이 있던 날 밤 999 전화를 건 사람이 바로 자신이라고 말했다.

남성 여섯 명과 여성 여섯 명으로 이루어진 배심원이 장시간 토론을 거쳤다. 너스는 어두운 정장에 줄무늬 넥타이 차림으로 기다렸다. 그는 자기 운명이 결정되는 순간에도 무표정했다.

판결은 이렇다. 살인죄, 종신형, 최소 복역 형량 40년.

그의 진정한 동기는 쭉 돈과 관련이 있었을 것이다. 협박이나 기만은 경찰이 추론한 부분이다. 아마도 대령이 돈을 주길 거절하고 경찰에 연락하겠다고 압박하자 너스가 살인으로 진로를 바꿨을 것이다.

7부
강도 살인

너스는 2045년에 첫 가석방 심사를 신청할 수 있는데 그때는 은퇴할 나이가 지났다. 그는 어쩌면 동물의 생명을 앗아가는 일로 죽음을 인식하면서 살해 대상이 결국 인간으로 넘어간 걸 수도 있다. 만약 내가 도싯의 숲과 들판을 걸어 다니다 12게이지 자동 엽총으로 무장한 사냥터 관리인을 만난다면 어쩔 수 없이 너스 생각이 날 것이다. 물론 내가 그와 같은 사냥터 관리인을 만날 일은 없을 것 같지만.

테러범들

사례 연구:

무스타파 카멜

25

테러리스트들과의
인터뷰

법정신의학에 발을 들여놓으면 '가스계량기 강도'라
고 지칭하는 소소한 범죄부터 다루면서 배움의 단계를 높여야 하는
데 여기에는 절도, 강도, 빈집털이와 같은 물질 대상 범죄가 포함된
다. 하지만 그런 사건에서 점차 벗어나 살인으로 넘어가고 9·11이 일
년 이상 지난 뒤에 난 그전보다 한층 더 심각한 범죄 의뢰를 받기 시
작했다.

2006년 대머리독수리 휘장이 찍힌 미 법무부의 사건 서류가 도착
했다. 무기를 사용한 대량 학살 음모가 진행 중으로 누군가 테러리스
트에게 물자를 공급하고 건물을 훼손하고 파괴할 계획이라는 내용이
었다. 당시 난 이슬람 극단주의 테러리스트 재소자들의 인터뷰가 잡

혀 있었다.

2005년 6월 대부분의 런던 사람들처럼 나도 이슬람 테러리즘에 대해 무지했다. 그레이스 인 로드에 있는 카페 콘디터 앤 쿡에 들러 이메일을 확인했다. 제목 란에 무스타파 카멜이라는 이름이 적혀 있었다.

나중에 난 무스타파가 사실 유명한 급진 연설가 셰이크 아부 함자라는 걸 알게 되었다. 아부 함자는 영향력이 상당한 인물이다. 그의 연설은 '신발 폭탄범'으로 유명한 리처드 레이드, 행방불명인 9·11 가담자 자카리아스 모사우이, 그리고 '가스 리무진' 폭파범 중 한 사람으로 내가 곧 언급할 인물과 관련이 있었다.

아부 함자가 했던 짤막한 말을 몇 가지 소개한다.

'부당한 곳, 사창가, 포르노 영화를 파는 모든 비디오 가게가 공격 목표다.'

'마호메트의 나라는 위엄을 되찾아야 하고 이 위엄은 피를 흘리지 않고는 되찾을 수 없다…….'

'와인 상점에 가서 파는 사람에게 이렇게 묻지 말라. '왜 와인을 팔아요?' 그가 와인을 팔도록 허락해준 이는 더 이상 지상에 존재하지 않는다. 그러니 그 자를 없애라.'

'나와 대적하는 이교도를 죽이는 건 괜찮다. 어떤 이유에서든 이교도를 죽이는 건 괜찮다. 죽이는 이유가 없다고 해도 말이다.'

아부 함자에 대한 대서양 양쪽의 기소 범위는 상당했다. 영국에서 그는 핀스버리 파크 사원에서 한 연설로 살인 선동 죄목을 받았다. 미국은 1998년 12월 그가 예멘에서 수많은 인질을 사로잡은 일에 공모했다고 기소했다. 그는 테러와 아프가니스탄 지하드에 쓰일 걸 알면

337

서 자금을 댔고 테러리스트 훈련 캠프를 오리건에 차리려고 했다. 그 밖에 다른 여러 가지 죄가 있었다. 난 아부 함자의 이름을 내 교도소 방문자 목록에 넣고 짬이 날 때마다 서류를 읽었다.

× × ×

내가 어쩌다 악명 높은 테러리스트들과 인터뷰를 하게 되었는지 설명하려면 1985년으로 되돌아가야 한다. 의대에서 중요한 시험을 마친 뒤 병원에서 임상 수업을 시작하기 전 자연스럽게 쉬는 날이 생겼다. 난 진짜 세상을 볼 준비가 되었다고 생각했다.

게다가 에티오피아와 이웃한 수단 지역에 위기감이 팽배했다. 특파원 마이클 버크는 영양실조 상태의 에티오피아 난민을 대중적 문제로 보도했고 덕분에 1984년 12월 밴드 에이드가 발표한 자금 모금 노래 〈프리드 더 월드〉가 1985년 7월 야외 콘서트장에서 흘러나왔다. 세계 건강 문제를 해결하자는 순진한 생각에 고무된 난 휴학을 신청하고 응급 구호와 열대 의학에 대해 배우기로 결심했고 일 년을 동아프리카에서 보내기로 했다.

특히 수단 하르툼의 상황이 심각하게 급변하는 중이며 영국인 선생들이 연락책으로 일하고 있다는 말을 들었다. 이 지역 전역에 가뭄이 들어 농사에 실패했고 무장 단체들이 무력 충돌을 벌이는 것 역시 큰 문제였다. 수단 서쪽에서 물자를 공급하는 항공 화물과 트럭이 밀려오고 차드와 에티오피아에서 밀려드는 엄청난 난민들을 감당하던 중이었다. 풍토에 적응하고자 육로로 수단으로 들어가기로 결정하고

338

1985년 늦은 여름 이집트 카이로를 지나 남쪽 아스완 댐으로 향했다.

보트 정박지 근처에 있는 유일한 싸구려 호텔은 이미 꽉 차서 난 여행 중인 외국인 한 사람과 트윈룸을 함께 썼다. 웨슬리언 대학교를 졸업하고 연구비로 일 년간 여행을 하는 팀 랜더킹이었다.

카이로에서 하르툼까지 가는 여정은 평범한 학생들의 배낭 여행이 아니었고 지금도 그렇지 않다. 야간 보트를 타고 호수를 가로질러 수단 와디할파로 간 뒤 이틀 동안 기차를 타고 아부 함드 사막을 횡단한 후 마침내 열기와 먼지, 갈증으로 가득 찬 열두 달을 보낼 곳에 도착했다.

하르툼으로 가는 완행열차는 밤에 아주 북적여 한층 날렵한 수단 사람들을 따라 팀과 나도 흔들리는 객차 사이 빈 공간으로 올라가 열차 지붕으로 갔다. 평평한 지붕으로 된 '식당 칸'은 팬에 구운 농어 요리를 팔았고 좀 만한 공간이 있었다. (십 대 후반 이십 대 초반에만 할 수 있는 이런 무모한 일들은 여전히 뇌의 전전두엽이 덜 발달되어야 저지를 수 있다.)

이집트에서 고생 가득한 여행을 한 뒤 하르툼에 도착하자 우리는 반가운 샤워를 마치고 처음으로 레스토랑에서 수단인들의 호의가 담긴 음식을 경험했다. 외국인 방문객이 드물기에 존중하는 차원에서 다른 손님들이 우리의 몫까지 계산해주었다. 며칠 뒤 마주친 버스 운전사 역시 우리에게 차비를 안 내도 된다고 말했다.

팀과 나는 하르툼에 머무는 동안 아크로폴 호텔에서 여러 차례 만나 라임을 띄운 얼음물을 마시며 일자리를 찾았고 그해 말까지 그렇게 지냈다. 팀은 나처럼 하르툼에서 유익한 경험을 찾았던 것 같은데 그는 지금껏 페르시아만의 국제 협력 관련 일을 계속하고 있다.

하르툼에 이력서를 뿌린 뒤 난 125파운드 정도의 지역에선 괜찮은 수준의 월급에 숙식 제공까지 받으며 NGO(비정부기구)에서 재난 구호 업무를 맡게 되었다. 수단과 에티오피아 국경에 난민 캠프를 세우는 일을 담당했고 15,000명이 플라스틱으로 지은 오두막에서 임시로 거주하면서 비를 피했다. 유엔난민기구가 열흘마다 밀가루를 어느 정도 공급해주었고 오두막에 쓸 플라스틱 시트도 제공했다. 보조금과 자선기금으로 운영하는 독립 구호 단체들이 의료 서비스를 제공했다.

난 유럽에서 온 의사와 간호사, 난민과 수단인들로 이루어진 의료 팀에 합류했다. 갈대와 풀로 엮어 만든 병원에서 우리는 영양실조가 극심한 아이들에게 백신을 맞추고 보조제를 공급했다.

예상했겠지만 사하라 사막 이남 아프리카에서 기본적인 의료 서비스와 생과 사의 현실을 설명하는 건 매우 힘들다. 난민들은 소비에트를 등에 업은 에티오피아 정부와 티그라이 분리주의자들 사이의 내전을 피해 달아난 농민들이었다.

난 영국에서는 한 번도 보지 못한 풍토병을 목격했다. 신생아 파상풍, 말라리아, 척추 결핵, 감염에 의한 리슈마니아증 등을 보았다. 증상은 심각한 영양실조와 탈수, 원인은 코브라나 독사에게 물려서 생긴다. 카페트 독사 혹은 톱 비늘북 살모사는 독을 내뿜는 공격적인 독사로 뱀 중에서 가장 많이 사람을 죽인다. 물리면 광범위한 괴저 손상을 입고 곧바로 전신 출혈이 일어나며 치명적인 상태에 도달한다. 해독제가 없으면 치사율이 10~20퍼센트에 달하는데 당시 우리에게는 해독제가 없었다.

또한 부상자도 많이 목격했다. 강도에 의해 몰살당한 일가족을 묻어주는 일을 도와준 적도 있었다. 머리에 도끼를 맞고 살아난 난민을 살핀 적도 있고 유목 생활을 하는 낙타 목동이 검으로 싸우다가 부상을 입고 찾아온 적도 있다(베자 족은 여전히 전통 검을 가지고 다닌다).

× × ×

당시 그곳에서 보낸 일 년이 수단 역사상 가장 중대한 시점이었다. 1985년 초, 독재자 아파르 알 니메이리가 군부에서 물러났는데 그가 1983년 9월 도입한 이슬람 법이 지지를 받지 못했던 탓도 있었다. 이어지는 한 해는 임시 군대가 통치하는 상대적으로 자유로운 시절이었고 그런 다음 1986년에 선거가 있었다.

수단은 변화가 진행 중이었고 이는 이슬람 전역에서 두드러졌다. 1986년 4월 15일 수요일 아침, 난 알싸한 수단 커피 한 모금을 마시려고 광장으로 갔다. 기온이 아직 섭씨 40도까지 오르지 않았기에 상대적으로 선선한 날씨에 감사하며 커피에 생강, 카르다몸, 정향 중 무엇을 넣을지 고민하고 있는데 이슬람 세계와 서방 세계 사이의 충돌로 첫 시음도 하지 못했다.

풍채가 좋은 한 수단 남성이 내게 소 정강이뼈처럼 두껍고 육중한 지팡이를 마구 흔들며 위협했다. 동행이 말리며 내게 사과했지만 이내 그는 꽤 구체적으로 불만을 표출했다. 영국은 수상 마가렛 대처가 USF-111 폭격기를 서퍽 RAF 라켄히스에서 출발하도록 허락한 못돼먹은 나라라고 말이다.

8부
테러범들

난 미처 그 소식을 듣지 못했지만 지역 사람들은 아랍어로 방송되는 BBC 월드 서비스와 리야드 라디오를 청취했다. 그날 새벽 2시, 미국 해병대가 엘도라도 협곡 작전을 실시했고 1986년 서독 베를린 디스코텍 폭탄 사건과 관련해 리비아 공습이 시작되었다. 리비아인 사상자가 40명이고 그중에는 가다피의 딸 한 명도 포함되어 있다는 보도가 나왔다.

이슬람 세계에서 현재 일어나는 일을 제 시간에 알리려면 대가를 지불해야 하고 난 서퍽의 최신 소식을 6시간 늦게 들은 것이다.

그해 여름, 분위기가 달라진 걸 알 수 있었다. 모세 작전(에티오피아 유대인의 이스라엘 정부 공수 작전)에 협력했던 정부 관료들이 재판을 받았다. 연말이 가까워지자 이집트에서 시작된 금욕 정치 종교 운동인 무슬림 형제단이 선거 캠페인을 시작했다.

수단 동료들은 내게 무슬림 형제단이 투표권을 교환하고자 돈을 건넨다고 알려주었다. 나중에 정말로 사우디아라비아가 막대한 자금을 투자해 수단을 한층 금욕적인 와하브파 형태의 이슬람 국가로 탈바꿈하려 했다.

동시에 동수단의 난민 위기는 끝나서 캠프에 있던 티그라이 사람들은 집으로 돌아가기로 결정했다. 밤새 축하 노래를 부르던 2만여 명의 사람들이 짐을 싸서 국경을 건너 긴 여정을 나서는 광경은 그야말로 성경 속 한 장면을 보는 것 같았다.

한편, 구조 담당 에이전시는 에티오피아의 반대편에서 일어난 또 다른 난민 위기를 맡고 있었다. 그쪽엔 직원이 부족했기에 아프리카에서 보낸 마지막 석 달 동안 난 소말리아 북부(지금은 독립된 소말릴

란드)에 있었다. 또 다른 에티오피아 난민 캠프에서 활동하는 의료팀을 돕는 게 내 임무로 이번에는 오가덴 사막에서 그리 멀지 않은 먼지 많은 평원 위에 텐트를 세웠다. 또 다른 문화권인 이곳에는 새로운 언어인 소말리어 문제뿐만 아니라 정치적 문제도 있었다.

난 하르게이사에 머물면서 유엔난민기구, 유니세프, 국제구조위원회 등의 단체들과 함께 매주 열리는 회의에 참석해 난민 캠프까지 거친 길을 이틀 동안 달려 지부티에서 물자를 공급해오는 일에 대해 논의했다.

이를 매개로 한 박테리아 감염병인 회귀열이 만연해서 지부티에서 항생제를 급히 배송받아야 했다. 또한 조산사와 의사들은 끔찍한 합병증에 직면했는데 할례 풍습이 이 지역에 널리 남아 있었기 때문이다. (님코 알리가 변화를 촉구하는 캠페인을 진행하며 지역 정부를 지원하고 있지만 말이다.)

× × ×

어느 오후, 피로에 찌든 소말리아 군인이 다양한 에이전시들을 돌아가며 지역 군사령관인 모건 장군이 여는 파티 초청장을 직접 돌렸다. 당시엔 여흥을 즐길 수 있는 기회가 별로 없었다. 대부분의 전기 시설이 없고 밤에는 램프 아래서 책을 읽거나 민트 티나 불법 위스키를 조금 들이켜며 라디오를 들었다. 그래서 순전한 호기심에, 나중에 후회하게 되었지만 우리는 파티에 들르기로 했다.

파티는 일종의 임시변통한 군대 클럽이었다. 괴이하고 으스스한 광경이었다. 우리는 모건 장군의 근위대인 소말리아 육군 26사단이 무장한 저지선을 뚫고 지나가야 했다. 그런 다음 모든 손님이 있는 대형 천막으로 걸어갔는데 손님 다수가 젊은 여성으로 테이블에 앉아 조용히 속삭이고 있었다. 자리를 잡은 뒤 우리 앞에 놓인 따지 않은 음료수를 보았는데 누구도 감히 장군이 오기 전에 그걸 건드리는 모욕을 저지르지 않으려고 기다리는 중이었다.

시간이 지날수록 군대가 와 있는 것이 불안해졌다. 모가디슈의 본사에서 온 내 상관이 테이블 아래로 날 걸어찼다. 우리 둘 다 여기 온 것이 끔찍한 실수라는 걸 알았고 핑계를 대며 자리에서 일어났다. 나중에 우리 쪽 직원들이 그 많은 아가씨들이 와 있었던 건 아마도 장교들을 즐겁게 해주려고 강제 동원된 것으로 괴기한 패션 쇼와 댄스 대회에 참가하기 위해서라고 했다. 지역 사회의 여성을 비하하며 그 지역에 치욕을 주는 방식이다.

우리가 테이블을 지나가는 길에 모건 장군이 근위대와 함께 나타나 천막 앞쪽 호화로운 소파에 앉자 목마른 손님들이 병뚜껑을 따며 미지근하게 팡 하는 소리가 들렸다.

이 나르시시스틱한 장관에 놀라 난 내가 만난 살인자 중에 가장 많은 살인을 저지른 남자와 악수하고 말았다. 그는 바로 모하메드 사이드 헤르시 모건 장군이다.

모건은 소말리아의 독재자 시아드 바레의 전 근위대원이자 사위였다. 소말리아에서 잔인한 내전이 벌어지는 동안 그의 명령에 따른 군인들이 도시를 공격해 '하르게이샤의 도살자'로 불리는 집단 학살을 주도했다.

포격과 폭탄으로 도시를 폐허로 만들었고 에티오피아의 캠프로 도망간 이라크인 30만 명의 집집마다 찾아다니며 살인, 강간, 약탈을 저질렀다. 5만 명이 살해당했고(일부에서는 20만 명으로 추산한다) 시신은 거대한 무덤 속에 불도저로 밀어 넣었다. 아프리카의 드레스덴으로 알려진 아름다운 하르게이샤는 몇 주 안에 폐허가 되었다.

이 전쟁은 초강대국들이 등을 돌린 냉전의 끄트머리에 발생했고 소비에트 연방이 소말리아를 버리고 에티오피아의 멩기스투 군부로 돌아섰다. 그로 인해 소말리아 반란군은 피난처인 국경 너머를 빼앗겼고 무력 충돌이 발생한 것이다. 전쟁이 발발하자 소말리아의 모가디슈는 분쟁 지대로 유명세를 탔고 결국 실패한 국가가 되었으나 하르게이샤 대학살은 전쟁 초반에 일어나 당시나 그 이후로도 언론의 주목을 받지 못했다. '인종 청소'라는 용어가 나오기 전이였고 이 끔찍한 사건은 잊혀진 대학살이 되었다.

1991년 바레 체제가 붕괴한 뒤 모건 장군이 소말리아 남부의 군 지도자가 되었고 그의 군부는 수천 명을 죽음으로 몰아간 기아와 추가 살인, 강간, 약탈의 주범이 되었다. 모건은 여전히 그곳에서 명성을 유지하고 있다. 2019년 그는 푼틀란드 해안 지역 선거에 입후보했다. 그가 전시에 보여준 극악무도함에 대한 분노는 여전히 내부 갈등 요소 중 하나로 알샤바브 테러 집단과 더불어 아직까지 모가디슈의 평화를 위협하는 걸림돌로 남았다.

그리고 1986년 10월, 1988년의 끔찍한 대학살과 내전까지 2년이 남은 시점에서 동아프리카에서의 내 생활이 끝났다.

8부
테러범들

× × ×

난 다시 공부하기 위해 런던으로 돌아왔다. 발은 영국 땅을 밟았지만 머리와 마음이 돌아오기까지 시간이 좀 걸렸다. 난 겨우 한 살 더 먹었지만 몇 년은 더 현명해졌다. 또한 문화적·지정학적 지식과 아주 초보적인 아랍어, 그리고 더 초보적인 소말리어를 구사하게 되었다.

그 뒤로 난 전문 수련의가 되었고 간간이 이 기본적인 언어 능력을 환자에게 사용하고 내전 뒤 영국에 온 소말리 사람을 만나거나(그중 일부는 지금 내 병동에서 일한다) 라누시 주스에서 케밥을 주문할 때 환영과 칭찬을 받기도 했다.

그래서 법정신의학의 길로 들어섰을 때 난 충분한 문화적 인지를 가지고 있었고 다국어 능력(학교에서 프랑스어를, 에콰도르에서 스페인어를 선택 강좌로 들었다)으로 비영어권 재소자와 정신과 환자들과 처음 말을 틀 때 많은 이들을 어리둥절하게 했다. 그들 중에는 할러웨이에 수감된 베네수엘라 마약 운반책, 정신 질환이 있는 에콰도르 주방 보조, 경찰이 템스 강에서 건져낸 자살 시도를 한 프랑스 남자 등이 있었다.

혼란에 빠진 외국인 환자나 정신 병원 혹은 창문이 없는 격리소에 있는 재소자와 인터뷰를 할 때 어색함을 깨려고 많은 문구를 미리 준비할 필요가 없다.

1996년 오사마 빈 라덴이 수단에서 폭발 사고를 일으켰고 1998년에 케냐와 탄자니아 대사관 폭파 사건이 일어났기에 난 중동과 동아프리카의 발전을 눈여겨보고 있었지만 내 초점은 바로 눈앞에 있는 환자에게 쏠렸다. 그러다 9·11이 터지고 현대 역사상 가장 끔찍한 테러의 충격과 슬픔을 느끼며 이슬람 근본주의의 영향이 커진 상황 속에 앞서 경험했던 시절을 떠올려보았다. 그리고 어쩔 수 없이 범죄를 저지른 사람의 정신 세계가 궁금해졌다.

모든 9·11 납치범이 대학살 이후 자살한 탓에 그들의 머릿속으로 들어가는 방법은 계획 실행 전에 붙잡힌 알카에다 공모자들의 인터뷰가 유일하다. 내 동료 레이드 멜로이는 9·11의 우두머리 중 한 명인 무하메드 아타와 관련해서 물리적·생태적 증거를 아주 자세하게 살핀 뒤 논문으로 발표했다.[56]

백인우월주의자이자 반연방주의자인 오클라호마 폭파범인 티모시 맥베이를 분석한 멜로이는 '폭력에 대한 진정한 맹신'의 몇 가지 특성을 언급했다. 아타는 매우 엄격하고 종교적인 이슬람 수니파 가정에서 자랐다. 그는 진지한 학생으로 독일로 유학 가 석사 학위를 취득했다. 아타는 여성을 믿지 못하고 멀리한 것처럼 보였고 뛰어난 지성과 내성적인 성향을 지녔다.

멜로이는 아타가 사회적·지리적으로 정착하지 못하고 함부르크의 동료 학생들과도 떨어져 지냈다는 점을 파악했다. 그는 또한 함부르크에 있는 회교 사원인 쿠도스에 참여했고 극진주의파 운동가로 개종했다. 처음에는 가마 알 이슬라미야(이슬람 당)의 이집트인 집단 소속이었으나 나중에 알 카에다가 되었다. 그는 자신이 선택한 진로에서 거절과 모욕을 경험했는데 높은 교육 수준에도 불구하고 정치적·종교적 관점 때문에 사회에서 그를 왜곡해서 보기 때문이라고 확

8부
테러범들

신했다.

1996년 아타는 미국에 대해 한층 적대감을 키웠고 자신의 원망을 해소하고자 무고한 시민을 죽이는 상상을 하기 시작했다. 그는 테러리스트 양성 캠프에 들어갔다. 9·11은 체계적인 테러리스트 무리가 광범위한 네트워크를 구축하고 오랜 시간 만반의 준비를 한 뒤에 이루어졌다.

× × ×

아타의 프로파일이 테러리스트의 정신 상태에 관한 현재의 이론에 맞아떨어질까?

1970년대 주된 이론은 테러리스트들은 사이코패스로 그들의 공격적인 충동을 방출하는 길로 테러 행위를 한다고 주장했다. 그러나 사이코패스의 개념이 헤어의 사이코패스 체크리스트를 통해 한층 면밀하게 정의되면서 이 가설은 신빙성을 잃었다. 후에 정신분석 이론이 테러리스트는 스스로를 과장하고 타인을 개의치 않는 병적 나르시시즘과 공격성을 가지고 있다고 주장했다. 그러나 9·11이 벌어진 이후에도 심리학자 존 호건 등은 테러리스트가 목표 대상을 설정하고 폭력 상황을 주도면밀하게 준비하며 집단 안에서 다른 이들과 잘 협동하면서도 동시에 비밀을 유지할 수 있기에 심리적으로 정상에 더 가깝다고 주장했다.

정신병이 있는 사람을 테러리스트 집단에 엮어 법적인 책임을 씌운다는 논란이 분분했기에 심각한 정신병을 앓았다면 집단에 소속될 수 없었을 것이다. 하지만 조직 안에서 테러리스트들은 각기 다른 역할을 가지고 있다. 우두머리, 장교, 자살 폭파범 등 각각의 역할은 각기 다른 정신 상태에 적합할 것이다.

9·11이 발생한 지 얼마 지나지 않아 일련의 테러리스트들의 정신 감정을 시작하면서 '집단 행동 테러리스트'라고 부르는 사람들의 정신 상태에 대해 나만의 관점을 형성할 기회가 생겼다.

8부
테러범들

26

9·11 테러
이면의 이야기

전 세계를 충격과 슬픔의 도가니로 밀어 넣은 대량 민간인 살상(90개국 2,996명 사망, 6천여 명 부상, 셀 수 없이 많은 유족과 고아 발생) 사건이 벌어졌으니 미국과 연합국들이 9·11 테러에 재빠르고 완강하게 반응했다는 부분은 크게 놀랍지 않다. 그러나 뒤돌아 생각해보면 지금 우리는 그 반응이 가져온 의도치 않은 부정적인 결과를 발견할 수 있다.

UCL 철학과를 졸업한 뒤 전 미 해군 특별 작전 참모 총장을 지낸 앤드류 밀번 대령은 이라크와 아프가니스탄의 테러에 대항한 전쟁과 ISIS와의 싸움에서 군이 좋지 못한 결과를 낸 것에 대해 저서 『거센 폭풍이 몰아칠 때(원제: When the Tempest Gathers)』를 통해 자세히 서

술하고 있다.

마찬가지로 법적 재판 외의 방식으로 테러에 대적한 행동이 가끔은 예상치 못한 방식으로 역효과를 낳기도 한다. 영국 정부는 2001년 반테러리즘, 범죄와 안보에 관한 조약을 도입했다. 재판을 받지 않고 수감 중이던 외국 국적 재소자들이 국가 안보를 위협하는 존재가 되었다. 이들은 형사 법원에서 처리할 수 없었다. 그들에 대한 증거 상당수가 신빙성이 떨어졌기 때문이다. 두 페이지 분량의 '요점'이 담긴 비밀 증거는 특별 이민 항소 법원에서 재판을 받지 않고 영원히 구금에 처하기 충분했다.

2년 뒤인 2003년 재판 없이 연장된 구금은 대상자에게 엄청난 심리적·정신적 문제를 안겨주었다. 난 우울증, 자살 시도, 외상후 스트레스 장애, 심지어 정신병이 발발한 재소자를 감정해달라는 부탁을 받았다.

이듬해인 2004년, 이 조항은 상원 의사당의 소청 심사 위원회가 재판 없는 구금이 인권에 저촉된다는 판결을 내리면서 뒤집혔다. 호프먼 상원의원은 "고대로부터 존재하던 자유에 대한 의구심을 제기하고…… (중략) 임의 체포와 구금에서 자유로워야 한다"고 의견을 펼쳤다.

그러나 3년간 시행된 이 조항의 효과는 재소자들에게 그리 크지 않았다.

2003년 논란의 여지가 있는 법이 여전히 실행 중일 때 내가 처음 만난 사람은 프랑스어를 쓰는 죄수 아델이었다. 그는 북아프리카 마그레브 출신으로 이슬람 과격 집단에 충성한다는 죄로 갇혔다. 반 테

러 정책으로 2001년(9·11 전) 그는 아내가 임신 중인 상황에서 체포
되었다. 아내는 정신적인 충격을 받아 이후 정신과 입원 치료를 받았
고 출생한 아들은 위탁 시설로 들어갔다. 아델은 벨마시 교도소에서
손목을 긋는 자살 시도를 했다.

아델의 상황을 살피기 위해서 벨마시의 테러 재소자들의 상황에
대해 이해해야 한다. 9·11과 이후 7·7 테러가 벌어진 상태에서 이들
이 폐쇄 병동에 수감되어야 한다는 데 반론은 없다. 또한 그들이 추가
공격에 대한 모의, 지시, 협조를 할 기회를 없애고자 공범끼리의 소통
을 불가능하게 할 필요가 있다.

× × ×

잉글랜드와 웨일스에 있는 117곳의 교도소 중에서
벨마시는 삼엄하기로 이름난 8대 교도소로 꼽힌다. 영국의 현대판 앨
커트래즈라고 불리는 그곳을 이슬람 재소자들은 '감옥 안 감옥'이라
고 지칭한다.

공식적으로 '폐쇄 관'으로 알려진 이곳은 자체 외벽에 추가로 펜스
를 치고 지하에 흔들림 감지 장치를 달아 누군가 내벽과 외벽 사이를
가로지르려고 하면 알아차리게 되어 있다. 모든 직원과 방문객은 몸
수색을 받고 본관으로 들어가려면 엑스레이를 통과해야 한다. 모든
물품, 심지어 음식을 담는 쟁반까지 들어오고 나올 때 엑스레이를 거
친다. 모든 재소자들은 각자의 방이 있고 공지 없이 무작위로 방을 옮
기며 이런 이동이 29일 이내에 이루어져 땅굴을 파거나 감옥을 탈출

할 시도를 무색하게 한다.

지붕이 있는 좁은 장소에서 운동을 허락하는 건 재소자들이 멀리 있는 물건을 보는 시력을 잃지 않도록 하기 위함이다. 일부 감방은 저층에 있어 자연광이 들어오지 않는다. 당시에는 재소자들이 하루에 22시간씩 갇혀 있는 것이 보편적이었고 2주마다 3시간으로 자유 활동이 제한되어 신문 하나를 나눠 읽는 것조차 부산스러웠다.

모든 재소자가 합법적인 방문에 앞서 들어오고 나가는 길에 몸수색을 당한다. 그래서 아침과 점심 시간에 방문하는 피고 측 변호사들은 '이중'이 아니라 '사중으로 창자까지 살핀다'고 불평한다.

"그게 뭐 어때서?"라고 반문할 수도 있을 것이다. "그렇게 위험한 재소자들은 특별하게 살피는 것이 정당하잖아."

그 말도 사실이나 재소자들은 자신들이 공공의 적 1호가 되어 엄청난 부담을 안고 있다고 주장한다. 예를 들어, 교도관이 타블로이드지에 그들의 사생활이나 의료 정보를 팔아 돈을 번다는 것이다. 이 부분은 이후 2015년 전 벨마시 교도관이었던 그랜트 피지가 공무원 직권 남용죄로 2년형에 처해지면서 드러났다.

그는 타블로이드지에 기사를 제보해 약 2만 파운드에 달하는 이익을 취했고 여기에는 급진주의 지도자 아부 함자와 다른 테러 용의자들의 이야기도 포함되었다.

내가 아델 사건에 개입하게 된 건 그가 강제 송환에 적합한지 심리 상태를 문서화하고 교도소 환경이 어떤 식으로 그를 힘들게 하는지, 교도소 직원들과 협력해 그의 자살 시도가 제대로 처리되었는지를 파악하기 위해서였다. 형사 책임이나 재판 적합성에 대한 실질적인

8부
테러범들

문제는 없었는데 진행되고 있는 형사 절차가 없고 이 건은 그저 재판 없는 구금이기 때문이다.

그의 경우 모든 호소가 물거품이 되고 그가 프랑스로 인도되려는 순간에 내가 개입했다. 하지만 아델을 국외로 추방하려면 의료적으로 문제가 없어야 했고 그는 평범한 하루짜리 수술 대기자 목록에 올라 있었다. 그래서 교도소에서 병원으로 이송이 필요했다. 아델은 며칠 뒤에 자신이 아무 연락도 받지 못한 채(도주 계획을 예방하려고) 무장 호위를 받고 블루 라이트를 통과해 킹스 컬리지 병원으로 갔다고 말했다.

하지만 담당자는 통역할 사람을 고용하지 않았다. 밀집해 있는 무장 경찰과 함께 아델은 자신에게 다른 선택의 여지가 없다는 걸 깨닫고 독한 진정제를 맞는 절차를 진행하라고 고개를 끄덕였으나 여전히 무슨 일이 벌어지는지 몰랐다. 난 아델의 외과 퇴원 기록을 그의 의료 기록에서 꺼냈고 (성공적으로 끝난) 수술 결과와 상세한 내용을 설명해주었다.

기본적인 의료 및 정신과 치료는 특별 상황에서는 한층 제공하기 어렵기에 나는 복도에 무장 경찰이 가득한 불안한 상황에서 일반적인 절차를 진행해야 하는 외과의가 얼마나 힘들었을지 이해가 갔다. 법정신의학자는 이런 부분에 한층 익숙하기에 무장 병력을 무시하고 정신을 그쪽으로 팔지 않는다.

몇 년 뒤 아델은 프랑스로 추방되고 아내와 아들과 다시 만났다. 그는 현재까지 어떤 테러 범죄에도 가담하지 않고 있는 듯하다. 어쩌면 벨마시가 그에게 교훈을 준 걸 수도 있다.

×××

　　　그 직후 난 살라피스트(지하디) 집단을 연결하는 역할을 한 다른 수감자 오마르 살라를 만났다. 그는 체첸 공화국에 송신할 위성 전화를 살 돈을 모으고 있었는데 군사용이 아니라고 주장했다.

2002년 4월 그가 벨마시로 왔고 내가 봤을 때는 체포된 지 2년 뒤라 심각한 우울증에 걸려 독살을 당할 거라는 망상을 포함한 정신병적 증상을 보였고 간간이 단식 투쟁을 벌였다. 다시금 내 기초적인 다국어 기술로 그와의 대화를 트는 데 성공했고 신뢰도 얻었다. 아델과 오마르 살라와 같은 재소자는 교도소 보건 진료의에 대한 신뢰가 없고 편집증을 보였다. 이 두 까다로운 사례를 진행한 뒤 변호사들이 내게 또 다른 테러 사건을 의뢰했다. 그래서 이후 몇 년 동안 꾸준히 테러 혐의로 수감된 재소자들을 만나게 되었다.

살라는 무장한 경찰의 호위를 받으며 M3를 타고 뱅샷을 지나 브로드무어로 재빨리 이송되어 결국 폐쇄 정신 병원에 안착했다.

비슷한 사례를 약 40건 정도 평가한 뒤 나와 동료들은 무기한 구금이 끼치는 정신적 영향을 주제로 한 논문을 발표했고 당시 언론의 주목을 받았다.[57] 동료 사이먼 윌슨은 우리의 직업이 도덕적 경각심을 높이는 데 실패했고 대신 의료화라는 베일 뒤에 숨었다고 지적했다. 법정신의학은 법과 의학이 결합한 것이고 그 이름에서도 알 수 있지만 도덕적인 부분에 대해서는 조심스럽게 다루는 경향이 있다.

그러나 특별한 시기에는 특별한 잣대가 필요하다. 9·11 테러 이후

8부
테러범들

교도소의 분위기가 좋지 않았지만 영국 관계 당국이 이 집단이 지닌 위험 요인을 관리하는 어려운 과제를 맡은 것은 분명했다.

재판 없는 구금을 반대하는 호소가 잇따랐고 대안 조항이 성급히 도입되어 '컨트롤 오더'라는 가택 체포 방식이 생겨났다. 전자 발찌, 전화와 인터넷 사용 제한, 일부 사례의 경우 강제 이주도 포함되었다.

살라는 컨트롤 오더하에 곧장 폐쇄 병동에서 가택 구금으로 풀려났다. 그는 나중에 다시 체포되어 고도로 경비가 삼엄한 브로드무어로 되돌아갔다. 그리고 또 다른 삼엄한 교도소로 옮겨졌다. 교도소 용어로 이 과정을 '유령 열차'라고 부른다. 마지막으로 내가 듣기로 그가 경비가 삼엄한 또 다른 교도소에 있다고 한다.

살라와 같은 사례는 '수감하거나 추방할 수 없는 위험이 큰 개인을 어떤 식으로 관리해야 하는가?'라는 어려운 질문을 제기한다.

컨트롤 오더는 2005년부터 2011년 사이 33명에게 적용되었고 그다음 테러 방지법으로 대체되었다.

2019년과 2020년 우스먼 칸과 수데시 아만의 테러 공격이 일어났고 칼라일 상원의원이 (이성적이지 않다고 생각할지도 모르지만) 가택 연금과 비슷한 형태가 테러 범죄로 형량이 끝나가는 이들을 관리하는 데 필요하다고 제안했다. 정신과 전문의가 아닌 런던 지하철 이용자이자 런던 브릿지 버러 마켓에 자주 가는 걱정 많은 시민으로서 이런 방식이 가장 덜 끔찍한 선택처럼 보인다. 아무리 교도소 형량을 연장하거나 다른 장소에서 자유를 제약한다 한들 문제는 남아 있다. 그들이 가지고 있는 위험성을 줄이고자 정신 상태를 바꾸려면 어떻게 시도해야 할까?

2004년 이후 난 지속적으로 더 많은 테러리스트들을 만나 정신 감정을 하게 되었는데 여기에는 마드리드에서 벌어진 알카에다 음모와 관련된 용의자, 알카에다 인터넷 전문가로 변신한 전 보스니아 지하디, 범죄 혐의를 받고 있는 급진주의 설교자의 두 아들도 속했는데 한 명은 당대 '지하디 존'으로 불리며 여러 테러 자금 모금 행사를 주최했다(고가 자동차 절도, 사기 펀드 운영, 은행 강도 등).

난 급진주의 그 자체는 정신 장애에서 비롯된 취약함이 아닌 한 정신과적 문제가 아니라고 생각한다. 내 직업적 전신인 왕립 정신과 대학의 성명과 같은 입장이다.

× × ×

이 일은 2006년 사건을 돌아보게 해주었다. 당시 여덟 명의 남성이 대규모 살상을 공모했다는 죄목을 받았다. 미국을 목표로 구체적인 무기들을 확보하려는 음모였다. 모하메드 나비드 바티, 압둘 아지즈 자릴, 디렌 바롯을 비롯한 피고 측은 '루턴 공모자들'로 불리며 그들의 계획은 후에 '가스 리무진 프로젝트'와 '금융 빌딩 음모'로 알려졌다. 무장 경찰이 이들을 동시에 붙잡으려고 인근 지역을 폐쇄했을 때 우두머리는 이발소 의자에 앉아 머리를 자르고 있었다. 비록 그들은 영국에서 붙잡혔지만 9·11 관계자들과 분명 연관이 있었다.

2004년 7월 12일, 파키스탄 경찰은 9·11을 지휘한 알 카에다와 칼리드 셰이크 모하메드와 연관된 컴퓨터 전문가를 체포했다. 그의 컴퓨터에는 미국과 영국을 목표로 한 공격 제안서가 담겨 있었다. 뉴욕 증권 거래소 방화 계획도 있었는데 건물 내 소방 체계, 환기 체계, 보안 카메라, 엑스레이 감시 체계 및 건축 재질에 대한 정보까지 파악이 끝났다. 다른 계획으로는 맨해튼과 퀸스의 시티그룹 건물 외벽을 자동차 폭탄으로 폭파하는 일과 워싱턴 DC에 위치한 국제 통화 기금과 세계은행 공격 건도 포함됐다.

한편 영국 공격 계획은 서른아홉 장짜리 '가스 리무진 프로젝트' 문서에 들어 있었는데 프로판, 부탄, 아세틸렌, 산소를 리무진에 장착한 다음 리츠 호텔을 비롯해 런던 주요 호텔의 지하 주차장에서 폭파하는 계획이었다. 그 밖에 동위원소 소량을 활용한 방사능 폭탄을 히드로행 급행열차와 그리니치에서 출발해 템스 강 아래를 지나는 열차에 장착해 폭발시켜 범람, 익사 등 시민들의 혼란을 야기하려는 계획이 있었다.

이 여덟 명은 벨마시에 여전히 구금되어 있지만 피고 측은 내게 특히 그들 중 한 사람의 정신 상태가 재판에 적절한지 감정해달라고 요청했다. 나중에 난 이 무리 중 다른 두 명의 사건에도 관여했다. 기밀 유지의 이유로 개별 사례에 대해 구체적으로 밝히지 않겠지만 전체적인 맥락에서 피고 측의 정신적인 문제가 벨마시라는 힘든 환경에서 재판을 준비하는 데 적합한지, 그리고 재판부가 살펴야 할 엄청난 증거들에 대해서 다루고자 한다. 아주 중대한 죄를 지었고 증거가 아무리 명백하다고 할지라도 모든 피고들은 공정한 재판을 받을 권리가 있다.

미국으로의 강제 추방 가능성과 수십 년에 달하는 종신형 선고를 우선 고려해야 한다. 모두가 영국에서 유죄를 확정받아 종신형에 처해졌고 최소 복역 형량이 18~40년(항소에서 30년으로 감형)이다. 이 정도라면 '그걸로 끝'이라고 생각하고 싶겠지만 난 이후 그들의 이야기를 주목했다. 그들은 교도소에서 자신들의 길을 헤쳐나갔고 비급진주의적 프로그램에 참여했기 때문이다.

이후 2006년 또 다른 음모가 영국에서 미국으로 날아가는 일련의 비행기에서 발발했다. 이 사례는 기내용 수화물에 100밀리리터 이상의 액체를 반입 금지시키는 규정을 만들어냈고 사건의 전말에 대해서는 잊어버렸지만 그 이후로 이 조항을 쭉 유지하고 있다.

알카에다와 연줄이 있는 남자가 런던 공항으로 의심스러운 물품을 수화물에 넣은 채 들어와 음모가 발각되었다. 곧바로 검문을 실시해 이들 집단이 이스트 런던 부지에 폭탄 공장을 가지고 있다는 사실을 밝혀냈다.

그들은 폭파 장치에 사용할 과산화수소를 잔뜩 비축하고 음료수로 위장해서 대서양을 횡단하는 비행기에 몰래 반입하려고 했다. 그들이 미리 녹화해둔 자살 비디오(순교 비디오)가 발견되었고 즉시 체포되었다. 액체 폭탄으로 승객들을 살해하려는 음모로 유죄를 받았고 종신형에 최소 복역 형량은 각각 30~40년이었다.

× × ×

법정신의학에서 어떤 분야의 사례를 세 건 이상 다룬다면 전문가가 된다는 말을 많이 한다.

비행기에 탄 승객을 대량 학살하는 음모에 참여한 테러리스트의 정신 상태를 조금이나마 이해할 기회가 내게 주어졌다. 그들의 계획은 틀어졌고 9·11 사태의 리더 중 한 사람인 무하메드 아타와 달리 그들은 살아남아 인터뷰를 하게 되었다.

가스 리무진 프로젝트는 목표 대상과 방법을 구상하던, 상당히 초창기에 발각되었다. 이와 대조적으로 비행기 폭탄은 실행에 근접했을 때 발각되었고 재료가 이미 구비된 상태로 특정 비행기가 정해지고 자살 비디오 역시 녹화된 뒤였다. 그러나 이 두 사건 모두 음모자들의 의도는 분명했다. 급진주의 이슬람 이데올로기의 동기를 가지고 자살이든 그렇지 않든 대량 학살을 하려 했던 것이다.

내가 맡은 일련의 사례들을 살피면 이런 집단 행동 테러리스트들의 프로파일과 정신 상태는 대략적으로 말하자면 다음과 같다.

대부분 고등 교육을 받았거나 적어도 안정적인 직장을 가졌다. 다수가 파키스탄 부족 지역의 훈련 캠프 출신으로 '전과가 없는' 사람으로 돌아오기 위해 여권을 훼손했다. 잡히기 전 스파이 활동에 필요한 지식을 얻었다. 그들은 대규모 네트워크, 이 사건의 경우 알카에다의 지휘 및 통제를 받았다. 일부 사례의 경우 개별 음모자들은 서로 알지 못했지만 리더를 통해 연결되는 구조로 리더만이 전체 그림을 볼 수 있었다.

이념적인 동기는 이슬람을 부당하게 대우한 서방에 대한 원한에서 비롯된 듯하다. 빈 라덴의 분노는 전 세계적으로 알려져 있다. 그는 9·11 일 년 뒤에 미국에게 선포한 긴 글에서 중동에 주둔한 군 기지들을 비난하고 이스라엘의 지원과 '당신들 사이에 퍼진 부도덕함과 방탕함'을 비판했다. 그는 '간통, 동성애, 음주, 도박, 이자 놀이와 같은 행동'을 거절한다고 밝혔다.

그는 또한 이렇게 말했다. "관타나모에서 벌어진 일은 미국의 역사적 수치를 보여주며 당신들의 위선자 같은 얼굴에 대고 큰소리로 외치고 있습니다."

내가 인터뷰한 집단 역시 비슷한 문제에 분노를 표출하고 있는데 특히 유럽이 세르비아의 이슬람인 대량 학살에 개입하지 못한 부분, 미국과 영국 군이 사우디아라비아와 다른 중동 지역에 주둔한 데 대한 분개, 카슈미르의 이슬람에 대항하는 인도 군의 잔혹함에 대한 분노, 2003년 이후 아프가니스탄과 이라크의 민간인 사살에 특히나 반감을 표했다.

그러나 종교, 역사, 지정학적 분노가 어떻게 테러라는 행위로 이어질 수 있을까? 이 부분에 대해 UCL의 폴 길 교수가 연구 중이다. 섬세한 통계 분석을 통해 잠재적 테러리스트들이 특정한 상황에서 행동하는 이유를 이해하고 금지된 조직인 알무하지룬이나 다크 웹의 과격파 채팅방들과 같은 급진주의적인 환경에 들어가고 나오는 데 어떤 부분이 영향을 주는지에 대해서도 살핀다.

내 인터뷰 경험을 토대로 구성해본 이유는 이랬다.

"국민 전선당 시대에서 자라 인종 차별을 경험했다."

"9·11 사태에 충격을 받았지만 이슬람 세계의 부당함에 대해 더 잘 알게 되었고…… 인터넷에서 갈등에 대해 찾아보기 시작했다."

"서양에 대한 깊은 증오가 생겼다……. 왜 블레어 총리는 부시에게 그렇게 휘둘릴까?"

8부
테러범들

"난 아부 함자와 대화하러 갔었다."

"관타나모 기지의 교도소를 봤을 때 이성을 잃었다."

"(이 음모를 통해) 알라의 뜻을 전하고자 했다. 내가 (비행기를 폭파하기 전에) 붙잡힌 것도 재판을 통해 메시지를 전하라는 알라의 뜻이다."

그리고 테러리스트의 행동에는 정돈된 인지 왜곡이나 '위안이 되는 이야기'가 담겨 있다.

"난 그저 내가 할 수 있는 방식으로 돕고 싶었을 뿐이다."

"범죄를 저지른다고 생각했지만 피해를 인식하지 못했다."

"폭발이 불편함을 일으키는 정도지, 누구에게도 해를 입히지 않을 거라고 생각하기 시작했다."

"나는 무슨 일이 벌어지든 상관하지 않았다."

× × ×

이 살인 공모자들의 믿음을 꺾고 정신을 되돌리려면 알프루칸 프로그램과 같은 반급진주의 프로그램에 참여할 필요가 있다. 알프루칸 프로그램(진실과 거짓을 구별한다는 의미)은 이슬람 서적과 예언자 마호메트(그의 평화가 함께 하길)의 삶에 대해 심도 깊게 연구하고 이슬람 경전에 대한 잘못된 해석을 바로잡고 알카에다와 ISIS가 영향을 미친 과격한 폭력 사태를 살핀다.

이러한 건강한 개입은 범죄자가 그들의 행동을 멈추고 훌륭한 삶을 발전시켜 나가도록 돕는 데 무엇이 효과적인지 찾는 연구 과정에서 생겨났다. 이 프로그램은 22가지 극단주의 위험 가이드(ERG 22+) 체크리스트를 통해 어느 정도 정신적인 치료가 되었는지 확인한다. 비록 논란의 여지가 있지만 수정 가능한 위험 요인들을 식별한다. '정체성과 소속감', '세뇌에 대한 민감성', '부당함을 바로잡고 분노를 표출할 필요', '정치적·도덕적 동기', '흥분, 전우애, 모험의 필요성' 등이다.

한 재소자가 내게 주변에 더 심한 급진주의자 재소자가 있어서 프로그램에 참여하고 문제 없이 지내기가 너무 힘들다고 토로했다. 주변에 자극하는 요인들이 깔려 있는데 단정한 행동을 유지한다는 건 20년 이상 복역하지 않는 한 불가능한 일이다.

그리고 참여자가 허위로 따르는 척하는 것이 아니라 적극적으로 참여하는지 여부를 파악하는 일도 또 다른 어려움이다. 이는 2019년과 2020년 런던브릿와 스트렛텀에서 일어난 두 명의 단독 테러에서 특히 잘 알 수 있다. 두 사건 모두 교도소에서 막 출소한 개인이 저질렀다. 이 중 우스먼 칸의 경우 교도소에서 반급진주의화 프로그램을 이수했다. 그가 거짓말을 하며 시간을 벌었거나 혹은 급속도로 재급진주의화된 걸까?

이런 어려움이 주어진 상태에서 테러에 관여했지만 아직 유죄를 선고받지 않은 인물들을 측정하려면 어떻게 해야 할까? 24시간 무장 감시, 가택 연금, 재판 없이 교도소에 수감? CIA 군사 시설에서 물고문을 할까, 아니면 관타나모 기지에서 주황색 죄수복을 입혀 모욕을 줘야 할까?

테러 음모죄를 받았거나 실제로 테러 공격에 관여한 사람들에게 실형을 선고해야 할까? 그들에게 최대 40년의 최소 복역 형량을 주면서? 미국 연방 최고 보안 교도소에서 130년형에 처하게 하고? 사법 재판으로 끓어오르는 기름에 상처를 입게 해야 하나? 아니면 치명적인 독극물을 주입해야 할까?

× × ×

이 모든 방식은 테러리스트들을 상대로 사용되어왔고 대중의 지지를 얻었다.

넬슨 만델라가 유엔에서 표도르 도스토옙스키의 명언을 언급했다. "누구도 교도소에 들어가보지 않는 한 국가에 대해 진정으로 알지 못한다. 국가는 고결한 시민을 대우하는 방식이 아니라 최하위층을 대하는 방식에 따라 판단되어야 한다……." 여기에 나는 이런 말을 더하고 싶다. "……그리고 공공의 적 1위, 이름하여 이슬람 급진주의자와 극우 테러리스트 구금자와 재소자들을 다루는 태도에 의해서도 말이다"라고.

그러나 이들 문제를 살피면서 인권 문제에 대한 도덕적 의무와 지나치게 동정적인 자유에 대한 개념은 한쪽으로 치워두는 편이 최선이라고 생각한다. 전적으로 실용적이고, 경험에 의거한 결과론적인 토대에서 판단하는 편이 더 낫다. 말하자면, 그동안 시도한 다양한 방식들이 이슬람의 과격 폭력주의를 영국에서 몰아내고 이미 수감된 자들을 교화하는 데 충분한 성과를 냈을까?

테러를 저지른 범죄자에게 영국 판사가 내리는 형량은 긴 징역일 수밖에 없다. 이는 이동, 모임, 샤워 시설, 음식, 운동, 방문에 대한 제약과 대화 감시, 인터넷 접촉 차단, 아르고스 카탈로그를 통해서만 쇼핑 가능 등 자유의 박탈이 포함된다. 이 점이 인권 조항을 위반한 것은 아닐까?

그러나 우리는 교수형이 없다. 형량 위원회의 지침 또한 끓는 기름으로 두피 벗기기와 같은 처벌을 허락하지 않는다.

× × ×

이는 실제로 가스 리무진 프로젝트 리더인 디렌 바롯(현재 이름 에사 바롯)에게 벌어진 일이다. 그는 종신형에 최소 복역 형량 30년을 선고받았다.

끓는 기름이 담긴 '주전자'를 동료 재소자가 그의 머리 위에 쏟아부었다. 그는 전신 화상을 입어 머리카락의 거의 전부를 영구적으로 잃었다. 피부 조직 이식을 위해 화상 병동으로 옮겼을 때 정맥 주사와 모르핀이 필요했다.

처음에는 격리실에 방치되었고 교도소 의사가 단순한 진통제를 처방했고 변호사가 사법 검토 절차를 신청한 이후에야 비로소 병원으로 이송되었다. 그의 최종 이송에는 언론 통제, 병원 직원 보호, 24시간 철통 방어와 헬리콥터 감시가 필요했다.

주전자에 일반적으로 끓는 물과 설탕(섞이면 물보다 피부에 더 오래 화상을 입힌다)을 넣는 건 처벌의 일종으로 주로 동료 재소자들이 행하며 보통은 성범죄자 처벌이나 개인적인 복수의 용도다. 성범죄자들은 이런 일을 당하지 않도록 일반 재소자들과 분리되어 있다. 따라서 바롯의 경우 교도소에서 늘 일어나는 일의 대상이 되었다고 볼 수 있다. 하지만 끓는 기름은 설탕물보다 피해가 한층 심하다.

심각한 범죄를 저질렀기에 바롯이 영원히 불구가 된 일에 대해 대중이 동정하지 않는다는 점은 이해가 간다. 그러나 영국 교도소에 있는 테러 범죄자들을 성공적으로 교화시키려면 그들에게 폭력으로 보복하는 행동을 묵인하거나 모른 척해서는 안 된다. 그러면 더 큰 분노, 치욕, 원한에 불을 지피는 셈이다.

영국 교도소에는 상당히 많은 젊은 이슬람 교도들이 있고(현재 벨마시 재소자 900명 중 400명 정도) 일부는 바롯과 같은 남성에게 어떤 일이 벌어졌는지 알게 될 것이다.

유명한 테러리스트 재소자 중 한 명을 보호하는 데 실패하면서 영국은 도덕적으로 높은 수준에 이르는 데 실패했다. 같은 맥락에서 관타나모에서 주황색 죄수복을 입고 방치되어 있는 이들을 두고 미국 심리학자들이 공공연한 고문에 대해 아무 말도 하지 않고 내버려두었다는 부분에서도 드러난다.

NYU 제임스 길리건 교수는 치욕은 추가로 폭력을 일으키는 강력한 동기라고 주장한다. 이 주황색 죄수복 무리는 분명 돌아와 가학적인 ISIS의 참수 비디오와 희생 의식으로 앙갚음을 해 동일한 방식으로 동조하려는 사람을 모을 것이 분명하다고 말이다.

관타나모 기지의 공공연한 치욕이 급진주의자들이 폭력의 길로 들어서게 만들었을까? 앞서 설명했던 것처럼 적어도 가스 리무진 음모에 참여한 한 명은 그렇다고 말했다. 하지만 테러리스트의 정신에 영향을 미친 것이 무엇인지 제대로 이해하려면 우리는 단순히 그들의 원한의 근거를 찾을 것이 아니라 그들에게 영감을 준 인물들의 정신 세계 역시 평가할 필요가 있다.

8부
테러범들

27

가장 가혹한
교도소에서

　　난 셰이크 아부 함자로 알려진 무스타파 카멜 무스타파와 인터뷰를 할 수 있게 되었다. 내가 상상한 그의 이미지는 설교 요약본을 다시 읽으면서 구체화되었다. 그의 말을 마음속으로 읊조리며 벨마시로 향했다. 나는 뭘 기대했던 걸까?

　주로 갈고리 의수를 찬 손으로 눈을 가리고 있는 언론에 나온 사진을 토대로 난 거칠고 예측 불가능한 급진주의 테러리스트와의 인터뷰가 힘들 거라고 생각했다. 결국 그는 영국에서 살인 선동와 여러 번의 인종 혐오 발언으로 유죄를 받았다.

　다양한 확인 절차를 거쳐 교도소로 들어가기까지 최소 한 시간이 걸렸다.

그렇지만 다시 기다리라는 이야기를 들었고 그렇게 15분을 이 땅에서 가장 위험한 테러리스트 재소자들이 머무는 교도소 내 교도소에서 엄지를 비비며 기다렸다. 난 건장한 교도관이 남성 간호사와 농담을 주고받는 모습을 지켜보았다. 그가 노래를 부르고 자기 덩치의 반밖에 되지 않는 간호사와 왈츠를 추기 시작했다. 정말로 초현실적인 순간이었다.

마침내 인터뷰실로 안내를 받았다.

여전히 그는 보이지 않았다.

홀로 방 안에 있으니 어딘가 불안했다. 솔직히 내가 만나게 될 사람에 대한 불안감이라는 표현이 적당하겠다. 내 일은 테러 범죄와 관련된 그의 죄상을 평가하는 것이 아니다. 그가 재판을 준비하는 과정에서 발생할 의학적·심리적 문제를 살피는 것이다. 그렇다고 해도 익숙한 불안함과 두근거림을 느낄 수 있었다.

마침내 문이 열리고 교도관이 함자를 데리고 들어왔다. 내 머릿속 그의 이미지는 언론에 노출된 사진, 설교복을 입은 모습이었다. 그런데 당연히 교도소에서는 그렇지 않았다. 그는 장식이 없는 헐렁한 티셔츠에 무서워 보이는 갈고리도 보이지 않았다. 대신 뭉툭하게 잘린 팔이 고스란히 드러나 있었다.

자리에 앉은 그는 교도관이 나가고 문이 닫히기 전까지 입을 열지 않았다.

어려운 인터뷰와는 거리가 멀었고 정확히 그 반대였다. 부드러운 목소리로 그는 내가 시간을 내어 자신을 보러 와준 것에 크게 감사를 표했다. 그는 교도소로 들어오는 데 시간이 지연된 것을 몹시 안타까워했고 나에게 차라도 한잔 내줄 수 있으면 좋았을 거라고 아쉬워했다. 그는 지적인 남성이었다. 예의가 바르고 친근하게 굴었다. 토목공학으로 박사 학위를 받았으니 고등 교육을 이수했고 킹스웨이 지하도로 재보수와 샌드허스트 육군사관학교 공사에도 참여했다. 그는 내게 자신이 쿠란을 암기하고 있으며 어쩌다 설교자가 되었는지 간략하게 설명했다.

그는 소비에트 연방 이후 아프가니스탄에서 발생한 지뢰 제거 현장에서 사고를 겪었다고 말해주었다. 비록 일부에서는 의혹을 제기하지만 다른 뚜렷한 설명이 없다. 한쪽 눈을 실명한 그는 당뇨와 건선도 앓고 있었고 과하게 땀이 나서 하루에 적어도 두 번은 샤워를 해야 했다.

그의 재판을 준비하면서 연설을 비롯해 살펴야 할 자료가 수없이 많았다. 그는 자신이 변호사를 만나러 들어갈 때와 나갈 때 '이중'으로 신체 검문을 받는데 두 번 다 불편하고 강압적이었다고 밝혔다. 손이 없는 상태로 감옥에서 변기 내림 버튼을 누를 때 특히 고충이 컸다. 갈고리를 무기로 쓸까봐 의수를 지급하지 않았기 때문이다. 또한 약을 먹을 때와 피부에 크림을 바를 때도 힘들었다. 크림이 눈에 들어가고 안경은 더러워져 재판 관련 서류를 읽기도 어려웠다. 나는 2005년 뜨거운 여름의 재판을 가을까지 연기할 이유를 찾았고 의료 증거를 토대로 한 이 요청은 중앙형사재판소 판사들에게 받아들여졌다.

하지만 바로 직후인 2005년 7월 7일, 네 명의 테러리스트가 가내수공업으로 만든 폭탄을 런던 지하철과 이층 버스에 차례로 던져 넣어 터트리는 데 성공했다. 18개국 52명의 영국 거주자가 목숨을 잃었고

700명이 넘는 사람들이 다쳤다.

7월 7일 테러리스트 무리는 함자와 직접적인 연관이 전혀 없었지만 그해 말 그가 살인 교사로 유죄를 받은 걸 보면 배심원에게는 분명하게 작용했다.

그는 17년형을 받았고 이후 몇 년에 걸쳐 수차례 신체 건강 문제가 심리에 미치는 영향과 강제 추방 관련해서 조사를 받았다. 함자의 의학적 상태에 대한 자세한 사항과 정신과의로서 내 소견을 여러 고등법원 판사들에게 설명했다. 함자는 늘 예의가 발랐다. 자신의 사적인 부분이 타블로이드지에 보도되어 치욕스러움을 느꼈다고 말했다. 2012년 미국으로 강제 추방되기 전 마지막으로 만났을 때 그는 내가 잘 지내길 바라고 자기 사건에 개입해줘서 고맙다고 인사했다. "테일러 박사님. 제가 책을 쓸 때, 박사님에 대해서도 언급할게요."

××××

내가 이 경험에서 무엇을 배웠을까?

동료들은 내가 그저 그의 매력에 홀린 거라고 말한다. 그럴지도 모르겠다. 그의 태도는 분명 극단주의적인 믿음을 가지고 있다는 느낌이 들지 않게 해주었다. 하지만 난 게으르고 전형적인 사진기자가 그의 이미지를 만들었다고 생각한다. 항상 갈고리를 눈에 가져다 대고 머리가 엉망인 모습이 담긴 사진만을 골라 우리가 정확하게 그를 살피지 못하게 했다. 그의 영향력과 다른 급진적인 성직자들에 대해 이해하지 못하게 만든 것이다. 갈고리 의수를 단 이미지 말고 그가 단정하게 검은색 터번을 쓰고 그늘에 앉아 있는 모습을 보여주란 말이다. 그는 겸손하고 지적인 사람이다. 이는 확실히 그의 일부며 그가 저지른 일의 한 부분이기도 하다.

미국으로 추방된 이후인 2014년 5월, 함자는 11건의 테러 관련 혐의로 유죄를 받았고 거기에는 1998년 예멘에서 관광객 열여섯 명을 납치해 테러리스트들에게 물자를 제공하고 1999년 테러리스트 훈련 캠프를 차리려고 했던 시도도 포함되었다. 언론 보도에 따르면 납치에 관한 함자의 변론은 그가 위성 전화를 통해 인질을 석방하는 협상을 도왔던 것이지 납치를 지시하거나 개입한 것이 아니라고 했다. 배심원은 그 말에 당연히 설득당하지 않았고 그는 유죄 판결 뒤 두 번의 종신형에 100년간의 감옥형과 가석방 불가형을 받았다.

맨해튼 연방 법원에서 유죄 판결을 받은 뒤 함자는 ADX 플로렌스 연방 최고 보안 교도소로 보내졌고 그곳에는 신발 폭탄범인 리처드 레이드, 9·11 가담자인 자카리아스 무사우이, 1993년 세계무역센터 폭파범 람지 요제프, 보스턴 마라톤 폭파범인 조하르 차르나예프, 연쇄 소포 폭탄 테러범 테드 카진스키, 마약왕 '엘 차포' 구즈먼도 투옥되어 있었다. 그전에는 오클라호마 폭파범인 티모시 맥베이도 있었지만 그는 2001년에 교수형을 당했다.

함자는 '잔인하고 부당한 처벌'이라는 조항을 들어 항소했다. 최근 언론에 노출된 교도소 사진에서 그는 백발에 수척한 모습이었다. 그는 벨마시로 돌아가겠다고 요청했고(교도소의 체제에 따라 법적 호소가 가능한) 적어도 다른 재소자와 어울릴 수 있고 날마다 보건 치료를 받을 수 있다는 이유를 들었다.

함자의 항소 변호사 중 한 사람인 마이클 바흐라흐는 이렇게 말했다. "그는 가능하면 당장 벨마시로 돌아가고 싶어 했습니다, 우리는 그의 감금 조항이 유럽 인권 보호 조약과 미국이 약속했던 부분에 위배된다고 강력히 믿습니다."

ADX 플로렌스는 비밀 기관이다. 덴버 남쪽으로 161킬로미터 정도 떨어진 로키 산맥 기슭에 낮고 넓게 펼쳐져 있으며 유죄를 받은 알카에다 테러리스트 40명 이상을 수용하고 있다. 가장 큰 형벌을 받은 재소자와 다른 곳에 감금하기엔 너무 위험한 재소자가 이곳으로 온다. 그들은 하루 23시간을 작은 방 안에서 지내며 식사도 그 자리에서 한다. 창문은 막혀 있어 산 전망을 볼 수 없다. 12인치 흑백 텔레비전을 보거나 책을 읽으며 시간을 보낼 수 있다. 온순하게 굴면 딱 한 명만 들어갈 만한 장소에서 제한적으로 운동을 할 수 있을지도 모른다.

따라서 벨마시 감옥은 결국 그렇게 가혹하지 않은 곳일지도 모른다. 난 전 교도소장 로버트 후드가 한 말이 ADX 플로렌스를 가장 잘 설명해주고 있다고 생각한다.

"우리 나라에는 122곳의 연방 교도소가 있습니다. 그중 최고 보안 교도소는 단 한 곳뿐입니다. 이곳은 교도소의 하버드와 같은 곳이죠. 앨커트래즈를 대체하는 곳입니다."

ADX 플로렌스에 대해 더 설명해달라고 묻자 후드는 이렇게 말했다.

"감옥이 도달할 수 있는 최극한이죠. 포탑이 열두 군데 있고 사방을 레이저로 감시하고 있습니다. 다른 재소자와 절대 만나지 못합니다. 가족 방문조차 특별 행정 기준에 따라 금지할 수 있습니다. 들어오는 신문도 최소 30일이 지난 것이고 텔레비전은 역사 채널과 같은 프로그램밖에 나오지 않아 현재 상황을 알 기회는 없습니다. 이 고립된 조건이 결코 완화되진 않을 겁니다."

"일종의 교수형과도 같죠. 깨끗한 버전의 지옥이라고 할 수 있습니다. 전 지옥이 어떤지 모르지만 자유로운 사람에게 ADX 플로렌스는 지옥과 꽤 가까울 겁니다."

사상 최악의 테러리스트에게 이곳은 정말로 풀려날 수 없는 곳이다.

28

광신도들은
홀로 움직인다

아부 함자와 알카에다에 영향을 받은 그의 지지자들은 집단 행동 테러리스트다.

그러나 테러 살인 유형이 조직적인 집단 행동에서 한층 막기 힘든 단독 행동으로 바뀌고 있다. UCL의 폴 길과 그의 팀이 100건이 넘는 단독 행동 사례를 조사했고(단순히 이슬람 극단주의자만이 아니라) 흥미로운 결과를 몇 가지 찾았다.

우선, 집단 행동과 달리 단독 행동을 한 테러리스트들은 정신병을 앓을 가능성이 훨씬 더 크고 정치, 종교, 역사적인 부분에 개인적인 원한이 있는 경향이 컸다. 정신병이 있는 테러리스트와 그렇지 않은 테러리스트 사이의 거짓 이분법 또한 힘들었다. 길은 조현병, 망상 장애, 자폐 스펙트럼이 단독 행동자들 사이에 더 만연했지만 극단적인 행동의 단순한 원인은 될 수 없다고 보았다. 테러 행위로 가는 경로가 다원적이라 정신병이 있는데 급진주의적인 환경에도 노출되는 등 한 가지 위험 요인이 다른 것과 결합해 테러로 이어질 수 있다는 설명이다.

최근 벌어진 가장 피해가 컸던 두 사건은 극우파 정치가들에게 영감을 받아 발생했다. 2019년 3월, 뉴질랜드 크라이스트처치에 위치한 사원에서 51명을 살해하고 40명을 더 죽이려고 했던 브랜튼 태런트는 백인우월주의자이자 극보수주의 이념에서 영향을 받았다. 그의 무기에는 기독교와 이슬람의 갈등과 관련된 말이 적혀 있었다(일부는 키릴 문자와 그리스어로). 그가 정신적으로 문제가 있다는 증거는 없었으나 분명 아주 극단적인 관점을 가졌다.

이와 대조적으로 아네르스 브레이비크의 정신 상태에 대해서는 전 세계적으로 논란이 일었다. 그는 또 다른 극우 단독 행동 테러리스트로 2011년 7월 오슬로에서 밴에 폭탄을 실어 8명을 살해했다. 주요 목표인 우토이아 섬에서 열린 청년 일꾼 여름 캠프에서 시선을 분산시키기 위해서다. 예비 군복을 입은 그는 경찰에게 섬으로 들어갈 수 있도록 허락을 얻었다. 그곳에서 69명의 어린 학생들을 사냥해 죽였으며 그 과정에서 계속 웃었다.

브레이비크는 체포 이후 두 번의 정신과 감정을 거쳤다. 첫 번째 감정에선 그가 망상에 빠져 있고 잠재적으로 정신 이상 기준에 부합한다는 결론이 나왔다. 두 번째 감정의 경우 망상 장애가 아닌 단순한 극단주의자이므로(물론 인격 장애가 있지만) 자신이 한 행동에 전적으로 책임을 져야 한다는 소견이 나왔다.

그의 본성과 범죄 횟수에 따라 정신 이상이 아닌 유죄를 내리라는 강렬한 대중적 압박이 있었던 점을 이해할 수 있다. 게다가 브레이비크는 자신의 생각과 행동이 정신 이상으로 비춰지길 거부했다.

테러 관련 세미나 참석을 위해 오슬로에 방문하면서 난 이 논쟁에 관여한 정신과 전문의 한 사람을 만나 아네르스 브레이비크의 정신 상태에 대한 의견을 들을 수 있었다.

그가 다시 자유를 얻을 가능성이 희박하기에 폐쇄 병동이나 교도소는 실질적으로 큰 차이가 없다. 하지만 브레이비크가 망상병자가 아닌 정치적 극단주의자라고 처음 확신했을 때 내가 듣고 읽은 것들이 관점을 바꿔버렸다.

또 다른 논쟁 중인 부분은 그가 첫 번째 감정에서 망상 진단을 받았다는 소리를 듣고 두 번째 감정에서 자신의 특이한 믿음을 대단치 않게 보이려고 애썼다는 점이다. 그래서 이 두 번째 심리는 제아무리 대중의 의견이 진단에 반영된다고 해도 신빙성이 떨어질 가능성이 있음을 알려준다.

첫 번째 평가 당시 브레이비크는 자신을 두드러진 용어로 묘사했다. 그는 템플 기사단의 리더이고 이 단체는 '순교 조직, 군사 법정, 판사, 배심원이자 실행자'다. 그는 자신을 러시아의 니콜라스 황제와 스페인의 이사벨라 여왕에 비교했다. 그는 쿠데타를 통해 자신이 노르웨이의 새로운 통치자가 될 거라고 믿었다. 노르웨이에서 누가 살고 누가 죽을지 자신이 결정할 수 있고 노르웨이 인구의 상당수가 자신의 행위를 지지하고 있다고 믿었다. 자신이 노르웨이의 새 섭정자가 된다면 수십만 명의 이슬람 사람들을 북아프리카로 보낼 책임이 주어진다고 주장했다. 그리고 자신이 가담한 사건은 핵전쟁이 될 제3차 세계 대전의 시발점이라고 여겼다.

브레이비크는 폭탄을 만드는 데 들어가는 비료 구입이 수상하지 않게 보이려고 충분한 면적의 땅을 빌리는 등 상당히 체계적으로 수년간 테러를 준비했으나 의도적인 행동에 망상적 사고가 끼어들지 못한다는 법은 없다.

× × ×

런던에서 정신병을 앓고 있던 남성의 즉흥적이고 혼란스러운 단독 테러 공격도 있었다. 2015년 12월 5일 스물아홉 살 영국계 소말리인 무하이딘 마이어가 이스트 런던의 레이턴스턴 지하철역에서 빵칼로 세 명을 공격했다. 피해자 중 한 사람은 중상을 입었다. 지나가던 수련의가 피해자를 지혈해주었기에 목숨을 부지했고 그사이 다른 두 피해자는 가벼운 상처를 입었다.

공격을 벌이는 와중에 마이어가 이렇게 선언했다. "이것은 시리아와 내 이슬람 형제들을 위한 일이며…… 너희는 피를 흘릴지어다."

그는 MI5와 MI6 소총이 쫓아온다는 망상과 정신과적 병력이 있었다. 공격을 벌이기 한 달 전쯤 마이어의 가족은 그를 병원에 입원시키려고 했지만 그는 자신에게 아무 문제가 없다고 주장했다.

마이어는 살인미수와 4건의 상해로 유죄를 받았고 종신형에 최소 복역 형량 8년 6개월이 선고됐다. 나중에 브로드무어 정신 병원으로 이송되어 정신과 치료를 받았다. 공격 당시에는 정신적으로 문제가 있었지만 그의 망상은 종교적 이념에 감싸져 있었다.

ISIS는 이슬람 교도들에게 이슬람의 명예를 되찾으려면 폭력을 써야 한다고 선동하고 문화적으로 우월한 이슬람 세계의 이미지를 상기시키는 '칼리프의 지역'이라는 용어를 썼다. ISIS는 지지자들에게 공격을 하라고 지시했고 단독 행동에 나선 극우주의자의 폭력은 파괴적인 효과를 얻었다. 〈다비크〉와 같은 온라인 잡지와 유혈 낭자한 살인 의식 비디오를 통해 칼이나 차량으로 믿음이 없는 자들을 죽이도록 직접적으로 장려했다. 가해자가 ISIS의 상징을 종이에 휘갈겨 쓴 단순한 행동이 ISIS에게는 공격을 주장할 충분한 증거가 되었다. ISIS의 상징은 이슬람 신념의 선언 첫 부분으로 '세상에는 알라만이 유일한 신이다'가 있고 그 아래로 두 번째 선언을 담고 있다. '마호메트는 신의 예언자다.'

최근 들어 칼과 차량을 이용한 단독 공격이 많아지고 또한 가내 제작 폭탄이 맨체스터 아레나와 파슨스 그린에서 발견됐다. 이는 ISIS에서 영감을 받은 단독 테러리즘으로 ISIS가 지시한 테러와는 반대된다. 다시 말해 가해자와 ISIS 조직 사이에 어떤 명령이나 통제 혹은 소통이 오간 증거가 없는 경우가 많다.

단독으로 활동하는 테러리스트는 종교적 저항이라는 명목으로 행복하지 못한 삶에 대한 개인적 원한을 드러내는 듯하다. 개인적인 원한은 소외나 사회적 배척에서 기인할 수도 있고 불법 약물, 반사회적인 행동, 실직, 연인과의 결별 등이 원인이 될 수 있다. 2017년 웨스트민스터 브리지를 공격한 칼리드 마수드가 이런 사례다. 마수드는 빌린 회색 현대 투산 자동차를 몰고 4명을 살해하고 50명 이상에게 부상을 입힌 뒤에 웨스트민스터 궁 앞에서 키스 팔머 순경을 찔러 죽음에 이르게 했다. 그는 폭력 전과가 있었지만 ISIS와 접촉했는지에 대한 증거는 없었다. 공격 직전 그는 왓츠앱 메시지로 입술 모양 이모티콘을 보내고 용서를 구했지만 또한 자신이 중동에서 서구 군대의 행동에 반감을 가진 지하드의 일원으로 활동하고 있다고 말했다.

그의 마지막 공격은 영광의 불길로 나아가고자 하는 욕망을 드러내는 경전의 일부로 폭탄에 의해 죽거나 경찰에게 자살당하는 것이었다. 이는 '미친 듯이 날뛴다'는 말과 일부 일치한다. 실제로 날뛴다는 건 16세기 말레이 제도에서 행동 증후군을 설명하는 말로 탐험가인 쿡 선장의 항해에 기록되었다. 노르웨이어로 무아지경에 빠져 싸우는 사람을 일컫는 '길길이 날뛴다'와도 동일한데 이 단어 역시 영어로 유입되었다.

날뛰는 사람은 보통 폭력 이력이 없고 금단이나 우울증과 같은 전조 기간이 지난 뒤에 무기, 일반적으로 칼을 습득한 다음 갑자기 자기 통제력을 상실하고 발작성 공격을 저지른다. 이 상태는 가해자가 살해당하거나 자살해야 끝난다. 미쳐 날뛰는 사람은 정신병 혹은 광란의 상태에 있거나 혹은 단순히 정신 줄의 끝자락에 서 있는 것이다(현대 미국어로 '격분하다'가 적합하지 싶다). 독자적으로 행동하는 테러리스트나 연쇄 살인범이 포장한 이념이나 개인적 원한으로 마지막 살인과 자살을 실행하는 행동을 설명할 때 이 용어를 사용할 수 있다.

×××

다른 유형의 단독 공격자에게서도 정신 이상을 발견할 수 있는데, 예를 들어 1990년부터 2004년 사이 유럽 정치인들을 공격한 가해자 24명을 살핀 연구가 있다. 공격자들의 상당수, 거의 절반이 정신병을 가졌다고 밝혀졌으나 그들의 공격 대상에게 고정된 망상은 정치적으로 동기가 된 믿음을 잘못 이해한 것이었다.

가장 최근인 2020년 폴 길 교수 팀의 연구는 단독 행동을 하는 테러리스트들 사이에는 다른 형태의 단독 공격자인 연쇄 총격수(지역을 이동하며 각기 다른 지역에서 총 4명 이상을 죽인)와 많은 부분에서 공통점이 있다는 걸 알아냈다. 양쪽 집단 모두 공격자의 원한에서 기인한 폭력으로 보였다.[58]

한 가지 유명한 추가 발견은 단독 행동을 하는 테러리스트들이 연쇄 총격수보다 친구나 자신의 페이스북에 세부 공격 사항을 노출하는 경향이 더 크다는 점이다. 누군가 개입할 기회를 제공하는 것일지도 모르는데 인터넷 포스팅, 페이스북 업데이트 등 공개적인 커뮤니케이션을 활용하는 경우도 있기 때문이다.

이 이야기의 교훈은 테러 의사를 선언한 사람을 목격했다면 반드시 이를 진지하게 생각하라는 데 있다. 비록 일부는 영리하게 공격 바로 직전에 온라인에 글을 올려(뉴질랜드 사원 총격 사건처럼) 공권력이 개입할 기회를 최소화한다.

최근 많은 단독 행동자들이 폭탄(맨체스터 아레나) 혹은 경찰의 총에 자살하거나 폭탄 조끼(웨스트민스터 브리지, 런던브릿지 공격과 스트레텀 모두)를 입고 자살하기도 한다. 자기가 벌인 일로 스스로를 기꺼이 살해하는 그들의 의중은 무엇일까? 그것도 살인일까?

테러리스트 자살 공격은 오랫동안 희생의 의지와 더불어 강렬한 종교 혹은 급진주의적인 동기가 있다고 여겨져 왔다. 그러나 이미 정신적으로 문제가 있는 일부에게 자살은 스스로에게 이렇게 말하는 것과도 같다. "난 날 죽여야 할 것 같아. 이걸 잘 포장해 쓸모 있게 만들어야지."

에리얼 므라리[59]는 점화 장치가 터지지 않아서 자살에 실패한 폭탄범을 연구했다. 므라리는 팔레스타인 자살 테러리스트들을 인터뷰했는데 비자살 테러리스트 집단과 자살 공격 집단으로 나누어 살폈다. 자살 공격 집단은 한층 개인적인 특성을 드러내 그들이 외부 영향에 더 민감하다는 걸 보여주었다. 비제어, 비조직적 집단의 일부 폭파범의 경우 자살 경향, 우울증, 어린 시절 학대 이력이 없었다.

추가 조사는 하마스, 체첸 분리주의자, 타밀 타이거스, 알카에다와 같은 여러 집단 속 여성과 남성 자살 테러리스트 30명을 비교했다. 여성 자살 테러리스트들은 개인적인 일로 한층 더 동기 부여가 된 반면, 남성들은 종교와 국가적인 요인으로 더 동기가 커지는 걸로 보였다. 개인적 사건의 유형도 여성 자살 테러리스트의 경우 약물 과용, 자살 경향과 우울증 병력이 포함되었다.

× × ×

테러리스트들이 있는 감옥의 집단 역동성에 대한 광

범위한 연구가 있었고 북아일랜드의 정신과 의사이자 고위 정치인인 존 엘더다이스는 한 가지 공식을 제안했다. 엘더다이스 경은 사전에 계획된 폭력 행위에 관여한 테러리스트들이 즉흥적인 피의자들보다 더 폭넓은 관객에게 두려움을 창출한다고 말했다. 테러리스트들의 행위가 반복되고 역사적인 충돌이 재연되면서 트라우마가 여러 세대로 돌아간다는 뜻이다. 과거의 트라우마가 해결되지 않으면 폭력이라는 사악한 주기는 반복적으로 지속된다.

관타나모 만과 교도소의 끓는 주전자 처단에 대한 분석은 앞서 다루었다. 무시와 치욕을 경험하면 사회 문화적 복수로 폭력이 발생할 수 있고 이것이 치욕을 되갚아주는 방식이다. 이슬람 세계에서 ADX 플로렌스에 대한 반감은 없었다는 점을 알아두자. 그곳은 가혹하고 엄격하지만 사법적 정당성이 있고 공개적인 망신을 추구하지 않는다.

향후 단독으로 활동하는 테러리스트의 공격을 방지하기 위해 이 모든 논의를 어디로 이끌어야 할까?

외국에서 훈련을 받고 돌아온 어느 사람이 잠재적 테러리스트일 수 있다. 우리는 즐거운 휴가객과 지하디 급진주의자를 어떻게 구별하고 누가 차대세 웨스트민스터 혹은 런던브릿지를 홀로 공격할 인물인지 식별할 수 있을까?

아일랜드해로 모여든 폭풍은 리버풀에 금방이라도 바람이 불게 할 수 있다. 마찬가지로 급진주의적인 재소자를 곧바로 풀어주면 문제가 생길 거란 예측이 타당하다.

이 꼭 필요하지만 어려운 일을 해결하고자 레이드 멜로이는 단독 행동을 하는 테러리스트의 여덟 가지 주요한 경고 행동과 열 가지 사

8부
테러범들

소한 특성을 식별했고 여기에 위험 평가 도구인 테러리스트 과격화 평가 프로토콜 18(TRAP-18)을 결합했다.[60] 위험 요인은 다음과 같다. 개인적 원한, 도덕적 분노, 급진주의자 집단과 결속 실패(다른 말로 테러리스트 무리에서 거절당함), 인터넷 가상 커뮤니티에 의존, 직업적인 목표 좌절, 성적 결합 실패, 정신병이다. TRAP-18은 체계적으로 정착한 판단 기준으로 목 뒤에 털이 솟는 것 같은 감정을 잊지 않도록 도와준다.

× × ×

최근 난 고위험 테러리스트 청년과 면담을 했다. 그는 단독 자살 공격을 벌이며 다른 이들을 살해하려고 했다. 그의 프로파일과 사고방식은 어떨까?

아버지는 그를 학대하고 버렸다. 그는 학교를 중퇴하고 약물에 빠졌다. 일하지 않았고 사귀는 사람도 없었다. 지루해 하던 와중에 다크 웹에서 『아나키스트 쿡북』을 찾았고 ISIS의 참수 비디오에 중독되어 지하디의 구호인 나시드의 강렬한 노래에 빠졌다.

"(ISIS 비디오를 보니) 제 마음이 무겁게 가라앉았어요. 폭탄이 무고한 사람들에게 떨어지는 장면에서 눈을 뗄 수가 없었어요."

"전 압둘라 알 파이살과 안와 알 아우라키(둘 다 급진주의 설교자들)의 비디오를 감상했어요."

"전 살라피스트(지하디) 사고방식을 따르고 최근에는 이슬람에 대해 좀 더 깊이 있게 공부하고 있어요."

"저는 칼리프의 사상에 매료되었어요. 칼리프가 다스리는 지역이 있어야 해요."

"전 황린을 써서 산 채로 사람을 태워 죽이는 비디오와 자고 있는 사람을 질식사시키는 비디오도 봤어요. 그런 일을 벌인 사람에게 분노가 치밀어 올랐어요."

"제 생각에 시리아의 아사드는 멍청이예요. 그의 체제가 보여주는 행동은 역겨워요."

"전 제명(사람을 이교도 혹은 믿음이 없는 자라 칭하는 것)을 믿어요."

"전 변절자(이슬람을 버린 사람)들의 목을 잘라야 한다고 생각해요."

"하지만 교도소에서 그건 잘못된 거라고 말했기에 확신이 없어요."

이렇게 태도에 쉽게 영향을 받은 청년이 얼마나 다루기 쉬운지 짐작이 갈 것이고 여기에 한층 경험이 풍부하고 ISIS에 영감을 받은 재소자가 같이 있다면 살인 테러 공격을 향한 길로 나가도록 부추길 수 있다.

ISIS는 시리아와 이라크의 전쟁터에서 패했을지는 모르지만 전쟁에 단련된 베테랑으로 이루어진 핵심 집단인 칼리프의 패잔병들은 쉽게 ISIS를 부활시킬 핵심이 될 수 있다. 국제적인 공동체가 어린 지하디 신부와 그들의 자식들을 난민 수용소에 내버려두는 건 서양의 부당한 대우를 ISIS의 스토리로 써먹을 빌미를 제공한다. 미국과 터키가 시리아 북부 지역에 보인 군사적 행동으로 혼란이 생긴 상태에서 그 지역에 ISIS가 다시 출현할 위험이 엄청나게 커졌다.

이런 일이 발생하지 않는다고 해도 이슬람 급진주의자의 마음가짐을 전할 ISIS의 구인 자료가 인터넷에 수없이 떠돌고 있다. 마찬가지로 노르웨이의 아네르스 브레이비크와 뉴질랜드의 브랜튼 태런트처럼 극우파의 성명서와 대량 학살은 개인적인 원한이 있는 정신적으로 연약한 이들에게 영감을 주고 본보기가 되어 살인 행위로 이어지게 만들 수 있다.

남아 있는 삶

29

그들은 살인자로
태어났는가?

　　　　　살인자 대부분은 교도소에서 오랜 시간을 보낸다. 교
도소는 응징과 처벌을 위한 장소다. 대중의 안전을 유지하고 또 다른
사건을 벌이려는 사람을 저지한다. 무엇보다 재판과 범죄의 심각성 여
부에 따라 교화도 가능하다.

　미국에서 교도소에서 평생을 보내는 건 흔한 일이고 특히 일급 살
인죄로 유죄 판결을 받은 경우 그렇다. 일급 살인이란 의도를 가지고
사전에 계획한 살인이거나 살의를 품고 저지른 살인을 의미한다. 미
국 교도소에 수감된 230만 명의 재소자 중에서 10만 명 이상의 재소
자가 살인죄를 언도 받고 가석방 가능성 없이 종신형을 살고 있거나
혹은 형량이 너무 길어서(예를 들면 750년) 죽을 때까지 구금이 확실

시된 경우도 있다.

동시에, 정신 이상으로 유죄가 성립되지 않음을 인정받아 폐쇄 정신 병동으로 보내지는 범죄자의 비율은 극히 적어서 미국 교도소에는 병원보다 더 많은 정신 이상 환자들이 있고 그들은 종종 부당한 취급을 당한다.

살인자가 종신형을 받으면 영국의 형량 선고 판사들이 최소 복역 형량을 정한다. 사례별 상황에 따라 요인이 가중되거나 경감되느냐에 따라 형량이 늘어나거나 줄어들 수도 있다.

성인 범죄자의 경우 평생이 최소한의 복역 기간인 경우는 두 번 이상의 살인을 한, 살인죄가 반복되는 경우다(투 스크라이크면 아웃이다). 30년은 화기나 폭발물과 관련된 사례다. 마약 갱단의 본거지 다툼에 관여해 칼로 사람을 찔러 죽인 사람은 25년형을 예상할 수 있다. 충동적이고 즉흥적으로 한 사람을 살해한 경우 15년이 기본이다.

형을 늘리는 요인은 다음과 같다. 치밀한 사전 계획, 노인이나 장애인 피해자, 피해자를 죽이기 전에 고통을 가한 경우, 공무원 살해, 시체 은닉이나 훼손.

최소 복역 형량을 줄여주는 감형 요인은 다음과 같다. 미리 준비하지 않은 경우, 살인자 스스로가 피해자에게 폭력의 두려움을 느꼈을 때, 살인이 '안락사'로 여겨지는 경우, 예를 들어 위독한 친척 등. 피해자의 가족이 개인 진술서를 적을지 선택할 수 있고 그걸로 판사는 범죄의 영향과 형량을 평가하는 자료로 쓴다.

종신형은 항상 최소 복역 형량이 얼마나 길든 짧든 간에 범죄자의 남은 생을 다 소진하는 걸 지칭한다. 최소 복역 형량이 끝나면 재소자

9부
남아 있는 삶

가 가석방 위원회에 자유를 요구할 수 있지만 더 이상 대중에게 위험이 되지 않는다고 판단되는 경우에만 가석방이 허락된다. 따라서 종신형은 수많은 살인자들에게 말 그대로 종신형이다.

그러나 대부분의 '종신형 재소자들'에게 석방해도 안전한 시기에 대한 결정이 내려지면 판사, 일반인, 정신과 의사(혹은 임상 심리학자)로 구성된 세 명의 패널이 논의를 거친다. 출소 후 두 번째 살인에 가담하는 경우는 엄청나게 드물지만 그렇다고 해도 2007년 1월부터 2015년 5월까지 12명이 살인 전과자에게 목숨을 잃었다.

영국에서 폐쇄 정신 병동에 감금되는 살인자의 비율이 줄어들고 있고 특히 불법 약물 복용으로 인한 사유는 더욱 찾기 어렵다. 폐쇄 정신 병동 감금 명령은 평균적으로 일 년에 살인죄로 유죄를 받은 20~30건 정도에 한정된다. 가해자가 교도소로 갔든 병원으로 갔든 원칙은 치료, 재활, 살인을 한 사람이 다시 범죄를 저지를 위험성을 평가하는 것으로 동일하다.

× × ×

이 책에 소개한 사례들은 살인을 저지른 인물의 사소한 특징과 상황을 설명해 우리에게 어떻게 살인자가 만들어지는지에 대한 궁금증을 유발하고 그렇게 되지 않도록 막을 수 있는지도 생각하게 한다.

범죄자 중 일부는 살인자로 태어나는데 조현병 발병률이 높은 상태로 유전된 경우와 정신병이 발병했을 때 살인을 저지른 경우나 1부의 리 왓슨의 사례처럼 정서 결여의 특징을 고스란히 물려받은 경우다. 그러나 조현병이라고 해도 유전자는 절반밖에 작용하지 않는다. 그리고 사이코패스로 발전하는 건 성인이 되었을 때의 환경이 가학적인 살인자 혹은 공동체의 문제아가 되느냐를 결정한다. 한마디로 약물에 찌든 동네에서 죽치고 살던지, 윈체스터 대학을 다니는지 등의 부류로 나눌 수 있다.

사실 대부분의 살인자는 타고나는 것도 만들어지는 것도 아니고 이 둘이 복합적으로 작용한 경우다. 현재 연구 결과[61]는 유전자와 환경이 복잡하게 상호 작용해 반사회적인 행동을 이끌어내고 지속적인 학대가 많은 살인자의 성장 배경에서 발견되었다고 알려준다. 과거에는 아동 발달에 영향을 미치는 유전과 환경이라는 두 가지 가능한 메커니즘에 중점을 두었다.

첫 번째는 개별 아동의 자체적인 생태 환경이 부모와 자식 관계에 악영향을 미친다는 점이다. 다시 말해, 유아에게 감정 표현이나 기질에 타고난 문제가 있다면 아주 어린 시기부터 어머니와 아이 사이의 관계에 나쁜 영향을 미친다. 태생적인 문제를 가진 아이를 부모가 어쩔 수 없다는 생각은 라이오넬 슈라이버의 소설 『케빈에 대하여(원제: We Need to Talk About Kevin)』에 등장하는 케빈 캐릭터에서 잘 드러난다. 아이의 생물학적 특징이 아이의 환경에 영향을 미친 경우다.

두 번째는 반대로 환경이 개별 아동의 생태에 직접적인 영향을 끼치는 경우다. 예를 들어, 부모가 아이의 필요에 제대로 반응하지 않으면 심리적·감정적 스트레스의 원인이 되고 그로 인해 아드레날린 분비를 자극해 아이의 정서 조절 능력에 역효과를 끼친다.

391

그러나 이 두 가지는 분리될 수 없고 따라서 현재 연구는 유전과 환경 요인이 동시에 작용해 개별 아동의 발달에 어떤 영향을 주는지에 중점을 둔다.

아동 발달 연구자들은 동일 대상을 긴 시간 동안 추적하는 장기 코호트 연구를 통해 얻은 데이터를 분석했다(이 사례의 경우 아주 어린 시절부터 조사한다). 반복적·순차적으로 많은 피검사를 진행하고 인터뷰와 부수적인 기록을 탐색한다. 이 연구는 자녀 부양 환경과 부모의 감수성과 같은 실험 대상자의 환경 요인과 유전자 사이의 상호 작용을 보여준다. 유전자와 어린 시절 환경의 상호 작용은 어머니나 다른 보호자와의 애착 관계에 영향을 주는데 이 부분은 잠시 뒤에 자세히 설명하겠다.

특정 유전자가 뇌와 행동에 영향을 미치는 도파민, 세로토닌, 옥시토신과 같은 다양한 화학물질의 분비 정도를 조절할 수 있으나 이런 생물학적 행동 예측 변수는 아동이 자라는 환경에 의해 조절될 수 있다. 예를 들어, 동일한 기관에서 보육을 받은 아동에 대한 연구[62]에 따르면 각 아동은 개별적이고 심지어 같은 환경에 있는 아이들과 동일한 조건이라고 할지라도 다른 양상으로 발전할 수 있다.

또한 유전자가 후에 반사회적인 행동에 관여하는지 아닌지와 관계없이 결과는 초기 경험에 의해 바뀔 수 있다. 주요 보호자인 어머니와 최대한 일찍(태어나서 첫 18개월) 자주 소통하면 말이다. 그러므로 양육 과정이 본성을 지속적으로 변화시킬 수 있고 그 반대의 경우도 가능하다.

이 점은 칼로 서로를 찔러 죽인 반사회적인 청년들, 배우자를 살해한 남성과 여성, 술이나 마약에 잔뜩 취했을 때 살인을 한 사람들, 테러리즘에 빠진 사람들에게 적용할 수 있다. 그들 상당수가 생애 초창기 어머니와의 상호 관계가 이런 결과에 조금이나마 영향을 미쳤을 가능성이 크다. 이런 이유로 살인자를 대상으로 하는 치료는 종종 어린 시절 경험의 역효과를 되돌리거나 경감하려는 노력을 들인다. 내재한 생태적 혹은 타고난 기질적인 요인이 이 치료 과정을 한층 힘들게 만들 수 있다는 점을 받아들인다.

× × ×

내가 담당하는 법정신의학 환자들은 표준 정신 질환의 기준에 부합하지 않는 대인 관계의 문제를 가지고 있는 경우가 많고 앞서 설명한 애착 장애 개념으로 가장 잘 설명할 수 있다. 다양한 살인 유형을 연결하는 한 가지 주제를 골라야 한다면 이것이다. 여러 연구가 폭력 범죄는 잘못된 애착 관계와 강한 연관이 있다고 알려준다.[63]

애착 장애 이론은 정신과 전문의 존 볼비의 연구를 토대로 한다. 그는 유아와 어머니 사이에 생성되는 긍정적인 유대 관계를 살피며 이것을 안전 기지라고 불렀다. 그의 이론은 메리 에인스워스[64]와 다른 이들의 광범위한 영유아 실험 연구를 통해 곧장 지지를 얻었다. 보살피는 사람에 대한 안정 애착은 발달에 꼭 필요한 요인으로 보호자가 위협에 대한 영아의 고충을 관리해주는 피난처이기 때문이다. 초기 애착 결함이 성인이 되어 관계 형성에 영향을 미치며 스트레스가

9부
남아 있는 삶

많은 인생의 여러 사건에 대처하는 개인의 방식에 영향을 준다고 알려져 있다.

안정적인 부모의 애정을 경험한 영아는 안정 애착을 가져 보호자를 안전 기지로 삼아 주변 환경을 탐색하고 위협이나 고통을 받을 때 안식처로 삼는다. 안정 애착을 가진 어른은 관계의 가치를 높게 평가하고 친밀함을 추구하며 부정적 감정도 살필 수 있다.

이와 반대로 다양한 정신 장애를 앓고 있는 법정신의학 환자들은 종종 애착 장애를 가지고 있고 불안한 감정이 생겨나고 관계에서 좌절을 겪을 때 과도한 민감성을 드러낸다.[65] 그래서 가끔 고통받은 환자가 자신을 도우려는 직원에게 쌀쌀맞게 굴 수도 있는데 어린 시절부터 이런 친절에 익숙하지 않기 때문이다.

이런 문제를 파악하기 위해서는 체계적인 인터뷰를 통해 어떤 치료를 해야 할지 정할 수 있다. 질문에는 다음과 같은 것이 속한다.

'속상하고, 몸에 상처를 입고, 누군가와 떨어지거나 거절당하거나 혹은 학대나 타인의 죽음을 경험했을 때가 기억나는가?'

'다른 사람이 필요할 때 항상 그들에게 기댈 수 있는지 확신이 들지 않는가?'

자신을 학대하던 파트너 레니를 죽인 샬럿이 이 같은 질문에 어린 시절 계부에게 학대를 당한 기억과 그런 그녀를 살피지 못하고 보호하는 데 실패한 어머니의 영향으로 어떻게 대답했을지 상상하는 건 그리 어렵지 않을 것이다.

× × ×

　　살인자에 대한 많은 치료가 감호 정신 병원에 있는 환자들만큼이나 교도소에 있는 재소자에게도 적용된다. 그러나 두 집단이 모두 인격 장애와 불법 약물 중독에서 허덕이고 있을지라도 정신과 병동으로 들어오는 티켓은 일반적으로 범죄 당시에 정신병을 가진 이에게 돌아간다.

　　모든 살인자는 어떤 면에서 독특하나 난 범죄를 저지른 정신과 환자들을 크게 세 가지 분류로 나눈다. 우선, 정신병이 발병하기 전 '평범한' 삶을 살았던 이들로 항정신성 약이 잘 들어 치료에 참여하면서 빠르게 회복하는 부류가 있는데 2부에서 살핀 조나단 브룩스가 해당한다.

　　두 번째 부류는 정신병이 이미 한참 전에 발병했던 경우다. 이들은 치료를 거부하는 경우가 많다. 회복이 느리고 힘들며 일부는 정신이 온전하지 못한 상태로 공동체로 돌아간다.

　　마지막 부류는 가장 흔한 경우다. 이 그룹은 '3중 장애' 진단을 받은 이들인데 인격 장애, 불법 약물 중독, 정신병이 결합한 상태다.

　　샬럿의 어린 시절 학대와 방치, 데니스 코스타스(여자 친구를 불태워 죽인 살인자)의 알코올과 약물 중독, 어머니를 죽인 정신병자인 조나단 브룩스를 결합한 형태라고 볼 수 있다. 그들은 소외되고, 무시당하고, 학대받은 이들로 교육을 제대로 받지 못하고 일도 하지 못했다. 자해 혹은 반사회적 행동을 보이며 세상에 적응하지 못하는 방향을 택한다. 불법 약물을 투약하고 알코올에 찌들며 무엇보다 인생의 잘

9부
남아 있는 삶

못된 선택으로 정신병이 발병한다. 그리고 이때 그들은 살인을 저지른다.

정신과 의사이자 정신분석 전문의인 로버트 헤일 박사는 이 집단을 자신의 논문 「재소자의 편지」에서 2,000건이 넘는 사례를 기반으로 설명했다.[66]

이 집단을 치료하는 것이 법정신의학의 핵심이다. 많은 이들이 항정신성 약물에 반응해 정신 질환 증상이 줄어들고 있다. 인격 장애와 호전적인 행동은 그다음 치료의 중점이 되고 위기 관리 분야로 넘어간다.

전형적인 사례로 이십 대 초반에 정신병 혹은 조증 상태에서 살인을 저지른 환자가 있다. 감호 정신 병동으로 이송한 뒤 항정신성 약물과 신경안정제로 반응을 줄일 수 있지만 단순히 약으로 정신병을 치료하는 것 그 이상이 필요하다.

유년 시절 아버지는 폭력적이고 술을 많이 마시고 나중에는 사라진다. 어머니와 자식(나중에 내 환자)에 대한 폭력적인 학대가 있을 수도 있다. 예를 들어, 어머니가 우울증으로 병원에 입원한다던가 감정이 불안정해서 자기 필요(약물 중독 혹은 학대하는 파트너에게 빠지는 등)에만 집중하는 경우가 많다.

이 말은 곧 안정적인 애착의 기회가 사라질 수 있다는 뜻이다. 그러면 아이는 대가족이나 조부모, 지역 관련 기간의 개입, 위탁 시설이나 보육원으로 보내지는 경우가 많다. 이렇게 부모의 대리자와 어린 시절을 보낸 이들은 종종 교육에 있어 어려움을 겪는다. 수업을 방해하거나 집중하지 못한다. 싸움을 벌이고 무단결석을 하기 시작하고 결국 정학이나 퇴학 조치를 받고 이른 나이에 술이나 대마초에 손을 대고 불량한 또래 집단과 어울리기 시작한다. 집 나간 부모를 찾아 나서는 경우도 있지만 문전 박대를 당할 뿐이다.

아이가 행동 장애의 초기 패턴인 공격성, 거짓말, 파괴적인 행동을 보이는 경우 평생에 걸쳐 반사회적인 행동으로 이어질 가능성이 크다. 불량한 또래 집단이나 무리는 가족에게서 찾을 수 없는 결속을 제공하고 일찍이 마약 거래의 말단 일을 하게 되는 류의 경우가 생긴다. 종종 집단 영역 다툼에 관여하며 생기는 폭력 사건 역시 동료를 보호하려는 행위다.

× × ×

최근에 나는 18세에 '공모' 집단의 칼부림으로 살인을 저지른 청년의 사례를 다루었다. (판결: 살인죄, 종신형, 최소 복역 형량 16년.)

그는 대안학교의 다른 학생들에게 위협을 받고 삼촌과 두 사촌이 있는 안전지대를 찾아 런던에서 카디프까지 도망쳤다. 어쩌면 그는 사촌들의 안정적인 모습을 부러워했을 수도 있다. (내 사촌 해나는 당연히 나와 내 동생의 화목하고 안정적인 가정을 부러워했다.)

여기에 청소년 범죄라는 혼란스러운 세상이 펼쳐진다. 영국은 형사 책임을 가장 어린 나이인 열 살에 묻는 국가 중 한 곳으로 어린 범죄자들은 곧 법원을 들락거리며 보호 관찰이나 구금을 당하게 된다. 휴대폰 절도, 브릭스턴의 스퍼들라이크에서 술을 마시다 레스토랑 음

9부
남아 있는 삶

식을 슬쩍하는 것(내가 맡은 사례 중 한 건)과 같은 범죄로 사회봉사 명령을 받은 뒤 다시 저지르는 범죄는 마약을 공급하고 소지하는 수준으로 높아진다. 구금 기간 동안 간간이 추가 교육이나 일을 시키는 불완전한 시도도 있다.

이런 경험은 편집증에 일조하고 그럴 때마다 대마초를 피워 상황이 더 악화되는데 특히 중독이 심해질 가능성이 크다. 그다음 약물 중독으로 폭력 범죄를 저지르고 정신과 치료를 받으러 들어오는 것이다. 이런 에피소드는 일반적으로 약물에 기인한 것으로 판단되고 법의학 병동에서 자세한 병력을 확인한 뒤에 나중에 깨닫게 되지만 우리는 더 영구적인 정신병이 발병하는 패턴을 파악했다.

바로 정신병이 발발하는 동안 범죄가 벌어진다. 위협을 느끼거나 체계적인 망상으로 인해 과도한 폭력을 휘두르는 경우가 빈번하다. 이웃이 자신을 도청하고 있다고 믿은 청년이 무기를 들고 문을 박차고 들어올 수도 있다. 아니면 전 세계 권력을 쥔 엘리트가 새로운 전체주의 세상을 세우려고 한다는 한층 복잡한 믿음도 있다. 이런 생각은 음모론자들 사이에서 인기가 크지만 일루미나티에 집착하는 것 역시 정신병적 망상으로 왜곡될 수 있다.

살인을 저지르는 당시에 정신병과 더불어 급격한 기분 변화가 생기기도 한다. 예를 들어, 내 담당 법정신의학 환자인 로이드가 살인을 저지르려고 시도하기 며칠 전, 그의 여자 친구가 자신의 집에 와 보니 1층 문이 활짝 열려 있었다. 그녀의 텔레비전, 스테레오, CD 컬렉션, 옷, 가구가 사라졌다. 심지어 새 수도꼭지까지 나사를 풀어 가져갔고 욕실에 물을 틀어놔 바닥으로 흘러넘쳤다.

이 미친 일을 저지른 사람은 내가 앞서 설명한 것과 같은 병력을 지닌 로이드다. 집을 싹 비운 다음 그는 길거리에서 큰 소리로 빠르게 소리치며 지나가는 행인들에게 뭘 원하는지 물었다. 그런 뒤 하루 동안 종적을 감추었고 어디에 있었는지 아무도 모른다. 그러고는 조증과 편집증에 사로잡혀 기차 플랫폼에 서 있던 승객을 깨진 병으로 공격했다. 비록 정신병(조현병)이 그를 미치게 만들었지만 삶의 궤적이 그를 반사회적 행동과 약물 중독으로 이끌었다.

× × ×

그렇다면 이 궤도가 달라질 수는 없을까? 부재한 아버지의 단호한 손길이 도움이 될까? 어떤 치료나 중재가 로이드를 온갖 범죄와 궁극적으로 살인으로 가는 길에서 멀어지게 해줄까?

연구에 따르면 가혹한 규율은 실제로는 아동 양육에 효과가 좋지 않으며 특히 반사회적인 아이들에게는 더욱 그렇다. 냉담하고 감정이 없는 사이코패스의 성향이 드러났다면 능숙하게 피해자를 가장 크게 다치게 할 방법을 선택하고 그로 인한 결과는 신경 쓰지 않으며 처벌 따위 안중에도 없기 때문이다.

한층 효과적인 양육 방식이 연구를 통해 밝혀졌다. 아동 정신과 전문의인 스티븐 스캇은 아동과 부모의 상호 소통을 기록한 비디오를 연구해 부모가 채찍보다 당근을 더 많이 줄 때 더 효과적이라는 점을 발견했다. 최고의 부모 역할은 칭찬과 보상으로 긍정적인 행동을 늘리고 부모와 아동의 소통을 개선하고 분명한 기대를 설정하고 여기

9부
남아 있는 삶

에 순응하지 않거나 문제가 되는 행동을 했을 때 비혐오적(비폭력적)인 방침을 활용하는 것이다.

임상 심리학자 크리스핀 데이의 최근 연구에서[67] 특정 취약 아동 집단에게 테스트를 해보았다. 간단히 말하자면 심각한 성격 문제를 지닌 부모 밑에서 자라 감정과 행동의 어려움을 가진 아이들이 대상이다. 불행히도 영국에서는 부정적인 아동 발달과 청소년의 반사회적 행동 문제가 공론화되고 정치적 담론이 될 때마다 적절한 개입에 관한 토론이 실증적인 연구 증거보다는 포퓰리스트와 미사여구에 더 집중하는 경향이 있다.

'무섭게 엄격한' 극기 훈련소에서 단기간 강한 충격을 받거나 소년원에 보내는 사법적인 접근이 타당해 보일 수도 있다. 종종 포퓰리스트 정치인들이 투표자에게 그들의 법 질서에 대한 믿음을 심어주려고 이를 옹호하는 경우도 있지만 그들이 어떤 나은 결과도 만들어내지 못한다는 점은 분명하다.

다른 방침으로 가족이 개입했을 경우 청소년의 재범률이 3분의 1에서 절반까지 떨어지는 것으로 확인되었다. 개입의 목적은 부모가 당근과 채찍을 적절히 섞어 사용할 수 있도록 돕고, 친 사회적인 동료 집단과 시간을 보내도록 장려하고 방과 후 활동을 찾는 것이다.

당근을 얼마나 주고 채찍은 얼마나 때려야 할까? 연구를 살펴보면 최고의 양부모는 행실이 나쁜 아이에게 부정적인 야단보다 좋은 칭찬이나 중립적인 피드백을 30배 더 많이 한 것으로 나타났다.

이 실증적인 증거를 염두에 두고 난 내 아이들에게 나쁜 행동을 질책하기보다 좋은 행동을 강화하는 긍정적인 말을 쓰려고 의식적으로 노력하는 중이다. 난 자제력을 잃고 분노하거나 고함치는 부모가 주변에 있으면 불편하다. 아이에게 명령하기보다는 존중해주는 편을 선호한다.

그렇지만 영국에서 범죄를 저지른 문제 청소년에게 실질적으로 무엇을 해줄 수 있을까? 지자체 관련 감호 시설이나 펠텀 소년원에 보내는 것이 답이다.

× × ×

범죄학자인 로레인 젤소프는 영국 사법 정책에 대한 공공 토론이 법 질서의 정책화가 출현하는 후기 근대 사회의 발전과정을 반영하고 있다고 제안한다. 이 말은 청소년 범죄자에 대한 처벌이 범죄를 저지른 청소년을 악마화하는 쪽으로 흐른다는 의미다.[68] 또한 신자유주의 경제 모델에 최다 득표 정치 체계가 더해져 포퓰리스트적인 법 질서 정책을 추구하는 경향이 '다수결주의' 국가들과 비슷하다고 말한다.

이와 대조적으로 협동조합주의자 혹은 사회 민주주의(다시금 북유럽 국가들이 상당히 과시하는)에서는 8~9세 혹은 10세 아동이 심각한 폭력 범죄에 연루되었을 때 그 아이를 악마로 보고 끔찍하게 여기거나 비난하기보다는 사회의 비극적인 실패로, 구성원이 협동해 문제를 해결하지 못했다고 본다.[69]

어린 범죄자들은 스스로를 폭력 사건, 심각한 수준의 자해, 교도관 폭행이 만연한 골치 아픈 장소인 펠텀과 같은 곳으로 가게 된다. 소년원은 내가 가본, 그저 조용히 살길 원하는 많은 재소자들이 있는 어른 교도소보다 더 험악하게 느껴진다.

감방을 같이 쓰던 자히드 무바렉을 살해한 혐의로 재판을 받기 전 내가 인터뷰한 로버트 스튜어트의 사례가 펠텀의 환경이 얼마나 끔찍한지 보여주는 한 예다. 자히드 무바렉은 좀도둑질로 90일 복역을 받고 구금된 십 대 청소년이다. 소년원에서의 마지막 날 밤 그는 전과가 화려한 로버트 스튜어트와 같은 방을 썼다. 스튜어트는 인종차별주의적 관점을 가진 인물로 자신의 이마에 십자가와 더불어 'RIP(편히 잠들길)'라는 문구가 적힌 문신을 했다. 그날 밤에 그는 테이블 다리를 분질러 무바렉의 머리를 마구 때려죽였다. (판결: 살인, 종신형, 최소 복역 형량 25년.)

내 경험상 펠텀은 어린 범죄자가 올바른 길로 돌아가도록 만드는 일에 실패하는 경우가 많았다. 특히 단기 복역으로 교육이나 치료를 받을 기회가 거의 없는 이들이 추가로 약물에 손을 대거나 범죄 행동으로 돌아가는 추락을 피할 길이 없다. 이렇게 되면 정신병적 상태를 촉발하고 살인 행동으로 이어져 폐쇄 병동으로 옮겨지게 되고 조현병 등을 진단받는 경우가 빈번하다.

× × ×

심각한 폭력 행동을 보이는 정신병의 경우 우리는 동의 없이(엄중한 보호 장치에 따라) 투약을 해야 하는 경우가 많다. 이것이 법정신의학에서 가장 어려운 측면 중 하나다. 원치 않는 이에게 강제로 치료를 하는 일 말이다. 환자의 4분의 3 정도가 투약으로 나아질 것을 알기 때문에 그렇게 한다. 슬프게도 전부는 아니나 많은 이들이 나중에 정신을 되찾는다(이 말인즉 치료가 도움이 된다는 걸 그들이 깨닫는다는 뜻이다). 그러나 우리는 가볍게 혹은 심사숙고하지 않고 결정을 내리지는 않는다.

치료할 때 중점을 두는 건 리튬 혹은 다른 여러 안정제와 도파민을 막아주는 항정신 의약품을 같이 처방하는 일이다.

리튬 소금은 1950년 초기 덴마크의 연구를 통해 효능이 입증된 이후로 항정신 약품으로 신임을 얻었다. 1960년대 초 우리 이모 조지나가 포츠머스 세인트 제임스 병원에서 회복하던 때 항정신 의약품 1세대로 클로로프로마진과 더불어 리튬이 있었다.[70] 조지나 이모가 최근에 내게 말하길(50년이 더 지났지만) 여러 약물을 시도했지만 이모의 기분을 좋게 해주는 건 없었다. 이모는 오염 혹은 감염 망상(에크봄 증후군으로 알려진)으로 고통을 받았고 자기 딸을 질식시켜 죽인 죄책감을 느꼈다.

치료가 실패한 뒤로 수차례 자살 시도를 해 이모는 차츰 정신외과 수술에 동의하게 되었고 담당 정신과 의사와 그 이야기를 나눈 걸 기억하고 있었다. 조지나 이모는 전적으로 동의를 했고 수년에 걸쳐 두 번의 뇌엽절리술을 받았다. 첫 수술 후 온전히 회복되지 않았지만 두 번째 수술 이후 한층 기분이 좋아졌다.

놀랍게도 난 최근에 조지나 이모의 정신과 의사였던 이안 크리스티 박사에 대해 알게 되었는데 그는 두 곳의 정신과 병원장을 지냈고 신규 치료법의 선구자였다. 크리스티 박사는 내게 당시 많은 환자들

9부
남아 있는 삶

이 뇌엽절리술을 받았고 많은 수술이 경험이 되었다고 했다. 그에게 있어 정신외과에서 중요한 징조는 정신 질환의 맥락에서 '극심한 고통'이며 이는 확실히 조지나 이모의 상태를 설명하는 적절할 말이라고 볼 수 있다.

조지나 이모가 마지막 수술을 할 무렵 살아남은 이모의 딸 해나는 병문안을 갈 수 있을 정도로 성장했다. 조지나 이모는 어린 해나가 엄마가 머리에 붕대를 칭칭 감은 걸 보고 속상해하고 무서워했다고 기억한다. 그렇지만 해나에게 오랫동안 안 좋은 영향을 미친 건 단순히 끔찍한 붕대가 아니다. 이모는 괜찮은 엄마 역할을 하기에는 상태가 너무 좋지 않았기에 해나가 초창기 애착 형성을 하지 못해서 어른이 되어 적응에 어려움을 겪었다.

우연히 크리스티 박사의 이어진 이력이 1960년대와 1970년대 정신과 치료의 변화를 설명해주었고 그의 선구적인 대안 접근 방식은 여전히 오늘날 법정신의학에도 사용 중이다. 1968년, 그와 데이빗 워렌-홀랜드가 포츠머스 세인트 제임스 병원에 '핑크 빌라 헛'이라는 치료 공동체를 설립했다.

뉴욕 피닉스 병동에 갔다가 영감을 받아 이들은 병원 마당에 나무로 된 두 채의 건물을 지었고 이곳이 유럽 최초 치료 공동체의 시작이었다. 이곳의 철학은 '긍정적이고 일반적인 방식으로 어려움을 극복하고 정신력을 강화해…… 개인에게 종합적인 재활 치료를 제공하는 것'이다. 이 접근법은 또한 제2차 세계 대전 기간에 노스필드 군 병원에서 발전했고 병원이 공동체로 기능해 모든 구성원이 의사결정을 공유한다는 사상을 바탕으로 했다. 대규모 집단에서 현실을 대면

한 환자는 타인이 자신의 행동을 어떻게 보는지 이해하는 데 도움을 받았다.

치료 공동체는 인격 장애를 가진 범죄자들을 관리하는 중요한 표준으로 남아 있고 이스트 런던의 밀필즈 병동과 에일즈버리 근교 HMP 그랜던처럼 종신형을 받은 많은 살인자들이 치료를 받고 있다.

× × ×

법정신의학에서 치료법은 두 가지 상반되는 접근 방식을 통합해 이루어진다. 한쪽에서는 항정신성 약물을 통해 뇌 기능을 조작하고 다른 쪽에서는 공동체 경험을 통해 사회적 치료와 적응을 돕는다.

반사회적인 남성과 여성이 가진 편집증, 분노, 약물 과용을 다루는 다양한 치료 방식이 있고 앞서 경계성 인격 장애 치료에 관해 설명했던 것처럼 이는 반드시 개별 환자에게 맞춰야 한다. 이들 치료법은 주로 인지 행동과 관련되나 우리는 절충적인 접근을 하고 '잘 듣는 쪽'을 활용한다.

'이성과 재활(R&R)'이란 교도소와 구치소에서 사용하는 방식인데 범죄 행위를 교정하기 위한 목적으로 병원에서 차용했다. 문제에 중점을 두는 접근 방식으로 단일 증상 문제를 해결하는데 이를테면 사람을 때리지 않고 분노를 다루는 법 같은 것 등이다.

법정신의학 환자는 스스로를 주장하는 데 어려움을 겪을 수 있다. 그들은 좌절감에 빠져 후에 공격적으로 폭발해버린다. 그런 이들에게 이성과 재활을 통해 자기 감정을 말로 설명하는 법을 알려주면 이런 경향을 줄일 수 있다. 강하게 불평하면서 좌절을 표출해 결국 모든 직원을 다 나가떨어지게 하는 대신 덜 익은 요리를 식당 주방으로 공손하게 돌려보내는 법을 배우는 것과 비슷하다.

치료와 더불어 각 범죄자에게 살인의 '의미'를 구분하고자 노력하는 일도 중요하다. 위법 행위가 무엇인지 이해하지 못할 경우 그 행위가 반복될 위험이 있기 때문이다. 유사한 상황에서 배우자를 죽이는 두 번째나 세 번째 살인이 벌어지는 건 엄청나게 드문 경우지만 용납할 수 없다.

같은 맥락에서 미완성인 범죄가 나중에 완성이 될 위험도 있는데 내 환자 중 한 명이 자기 아내를 죽이려고 하다가 장모를 죽인 사례와 또 다른 환자가 자기 엄마를 죽이려고 하다가 이모를 죽이는 경우와 같은 사례에서 알 수 있다.

두 사건 모두 목표한 피해자는 그대로 남아 있으니 염두에 둘 필요가 있다.

정신 이상 범죄는 자기 보호를 위한 경우가 빈번하다. 한 환자를 보면 중대 시기에 그가 누군가를 깨진 병으로 공격했는데 일루미나티 박해자가 직접 나타나 그를 학대하는 망상에 그는 자기방어를 할 수밖에 없었다.

우린 약물 치료와 함께 그를 정신병에서 자유롭게 해주고 약을 먹지 않으면 편집증과 공격성이 커질 거라는 점을 염두에 두었다. 우리 대부분은 사람들이 항상 그를 실망시키는 게 아니라는 점을 믿게 하려고 노력했다. 그래서 충동적인 공격성을 줄이고 더 나은 방식으로 그가 갈등을 해결할 수 있도록 말이다. 무엇보다 우리의 직업 치료 팀이 그에게 생존 기술을 가르쳐주고 그가 자신에게 어울리는 방식을 찾아 궁극적으로 전보다 더 나은 무언가를 얻을 수 있는 수준이 되도록 도왔다. 그가 일할 정도의 수준에 올라서거나 적어도 유용한 활동이 포함된 프로그램을 진행할 수 있도록 말이다.

그웬 에즈헤드가 제안한 것처럼[71] 가끔 우리가 환자들에게 지지, 지속적인 양육, 안정적인 교육, 직업 훈련이라는 '안전 기지'를 경험할 두 번째 기회를 제공하는 것처럼 느껴지기도 한다.

× × ×

정신과 행동 면에서 충분히 안정적인 상태가 되면 우리는 환자를 병원 밖으로 잘 내보낼 방법을 찾고 항상 간과한 요인이 없는지, 폭력성을 보일 위험 혹은 범법에 상응하는 행위가 없는지 감시한다. 살인 사건의 경우 최소 5년에서 최대 10년 이상 병원에 머무는 일이 일반적이라 가끔은 10년 동안 한 환자를 살필 때도 있다. 환자가 진전을 보이면 성취감을 느낄 수 있다. 그러나 환자를 퇴원시키기에 앞서 반드시 위험 요인을 살피고 실제적·임상적 요인을 종합적으로 검토한다. 개인사적 요인은 주로 어린 시절의 폭력성과 같은 것이다. 과거를 어쩔 수는 없다. 로이드의 경우 실질적인 위험 요소가 많았다.

이 부분을 관리하기 위해 네덜란드에서 개발된 체크 리스트를 활용한다. 폭력 위험성을 줄이는 걸로 알려진 요인으로 취직, 레저 활

9부
남아 있는 삶

동, 재정 관리, 친목 형성, 연애 관계, 생활 환경 등을 포함한다. 이 모든 요건은 변화에 도움을 줄 수 있다.

환자들은 직업 훈련 프로그램과 밀접 감시, 그리고 필요하다면 오래 작용하는 주사식 약물 치료를 환자가 수락하는 경우에만 퇴원할 수 있다.

난 헬싱키의 수오멘린나 교도소를 방문한 적이 있는데 그곳은 재소자가 살 곳과 직업 혹은 직업 훈련이 정해지지 않으면 퇴소할 수 없다는 정책을 고수한다. 이와 대조적으로 영국에서는 46파운드의 정착금과 소지품을 검은 쓰레기봉투에 넣은 채 재소자들을 내보낸다.

핀란드 스타일[72]의 계획적인 퇴원 모델을 법정신의학 환자에게 폭넓게 사용하면서 우리는 다른 기관과 정보를 공유하고 피해자 가족들을 살핀다. 이러면 그들의 고통을 줄이고 추가 갈등의 위험을 관리할 수 있는 특별 구역이 생겨난다.

× × ×

한두 해 전 중학생인 딸과 등교를 하던 중 길 반대편에서 사십 대 남성이 날 향해 반갑게 손을 흔들었다. "안녕하세요, 테일러 박사님."

나도 공손하게 손을 흔들었다. "안녕, 유진."

유진은 아버지를 때려 죽이고 복부에 육류 온도계를 집어넣고 시체에 불을 지른 혐의로 내 보호 아래 몇 년을 보냈다. 그는 당시 정말로 정신병자였다.

'왜 그랬어, 유진?'

'아버지가 죽었는지 확인하려고 그랬겠죠.'

유진은 회복되었고 많은 검사를 거치고 철저한 감시하에 퇴원했다. 곁에 있던 딸이 물었다.

"저 사람이 누구예요, 아빠?"

"아빠랑 같이 일했던 사람이란다."

9부
남아 있는 삶

30

어떤 죽음은
치료될 수 없다

　　　격리 병동에 있는 남성들을 치료하면서 나는 약 12년 동안 복잡한 어려움을 겪는 여성들이 있는 개방 병동에서도 일했다. 그들은 주로 학대와 방임 이력이 있고 보통 경계성 인격 장애에 마약 중독, 방화, 폭력적인 행동, 아동 방치가 복합적으로 얽혀 있는데 정신 건강 문제로 발생한 경우가 제일 빈번했다.

　많은 이들이 힘든 가족사를 가지고 있었다. 심각한 자해 환자 한 명이 가족에게 생일 카드를 받았는데 카드 안에 면도날이 붙어 있어서 끔찍한 혈연 관계가 작용하고 있음을 알려주었다.

　환자 중 재클린은 파트너에게 학대를 받아 자살 시도를 했고 파트너는 그녀에게 전화로 언어 폭력을 휘둘렀다. "비곗덩어리 주제에…….

그래, 뒈져버려…… 누가 눈이라도 깜박할 것 같아?"

재클린은 항우울제를 가득 넣은 칵테일을 마시고 한때 중환자실에 있었다. 당시 그녀는 임신 중이었다. 이전의 아이는 지역 보호 기관에서 데려갔는데 그녀의 정신 건강은 부수적인 문제였고 주요인은 그녀가 술고래인데다 폭력적인 파트너와의 관계에서 스스로 벗어날 수 없었기 때문이다. 아이와 낙오자 남자 친구 사이에서 선택에 직면했을 때 그녀는 제대로 된 결정을 내릴 수 없었다. 매 맞는 아내 증후군이 재클린에게도 적용되는 듯했다.

문제는 재클린이 태어나지 않은 아이와 함께 계속 자살 시도를 이어갔다는 점이다. 항우울제가 태아에게 악영향을 끼치는 걸 막으면서 재클린의 고통스러운 정신 상태와 자살 위험을 관리해야 했기에 치료가 복잡하고 힘들었다. 출산 전 위험 평가 문제로 산전 건강 관리와 사회 복지기관과의 접촉이 필요했다.

비록 그녀는 임신 중에 자살하는 쪽을 택한 어머니였지만 조산사와 사회 복지사가 지켜보는 가운데 분만 후 몇 분간 아이를 안아보는 것 정도는 안전하다고 허락이 떨어졌다.

재클린은 절박한 상황에서도 멍한 눈빛과 어울리지 않는 미소를 보이는 습관 탓에 내 등골을 오싹하게 했다. 하지만 그녀의 우울증은 차츰 나아졌다. 우리는 인생에서 중요한 시기에 그녀의 자살을 막아냈다. 난 몇 달 뒤에 그녀가 집 근처 정신과에서 지속적인 보호를 받으며 부모로서의 역할도 평가받을 수 있도록 이송되었다는 이야기를 들었을 때 안도를 느꼈다.

× × ×

애착 연구로 돌아가 보면, 현재 아동 보호 절차는 아이에게 중요한 초창기에 안정적인 보호 환경이 필요하다는 걸 인식하고 있다. 이는 어머니가 아이를 보고 싶어 하는 마음보다 더 우위에 자리한다.

어머니의 관점에서는 가혹하다고 느낄 수 있고 실제로도 그렇지만 한 세대에서 다음 세대로 고난이 대물림되는 걸 최대한 피하는 걸 목표로 하고 있다. 이렇게 여성 집단 속에서 일하고 신생아와 관련한 문제를 다루면서 난 조지나 이모와 사촌 해나에 대한 생각을 떨쳐버릴 수 없었다.

어머니의 영아 살해 전과 면에서 보자면 해나는 1970년대 초기 용어로 '법원의 피보호자'가 되었다. 그러나 재클린의 사례와 달리 당시 아동 보호법은 어머니의 의사 결정 권한이 자녀보다 우위에 있었고 조지나 이모는 해나를 장기간 위탁하거나 입양하는 걸 동의하지 않았다. 요즘은 앞서 말한 대로 법이 해나에게 최선의 이익이 되는 쪽으로 적용되기에 결정권은 조지나 이모의 손에서 떠난다.

조지나 이모가 병원에 있는 동안 6살 해나는 도싯의 시골에서 일년 정도 우리 가족과 살면서 잠시나마 행복한 시간을 보냈다. 해나의 아버지는 조지나 이모와 이혼했기에 이미 가족이 아니었다. 그런데 이후 조지나 이모는 해나가 근처에 살면서 정기적으로 만나야 한다고 주장했다. 해나는 1970년대에 수년간 보육원을 들락거리며 어머니와 당일 면담을 가졌다.

지금 돌이켜보니, 해나가 안정적인 양부모 밑에서 크는 쪽이 훨씬 나았다는 생각이 든다. 물론 조지나 이모에게도 힘든 시간이었겠지만 불안한 환경이 해나에게 나쁜 영향을 끼쳤고 그 애는 나중에 우울증 치료를 받았다. 그럼에도 불구하고 해나는 안정적인 인간관계를 구축했고 자녀 넷을 두고 항우울제를 병행하는 정신 치료를 받으면서 살았다.

난 해나와 연락이 끊겼다. 환자들을 돌보고 아이를 키우느라 바빴다. 사실 어느 크리스마스 이후 부모님 집 트리를 치우다 해나의 선물이 풀리지 않은 채로 모퉁이 구석진 곳에 놓인 걸 발견했다. 후회가 밀려왔고 시간을 내 그녀를 보러 가야겠다고 마음먹었다.

어느 날, 환자들을 살피고 위험 요인 분석, 퇴원 준비 등의 업무로 돌아갔다. 항소심에서 살인을 저지른 환자가 더 이상 스스로나 타인에게 위험을 입힐 가능성이 없다는 걸 증명해야 한다. 최종 결정은 내 손을 떠났다. 내 제안과 구술 증거는 모든 일이 잘못되었을 때를 대비해 참고용으로 신중하게 기록해둔다.

자유를 향한 갈망은 지극히 당연하다지만 퇴원을 스스로 망쳐놓는 환자도 드물지 않다. 퇴원에 대한 거부감이 종종 관찰된다. 다시 말하자면 환자가 정신과 병원의 엄청난 감시와 지지를 받는 환경에서 안정을 느끼고 자립에 대한 불안 때문에 퇴원 공청회 하루 전에 소변 샘플에 약물을 넣는 식이다(이건 언제나 맥빠지는 일이다).

퇴원하기 전 짧게 열리는 회의에서 난 한 환자에게 그동안 무엇을 깨달았는지 물었다.

"무엇보다, 전 약물 치료가 필요하다는 걸 깨달았어요." 그가 말했

9부
남아 있는 삶

다. "전 마약을 등한시하게 되었어요. 제 앞을 얼쩡거리는 사람들을 피해 걷는 법도 배웠어요. 제가 저지른 일을 생각하니 끔찍해요. 그가 절 죽일 거라고 생각했어요. 지금 생각해보니 모든 게 망상이었죠. 시간을 되돌리고 싶어요. 그냥 제 인생을 살고 싶어요. 그래서 뭔가 의미 있는…… 일 같은 걸 하고…… 조용히 살고 싶어요."

조건부 퇴원 후 정신 상태에 어떤 변화가 생겨 병원에 오지 않는다거나 지정된 위치를 이탈하는 등 조항을 위배하면 병원으로 강제 연행할 수 있다.

이 부분이 책 초입에서 설명한 내 불안의 원인이다. 환자들 모두 치명적인 결과를 낼 수 있다. 우선 난 입원 환자부터 걱정한다. 내가 감지하지 못한 의료 상태로 인해 구금 중에, 혹은 내가 처방한 치료제의 부작용으로 그들이 사망했다면? 그다음으로 난 환자의 자살을 걱정한다. 그러나 무엇보다 중대한 추가 범죄를 저지를까봐 제일 걱정이 크다. 내가 치료했던 누군가가, 혹은 최근에 정신 감정을 했거나 병원에서 퇴원한 환자가, 폭력 행위에 가담하거나 심한 경우 살인을 했다면?

그런 까닭에 난 시간을 쪼개서 절반은 환자들을 치료하고 나머지 절반은 위험성 평가에 힘쓴다. 여기에는 경찰 및 사법 체계의 여러 사람들과 연락해 사건을 평가하고 치료가 필요한 인물들을 솎아내는 작업도 포함된다. 여전히 좋지 않은 결과에 극도의 책임을 느낀다. 이것이 내 일의 실체다. 난 항상 심각한 뜻밖의 사건 연락을 받지 않으려고 휴대폰을 멀리한다.

× × ×

　　얼마 전 새해 전날, 아들 한 명을 파티장에 떨궈주었다. 그리고 차를 몰고 웨스트 런던을 지나 웨스트번 파크 로드에 자리한 더 카우에 들려 건조한 1월이 오기 전 마지막으로 맥주를 마셨다. 그날 밤 집에 머물 생각이었고 타이 소스를 버무려 오븐 생선 구이를 해볼 생각이었다. 법정신의학 사건들과 보고서 마감에 대한 생각은 멀리 치워두었다.

　새해 다음 날 다시금 도시를 가로질러 여성 환자들이 있는 개방 병동으로 가서 휴일 이후 살짝 어수선한 첫 주의 일과로 돌아갔다. 또 다른 힘든 검토 작업에 온 정신을 기울였다.

　많은 여성 환자들이 이 휴가 내내 동료 환자와 간호사들과만 있었다는 걸 기억하고 있었다. 그들은 주로 가족과 떨어져 있고 그래서 휴가철이 힘들고 위탁 부모에게 맡겨둔, 혹은 영원히 입양 보낸 아이가 보고 싶어서 더욱 고통스럽다. 그들 자신의 어린 시절 애착 형성 실패가 다음 세대로 이어진 것이다. 강제로 아이를 입양 보내고 일 년에 한 번 편지로만 연락을 받는 건 평생 삼키기 힘든 알약과도 같이 괴롭다.

　난 정문 센서에 아이디 카드를 찍고 만차인 주차장 가장자리에 차를 댔다. 이중 주차를 한 뒤 다른 차가 내 차 때문에 못 들어올 경우를 대비해 전화번호를 남겨두었다.

　구내식당에서 인스턴트 커피를 마시고 있는데 휴대폰 진동이 울렸다. 어머니의 전화였지만 다시 걸 시간이 없었다. 급한 연락이라는 조

9부
남아 있는 삶

짐은 없었다.

나중에서야 난 밖으로 나가 전화를 걸었다. 신호음이 세 번 울린 뒤 어머니가 불안한 목소리로 전화를 받았다.

"무슨 일이세요?" 내가 물었다.

"안 좋은 소식을 전해야겠구나. 네 사촌 해나에 관한 이야기야. 그 애가 죽었단다, 리처드. 새해 전날에."

"어떻게요?" 해나는 대략 내 또래다.

"옥상에서 뛰어내렸어. 자살이야."

해나는 분명 얼마 전까지 병원에 있었고 치료사와 정기적으로 만나고 항우울제도 복용 중이었다. 그렇지만 치료는 실패로 돌아갔다. 그녀는 어머니인 조지나에게 사과하는 메모를 남기고 5층 건물 옥상에서 뛰어내렸다.

난 몇 년째 그녀를 보지 못했다.

× × ×

자살이 누군가의 생의 마지막이 될 거라는 생각을 해 본 적이 없다. 자살은 그 순간에 누군가가 아주 절박했다는 걸 말한다. 해나는 분명 살아 있는 게 죽음보다 더 고통스러웠을 테고 용기나 절박함은 다 사라져버렸을 것이다.

그렇게 결국 조지나 이모의 셋째 자녀는 비극적인 상황에서 목숨을 잃었다. 해나의 자살은 어쩌면 자기 언니가 어머니의 손에 살해당한 사건의 파장이라는 확신이 들기 시작했다.

정말이지 처참한 기분이었다. 나는 내 가족들을 돌보느라 너무 바빴다. 더욱 가슴에 사무치는 건 내가 환자들, 다수가 망가지고 고통받고 자살을 시도한 그들을 돌보느라 너무 바빴던 것이다. 한 주가 시작되고 한 주가 가고 난 그들을 안전하게 회복하도록 돕고 그렇게 병동에서 12년 이상을 보내면서 누구도 잃어본 적이 없었다.

그 사이 난 사촌을 방치했고 이제 와 할 수 있는 건 아무것도 없다. 결코 시간을 되돌릴 수 없는 노릇이니 말이다. 가끔은 인간이 아무리 열심히 노력한다고 해도 살인으로 인한 비극적인 결과를 치료만으로는 해결할 수 없다.

9부
남아 있는 삶

후
기

사랑하는 사람이 살해당해서 곁을 떠났다면 '종결'이 있다고 확신할 수 없다. 분명 일종의 슬픔이 남아 있기 때문이다.

내 가족에게도 종결이란 없다. 내 사촌을 포함한 조지나 이모의 모든 아이들이 죽었으니 말이다. 과연 어머니의 살인 행위에서 살아남을 수 있는 아이가 있을까?

그 사이 난 가족사가 인생 진로에 얼마나 큰 책임이 있는지 궁금해했다. 사실 가해자와 피해자를 다루려는 의도로 이 일을 시작한 것은 아니다. 물론 간호과학에 관심이 있어 의학을 공부하고 싶었고 고통받는 이들을 조금이나마 돕고 싶었다. 그렇지만 법정신의학을 전공할생각은 없었고 어찌 됐든 브로드무어 말고는 교도소를 찾아보기 거의 힘들던 시기기도 했으니까. 그렇지만 내 흥미에 잘 부합한다는 부분을 간과할 수 없었다. 법정신의학이 날 발견해준 걸 평생 감사하게여길 것이다.

418

그렇다면 이 길에서 난 무엇을 얻었을까? 내가 배운 것은 무엇이고, 내가 치른 대가는 무엇일까?

내가 할 수 있는 말은 임상 심리학자, 분야별 전문 의사, 간호사와 사회 복지사로 이루어진 팀의 도움으로 살인 여부와 상관없이 정신 질환자와 재소자들을 치료하면서 고통을 줄여주려고 노력했다는 것이 전부다. 그리고 피해자들과 그들을 사랑했던 이들의 심정은 이루 상상조차 할 수 없지만 적어도 왜 살인이 벌어지는지와 범죄자들을 어떻게 다루어야 하는지 조금이나마 나아갈 길을 밝히는 데 도움을 주었길 바란다.

물론, 신문에는 비행기가 안전하게 착륙했다는 이야긴 실리지 않고 마찬가지로 내가 어떤 살인을 예방하는 데 도움을 주었는지는 알려지지 않지만 실패할 뻔했던 사례들은 기억하고 있다. 대략 20년 동안 난 정신과 의사들이 다양한 대중 보호 기관에 관여하자는 운동에 찬성해왔다. 어떤 일이 벌어지든, 정신과 의사, 경찰, 교도소와 보호관찰 기관이 더 긴밀히 소통하고 있다면 그건 결코 나쁜 미래가 될 수 없을 것이다.

내가 배운 것이 있다면 이 책을 읽고 난 당신도 분명하게 알 수 있을 것이다. 바로 살인자는 태어나는 것이 아니라 만들어진다는 것이다. 열악한 부모의 보호, 애착 형성의 실패, 교육 부재와 약물 오용이 많은 살인범의 배경에서 등장한다. 그런 환경에 놓인 누구든 살인자가 될 수 있다. 우리 모두는 단지 살인이라는 정신 질환적인 사건에서 벗어나 있을 뿐이다. 또 다른 촉발점은 남녀 사이의 결별이다. 질투심은 범죄 전과가 없는 평범한 사람이 괴롭힘, 위협, 폭력, 살인을 저지르게 만드는 강력한 요인으로 특히 남성이 취약하다.

이 책이 어떤 변화를 가져오거나 40만 건이 넘는 전 세계 연간 살인 사건을 줄일 거라는 망상을 하진 않지만 적어도 사회적으로 풀어가야 하는 세 가지 이슈가 있다고 생각한다.

첫째, 우리는 여성 살해율을 줄여야 한다. 애인이나 배우자의 학대는 여전히 전 세계적으로 심각한 문제고 여전히 논의는 더 필요하다.

위기에 대해 쉬운 해결책을 내려는 게 아니다. 사악한 남성성은 청년기 더 나은 남녀 관계에 관한 교육을 통해 순화할 수 있다. 사회와 사법 체계가 배우자의 폭력에 한층 강화된 처벌을 보여야 하는데 특히나 가부장적인 공동체에서 더욱 필요하다고 생각한다.

논란의 여지가 많은 말로 들리겠지만 여성이 자신의 관계에 선택권을 가진다는 부분에서 입장 차이는 사회 문화적인 문제다. 여성 혐오자와 가부장적 문화 사이의 충돌로 여성의 필요는 남성의 필요에 예속되기도 한다.

우리는 문화적으로 허가된 여성 혐오, 학대, 폭력, 소위 명예 폭력으로부터 여성들을 보호하는 데 더욱 힘써야 하고 이 문제는 문화별 다양성 존중보다 더 중요하다.

현재 스토킹 프로젝트가 진행 중이고 경찰, 정신 건강 기관, 피해자 기관의 협력이 이루어지고 있다. 헤어진 배우자나 애인에게 고통을 입고 목숨을 잃은 이들을 줄일 수 있기를 희망한다. 프로젝트 초기 보고서에서 효과를 입증한다면 향후 자금을 확보할 수 있을 것이다.

둘째, 칼을 사용한 범죄를 줄이기 위해 우리는 마약과 알코올 관련 지역 기관의 자금을 국민건강보험으로 돌려줄 필요가 있다. 지속적인 학대는 지금 사정이 열악한 지역 기관에 남겨두기에는 너무 큰 공적 문제다. 불법 약물 남용이 영역 다툼을 부르고 칼부림으로 이어진다. 불우한 동네의 궁핍한 상황에 처한 청년 고용과 직업 훈련 프로그램이 최우선 순위가 되어야 마땅하다.

법정신의학자 존 크라이튼이 설명한 것처럼 공중 보건적 접근 방식을 활용해 범죄 행위에 칼을 사용하지 못하도록 막아야 한다.[73] 교육 프로그램과 적절한 패널티를 통해 청년들이 집 밖으로 칼을 들고 다니지 못하도록 막아야 한다. 길고 끝이 날카로운 칼은 주방에서 꼭 필요하지 않고 다른 디자인으로 쉽게 교체할 수 있다. 그러니 위험성이 큰 가정 용품, 주방용 칼 세트로 무료로 교체해주면 조나단 브룩스의 사례처럼 정신병이든, 혹은 가정 폭력과 관련된 샬럿 스미스의 사례처럼 충동적인 살인을 예방할 수 있다.

마지막으로, 처음 정신병이 발발한 사람과 재발한 사람을 위한 치료를 최우선으로 할 수 있도록 제도 개선이 필요하다. 현재 내가 환자의 정신 질환을 감정하고 치료하려면 케케묵은 구시대의 절차를 따라야 하고 그래서 종종 완곡한 어법으로 '일반 가정의가 살피도록 퇴원시키세요'라고 말해야 하는 경우가 많다. 업무가 과중한 가정의가 다른 환자와 더불어 복잡한 정신 질환까지 전부 다룰 수 있으리라 기대할 수 있을까? 지속적으로 발병하는 심각한 정신 질환자를 일 년에 고작 두 번 검토할 수 있다 해도 계속 우리 쪽에 남겨두어야 한다. 정신과 의사가 감당할 수 없다면 아무도 감당할 수 없다는 걸 알아야 한다.

그리고 전국의 모든 통원 가능 거리마다 제대로 된 연락책이 있어야 한다. 단기 정신과 입원환자 병상도 더 많이 필요하다. 예산 삭감이 너무 심해 매우 심각한 환자만 입원할 수 있고 덜 심한 경우 아주 빨리 퇴원하는 실정이다. 정신과 의사는 어떤 정신 질환자가 살인을 저지를지 예상할 수 없지만 모든 환자가 더 쉽게 이송되고 더 오래 치료를 받으며 더 나은 의료 혜택을 누린다면 정신병에 의한 살인이 비록 소수라고 할지라도 비율을 줄일 수 있다. 그리고 모든 환자가 그 과정에서 더 나은 치료를 받게 될 것이다.

그간 내가 치른 대가라면 당연히 스트레스를 받은 시간을 들 수 있다. 하지만 그 시간이 내 일에 대한 지속적인 흥미와 지적인 도전, 그리고 전부는 아니지만 많은 환자의 회복을 도왔다는 점에서 위로받았다. 일에 대한 내 열정과 놀라울 정도로 지원해주는 동료와 가족들 덕분에 난 힘든 시간을 쭉 이겨낼 수 있었다.

힘겨운 상황에 놓인다면 법정신의학자들과 어울리는 방법도 나쁘지 않다. 그들은 굳건하고 정직하게 버티는 법과 동등하게 공감하고 보살피는 법을 알고 있다. 어쩌면 이 말이 법정신의학자의 일을 가장 잘 설명해줄지도 모르겠다.

내 일상적인 업무는 법정신의학과 사법 집행 사이에서 협력하는 것이다. 지금 내가 중점을 두고 있는 부분은 위협하는 이와, 위협이 된다고 생각하는 이들을 관리하는 것이다. 우리는 이렇게 분류한 환자를 한층 수월하게 치료에 참여하게 만드는 게 주요 목표지만 살인을 예방하는 차원에서도 애쓴다. 한번에 60건이 넘는 사례를 맡을 때도 있기에 내가 지루할 틈도, 휴대폰이 조용할 틈도 없다.

마지막으로 이제 막 시작하는 법정신의학자들에게 한마디 남기고자 한다. 우리는 인력이 많이 모자라다. 의학 트레이닝을 이수할 체력, 호기심 많은 성격, 법률과 정신과 용어의 뉘앙스를 파악하는 소질, 동정심, 도전 의식, 그리고 강한 비위가 있으면 누구나 지원할 수 있다.

법정신의학은 범죄자의 정신 속 가장 어두운 부분을 탐험하는 특별한 기회를 제공한다. 그리고 살인자를 만드는 정신 상태에 대해 배우며 같은 인간의 머릿속을 더 심도 깊게 파악하고 무엇보다 스스로에 대해 더 자세히 알아갈 수 있다는 점이 크나큰 매력이다.

감
사
의
말
|

　　내 경험을 책으로 옮길 수 있도록 도움을 준 많은 분들에게 감사를 전한다. 우선 훌륭한 스승이 되어준 앤드류 홈즈Andrew Holmes, 통찰력 넘치는 편집을 해준 엘라 고든Ella Gordon과 편집과 교열을 담당한 클레어 볼드윈Claire Baldwin과 세라 반스Sarah Bance에게 감사한다. 내 이야기를 들어주고 멋진 기회를 준 와일드파이어, 헤드라인 앤 아셰트의 알렉스 클락Alex Clarke과 모든 팀에게 고마움을 전하며 로르샤흐 잉크 얼룩에서 영감을 받은 멋진 커버를 만들어준 아트 팀에게도 감사한다.

　　이 책이 실제로 나올 수 있도록 든든한 격려를 아끼지 않은 롭 블록Rob Bullock에게 엄청난 고마움을 전한다.

　　초판을 읽어보고 값진 피드백을 해준 모든 분들, 프리다 리튼Freda Litton, 호비 워커Hobie Walker, 그레이엄 리슈Graham Riche, 로비 리슈Robbie Riche, 님코 알리Nimco Ali, 사이먼 윌슨Simon Wilson, 크리스 워커Chris Walker, 프랭크 판엄Frank Farnham, 루시 데이비슨Lucy Davison, 데이빗 리드David Reed, 이안 크리스티Ian Christie, 클라우디아 디에즈Claudia Diez, 마이크 테일러Mike Taylor, 톰 베렛바스Tom Beretvas, 비비안 나자리Vivian Nazari에게 감사한다. 수단에 함께 간 동료 팀 렌더킹Tim Lenderking과 메이데이 병원 동료 찰리 이즈먼Charlie Easmon, 그레이엄 벌린Graham Berlyne, 라이스 토마스Rhys Thomas에게 감사한다. 로르샤흐 테스트에 관해 조언해 준 레이드 멜로이Reid Meloy에게도 감사한다. 특별히 정신분석학 사례 구성에 도움을 주고 조언해준 제시카Jessica에게 감사한다.

나와 함께 일하거나 내가 법정신의학 분야에서 살아남을 수 있게 도와준 친구와 동료들에게 고마움을 전한다. 너무 많아 일일이 이름을 나열하지 못하지만 특히 몇 명은 꼭 언급하고 싶다. 데릭 오설리번QC Derek O'Sullivan QC, 셰린 미카일 Sherine Mikhail, 스캇 맥킨지 Scott McKenzie, 메디 베시 Mehdi Veisi, 샤미르 파텔 Shamir Patel, 스테파니 브리져 Stephanie Bridger, 세라 헨리 Sara Henley, 앨리스 테일러 Alice Taylor, 라일 헤밀튼 Lyle Hamilton, 데이빗 제임스 David James, 앨런 레이드 Alan Reid, 데이브 포터 Dave Porter, 스티브 쿡 Steve Cook, 팀 터너 Tim Turner, 마이크 왓츠 Mike Watts, 롭 할시 Rob Halsey, 짐 맥키스 Jim MacKeith, 토니 메이든 Tony Maden, 기슬리 그뷔드욘슨 Gisli Guojonsson, 폴 보든 Paul Bowden, 폴 뮬렌 Paul Mullen, 마크 스칼리 Mark Scally, 쥬디스 에더리지 Judith Etheridge, 대니 설리번 Danny Sullivan, 클레오 반 벨센 Cleo Van Velsen, 앤드류 존스 Andrew Johns, 에드 피치 Ed Petch, 존 베어드 John Baird, 로리 오코너 Rory O'Connor, 캐롤라인 갈랜드 Caroline Garland, 르네 단치히 Renee Danziger, 사이먼 베리 Simon Barry, 브래드 빈센트 Brad Vincent가 그 주인공이다.

여러 감호 병원, 봉사 팀, 교도소에서 함께 일한 모든 동료에게도 고맙다는 인사를 전한다. 특히 HMP 할러웨이와 MAPPA 전략 경영 위원회에 감사한다.

오랜 세월 내 배움에 도움을 준 여러 학자들에게 고마움을 전한다. 처음 내게 윤리학에 대해 생각하게 해준 크리스 브라운 Chris Brown, 횡문화정신의학을 알려준 UCL 인류학과 로랜드 리틀우드 Roland Littlewood, '사회의 광기'에 대해 강연해준 마이클 네브 Michael Neve에게 감사한다.

베들렘과 모즐리 병원, 정신과·심리학·신경과학 학회에 감사하며 특히 크리스틴 색스 Christine Sachs에게 고맙다.

케임브리지 대학교의 범죄학과, 응용 범죄학과 교정학 석사 과정의 모든 동급생과 직원분들 특히 앨리슨 리블링 Alice Liebling, 벤 크루 Ben Crewe, 로레인 젤소프 Loraine Gelsthorpe, 카트린 뮬러-존슨 Katrin Muller-Johnson, 루시 윌모트 Lucy Wilmott, 글렌 카너 Glen Carner, 에이미 루드로 Amy Ludlow, 니틴 라메시 Nitin Ramesh, 페드로 보시 Pedro Bossi에게 감사한다.

런던 경찰청의 전·현직 동료들에게 감사한다. 특히 《크리티컬 퓨(원제: The Critical Few)》에 기술 고문으로 참여하게 해준 키스 길리스 Keith Giles, 오리지널 뉴 스 코틀랜드 야드 MAPPA 특별 조사 위원회에 초청해준 리처드 월튼 Richard Walton과 FTAC와 Hub의 모두에게 감사한다.

같이 일한 모든 변호사들의 가르침에 감사하지만 반대 심문은 달갑지 않다. 보고 서 마감을 맞추지 못한 부분에 대해선 전적으로 사과하는 바다.

한결같은 관리와 급한 부탁에도 타이핑 지원을 해준 케런 록 Karen Lock, 샬럿 월 튼 Charlotte Walton, 크리스틴 르벨 Christine Revell, 로레인 밀란 Loraine Millan, 클레어 웰 스 Claire Wells, 마니 필로우 Marnie Pillow, 아닐 타펜 Anil Thapen, 도나 모건 Donna Morgan, 앤 게드센 Ann Gadsen에게 감사한다. 또한 영국 도서관의 모든 직원과 UCL 도서관의 스 칸디나비아 언어 분야의 모든 직원들에게 감사한다.

마지막으로 내 가족 모두에게 고마움을 전한다. 이들의 지원과 이해가 없었더라 면 이 책은 나오지 못했을 것이다. 특히 책에 대한 애정을 갖게 키워주신 아버지 빌 과 어머니 프리다에게 감사한다.

주

1 Douglas, J.E., Burgess, A.W., Burgess, A.G. and Ressler, R.K., 2013. *Crime Classification Manual: A Standard System for Investigating and Classifying Violent Crime*, John Wiley & Sons.

2 Canter, D.V., Alison, L.J., Alison, E. and Wentink, N., 2004. 'The organized/disorganized typology of serial murder: Myth or model?'. *Psychology, Public Policy, and Law*, 10(3), p. 293.

3 Schlesinger, L.B., 2003. *Sexual murder: Catathymic and Compulsive Homicides*. CRC Press.

4 Yakeley, J. and Wood, H., 2014. 'Paraphilias and paraphilic disorders: Diagnosis, assessment and management'. *Advances in Psychiatric Treatment*, 20(3), pp. 202–213.

5 Dietz, P.E., Hazelwood, R.R. and Warren, J., 1990. 'The sexually sadistic criminal and his offenses'. *Journal of the American Academy of Psychiatry and the Law*, 18(2), pp. 163–178.

6 MacCulloch, M.J., Snowden, P.R., Wood, P.J.W. and Mills, H.E., 1983. 'Sadistic fantasy, sadistic behaviour and offending'. *The British Journal of Psychiatry*, 143(1), pp. 20–29.

7 Revitch, E., 1957. 'Sex murder and sex aggression.' *Journal of the Medical Society of New Jersey*, 54, pp. 519–524.

8 Meloy, J.R., 1988. *The Psychopathic Mind: Origins, Dynamics, and Treatment*. Rowman & Littlefield.

9 Meloy, J.R. and Hoffmann, J. eds., 2013. *International Handbook of Threat Assessment*. Oxford University Press.

10 Meloy, J.R., 2000. 'The nature and dynamics of sexual homicide: an integrative review'. *Aggression and Violent Behavior*, 5(1), pp. 1–22.

11 Blais, J., Forth, A.E. and Hare, R.D., 2017. 'Examining the interrater reliability of the Hare Psychopathy Checklist – Revised across a large sample of trained raters'. *Psychological Assessment*, 29(6), p. 762.

427

12 Blair, R.J.R., 2003. 'Neurobiological basis of psychopathy'. *The British Journal of Psychiatry*, 182(1), pp. 5–7.

13 Marshall, J., Watts, A.L. and Lilienfeld, S.O., 2018. 'Do psychopathic individuals possess a misaligned moral compass? A meta-analytic examination of psychopathy's relations with moral judgment'. *Personality Disorders: Theory, Research, and Treatment*, 9(1), p. 40.

14 Taylor, P.J. and Gunn, J., 2008. 'Diagnosis, medical models and formulations'. *Handbook of Forensic Mental Health*, pp. 227–243.

15 Meloy, J.R., 2006. 'Empirical basis and forensic application of affective and predatory violence'. *Australian and New Zealand Journal of Psychiatry*, 40(6-7), pp. 539–547.

16 Larsson, H., Viding, E. and Plomin, R., 2008. 'Callous–unemotional traits and antisocial behavior: Genetic, environmental, and early parenting characteristics'. *Criminal Justice and Behavior*, 35(2), pp. 197–211.

17 Kolla, N.J., Malcolm, C., Attard, S., Arenovich, T., Blackwood, N. and Hodgins, S., 2013. 'Childhood maltreatment and aggressive behaviour in violent offenders with psychopathy'. *The Canadian Journal of Psychiatry*, 58(8), pp. 487–494.

18 Taylor, R. and Yakeley, J., 2019. 'Working with MAPPA: ethics and pragmatics', *BJPsych Advances*, 25(3), pp. 157–65.

19 Singleton, N., Meltzer, H., Gatward, R., Coid, J., Deasy, D., 1997. Psychiatric Morbidity among prisoners. Office for National Statistics London.

20 Blair, R.J.R., 1997. 'Moral reasoning and the child with psychopathic tendencies'. *Personality and Individual Differences*, 22(5), pp. 731–39.

21 Eastman, N., 1995. 'Assessing for psychiatric injury and "nervous shock"'. *Advances in Psychiatric Treatment*, 1(6), pp. 154–160.

22 Bunclark, J. and Crowe, M., 2000. 'Repeated self-injury and its management'. *International Review of Psychiatry*, 12(1), pp. 48–53.

23 Fazel, S., Gulati, G., Linsell, L., Geddes, J.R. and Grann, M., 2009. 'Schizophrenia and violence: Systematic review and meta-analysis'. *PLoS Med* 6(8), p.e1000120.

24 Wilson, S., Farnham, F., Taylor, A. and Taylor, R., 2019. 'Reflections on working in public-figure threat management'. *Medicine, Science and the Law*, 59(4), pp. 275–81.

25 Schug, R.A., 2011. 'Schizophrenia and matricide: An integrative review'. *Journal of Contemporary Criminal Justice*, 27(2), pp. 204–29.

26 Welldon, E.V., 2018. *Mother, Madonna, Whore: The Idealization and Denigration of Motherhood*. Routledge.

27 Friedman, S.H., Cavney, J. and Resnick, P.J., 2012. 'Mothers who kill: evolutionary

underpinnings and infanticide law'. *Behavioral Sciences & the Law*, 30(5), pp. 585–97.

28 Mullen, P.E. and Pathe, M., 1994. 'The pathological extensions of love'. *The British Journal of Psychiatry*, 165(5), pp. 614–23.

29 Mullen, P.E. and Maack, L.H. 'Jealousy, pathological jealousy and aggression'. Aggression and Dangerousness, edited by Farringdon, D., Gunn, J. John Wiley Chichester, 1985, pp. 103–126.

30 Mullen, P.E., Purcell, R. and Stuart, G.W., 1999. 'Study of stalkers'. *American Journal of Psychiatry*, 156(8), pp. 1244–1249.

31 Mullen, P. E., Pathe, M., and Purcell, R., 2008. *Stalkers and their Victims*. 2nd edn. Cambridge University Press.

32 Farnham, F.R., James, D.V. and Cantrell, P., 2000. 'Association between violence, psychosis, and relationship to victim in stalkers'. *The Lancet*, 355(9199), p. 199.

33 Purcell, R., Pathe, M. and Mullen, P., 2004. 'When do repeated intrusions become stalking?'. *Journal of Forensic Psychiatry & Psychology*, 15(4), pp. 571–83.

34 McEwan, T.E., Mullen, P.E., MacKenzie, R.D. and Ogloff, J.R., 2009. 'Violence in stalking situations'. *Psychological Medicine*, 39(9), pp. 1469–78.

35 Schlesinger, L.B., Gardenier, A., Jarvis, J. and Sheehan-Cook, J., 2014. 'Crime scene staging in homicide'. *Journal of Police and Criminal Psychology*, 29(1), pp. 44–51.

36 Gelsthorpe, L. 'Female Offending: A Theoretical Overview'. Women Who Offend, edited by McIvor, I. G. 2004, pp. 13–37.

37 Birmingham, L., Gray, J., Mason, D. and Grubin, D., 2000. 'Mental illness at reception into prison'. *Criminal Behaviour and Mental Health*, 10(2), pp. 77–87.

38 Liebling, A., 2011. 'Moral performance, inhuman and degrading treatment and prison pain'. *Punishment & Society*, 13(5), pp. 530–550.

39 Chao, O. and Taylor, R., 2005. 'Female offenders at HMP Holloway needing hospital transfer: An examination of failure to achieve hospital admission and associated factors'. *International Journal of Prisoner Health*, 1(2/3/4), pp. 241–7.

40 Browne, A., 2008. *When Battered Women Kill*. Simon and Schuster.

41 Mezey, G. 'Battered women who kill'. [Conference presentation]: *Women as Victims and Perpetrators of Violence*. Queens College Cambridge, September 2004.

42 Smith, R., 1997. 'Don't treat shackled patients'. *BMJ: British Medical Journal*, 314(7075), p. 164.

43 Bateman, A. and Fonagy, P., 2016. *Mentalization-Based Treatment for Personality Disorders: A Practical Guide*. Oxford University Press.

44 Grosz, S., 2013 *The Examined Life: How We Lose and Find Ourselves.* Random House.

45 Shedler, J., 2010. 'The efficacy of psychodynamic psychotherapy'. *American psychologist*, 65(2), pp.98-109.

46 Downs, D.A., 1996. *More Than Victims: Battered Women, the Syndrome Society, and the Law.* University of Chicago Press.

47 McHam, S.B., 2001. 'Donatello's bronze David and Judith as metaphors of Medici rule in Florence'. *The Art Bulletin*, 83(1), pp. 32–47.

48 Parker, L., 1992. '"Pure Woman" and Tragic Heroine? Conflicting Myths in Hardy's Tess of the D'Urbervilles'. *Studies in the Novel*, 24(3), pp. 273–281.

49 Guðjonsson, G. H. and MacKeith, J. A. C. (1988) 'Retracted Confessions: Legal, Psychological and Psychiatric Aspects'. *Medicine, Science and the Law*, 28(3), pp. 187–194.

50 Taylor, R. and Yakeley, J. 'Women in Prison'. Psychiatry in Prisons: A Comprehensive Handbook, edited by Cumming, I. and Wilson, S. Jessica Kingsley, 2009, pp. 86–97.

51 Jelicic, M., 2018. 'Testing claims of crime-related amnesia'. *Frontiers in Psychiatry*, 9, p. 617.

52 Babiak, P., Hare, R.D., 2006. *Snakes in Suits: When Psychopaths Go to Work*, Regan Books.

53 Yakeley, J., 2018. 'Current understanding of narcissism and narcissistic personality disorder'. *Advances in Psychiatric Treatment*, 24(5), pp. 305–315.

54 Wallang, P. and Taylor, R., 2012. 'Psychiatric and psychological aspects of fraud offending'. *Advances in Psychiatric Treatment*, 18(3), pp. 183–92.

55 Yakeley, J. and Taylor, R. 'Gambling: addicted to the game'. *Addictive States of Mind*, edited by Bower, M. Routledge, 2018, pp. 125–50.

56 Meloy, J.R., 2004. 'Indirect personality assessment of the violent true believer'. *Journal of Personality Assessment*, 82(2), pp. 138–146

57 Robbins, I., MacKeith, J., Davison, S., Kopelman, M., Meux, C., Ratnam, S., Somekh, D. and Taylor, R., 2005. 'Psychiatric problems of detainees under the Anti-Terrorism Crime and Security Act 2001'. *Psychiatric Bulletin*, 29(11), pp. 407–9.

58 Clemmow, C., Gill, P., Bouhana, N., Silver, J. and Horgan, J., 2020. 'Disaggregating lone-actor grievance-fuelled violence: Comparing lone-actor terrorists and mass murderers'. *Terrorism and Political Violence*, pp. 1–26.

59 Merari, A., 2010. *Driven to Death: Psychological and Social Aspects of Suicide Terrorism.* Oxford University Press.

60 Meloy, J.R. and Gill, P., 2016. 'The lone-actor terrorist and the TRAP-18'. *Journal of Threat Assessment and Management*, 3(1), p. 37.

61 Golds, L., de Kruiff, K. and MacBeth, A., 2019. 'Disentangling genes, attachment, and

environment: A systematic review of the developmental psychopathology literature on gene–environment interactions and attachment'. *Development and Psychopathology*, 32(1) pp. 357–381.

62   Van IJzendoorn, M.H., Palacios, J., Sonuga-Barke, E.J., Gunnar, M.R., Vorria, P., McCall, R.B., LeMare, L., Bakermans-Kranenburg, M.J., Dobrova-Krol, N.A. and Juffer, F., 2011. 'Children in institutional care: Delayed development and resilience'. *Monographs of the Society for Research in Child Development,* 76(4), pp. 8–30.

63   Ogilvie, C.A., Newman, E., Todd, L. and Peck, D., 2014. 'Attachment & violent offending: A meta-analysis'. *Aggression and Violent Behavior.* 19(4), pp. 322–339.

64   Ainsworth, M.D.S., Blehar, M.C., Waters, E. and Wall, S.N., 2015. *Patterns of Attachment: A Pyschological Study of the Strange Situation.* Psychology Press.

65   Meloy, J.R., 2003. 'Pathologies of attachment, violence, and criminality', edited by Weiner, I.B., Handbook of Psychology: Forensic Psychology, 11, pp. 509–526.

66   Hale, R., Dhar, R., 2008. 'Flying a kite –observations on dual (and triple) diagnosis'. *Criminal Behaviour and Mental Health*, 18(3), pp. 145–152.

67   Day, C., Briskman, J., Crawford, M.J., Foote, L., Harris, L., Boadu, J., McCrone, P., McMurran, M., Michelson, D., Moran, P. and Mosse, L., 2020. 'Randomised feasibility trial of the helping families programme – modified: an intensive parenting intervention for parents affected by severe personality difficulties'. *BMJ Open*, 10(2).

68   Gelsthorpe, L. 'Criminal Justice: The Policy Landscape'. *Criminal Justice*, edited by Hucklesby, A. and Wahidin, A. Oxford University Press, 2013, pp. 17–33.

69   Green, D.A., 2012. *When Children Kill Children: Penal Populism and Political Culture.* Oxford University Press.

70   Healy, D., 2000. 'Some continuities and discontinuities in the pharmacotherapy of nervous conditions before and after chlorpromazine and imipramine'. *History of Psychiatry*, 11(44), pp. 393–412.

71   Adshead, G., 2001. 'Attachment in mental health institutions: a commentary'. *Attachment & Human Development,* 3(3), pp. 324–329.

72   Lappi-Seppala, T., 2009. 'Imprisonment and penal policy in Finland'. *Scandinavian Studies in Law*, 54(2), pp. 333–380.

73   Crichton, J.H., 2017. 'Falls in Scottish homicide: lessons for homicide reduction in mental health patients'. *BJPsych Bulletin*, 41(4), pp. 185–6.

74   Meloy, J.R., Acklin, M.W., Gacono, C.B. and Murray, J.F., 2013. *Contemporary Rorschach Interpretation*. Routledge.

사람을
죽이는
사람들

1판 1쇄 인쇄 2022년 9월 6일
1판 1쇄 발행 2022년 9월 20일

지은이 리처드 테일러
옮긴이 공민희

발행인 양원석 **편집장** 정효진 **책임편집** 차지혜
디자인 남미현, 김미선 **영업마케팅** 양정길, 윤송, 김지현, 정다은, 박윤하

펴낸 곳 ㈜알에이치코리아
주소 서울시 금천구 가산디지털2로 53, 20층 (가산동, 한라시그마밸리)
편집문의 02-6443-8862 **도서문의** 02-6443-8800
홈페이지 http://rhk.co.kr
등록 2004년 1월 15일 제2-3726호

ISBN 978-89-255-7752-4 (03180)